POËMES
DE L'EDDA

POËMES ISLANDAIS

(VOLUSPA, VAFTHRUDNISMAL, LOKASENNA)

TIRÉS

DE L'EDDA DE SÆMUND

PUBLIÉS

AVEC UNE TRADUCTION, DES NOTES ET UN GLOSSAIRE

PAR F. G. BERGMANN

MEMBRE DE LA SOCIÉTÉ ASIATIQUE DE PARIS

IMPRIMÉ PAR AUTORISATION DU ROI

A L'IMPRIMERIE ROYALE

—

M DCCC XXXVIII

AVANT-PROPOS.

Le recueil de poésies islandaises connu sous le nom de l'*Edda de Sæmund*, paraît avoir été composé dans les premières années du XIVᵉ siècle. Peu de temps après cette époque qui marque le commencement de la décadence de l'ancienne littérature islandaise, ces poésies, à peine recueillies, tombèrent dans l'oubli, et leur existence même semble être restée ignorée pendant deux siècles et demi. Mais au XVIIᵉ siècle, plusieurs savants islandais, tels que Arngrim Ionsen, Bryniolf Svendsen, Thorlak Skulason, Magnus et Stephan Olafsen, se livrèrent à la recherche et à l'étude des anciens manuscrits. En 1643, Bryniolf Svendsen, évêque à Stalholt en Islande, découvrit un manuscrit de parchemin renfermant la plupart des poésies sur l'ancienne Edda de Sæmund. Ce manuscrit qui remonte au XIVᵉ siècle, se trouve aujourd'hui à Copenhague à la Bibliothèque royale, et porte le nom de *Codex Regius*. Après cette heureuse découverte, on retrouva encore quelques autres manuscrits qui servirent à compléter le précédent.

Le zèle infatigable des Islandais dans l'étude des antiquités scandinaves se communiqua bientôt à quelques savants danois parmi lesquels on doit distinguer le célèbre Olé Worms, mort en 1651. C'est lui qui a réellement fondé dans le Danemarck la science des antiquités du Nord, et qui a donné la plus puissante impulsion aux études archéologiques, dans lesquelles s'illustrèrent plus tard les Resenius, les Th. Bartholin, les Stephanius et autres. Bientôt les savants danois purent publier, à Copenhague, des poésies de l'Edda, avec le secours prêté par l'érudition des Islandais que Worms avait appelés dans cette ville. C'est ainsi que Stephan Olafsen fit paraître pour la première fois en 1665, sous le nom de Resenius, une traduction latine de la *Völuspá*, du *Hávamál* et du *Rúna-capituli*. En 1673, Gudmund Anderson publia, sous les auspices de Resenius, une nouvelle édition de la *Völuspá*, et enfin, en 1689, Th. Bartholin fit connaître, par des extraits de quelque étendue, la plupart des autres poëmes de l'Edda. Après cette suite de publications, qui toutes ne sont que des essais, l'étude des poésies islandaises fut interrompue pour quelque temps. L'attention se porta sur d'autres monuments littéraires de la Scandinavie, particulièrement sur les monuments historiques, ou sur les Sagas dont on s'appliqua à rassembler un grand nombre de manuscrits.

Cependant les Suédois, qui jusqu'alors n'avaient pris que peu de part à ces travaux des Islandais et des Danois, commencèrent à rivaliser avec eux dans l'étude des antiquités scandinaves. Ce genre d'études fut particulièrement favorisé par le comte de la Gardie, chancelier de Suède, auquel la science est redevable de la conservation de quelques manuscrits précieux achetés par lui à grands frais, et qu'avec une munificence presque royale il a donnés à l'université d'Upsal. Les principaux ouvrages qui ont paru en Suède sur les différentes branches de l'archéologie scandinave, sont ceux de Scheffer, de Rudbeck, de Verelius, de Gudmund Olavsen, de Peringskiöld et de Hadorph. Il est vrai que tous ces ouvrages ne traitent pas directement des poëmes de l'Edda; mais en éclaircissant plusieurs questions concernant l'histoire et les antiquités, ils ont contribué à rendre plus facile l'interprétation de ces poésies.

A.

Dans la première moitié du XVIIIe siècle, deux savants islandais, Thormod Torfæus et Arnas Magnæus, donnèrent, par leurs travaux, une nouvelle direction à l'étude de l'histoire et des antiquités scandinaves. Thormod Torfæus qui était historiographe du Danemarck, soumit l'histoire et les traditions mythologiques du Nord à un examen critique plus sévère, et, à part quelques opinions systématiques et inadmissibles, ses ouvrages ont généralement exercé une grande et heureuse influence sur la connaissance de toutes les parties de l'histoire des peuples scandinaves. Arnas Magnæus professeur d'histoire et d'archéologie à Copenhague, où il mourut en 1730, a poursuivi dans ses études à peu près les mêmes vues que Torfæus; de plus il a rendu d'immenses services à la science en léguant à l'université de Copenhague, non-seulement sa précieuse collection de manuscrits islandais enrichis de ses notes et de ses commentaires, mais aussi une somme considérable destinée à faire face aux frais de publication de ces manuscrits intéressants. C'est grâce au legs d'Arnas qu'a eu lieu la publication des poésies de l'Edda, dont le premier volume a paru à Copenhague en 1787, le second en 1818, et le troisième en 1828.

AVANT-PROPOS.

Ces trois volumes, publiés à de si grands intervalles, peuvent servir à établir les progrès que la science a faits successivement depuis la seconde moitié du siècle passé jusqu'à nos jours. Les éditeurs du premier volume étaient en grande partie réduits à leurs propres moyens, car depuis longtemps il n'avait paru aucun ouvrage important sur l'Edda, à l'exception de la traduction danoise de dix-huit poëmes, faite par Sandwig (Copenhague, 1783-1785). C'est vers cette époque qu'on commença, en Allemagne, à prendre du goût pour l'étude des poésies scandinaves ; mais comme les traductions qu'on en fit n'étaient que des imitations plus ou moins libres, elles ont peu profité à la science. La même remarque s'applique aux traductions publiées en Angleterre, et au livre de Mallet intitulé *Edda, ou Monuments de la mythologie et de la poésie des anciens peuples du Nord.* Comme Mallet ne savait pas l'islandais, il dut se contenter de rédiger avec goût et discernement les matériaux qu'il trouvait dans des ouvrages danois, ou que lui fournissait l'érudition de son ami Erichsen. Les éditeurs du second volume de l'Edda, publié à Copenhague, ont eu moins de difficultés à surmonter que ceux du premier, parce qu'ils pouvaient consulter quelques ouvrages importants qui avaient paru en Allemagne au commencement de ce siècle. Les chants épiques de l'Edda, dont la plupart appartiennent au cycle des Niflungues, ont été publiés par M. V. der Hagen en 1812 et 1814, et par MM. Grimm en 1815. Une nouvelle édition de l'Edda, dont le texte avait été revu par Rask, fut publiée à Stockholm en 1818 par M. Afzelius qui en donna, quelques temps après, une traduction suédoise. Tous les ouvrages importants qui avaient paru jusqu'ici sur l'Edda, furent résumés par M. Finn Magnusen dans sa traduction danoise publiée de 1821 à 1823. Cette traduction accompagnée de notes, celle de M. Afzelius et les deux éditions complètes de l'Edda publiées à Copenhague et à Stockholm, sont indispensables pour l'étude de ces poésies scandinaves. Aussi, ces ouvrages ont-ils servi de base à presque toutes les traductions qu'on a faites depuis. Mais malgré les lumières que ces publications ont répandues sur l'Edda, il faut avouer qu'il reste encore une grande tâche à remplir et beaucoup de questions importantes à résoudre. Désirant me rendre utile en faisant connaître en France les résultats déjà obtenus, et en contribuant, autant que mes faibles moyens me le permettent, à l'avancement de la science, j'ai entrepris le travail que je soumets aujourd'hui au public. Mon intention était d'abord d'expliquer un plus grand nombre des poésies de l'Edda, parce que plus un ouvrage est exécuté sur un plan large, plus les résultats en sont variés et importants. Mais de trop grandes difficultés s'opposant à la publication d'un travail aussi étendu, j'ai dû renoncer à mon premier projet; et, en effet, mon ouvrage, même après avoir été considérablement réduit, avait encore peine à se produire au jour. Je dois, à cette occasion, des remercîments à feu M. Silvestre de Sacy, à MM. E. Burnouf, Guérard, Fauriel, ainsi qu'à M. Quatremère et aux autres Commissaires de l'Imprimerie royale, qui, en s'intéressant à ma publication, m'ont aplani ces difficultés.

L'ouvrage que l'on va lire se divise en trois parties. Dans la première partie, ou Introduction générale, j'ai traité en abrégé toutes les questions qui se rapportent plus ou moins directement aux trois poëmes que je publie. La seconde partie présente les textes islandais, la traduction avec les introductions spéciales et les notes Quant au choix même de ces poëmes, il n'a pas été fait au hasard. La *Völuspá*, un des meilleurs poëmes de l'Edda, et en même temps un des plus difficiles à expliquer, méritait tout d'abord la préférence. Ensuite, comme je ne pouvais publier l'Edda en entier, il importait de donner au moins des exemples de chaque espèce de poëmes qui composent ce recueil. C'est pourquoi j'ai encore choisi les poëmes de *Vafthrúdnismál* et de *Lokasenna,* qui diffèrent plus ou moins de la *Völuspá* et entre eux, par le fond et par la forme. J'ai soumis les textes des trois poëmes à un examen critique, et j'ai tâché, autant que mes ressources me le permettaient, de rétablir les véritables leçons. Dans la traduction, j'ai dû m'imposer la plus grande fidélité; il fallait reproduire dans notre langue les expressions concises et énergiques de l'original, et conserver les images, le coloris, les tournures de phrases et jusqu'aux négligences de style qui se trouvent dans le texte. Enfin, pour la commodité du lecteur, les notes critiques et philologiques se rapportant au texte ont été séparées des notes explicatives se rapportant à la traduction.

Dans la troisième partie de l'ouvrage, j'ai essayé d'élever la lexicographie islandaise à la hauteur que les études philologiques ont atteinte de nos jours. C'est pourquoi le glossaire a dû être à la fois *étymologique* et *comparatif*. Cette nouvelle méthode exigeait un nouvel arrangement des matériaux; il fallait nécessairement abandonner l'ancienne disposition des mots par ordre alphabétique, et en adopter une autre plus philosophique, semblable à la classification suivie dans les sciences naturelles. Ce nouvel ordre, qui a le seul inconvénient de n'être pas encore consacré par l'usage, est applicable à toutes les langues, et sera, je l'espère, un instrument d'importantes découvertes dans la philologie comparée. Pour le justifier, et montrer combien il est fondé en nature, j'ai fait précéder le glossaire d'une introduction, où j'ai brièvement expliqué le mécanisme de la formation des langues. Quant au glossaire lui-même, des juges compétents l'apprécieront à sa juste valeur. Je n'ai point la prétention de croire que tout y soit parfait; des erreurs sont presque inévitables dans un travail aussi difficile. Mais je me flatte que beaucoup d'étymologies et de comparaisons qui paraîtront hasardées au premier coup d'œil, seront trouvées justes quand on les aura examinées avec plus de soin. Il y en a d'autres au sujet desquelles j'ai été moi-même dans le doute, et que je n'ai proposées que pour y attirer l'attention des savants. Déjà j'ai été assez heureux de pouvoir faire, avant l'impression, quelques rectifications au glossaire, M. Eugène Burnouf ayant eu l'extrême complaisance de parcourir le manuscrit et de me communiquer ses remarques judicieuses.

Puisse cet ouvrage, malgré ses imperfections, être favorablement accueilli! puisse-t-il remplir son but, qui est de contribuer aux progrès de la science! S'il obtient l'approbation des juges éclairés, je continuerai à publier, d'après le même plan, les autres poëmes de l'Edda. Ayant été appelé à des fonctions universitaires qui me mettent en état de me livrer entièrement à l'étude des langues septentrionales et germaniques, je puis même dès maintenant prendre envers le public l'engagement de lui faire connaître, par des publications successives, les principaux monuments littéraires écrits dans ces langues.

TABLE

DES

DIVISIONS DE L'OUVRAGE.

PREMIÈRE PARTIE.

INTRODUCTION GÉNÉRALE.

Chap. I. De l'origine des idiomes scandinaves ....Page	3.
§ i. De l'ancienne langue danoise..................	ibid.
§ ii. De l'ancienne langue norvégienne............	4.
§ iii. De l'ancienne langue islandaise	6.
§ iv. Table générale des idiomes teuto-gothiques	7.
Chap. II. De l'ancienne littérature islandaise..........	9.
§ i. De l'origine de la littérature islandaise; de l'Edda.	ibid.
§ ii. De l'auteur du recueil de poésies nommé Edda..	12.
§ iii. Du genre de poésie auquel appartiennent les poëmes de l'Edda...........................	19.
§ iv. De la forme narrative et de la forme dramatique des poëmes de l'Edda........................	20.
§ v. Des sujets mythologiques traités dans les poëmes de l'Edda..................................	24.
Chap. III. Considérations sur la mythologie et sur la manière de la traiter.............................	26.
§ i. Des différentes opinions sur la nature de la mythologie.....................................	ibid.
§ ii. Des différentes espèces de mythes............	28.

§ III. Comment on peut distinguer les différentes espèces de mythes........................Page 32.
§ IV. De la manière de traiter la mythologie......... 35.

Chap. IV. Examen philologique de la langue islandaise. 38.
  § I. Des différents systèmes d'orthographe suivis dans les manuscrits islandais et les éditions de l'Edda................................. *ibid.*
  § II. Examen des voyelles simples.............. 46.
  § III. Examen des diphthongues............... 51.
  § IV. Examen des concrétifs................... 53.
  § V. De la permutation des voyelles............ 58.
  § VI. Le phénomène de la permutation des voyelles expliqué.................................. 59.
  § VII. Des consonnes liquides R, L, M, N (halfraddar stafir, semi-voyelles)...................... 74.
  § VIII. Des consonnes labiales P, B, F, V.......... 83.
  § IX. Des consonnes dentales et sifflantes T, D, þ, Z, S.................................... 85.
  § X. Des consonnes gutturales K, G, H, J, X...... 94.
  § XI. Conclusion du chapitre................... 104.

Chap. V. De la versification islandaise.............. 107.
  § I. De la quantité et de l'accent............... *ibid.*
  § II. Du rhythme........................... 110.
  § III. De la versification (versagiörð)............ 113.
  § IV. De la versification islandaise.............. 118.
  § V. Du fornyrdalag......................... 120
    De la thèse et de l'arse..................... *ibid.*
    De l'anakrouse (mâlfylling)................. 123.
    De l'allitération........................... 125.
  § VI. Du rhythme du fornyrdalag............... 130.
  § VII. Du liôdahâttr.......................... 131.
  § VIII. De la strophe......................... 133.

DES DIVISIONS.

§ ix. La division de la strophe en quatre vers attaquée par Rask.................................Page 135.
§ x. Les objections de Rask réfutées............. 136.

SECONDE PARTIE.
POËMES ISLANDAIS.

I. VOLUSPÂ.

INTRODUCTION................................... 149.

Chap. I. Explication du titre du poëme........... *ibid.*
  § i. Des prophétesses ou devineresses chez les peuples germaniques............................ *ibid.*
  § ii. Des Valas (Völur) chez les peuples scandinaves.................................... 152.
  § iii. De la forme de vision donnée au poëme.... 163.

Chap. II. Des parties du poëme.................. 166.
  § i. De la disposition générale des parties du poëme..................................... *ibid.*
  § ii. Table détaillée des parties du poëme........ 169.
  § iii. De l'arrangement des strophes............. 174.

Chap. III. Examen critique du poëme............. 175.
  § i. De l'intégrité du poëme.................. *ibid.*
  § ii. De l'époque de la composition du poëme.... 176.
  § iii. De l'auteur du poëme.................... 182.

Texte et traduction.............................. 186.
Notes critiques et philologiques................... 210
Notes explicatives............................... 221

II. VAFTHRÛDNISMÂL.

Introduction ....Page 243.
   Chap. I. Explication du titre et du but du poëme... *ibid.*
   Chap. II. Des divisions du poëme............... 251.
   Chap. III. Discussion de différentes questions de critique concernant le poëme.................... 254.
Texte et traduction.............................. 260.
Notes critiques et philologiques .... 282.
Notes explicatives............................... 291.

III. LOKASENNA.

Introduction..................................... 303.
   Chap. I. Du but du poëme..................... *ibid.*
   Chap. II. De la disposition des parties du poëme.... 305.
   Chap. III. De l'intégrité du poëme............... 309.
   Chap. IV. De l'époque de la composition du poëme.. 313.
Texte et traduction.............................. 320.
Notes critiques et philologiques .... 348.
Notes explicatives............................... 358.

TROISIÈME PARTIE.

GLOSSAIRE.

Introduction..................................... 371.
   Chap. I. De la signification des voyelles.......... 373.
   Chap. II. De la signification des consonnes........ 380.

DES DIVISIONS.

Chap. III. De la formation des thèmes........Page 393.
Chap. IV. De la disposition des matières dans le glossaire... 399.
Glossaire. —Thèmes commençant par une des labiales P, F, V, B.. 407.
    Labiale seule.. ibid.
    Labiale avec labiale............................. 409.
    Labiale avec dentale............................ 410.
    Labiale avec gutturale......................... 414.
    Labiale avec R..................................... 416.
    Labiale avec L..................................... 418.
    Labiale avec N..................................... 420.
Thèmes commençant par une des dentales T, D, þ, S. 421.
    Dentale seule.. ibid.
    Dentale avec labiale............................. 424.
    Dentale avec dentale............................ 425.
    Dentale avec gutturale......................... ibid.
    Dentale avec R..................................... 427.
    Dentale avec L..................................... 428.
    Dentale avec N..................................... ibid.
Thèmes commençant par une des gutturales K, G, H. 429.
    Gutturale seule..................................... ibid.
    Gutturale avec labiale.......................... 430.
    Gutturale avec dentale......................... 432.
    Gutturale avec gutturale...................... 434.
    Gutturale avec R.................................. 435.
    Gutturale avec L.................................. 436.
    Gutturale avec N.................................. 437.
Thèmes commençant par la liquide R.............. 438.
    R seul... ibid.
    R avec labiale...................................... ibid.

TABLE DES DIVISIONS.

    R avec dentale .... Page 440.
    R avec gutturale .... 442.

Thèmes commençant par la liquide *L*. .... 446.
    L seul .... *ibid.*
    L avec labiale .... *ibid.*
    L avec dentale .... 447.
    L avec gutturale .... 449.

Thèmes commençant par la nasale .... 452.
    N seul .... *ibid.*
    N avec labiale .... 453.
    N avec dentale .... 454.
    N avec gutturale .... *ibid.*
    N avec *R* .... 455.

Onomatopées proprement dites .... *ibid.*

TABLE ALPHABÉTIQUE des mots islandais expliqués dans le glossaire .... 456.

PREMIÈRE PARTIE.

INTRODUCTION GÉNÉRALE.

POËMES ISLANDAIS.

INTRODUCTION GÉNÉRALE.

CHAPITRE I.

DE L'ORIGINE DES IDIOMES SCANDINAVES.

§ I.

DE L'ANCIENNE LANGUE DANOISE.

Les tribus guerrières qui, dans les premiers siècles de l'ère chrétienne, se sont établies dans le Danemark, la Norvége et la Suède, appartenaient toutes à la race gothique ou germanique. Issues d'une même souche, et sorties des mêmes contrées, sans doute des régions voisines de la mer Caspienne et de la mer Noire, toutes ces tribus avaient les mêmes mœurs, la même religion, et parlaient aussi une seule et même langue.

Si l'on appelle *Scandinaves* les anciens peuples gothiques établis dans le Danemarck, la Norvége et la

Suède, on doit aussi donner à l'idiome qu'ils parlaient le nom de *langue scandinave*.

Les Danois, favorisés par différentes circonstances, devinrent le peuple dominant dans la Scandinavie; ils furent les premiers à fonder un état monarchique. Le Danemarck, d'où étaient sorties les tribus qui peuplèrent la Norvége et la Suède, était regardé comme la mère-patrie de ces grandes colonies et comme le berceau de la religion, de la poésie et des traditions scandinaves.

Cette prépondérance des Danois dans les premiers temps fut cause que le nom le plus ancien donné à l'idiome scandinave fut *dönsk tunga*, langue danoise[1].

§ II.

DE L'ANCIENNE LANGUE NORVÉGIENNE.

A mesure que les Danois faisaient de plus grands progrès dans la civilisation, il devait naturellement s'établir une différence de mœurs plus prononcée entre eux et leurs voisins de la Norvége et de la Suède. Ces

---

[1] La supériorité des Danois était si généralement reconnue dans le Nord, que les écrivains islandais semblent quelquefois tirer vanité du nom de *dönsk tunga* qu'ils donnent à leur langue. *Snorri*, qui écrivait au commencement du XIII° siècle, désigne par ce nom la langue scandinave. (Voyez *Konunga Sögur, Formálinn. Ynglinga Saga*, chap. xx.) Le poëte islandais *Eystein*, au milieu du XIV° siècle, appelle la langue *danoise* sa langue maternelle (voy. *Lilia*). Les grammairiens islandais se servent du nom de *dönsk tunga* pour désigner la langue scandinave, par opposition à la langue latine. (Voy. *Snorra-Edda*, éd. de Stockholm, p. 277 et 300.)

derniers, habitant un pays situé au nord par rapport au Danemarck, étaient appelés communément *Norðmenn*, Normands, hommes du nord. Ce nom désignait aussi plus spécialement les Norvégiens seuls[1], avec lesquels les Danois avaient des rapports plus fréquents qu'avec les habitants de la Suède.

La différence entre les Scandinaves du nord et ceux du midi se fit sentir non-seulement dans les mœurs, mais aussi dans le langage de ces peuples. La langue des Danois se sépara la première de l'ancien idiome scandinave. Cet idiome ne pouvait donc plus être désigné par le nom de *dönsk tunga* : il fut nommé *norræna tunga*, ou *norrænt mâl* (langage septentrional), parce que dans les pays du nord, en Norvége et en Suède, l'ancienne langue dont le dialecte danois venait de se détacher, n'avait presque subi aucun changement sensible. Mais de même que le nom de *Norðmenn* s'appliquait plus particulièrement aux Norvégiens, de même *norræna tunga* désignait plus spécialement la langue norvégienne[2]. Ce fut aussi principalement en Norvége que l'ancien idiome resta pur pendant longtemps, tandis qu'en Suède, il éprouva bientôt des changements analogues à ceux qui s'étaient déjà opérés dans la langue danoise.

---

[1] Voyez *Saga Haralds hins harfagra*, chap. XXII; *Saga Hakonar Goda*, chap. IV et XIV. Snorri distingue les Nordmenn des Suédois, *Heimskringla, Formálinn*.

[2] Voyez *Saga Hakonar Goda*, chap. III.

§ III.

DE L'ANCIENNE LANGUE ISLANDAISE.

Dans la seconde moitié du ix⁰ siècle, des colons norvégiens s'établirent en Islande. Comme l'idiome qui fut transplanté dans cette île était le norvégien, les Islandais devaient naturellement continuer pendant longtemps à désigner leur langue sous le nom de *norræna tunga*[1].

Dans un pays pauvre et séparé du monde comme l'Islande, où tout ce qui modifie, enrichit ou altère fortement le langage n'existait pas, l'idiome norvégien devait longtemps conserver sa pureté. Aussi voyons-nous qu'à l'exception de quelques légers changements dans les formes grammaticales, cet idiome est resté le même pendant le cours de plusieurs siècles. Mais les altérations deviennent plus sensibles et vont en augmentant depuis le xiii⁰ jusque vers le xvi⁰ siècle, époque où l'ancienne langue et l'ancienne littérature islandaise avaient épuisé toutes leurs forces, et où commença la période de la langue et de la littérature moderne.

Quant à l'ancien idiome norrain qu'on parlait en Norvége, il subit peu à peu, dans le xiii⁰, le xiv⁰ et le xv⁰ siècle, des changements notables causés surtout par l'influence toujours croissante que le Danemarck exerçait sur la Norvége, principalement depuis la

---

[1] Voyez *Snorra-Edda*, p. 301.

réunion des deux pays sous le même sceptre en 1380. Vers le commencement du xvi⁰ siècle, la langue norvégienne et la langue danoise s'étaient tellement rapprochées l'une de l'autre, qu'elles ne formèrent bientôt plus qu'une seule et même langue. Dès lors le nom de *norrænt mâl* ne pouvait plus servir à désigner à la fois et le norvégien qui s'était confondu avec le danois, et l'ancien norvégien qu'on parlait encore en Islande. Pour désigner ce dernier idiome on introduisit peu à peu le nom plus convenable et plus précis de langue *islandaise, islenzka tunga*. Les Islandais étaient d'autant plus en droit de nommer leur langue d'après leur patrie, qu'ils possédaient une littérature riche et originale, à laquelle la Norvége ne pouvait opposer aucun monument littéraire de quelque importance.

§ IV.

TABLE GÉNÉRALE DES IDIOMES TEUTO-GOTHIQUES.

Nous venons de voir comment de l'ancienne langue scandinave sont dérivés successivement l'ancien danois, l'ancien suédois et l'ancien norvégien ou islandais[1]. Jetons maintenant un coup d'œil sur les langues germaniques contemporaines, pour voir les rapports de parenté qui existent entre les idiomes teutoniques et les idiomes scandinaves.

[1] Pour connaître l'histoire de ces langues il faut consulter l'ouvrage excellent de M. Petersen : *Det Danske Norske og Svenske Sprogs Historie*. Kjöbenhavn, 1829-1830 ; 2 vol. in-8°.

La grande souche de langue *teuto-gothique* se divise en deux branches principales, la *branche teutonique* et la *branche scandinave*.

I. *La branche teutonique* se subdivise en idiome du *haut teutonique*, au midi de la Germanie, et en idiome du *bas teutonique*, dans les parties septentrionales de l'Allemagne. Le *haut teutonique* comprend : 1° le *gothique* proprement dit; 2° le *vieux haut allemand* dont les principaux dialectes sont le *francique*, l'*allemannique* et le *bavarois;* 3° le *haut allemand moyen* qui est la continuation du *vieux haut allemand* depuis le XII° jusqu'au XIV° siècle, et qui a donné naissance au haut allemand moderne. Le *bas teutonique* comprend : 1° le *vieux saxon;* 2° le *frison;* 3° l'*anglo-saxon*.

II. *La branche scandinave* renferme, comme nous l'avons vu: 1° l'ancien *danois;* 2° l'ancien *suédois;* 3° l'ancien *norvégien* ou *islandais*.

C'est le dernier idiome de la branche scandinave, l'islandais, qui fixera ici notre attention; car c'est dans cet idiome que sont composés les trois poëmes que nous publions. Mais avant d'entrer dans un examen grammatical de l'islandais, il sera nécessaire de dire d'abord quels sont les monuments littéraires dans lesquels cette langue peut être étudiée.

CHAPITRE II.

DE L'ANCIENNE LITTÉRATURE ISLANDAISE.

§ I.

DE L'ORIGINE DE LA LITTÉRATURE ISLANDAISE.
DE L'EDDA.

Les Norvégiens qui, dans le ixe siècle, s'établirent en Islande, y apportèrent non-seulement leur langue, leurs mœurs et leur religion, mais aussi leurs poésies ou chants nationaux. Ces poésies renfermaient quelques traditions historiques et mythologiques qui, appelées ainsi que l'écriture runique, du nom de *mystères* (rûnar) ou d'*antiquités* (fornir stafir), composaient à peu près tout le savoir des anciens Scandinaves. L'Islande recueillit donc, dès le commencement, les germes et les éléments de sa littérature poétique et historique, et ces germes prirent dans son sein un rapide développement. Loin de s'éteindre dans cette île déserte jetée au milieu de l'Océan, la poésie répandit bientôt un éclat si vif, que les skaldes ou poëtes islandais devinrent les plus renommés dans tout le nord de l'Europe.

Bien que les Scandinaves eussent une écriture, leurs poésies n'étaient pas écrites, elles se transmettaient de mémoire, comme les rhapsodies épiques et les poésies lyriques des Hindous, des Grecs et des anciens Arabes. Ce mode de transmission fut cause que beaucoup de ces poésies ont été perdues. Plus tard une autre cause ne contribua pas moins à faire disparaître un grand nombre de ces monuments littéraires. Le christianisme, introduit peu à peu dans le Nord, devait naturellement y proscrire l'ancienne poésie qui était si intimement liée à la religion d'Odin. Dès lors le peuple n'apprit plus par cœur les chants nationaux, et les poëtes n'osaient plus célébrer dans leurs poëmes les dieux du paganisme, ni chanter les traditions mythologiques de l'antiquité. C'est pourquoi nous ignorerions peut-être entièrement ce que c'était que l'ancienne poésie scandinave, si elle n'avait pas trouvé une nouvelle patrie et un asile assuré dans l'Islande. La religion du Christ, il est vrai, ne tarda pas à étendre son empire jusque sur cette île lointaine; l'Évangile fut adopté par le peuple islandais à l'assemblée générale (althing), en l'an 1000 de notre ère. Mais la nouvelle foi ne put entièrement détruire le souvenir du paganisme, ni faire oublier complétement les poésies nationales inspirées par la religion d'Odin. Ainsi fut sauvée une partie de la littérature scandinave. D'un autre côté le christianisme lui-même fournit le moyen de conserver les anciens monuments littéraires; car le génie civilisateur de l'Évangile, en même temps qu'il faisait perdre aux peuples du Nord

CHAPITRE II. 11

le goût pour leur ancienne poésie, répandait parmi eux l'esprit littéraire et la connaissance de l'écriture par lesquels les productions du génie païen nous ont été conservées en grande partie. Aussi est-ce à l'usage de l'écriture latine généralement adoptée en Islande au XIIIe et au XIVe siècle, que nous devons principalement la composition et la conservation de l'*Edda de Sæmund*, ce recueil si précieux des anciennes poésies scandinaves.

Malheureusement pour nous, soit que l'auteur de ce recueil n'ait pas eu le loisir de réunir toutes les poésies encore connues de son temps, soit qu'une grande partie en fût déjà perdue, toujours est-il que nous n'avons qu'un très-petit nombre des poésies qui doivent avoir existé anciennement en Islande. La preuve en est que dans les *Sögur* ou traditions historiques on trouve des vers tirés de poëmes qui ne sont pas renfermés dans notre recueil; nombre de vers appartenant à des chants inconnus sont insérés dans le livre nommé communément l'*Edda de Snorri;* on en trouve un plus grand nombre encore dans l'ouvrage d'histoire intitulé *Heimskringla* et composé par le même Snorri; enfin, dans les poésies mêmes de l'Edda de Sæmund, on trouve des allusions à des mythes que nous ignorons aujourd'hui complétement, mais qui certainement ont été traités dans des poëmes particuliers bien connus de tout le monde. Parmi les poëmes qui nous restent, il y en a qui sont très-anciens. Comme les colons norvégiens ont dû naturellement apporter en Islande leurs chants nationaux, on peut présumer qu'il s'en trouve quelques-uns dans le recueil de Sæmund. C'est à la critique des textes à examiner s'il y a de ces poëmes qui soient d'une date antérieure à la colonisation de l'Islande. Dans l'introduction spéciale qui sera placée à la tête de *Völuspâ*, *Vafthruðnismâl* et *Lokasenna*, nous tâcherons de préciser, autant qu'il nous sera possible, l'époque de la composition de chacun de ces trois poëmes.

§ II.

DE L'AUTEUR DU RECUEIL DE POÉSIES NOMMÉ EDDA.

La tradition vulgaire en Islande, dès le xive siècle, attribue la composition du recueil nommé *Edda* au prêtre *Sæmund Sigfusson*, surnommé par ses compatriotes *inn fróði*, *le savant*, à cause des connaissances étendues qu'il avait acquises pendant son séjour en Allemagne, en France et en Italie. A l'exemple de son compatriote *Ari*, surnommé comme lui *le savant*, Sæmund étudia principalement l'histoire de la Norvége. Il mourut en 1133, laissant inachevés quelques écrits historiques qui ne nous ont pas été conservés. La tradition lui attribue aussi le poëme intitulé *Sôlar lioð*, qui se trouve dans l'Edda en vers. Comme le prêtre Sæmund aimait les lettres et la poésie, on conçoit qu'on ait pu lui attribuer le recueil de poésies scandinaves dont l'auteur était inconnu. Mais plusieurs raisons assez fortes, ce nous semble, s'opposent à ce qu'on admette que Sæmund ait composé le recueil de l'Edda qui porte son nom. Qu'il nous soit permis d'exposer ici rapidement ces raisons, et de discuter la question aussi difficile qu'importante, concernant l'auteur du recueil et l'époque de sa composition.

Pour prouver que Sæmund n'est point l'auteur du recueil de l'Edda, nous pourrions faire valoir un argument que le savant Arnas Magnæus a opposé à ceux qui allaient jusqu'à attribuer à Sæmund la composition des poésies de l'Edda[1]. Arnas nous prouve que ce prêtre, déjà parvenu à l'âge de soixante-dix ans, n'avait encore fait aucun travail dans le genre de l'Edda, et il doute qu'à cet âge avancé ce vieillard qui n'a pas même pu achever ses travaux historiques, ait encore trouvé assez de loisir et de force pour composer le travail qu'on lui attribue. Si cet argument d'Arnas ne paraît pas assez concluant, nous y ajouterons le suivant qui est tiré de la nature du recueil même, tel qu'il existe aujourd'hui. Tout le monde conviendra que les préfaces en prose placées à la tête de quelques poëmes de l'Edda y ont été ajoutées par celui qui a fait le recueil. Or il faudrait avouer que Sæmund eût bien peu mérité le surnom de *savant* que ses compatriotes lui ont donné, si les préfaces dont nous parlons étaient sorties de sa plume. En effet, non-seulement ces préfaces sont écrites dans un style généralement mau-

---

[1] Voyez *Edda Sæmundar hins fróda*, t. I, p. XIV, édit. Copenhag.

vais, mais encore elles ne nous font pas trop présumer de l'érudition de l'auteur, puisqu'elles n'énoncent pour la plupart que ce qui se trouve déjà clairement exprimé ou suffisamment indiqué dans les poëmes eux-mêmes. Il y a plus : toutes les fois qu'il arrive à l'auteur des préfaces d'énoncer des faits ou de raconter des circonstances qui ne sont pas déjà indiquées par le poëte, il laisse voir son incapacité, en manquant le véritable point de vue du poëme. Conclusion : comme il est impossible d'admettre que *Sæmund le savant* soit l'auteur de ces préfaces, il est également impossible d'admettre qu'il soit l'auteur du recueil, puisque celui qui a fait le recueil a aussi fait les préfaces.

Passons à d'autres preuves. Si le prêtre Sæmund avait laissé parmi ses écrits cette Edda qu'on lui attribue, cet ouvrage aurait certainement attiré l'attention des savants islandais, et les écrivains n'auraient pas manqué de le citer fréquemment. Or le célèbre *Snorri Sturlason*, qui florissait au commencement du xiiie siècle, et qui était à la fois historien classique, poëte distingué et premier magistrat en Islande, ne connaissait pas le recueil qu'on attribue à Sæmund; il ne le cite dans aucun de ses écrits, bien qu'il eût eu souvent occasion de parler de cet ouvrage s'il l'avait connu, et il l'eût certainement connu si le recueil avait existé. Ce qui prouve encore que Snorri n'a jamais eu en main le recueil en question, c'est que les citations qu'il fait des anciennes poésies nous présentent souvent des leçons toutes différentes de celles qu'on trouve dans l'Edda : de plus, Snorri semble aussi avoir ignoré l'existence de quelques poëmes qui font partie de ce recueil; enfin il a ignoré jusqu'au nom d'*Edda* qu'on ne trouve dans aucun de ses ouvrages. Par tout ce que nous venons de dire, nous croyons être en droit d'admettre que l'Edda en vers, loin d'avoir été composée par Sæmund, n'a pas même existé du temps de Snorri, mort en 1241. C'est chose digne de remarque, que le nom d'Edda ne se trouve dans aucun écrit avant le xive siècle; et encore ce nom cité dans deux poëmes de cette époque ne prouve-t-il rien pour l'existence de l'Edda de Sæmund : car, si dans le célèbre poëme intitulé *Lilia* (le Lis), qu'on attribue à Eystein Arngrimsson, 1360, les préceptes poétiques sont appelés *Eddu-reglur* (règles de l'Edda), et si dans le poëme d'Arnas Ionsson, florissant vers 1370, l'art poétique est appelé *Eddu-list* (l'art de l'Edda), il est évident qu'il ne s'agit pas ici de l'Edda en vers attribuée à Sæmund, mais de l'Edda en prose que nous connaissons sous le nom de *Snorra-Edda*. Ce dernier recueil fut composé à la fin du xiiie siècle par un grammairien islandais qui voulut faire un traité de rhétorique, de métrique et de poétique. Il donna à son recueil le nom d'*Edda* (aïeule), sans doute parce que ce livre renfermait d'anciennes traditions mythologiques que les personnes âgées prenaient pour sujet de leurs entretiens dans les longues veillées d'hiver. Comme cette Edda se composait surtout d'opuscules sortis de la plume de Snorri, on pouvait donner à ce livre le nom plus explicite de *Snorra-Edda*. Mais quant au recueil attribué à Sæmund, il nous semble qu'il a été composé à peu près vers la même époque que la *Snorra-Edda*, c'est-à-dire à la fin du XIIIe ou au commencement du XIVe siècle. Tous les résultats des recherches que nous avons faites jusqu'ici et que nous venons d'exposer, confirment cette opinion; et pour la corroborer encore davantage nous ajouterons les considérations suivantes. Dès le commencement du XIIe siècle, il s'était développé en Islande un esprit littéraire très-actif; non-seulement on commença à écrire l'histoire et à traduire des livres latins, on eut aussi soin de recueillir de la bouche du peuple les traditions et les poésies anciennes. L'usage de l'écriture latine introduit au commencement du XIIIe siècle, favorisa ce mouvement littéraire, et les clercs se mirent avec zèle à composer des recueils de Sagas, de lois, de poésies et de traités philologiques [1]. Aussi les manuscrits les plus anciens qui nous restent des monuments littéraires scandinaves sont-ils de cette époque; ils ne remontent guère au delà du XIIIe siècle; *tels* sont notamment le *Codex regius* et le *Fragmentum menbraneum* de l'Edda en vers. C'est donc encore une raison de plus qui nous fait croire que l'Edda attri-

---

[1] Voyez *Um Látinu-stafrofit*, p. 274, 275.

buée à Sæmund a été composée à la fin du xiiiᵉ ou au commencement du xivᵉ siècle, puisque les plus anciens manuscrits de cette Edda ne remontent pas au delà de cette époque, et que, comme nous venons de le dire, c'est dans ce temps qu'on était plus particulièrement porté à faire des recueils.

L'une et l'autre Edda appartenant à peu près à la même époque, il nous reste à déterminer laquelle des deux est la plus ancienne. Notre opinion à ce sujet paraîtra peut-être paradoxale ; cependant nous devons la soumettre à l'examen des savants. L'Edda de *Snorri* nous semble avoir été composée avant l'Edda de *Sæmund*, et voici les raisons sur lesquelles nous croyons pouvoir nous fonder. En comparant l'introduction en prose du poëme Lokasenna avec le chapitre xxxiii du traité *Skaldskaparmâl* dans la *Snorra-Edda*[1], on est frappé de trouver quelques circonstances rapportées en termes presque identiques dans l'un et l'autre écrit. Cette identité ne saurait être fortuite ; on découvre aisément que l'auteur de la préface a emprunté ces particularités au Skaldskaparmâl. En effet, ces détails rapportés sont bien à leur place dans le traité de Snorri, tandis qu'ils sont déplacés dans l'introduction dont nous parlons[2]. De là on peut induire que l'auteur

---

[1] *Snorra-Edda*, p. 129, édit. de Rask.

[2] Snorri pouvait très-bien dire : *thôrr var eigi thar, hann var farinn î austrveg*, parce que deux lignes auparavant il avait dit qu'OEgir avait invité *tous* les Ases ; l'auteur devait donc justifier l'absence de Thor. Mais

de l'introduction ou l'auteur du recueil attribué à Sæmund, a eu entre ses mains la Snorra-Edda. Car ce qui nous porte à croire que ces emprunts ont été faits dans le temps que le Skaldskaparmâl faisait déjà partie de la Snorra-Edda, c'est que l'auteur de l'introduction doit avoir connu ce dernier livre, puisqu'il en a très-probablement emprunté le nom d'*Edda* qu'il a donné à son recueil de poésies. En effet on ne saurait nier que ce nom ne convienne mieux aux narrations en prose qu'à un recueil de poésies, et, par conséquent, nous devons croire qu'il a été donné originairement à la *Snorra-Edda* et que plus tard seulement il est devenu, par imitation, le titre du recueil de poésies. Comme la première Edda portait le nom de *Snorri*, la seconde reçut celui de *Sæmund,* soit que l'auteur du recueil crût réellement que les poésies avaient été composées par Sæmund, ou qu'il voulût

---

dans la préface, les mots *thôrr kom egi thvîat han var i austrvegi,* n'ont pas le même à-propos. Snorri dit très-bien : *thâ lèt OEgir bera inn.... lysigull that er birti ok lysti höllina sem eldr,* puisqu'il ajoute *sem i Valhöllu voru sverdin firir elld;* mais dans la préface la phrase *thar var lysigull haft fyr eldliôs,* ne s'explique que par ce qui est dit dans *Skaldskaparmâl.* Dans Snorri, le récit de la mort de Fimafengr est parfaitement à sa place; mais dans la préface il est tellement déplacé qu'il nous fait perdre le véritable point de vue sous lequel le poëme doit être envisagé. Enfin quand Snorri dit : *vannz allt siâlft, etc.* il rapporte fidèlement la tradition mythologique; mais quand l'auteur de la préface dit : *siâlft barsk thar öll,* il est en contradiction manifeste avec ce qui est rapporté dans le poëme; car nous y voyons Loki demandant à boire, Vidarr et Beyla remplissant les coupes, etc. etc.

simplement mettre à la tête de son livre un nom qui ne fût pas moins illustre que celui de Snorri.

§ III.
DU GENRE DE POÉSIE AUQUEL APPARTIENNENT LES POËMES DE L'EDDA.

Le genre de poésie auquel appartiennent les poëmes de l'Edda est le genre épique. La poésie épique est essentiellement narrative, elle raconte l'histoire des héros. Elle choisit de préférence ses sujets dans les anciennes traditions parce qu'elles se prêtent mieux aux ornements et aux fictions poétiques que les événements plus récents et l'histoire contemporaine. Les traditions anciennes qui peuvent devenir des sujets de poésie épique, sont, généralement parlant, de deux espèces que nous voulons désigner par les noms de *traditions épiques mythologiques* et *traditions épiques héroïques*. Les premières doivent être considérées comme les plus anciennes : elles se rapportent à la mythologie proprement dite, c'est-à-dire à la cosmogonie, à la théogonie, aux œuvres et aux actions attribuées aux dieux. Les secondes, en général moins anciennes, tiennent le milieu entre la fiction et la vérité, entre la fable et l'histoire. Elles nous représentent des héros qui appartenaient primitivement à l'histoire, mais que la tradition poétique a rattachés à la mythologie en les métamorphosant en *demi-dieux*, ou dieux du second ordre. Les deux espèces de traditions que nous venons de distinguer se trouvent le plus souvent confondues et mêlées ensemble dans les poëmes épiques des différentes nations. Ce mélange se fait d'autant plus aisément que ces traditions ne diffèrent pas essentiellement entre elles quant à leur origine et à leur nature, mais seulement quant à leur ancienneté. Dans l'Edda, ces deux espèces de traditions forment deux classes de poëmes épiques très-distinctes. Ceux de la première classe, au nombre de quinze à dix-sept, composent la première partie du recueil attribué à Sæmund. Ils traitent des sujets purement mythologiques où les dieux seuls sont représentés avec leurs différentes passions. Les poëmes de la seconde partie, au nombre de vingt à vingt-deux, sont évidemment moins anciens que les précédents, et ils nous montrent au milieu des images et des ornements de la poésie la tradition historique encore toute pure. Dans ces poëmes, ce ne sont pas les dieux et les déesses qui occupent la scène, ce sont des héros et des héroïnes, personnages originairement historiques, mais devenus plus ou moins fabuleux dans la tradition et la poésie.

§ IV.

DE LA FORME NARRATIVE ET DE LA FORME DRAMATIQUE DES POËMES DE L'EDDA.

Les trois poëmes que nous publions sont tirés de la première partie de l'Edda; tous les trois appartiennent donc, par les sujets qu'ils traitent, à la mythologie proprement dite.

Si d'un côté il y a de grands rapports de ressemblance entre les poëmes Völuspâ, Vafthrûdnismâl et Lokasenna, en ce que tous les trois appartiennent au même genre de poésie épique, on remarque d'un autre côté une différence sensible entre eux, dans la forme ou la manière dont les sujets y sont mis en scène. Ainsi, dans Völuspâ, c'est le récit épique ou la narration qui domine presque exclusivement; dans Vafthrûdnismâl, au contraire, il y a déjà une tendance prononcée à remplacer la narration par le dialogue; enfin, dans Lokasenna, le dialogue se trouve établi du commencement jusqu'à la fin du poëme, non-seulement entre deux personnes, mais encore entre plusieurs interlocuteurs. Ainsi nous voyons la poésie épique prendre dans Vafthrûdnismâl et Lokasenna la forme de la poésie dramatique.

Ce phénomène remarquable de la transition du récit épique au dialogue dramatique ne doit pas nous surprendre dans la littérature scandinave, puisque nous le remarquons également dans toute littérature qui s'est formée et développée indépendamment de toute influence étrangère. Chez les Hindous comme chez les Grecs, nous voyons le drame naître du récit et se former presque à la suite de l'épopée. Si à Rome les poëtes dramatiques précèdent les poëtes épiques, c'est que la littérature romaine ne s'est pas développée par elle-même. Les Romains étaient les imitateurs des Grecs, et il leur a été plus facile d'imiter d'abord les drames de leurs maîtres avant d'imiter leurs épopées. Au contraire, lorsque dans le moyen âge les peuples de l'Europe, par leur ignorance même, étaient réduits exclusivement aux ressources de leur propre génie, n'a-t-on pas vu les *mystères* qui, sous plus d'un rapport, formaient ce qu'on pourrait appeler la poésie épique chrétienne, donner le premier essor à l'art dramatique des nations modernes? Il est d'ailleurs conforme à la nature que le drame naisse de l'épopée dont il diffère bien moins par le fond que par la forme. En effet, nous voyons que les sujets des tragédies grecques et des drames indiens sont empruntés pour la plupart aux temps héroïques et mythologiques qui ont également fourni les sujets des épopées. La narration de l'épopée peut même prendre quelquefois la forme du drame; car de même que l'orateur se plaît à remplacer une description par une brillante hypotypose, de même il arrive aussi que le poëte épique, au lieu de raconter les actions, fait parler et agir ses héros devant nous, et qu'à la place d'un récit il met une scène. Mais du moment que la narration est remplacée par le dialogue, et que le poëte se dérobe, pour ainsi dire, derrière le personnage qu'il fait parler, la transition de l'épopée au drame commence, ou plutôt elle s'est déjà opérée. C'est à cause de la facilité avec laquelle cette transition se fait, qu'on voit quelquefois dans le même poëme épique la forme du drame employée à côté de la narration. Qu'on compare par exemple les deux épopées sanscrites, le *Râmâyana* et le *Mahâbhârata*. Dans le premier de ces poëmes, tout est encore, comme dans Homère, dit et présenté sous forme de narration; les discours sont rapportés comme les faits, et le lecteur ne perd jamais de vue le poëte racontant les aventures de son héros. Au contraire, dans le Mahâbhârata, qui est une épopée moins ancienne, le poëte disparaît quelquefois derrière les personnages qu'il met en scène; et si les interlocuteurs n'étaient pas chaque fois annoncés et pour ainsi dire introduits avec la formule ordinaire : un tel *a dit,* on s'imaginerait que c'est un drame ou un dialogue qu'on lit, et non la narration épique du poëte qui rapporte les discours des héros de son épopée. Cette transition du récit au dialogue se montre encore plus clairement dans nos deux poëmes *Vafthrûdnismâl* et *Lokasenna*. Dans le premier, il n'y a qu'une seule strophe, la cinquième, qui nous avertisse que c'est le poëte qui parle; tout le reste du poëme est un dialogue entre les personnages mis en scène. Dans Lokasenna, tout est dialogué du commencement jusqu'à la fin; seulement les interlocuteurs sont annoncés comme dans l'épopée indienne, par les mots : un tel *a dit;* et encore ces mots paraissent-ils être une interpolation faite par l'auteur du recueil ou par quelque copiste [1].

Nous avons insisté sur le rapport qu'il y a entre la

[1] Voyez l'introduction au poëme *Lokasenna*.

poésie épique et la poésie dramatique, d'abord pour faire voir comment les différents genres de poésies naissent les uns des autres, et ensuite pour montrer que les Islandais n'avaient qu'à faire un pas de plus pour arriver au drame proprement dit. S'ils n'ont pas fait ce pas, il le faut attribuer, moins au manque de génie qu'aux circonstances défavorables dans lesquelles ils se sont trouvés. En effet, pour faire naître l'art dramatique, c'est peu de composer des drames, il faut les représenter. Mais le moyen d'avoir un théâtre, quelque mesquin qu'il fût, dans une île pauvre comme l'Islande et dont les habitants devaient garder par nécessité, si ce n'était par goût, la plus grande simplicité dans leurs mœurs et dans leurs amusements ?

§ V.

DES SUJETS MYTHOLOGIQUES TRAITÉS DANS LES POËMES DE L'EDDA.

Après avoir parlé du genre de poésie auquel appartiennent les chants de l'Edda, il nous resterait maintenant à examiner les sujets traités dans les poëmes épiques scandinaves ; et comme ces sujets sont pour la plupart mythologiques, on s'attend peut-être à trouver dans cette introduction un aperçu de la mythologie du Nord. Mais comme nous ne devons traiter ici que d'une manière générale les questions qui se rapportent plus ou moins directement à notre sujet, nous ne pouvons entrer dans des détails qui nous feraient perdre de vue notre but principal [1].

D'ailleurs comment donner de la mythologie un exposé rapide qui satisfasse aux justes exigences de la science? Ce n'est que de nos jours qu'on commence à rassembler les matériaux et à les mettre en ordre d'après des principes scientifiques. Un travail sur l'ensemble des mythes sera seulement le résultat de l'explication juste et complète de tous les monuments qui nous restent des anciens peuples teuto-gothiques. Il y a plus : un aperçu général de la mythologie où l'on laisserait de côté les détails et qui satisfît en même temps à la science, est impossible à donner, d'abord parce que la véritable science tient autant aux détails qu'aux généralités, et ensuite parce que la mythologie n'est pas un système dont on puisse indiquer les principaux traits et tracer seulement les contours ou les linéaments. La mythologie, il faut le dire, ne saurait être un tout systématique, déterminé dans son plan et limité dans ses parties, parce qu'elle n'est pas une production qui soit sortie toute formée du sein d'une seule idée-mère ; mais elle est née successivement et s'est développée peu à peu, presque comme au hasard, sous l'influence d'idées très-diverses, le

---

[1] Si l'on veut se contenter d'une simple notice sur la mythologie scandinave, on trouvera de quoi satisfaire sa curiosité dans le livre de Mallet, intitulé *Edda*, ou Monuments de la mythologie et de la poésie des anciens peuples du Nord ; Genève, 1787, 3ᵉ édit.

plus souvent indépendantes elles-mêmes de tout système déterminé : c'est pourquoi elle n'exclut pas les contradictions qui sont les ennemies jurées des systèmes et n'empêche point les accroissements démesurés ou disproportionnés que certaines parties de l'ensemble peuvent prendre sur les autres parties. Pour développer davantage ces vérités, qui, ce nous semble, ne sont pas encore généralement senties, qu'il nous soit permis d'entrer dans quelques courtes considérations sur la mythologie en général et sur la manière de la traiter.

CHAPITRE III.

CONSIDÉRATIONS SUR LA MYTHOLOGIE ET SUR LA MANIÈRE DE LA TRAITER.

§ I.

DES DIFFÉRENTES OPINIONS SUR LA NATURE DE LA MYTHOLOGIE.

Il n'y a peut-être pas de sujet de science sur lequel les érudits se soient formés des notions aussi différentes les unes des autres, des idées aussi incomplètes et souvent aussi erronées que sur la mythologie.

En effet, les uns l'envisageant sous le point de vue purement théologique, n'y voient que les systèmes religieux des peuples anciens, ou la doctrine des croyances du paganisme. Considérée de cette manière, la mythologie ne se présente que comme un tissu d'erreurs, de mensonges et d'impiétés, et c'est à bon droit que l'orthodoxie la regarde comme une supercherie faite au genre humain par le génie du mal.

Les autres, méconnaissant dans la mythologie l'élément religieux, n'y voient réellement que de la poésie, de la fiction, une création toujours arbitraire, souvent plaisante et quelquefois bizarre de l'imagination poétique. Comme telle, on la juge naturellement digne d'être étudiée, à l'égal de tant d'autres choses dont la connaissance contribue à notre amusement, et l'on accorde bien qu'elle mérite notre attention, parce qu'on en parle si souvent dans les livres des anciens et des modernes. C'est dans ces vues et d'après cette idée qu'on dirait rédigés la plupart des abrégés de mythologie à l'usage des colléges et des pensionnats de jeunes demoiselles.

D'autres enfin semblent s'imaginer que la mythologie n'était faite que pour cacher sous la forme du symbole et sous l'image de l'allégorie la sagesse, le profond savoir et les mystères de l'antiquité. Sous ce point de vue, les opinions ne diffèrent que par rapport à l'espèce de science qu'on dit être renfermée dans le système mythologique. Selon les uns, ordinairement amateurs de la philosophie, c'est la métaphysique; selon les autres, qui ont étudié le mouvement du ciel, c'est l'astronomie; et si l'on en croit ceux qui sont initiés aux sciences naturelles, c'est la physique mécanique qui forme la base de la mythologie : et voilà que tous s'étudient à expliquer les mythes d'après leur système et leur opinion individuelle, et que chacun met en œuvre une érudition vraiment prodigieuse pour trouver dans ces mythes la clef qui doit nous ouvrir le sanctuaire des connaissances occultes de la Celtique et de la Scandinavie, de la Grèce et de l'Égypte, de la Scythie et de l'Iran, de l'Inde et de la Chine. Y a-t-il à s'étonner après cela si, en voyant les opinions contradictoires des érudits, l'homme d'un jugement sain se défie des ouvrages sur la mythologie comme l'on se défierait des sciences alchimiques ou astrologiques ?

§ II.

DES DIFFÉRENTES ESPÈCES DE MYTHES.

Pour savoir ce que c'est que la mythologie, il faut se demander comment elle s'est formée, il faut remonter à son origine, la suivre pas à pas dans son développement progressif et rassembler, aux diverses époques de sa formation, les différents éléments qui sont entrés successivement dans sa composition. Si, en suivant cette marche, en remontant dans l'histoire des nations aussi haut qu'il est possible, nous examinons sans esprit de système les monuments où nous puisons la connaissance des mythes; si nous étudions ces monuments dans l'ordre chronologique, en portant notre attention sur les détails et les particularités de chacun séparément, et en expliquant chaque mythe par lui-même, sans recourir aux explications fournies par d'autres mythes, sauf à les réunir ensuite et à les considérer dans leur ensemble, voici à peu près comment nous nous expliquerons la nature, l'origine et la formation de la mythologie.

Avec l'enfance des sociétés commence l'histoire, naissent les traditions; ces traditions s'altèrent, se dénaturent en passant de bouche en bouche, d'une génération à l'autre. L'esprit de l'homme, naturellement porté au merveilleux, au gigantesque, au sublime, et dominé qu'il est par une imagination vive et fantasque, grossit, exagère et embellit les traditions de l'histoire. Alors les héros se changent en demi-dieux, en dieux, leurs actions en prodiges. Ce qui était historique dans le principe appartient maintenant autant à la fable qu'à l'histoire. De là une première espèce de mythes qu'on peut appeler *mythes historiques,* parce qu'ils reposent dans l'origine sur *l'histoire traditionnelle.*

Lorsque la société est plus avancée dans la civilisation et que la religion s'est alliée aux traditions anciennes, alors la poésie, au service de la religion, et se confondant avec elle, commence à se développer. Le poëte emprunte les sujets de ses chants à l'histoire traditionnelle de sa nation. Cette première poésie est de sa nature toujours plus ou moins épique, car elle raconte les hauts faits et les événements mémorables de l'antiquité; mais elle les raconte dans l'intention de plaire, d'intéresser et d'émouvoir, embellissant ce qui a besoin d'ornement, retranchant ce qui déplairait, enchaînant ce qui paraîtrait décousu et façonnant le tout pour en former un ensemble poétique plein de charmes, de goût et d'intérêt. Cet arrangement poétique des traditions, ou ces transformations qu'on leur fait subir pour les rendre plus propres à devenir des sujets de poésie, occasionnent et nécessitent la création d'un grand nombre de mythes qui ont leur unique source dans l'imagination du poëte. C'est pourquoi cette seconde espèce de mythes peut être convenablement désignée sous le nom de *mythes poétiques*.

Lorsque dans la suite, par différentes circonstances, surtout par la réunion politique des peuplades en un corps de nation, le mélange des traditions de famille et de tribu a pu s'opérer, la science encore novice de l'époque, entreprend de classer, de coordonner, de mettre en système les différentes traditions, de concilier habilement ce qui se contredit en elles, et surtout de préciser les rapports qui devront exister entre les différentes divinités, jadis adorées séparément, et maintenant réunies en une société, en un corps de famille. La philosophie, encore toute jeune et présomptueuse, commence à agiter les grandes questions sur l'origine des choses. Le poëte, à la fois philosophe et prêtre, crée avec hardiesse une cosmogonie et une théogonie. C'est alors que commence une nouvelle période pour la mythologie qui, dès ce moment, prend un caractère plus systématique. Elle ne se compose plus seulement des traditions historiques et religieuses de quelques familles, elle forme maintenant l'origine de l'histoire et la base des croyances de toute une nation; c'est un système religieux entremêlé de poésies, de théories philosophiques et scientifiques de toute espèce. Mais par cela même que la mythologie devient plus complexe et plus systématique, elle change de nature et perd en grande partie son caractère primitif. En effet, la nature de la mythologie consistait jusqu'ici dans le développement progressif, spontané et organique de ses parties, lequel se faisait presque sans le secours de la réflexion. Maintenant, au contraire, ce n'est plus la tradition ou l'histoire traditionnelle qui engendre peu à peu les mythes, c'est la réflexion, la science qui les invente tout d'un coup, et en vue d'un système déterminé. La philosophie, cachant ses vérités et ses maximes sous l'image du symbole et sous le voile de l'allégorie, les introduit dans la mythologie ou dans le système des croyances religieuses. L'astronomie et l'astrologie produisent tour à tour un nombre infini de mythes, et la physique, personnifiant les forces de la nature, les fait agir sous le nom et la figure de quelque divinité. L'histoire même semble vouloir se compléter par des mythes; comme si elle avait besoin de suppléer au défaut de tradition et de documents, elle s'appuie sur l'explication étymologique de quelques noms propres pour construire une histoire imaginée à la place de l'histoire véritable. En général, il n'y a peut-être pas de mythologie qui ne renferme un grand nombre de mythes symboliques, astronomiques, physiques et étymologiques, que tous on peut comprendre sous le nom de *mythes scientifiques*, parce que tous doivent leur origine à la réflexion ou à la science.

§ III.
COMMENT ON PEUT DISTINGUER LES DIFFÉRENTES ESPÈCES DE MYTHES.

Par l'exposé rapide que nous venons de faire, on a pu se convaincre que les mythes ne sont pas tous de la même espèce; tous par conséquent ne doivent ni être envisagés ni être expliqués de la même manière. On comprendra qu'il serait ridicule de chercher un sens profond et métaphysique dans des mythes d'imagination; de prendre les fictions du poëte pour des allégories ou des symboles, et des mythes étymologiques pour de l'histoire véritable. Il importe donc avant tout de bien savoir distinguer les différentes espèces de mythes.

Quels sont, demandera-t-on, les signes auxquels on peut reconnaître ces différentes espèces? quelles sont les règles à suivre pour ne pas les confondre et pour se garantir de toute erreur? A cela on doit répondre qu'on ne saurait donner des règles assez explicites pour prévenir toute erreur, et assez nombreuses pour résoudre tous les problèmes ; que le seul moyen de trouver la vérité, c'est d'avoir beaucoup de jugement et un tact sûr, puisque celui qui en sera doué y puisera facilement toutes les instructions et toutes les règles qui doivent le diriger dans ses travaux et le préserver de toute méprise. Il est du reste moins difficile qu'on ne le croirait de savoir distinguer les différents éléments qui composent la mythologie. Quant à l'élément historique, il suffit souvent de la simple inspection pour découvrir ce qui appartient à l'histoire et ce qu'il faut reléguer parmi les fables. En effet, tout ce qui est physiquement impossible, tout ce qui est merveilleux, fantastique, ne saurait être de l'histoire. Il n'y a donc de difficultés que lorsqu'il s'agit de séparer dans le mythe ce qui est de l'histoire pure de ce qui n'en est qu'une enveloppe ou un ornement poétique. Dans ce cas, la connaissance parfaite du génie de la nation et du génie de sa poésie, nous mettra suffisamment en état de distinguer la réalité historique d'avec l'invention fabuleuse. Comme, de nos jours, par un excès de scepticisme ou par une opinion erronée sur l'esprit de l'antiquité, on traite trop légèrement de fable tout ce qui est raconté dans les poésies des anciens, il ne sera peut-être pas inutile de dire que les anciens, quelque dominés qu'ils aient été par leur imagination, ont cependant moins que les nations modernes, traité des sujets purement fictifs, et que leur poésie repose bien plus souvent que la nôtre sur des données historiques, ou du moins sur des traditions plus ou moins anciennes. Cette vérité, quelque paradoxale qu'elle paraisse d'abord, se trouve constatée quand on compare les poésies des anciens peuples de l'Asie et de l'Europe avec les poésies des nations modernes; et d'ailleurs elle s'explique et se confirme par cette considération philosophique, que plus l'homme est encore près de son enfance ou de son état primitif, moins il lui est possible de sortir, par la pensée, de la réalité qui l'entoure, pour entrer dans le monde fabuleux de l'imagination. On aurait donc tort de méconnaître dans la mythologie l'élément historique et de ne lui pas faire une assez large part; mais on conçoit que cet élément ne peut se trouver que dans les mythes les plus anciens, parce que, plus tard, lorsqu'on commença à écrire l'histoire, le mythe et la tradition historiques devinrent non-seulement inutiles, mais à peu près impossibles. Il est donc à remarquer que les mythes les plus récents reposent rarement sur une base historique, mais plus souvent sur les théories créées par les sciences et la philosophie et cachées par les poëtes, sous la forme du symbole et de l'allégorie. Les mythes que nous avons nommés *mythes allégoriques* et *symboliques*, ne sont pas plus difficiles à reconnaître et à distinguer que les autres espèces : l'œil exercé les discerne sans peine, et l'esprit sagace en trouve facilement l'explication.

§ IV.

DE LA MANIÈRE DE TRAITER LA MYTHOLOGIE.

Les différentes espèces de mythes une fois reconnues, il s'agit de les réunir et de les présenter dans leur ensemble. Le plan à suivre dans ce travail est indiqué clairement par la nature du sujet que nous voulons traiter. En effet, la mythologie s'étant formée peu à peu, il faut l'exposer selon l'ordre des temps, depuis sa formation et son développement progressif jusqu'à son entier achèvement, et distinguer par conséquent plusieurs périodes dans lesquelles les mythes se sont de plus en plus agglomérés, modifiés et généralisés. Ce plan, à la fois naturel et simple, a le grand avantage de mettre d'abord toute chose à la place qu'elle occupait primitivement, et de montrer ensuite comment tout s'enchaîne et se tient, même ce qui se contredit; comment tout est important et essentiel, même ce qui paraît être un accessoire ou un détail insignifiant, et enfin comment il peut y avoir un ensemble bien ordonné sans qu'il y ait pour cela un système raisonné.

Ce n'est point ici le lieu de traiter la mythologie scandinave d'après les vues et le plan que nous venons d'indiquer; l'exposé de l'ensemble de la mythologie ne doit pas servir d'introduction à l'explication des sources mythologiques, mais il doit être le résultat de cette explication. Nous n'avons à faire ici qu'un travail préparatoire ; il s'agit pour nous de dresser en quelque sorte l'inventaire des mythes, à mesure que nous les trouverons dans les monuments littéraires des Scandinaves. Nous expliquerons donc successivement les différents chants de l'Edda, en tâchant de ne pas confondre et entremêler les diverses traditions mythologiques qu'ils renferment. Loin d'être étonné ou choqué des contradictions qui pourront se montrer dans l'ensemble des mythes, nous les verrons au contraire avec plaisir, sachant que plus il y a de contradictions dans une mythologie, plus c'est une preuve qu'elle n'a été ni contrariée ni gênée dans sa vie et son développement spontané par l'esprit de système et les théories raisonnées. Nous n'emprunterons rien à telle tradition pour l'ajouter à telle autre dans le but de compléter cette dernière, de l'amplifier et de l'expliquer. Nous ne nous hâterons pas non plus de comparer les mythes des Scandinaves avec ceux des autres nations et de chercher des analogies dans les détails des récits, convaincu que nous sommes, que l'on n'emploie avec succès la méthode comparative qu'après avoir bien examiné chaque chose séparément et avoir reconnu parfaitement la nature des termes que l'on veut faire entrer en comparaison. Sans avoir trop de confiance dans les explications suggérées par une étymologie hasardeuse et souvent erronée, nous ne négligerons point cependant de profiter des ressources de la philologie, pour trouver dans la signification des noms mythologiques, quelques éclaircissements et quelques renseignements utiles; car, on ne saurait nier, puisque M. J. Grimm l'a si bien démontré par le fait[1], que les mots contiennent quelquefois dans leur étymologie des témoignages historiques non-seulement sur les choses qu'ils désignent, mais encore sur des époques très-anciennes dont il ne reste souvent d'autre document que celui qui est tiré de l'existence et de la signification de ces mots mêmes. Nous espérons que les résultats de ce travail préliminaire joints à d'autres déjà obtenus par le zèle d'illustres érudits[2], fourniront un jour à quelque savant les matériaux nécessaires pour composer un ouvrage où l'on n'expliquera pas seulement la mythologie scandinave, mais où l'on indiquera aussi les rapports qu'il y a entre les mythologies des différents peuples de l'antiquité. Cet ouvrage sera, nous n'en doutons pas, du plus haut intérêt pour le philosophe, qui y verra l'esprit humain se manifestant dans la mythologie sous mille formes diverses; pour le théologien, qui y apprendra à connaître l'origine et le caractère distinctif des religions non ré-

[1] *Deutsche Mythologie,* Göttingen, 1835.

[2] Le principal ouvrage que nous ayons sur la mythologie scandinave est le *Lexicon mythologicum,* rédigé par l'illustre savant, M. Finn Magnussen. Ce livre se distingue surtout par l'érudition prodigieuse que l'auteur y a déployée. Un autre ouvrage qui a un mérite tout différent de celui du Dictionnaire mythologique est le livre intitulé : *der Mythus von Thór;* le célèbre poète allemand M. Louis Uhland en est l'auteur; il y explique les mythes sur Thor d'une manière ingénieuse et naturelle.

vélées; pour l'historien, qui trouvera dans les mythes d'anciennes traditions historiques remontant quelquefois jusqu'aux premiers âges des nations; enfin, pour le poëte et l'artiste, qui verront le génie poétique de l'antiquité se manifestant avec le plus d'éclat et de vivacité dans les fictions toujours agréables, souvent instructives et quelquefois sublimes de la mythologie païenne.

Après avoir discuté des questions qui se rapportent exclusivement au contenu ou à la matière des poésies scandinaves, nous présenterons maintenant quelques considérations sur des sujets qui tiennent uniquement à l'extérieur ou à la forme de ces poésies. Nous parlerons successivement de la langue, de la prosodie et de la versification islandaise.

CHAPITRE IV.

EXAMEN PHILOLOGIQUE DE LA LANGUE ISLANDAISE.

§ I.

DES DIFFÉRENTS SYSTÈMES D'ORTHOGRAPHE SUIVIS DANS LES MANUSCRITS ISLANDAIS ET LES ÉDITIONS DE L'EDDA.

Notre intention ne saurait être de faire ici une analyse complète de la langue, et nous nous croirions même dispensé d'entrer dans aucun examen philologique, si l'état de la grammaire islandaise n'était pas

CHAPITRE IV. 39

tel, que l'orthographe des mots est encore aujourd'hui, dans beaucoup de cas, quelque peu incertaine. C'est donc en partie dans le but de contribuer à lever l'incertitude qui règne dans l'orthographe, que nous nous livrons à cet examen philologique, en partie aussi pour justifier l'orthographe que nous avons adoptée nous-mêmes en transcrivant les textes que nous publions.

La seule règle qu'on croit pouvoir donner toutes les fois qu'il s'agit d'orthographe, c'est de suivre l'usage pour les langues vivantes, et les manuscrits pour les langues mortes. Reproduire exactement l'orthographe des manuscrits, ce serait donc à nous notre unique tâche et notre seul devoir [1]. Cependant la règle indiquée, quelque juste et rigoureuse qu'elle soit en diplo-

[1] Il n'est pas inutile de rappeler ici quelques principes qu'on devrait toujours suivre quand on publie, d'après des manuscrits, le texte de quelque monument littéraire du moyen âge. Si un texte de philologie est publié pour la *première* fois, il doit, selon nous, être une copie exacte du manuscrit, pour qu'on puisse travailler sur ce texte comme l'on ferait sur le manuscrit lui-même, et préparer ainsi une seconde édition qui sera une édition critique. Rien n'est si nuisible à la philologie que les textes où l'on s'est permis de faire des changements aux mots pour rajeunir, comme on dit, le langage et mettre de l'uniformité entre l'orthographe du manuscrit et l'orthographe actuellement en usage. En second lieu, si l'on a à sa disposition plusieurs manuscrits, il ne faut pas les suivre tous à la fois ; il ne faut suivre, dans le texte, que celui d'entre eux qui paraît être le meilleur, et avoir soin de mettre en note les leçons des autres manuscrits, avec indication de celle qui semble devoir être préférée. Nous avons rappelé ce dernier principe surtout parce qu'il doit aussi trouver son application toutes les fois que les manuscrits d'un texte suivent des systèmes d'orthographe différents.

matique, ne nous semble pas avoir autant d'autorité et de justesse en philologie; car il doit être permis au philologue qui envisage bien moins la langue écrite que la langue parlée, de corriger l'orthographe vulgaire dès qu'il lui est prouvé que la langue, telle qu'on l'a écrite, ne correspond pas assez exactement avec la langue telle qu'on doit l'avoir parlée. Il y a plus : la règle devient même impossible à observer dans beaucoup de cas; car comment la suivre si les manuscrits qui doivent nous guider diffèrent entre eux dans l'orthographe, ou, ce qui est plus fâcheux encore, si dans le même manuscrit les mêmes mots se trouvent écrits de plusieurs manières? Alors évidemment cette prétendue autorité positive de l'orthographe vulgaire et de l'usage suivi dans les manuscrits nous laisse dans le doute, et nous sommes obligés, pour sortir de l'incertitude, de recourir au raisonnement ou à la critique, qui sont, en toutes choses, les seuls juges en dernier ressort.

On a, il faut le dire, beaucoup exagéré les inexactitudes et les défauts des manuscrits, surtout de ceux qui renferment les monuments littéraires des langues du moyen âge. On a bien souvent pris pour des irrégularités dans l'orthographe, les différences qu'on y a établies à dessein pour marquer la différence des dialectes ou des formes de la langue à telle ou telle époque; et ce qu'on devait attribuer à une savante et exacte distinction, on l'a attribué, le plus souvent, à l'ignorance, à l'inattention ou au caprice des copistes. Néanmoins, quelque large part qu'on fasse à la différence des dialectes et des formes de la langue, selon les localités et les époques, toujours y aura-t-il dans beaucoup d'inscriptions et dans beaucoup de manuscrits, des anomalies qu'on ne pourra attribuer qu'à l'incertitude qui régnait dans l'orthographe. Pour s'en convaincre, il suffit de savoir que, par exemple, le mot *eftir* se trouve écrit sur les pierres runiques de vingt-huit manières différentes, et dans les manuscrits des XIIIe et XIVe siècles, ce même mot se présente encore sous dix-sept formes diverses [1]. M. J. Grimm s'est vu dans la nécessité d'abandonner en beaucoup de points l'orthographe des manuscrits allemands; Rask se plaint également de la confusion qui règne dans l'orthographe des mots anglo-saxons, et l'on peut élever la même plainte au sujet des manuscrits vieux français, où souvent, sur la même page, le même mot se trouve écrit de plusieurs manières.

Ces anomalies et ces différences dans l'orthographe, il faut les attribuer d'abord à la difficulté qu'il y avait d'écrire les langues germaniques ou gothiques du moyen âge en caractères empruntés à la langue latine, et ensuite au peu d'habitude qu'on avait d'écrire et de lire des livres en langue vulgaire. L'usage qui naît précisément de la pratique fréquente d'une chose ne pouvait donc pas facilement se fixer dans l'écriture, ni

[1] Voyez *Svensk spraklära utgifven af svenska Akademien*; Stockholm, 1836, page IX.

établir ses règles et faire autorité comme chez nous.

Quant aux manuscrits de l'Edda en vers, il faut convenir que sous le rapport de l'orthographe ils ne sont pas exempts des défauts que nous venons de signaler; non-seulement le *Codex regius* et le *Fragmentum membraneum*, les deux plus anciens manuscrits de l'Edda, ne suivent pas le même système d'orthographe, mais encore ne sont-ils pas toujours conséquents dans le système qu'ils ont adopté. Cette différence dans la manière d'écrire les mots et ces inconséquences ne doivent pas nous étonner; car, comment eût-il été possible avec les connaissances grammaticales si bornées de ces temps, de créer une orthographe parfaite qui est seulement le résultat des plus hautes études philologiques? Cependant les études grammaticales n'ont pas été négligées en Islande; elles y furent cultivées dès le commencement du xie siècle. *Thôroddr le maître ès-runes* (rûnameistari) et le prêtre *Ari le savant* connaissaient Priscien et peut-être encore quelque autre grammairien latin. On appliqua à l'alphabet runique le système grammatical des Romains, et l'on détermina les lettres tant voyelles que consonnes qui se correspondaient dans la langue latine et la langue islandaise. Plus tard, principalement dès la première moitié du xiiie siècle, on abandonna l'écriture runique et l'on commença à se servir généralement de l'écriture latine. Il fallut donc, pour substituer un alphabet à l'autre, comparer

CHAPITRE IV. 43

auparavant les caractères runiques avec les caractères romains, ou en suivant une méthode plus rationnelle mais plus difficile, analyser les sons de la langue même et les exprimer au moyen de l'alphabet latin. Cette analyse de la langue et de l'écriture runique forme le sujet de deux traités qui font partie de la *Snorra-Edda* et qui ont été composés dans la première moitié du xiiie siècle. Le premier traité intitulé *Um látínu-stafrofit* (de l'alphabet latin), a pour auteur un clerc ou prêtre islandais dont le nom ne nous est pas connu. Ce grammairien avait étudié Thôroddr, Ari frôdi et Priscien; il connaissait également l'alphabet anglo-saxon qu'il semble avoir pris pour base de son alphabet islandais. L'autre traité est intitulé *Mál-fræSinnar Grund-völlr* (fondement de la grammaire) et renferme quelques considérations générales sur la langue et une analyse de l'alphabet runique. L'auteur de cet écrit est sans doute *Olaf Thôrdarson* surnommé *Hvitaskald* (le poëte blond); Olaf était neveu de Snorri; pendant les années 1236 à 1240, il vécut à la cour du roi de Danemarck Waldemar II, et mourut en Islande en 1259 [1].

On trouve dans l'un et l'autre de ces traités des observations fines sur la prononciation et l'orthographe; mais principalement la dissertation *de l'alphabet latin* paraît avoir exercé quelque influence sur l'orthographe suivie dans les manuscrits. En effet, on

---

[1] *Knytlinga Saga*, cap. 127.

trouve dans le *Codex regius* et le *Fragmentum membraneum* certaines abréviations qui semblent avoir été empruntées à notre grammairien. Ainsi, par exemple, les manuscrits de l'Edda, au lieu d'écrire les consonnes doubles *nn, rr, kk,* etc. n'écrivent qu'une seule de ces consonnes, mais en caractère majuscule N, R, K, de la même grandeur que les autres lettres minuscules. C'est une manière d'écrire dont l'auteur de notre traité paraît être l'inventeur. Une autre abréviation très-fréquente dans les manuscrits de l'Edda, c'est de désigner *m* et *n* au milieu ou à la fin du mot par un titre ou petit trait placé sur la voyelle, de la même manière qu'en *dévanâgarî* ou écriture sanscrite, on place le point *anusvára* au-dessus de la ligne pour désigner une nasale qui se trouve insérée entre la voyelle et la consonne. Cette abréviation usitée dans les manuscrits de l'Edda, semble aussi avoir été empruntée à notre grammairien, qui de son côté l'a peut-être prise dans les manuscrits anglo-saxons. On trouve même dans l'alphabet de ce grammairien un caractère particulier $ \bar{g} $ qu'il appelle *eng*, et qui doit servir à exprimer en abrégé le son nasal que nous désignons ordinairement par *ng*. Nous pourrions indiquer encore d'autres analogies qu'on remarque entre l'orthographe enseignée dans le traité *de l'alphabet latin* et l'orthographe suivie dans les manuscrits de l'Edda. Mais les exemples que nous avons cités, suffisent pour produire en nous la conviction que le traité grammatical dont nous parlons, a eu quelque influence sur la manière d'écrire les mots dans les livres islandais. Cependant cette influence n'a pas été assez grande pour faire admettre en entier et pour faire prévaloir le système d'orthographe de notre grammairien; car, nous l'avons vu, les manuscrits de l'Edda ne sont pas écrits d'après un système uniforme. Ces anomalies passèrent des manuscrits dans les éditions imprimées de l'Edda, et c'est seulement de nos jours qu'on a songé à rendre uniforme l'orthographe des textes islandais. Rask, dans la première édition de sa Grammaire islandaise, s'attacha principalement à déterminer la valeur phonique des lettres, sans chercher à désigner certaines voyelles par des signes plus convenables. M. Grimm soumit l'alphabet islandais à une nouvelle analyse philologique, il précisa davantage la différence phonique et grammaticale qu'il y avait entre les voyelles, et il l'exprima par des signes mieux choisis et uniformes pour les voyelles correspondantes dans les autres langues germaniques. Cependant le système de transcription des textes islandais, tel qu'il résulte de l'analyse faite par M. Grimm, diffère encore en quelques points de celui qu'avait adopté Rask dans la dernière édition de sa grammaire. C'est une raison de plus, pour nous, de soumettre l'alphabet islandais à un nouvel examen; non que nous ayons la prétention de tout éclaircir par nos observations; mais nous désirons appeler de nouveau l'attention des grammairiens sur des questions qui, selon nous, sont de la plus haute importance en philologie.

§ II.

EXAMEN DES VOYELLES SIMPLES.

C'est une vérité philologique constatée par l'histoire des langues, et confirmée par la paléographie, que *a*, *i*, *u* (prononcez *ou*), sont les seules *voyelles primitives*, et que toutes les autres ne sont que des *voyelles dérivées*. Il n'y a que très-peu de langues qui se soient contentées de ces trois voyelles primitives; la plupart y ont ajouté un plus ou moins grand nombre de voyelles dérivées.

Dans l'islandais ou dans la langue scandinave, nous devons, d'après ce que nous venons de dire, considérer comme primitives, les voyelles *a*, *i*, *u*, avec leurs longues *â*, *î*, *û*, et leurs diphthongues *ai* et *au* (prononcez a-ï, a-ou). Ce sont en effet, si l'on y ajoute encore l'*o*, les seules voyelles qu'on trouve écrites dans l'ancien alphabet runique et sur les plus anciens monuments qui nous restent.

L'*o* paraît être, parmi les voyelles dérivées, celle qui s'est formée la première dans la langue scandinave, puisqu'on la trouve déjà exprimée par un signe particulier dans les inscriptions runiques. La voyelle *o* est dérivée de l'*u*; après un certain laps de temps, cet *o* engendré par *u*, engendra à son tour la voyelle

CHAPITRE IV. 47

que nous exprimons en français par *eu*, comme dans les mots *peu, feu, lieu*. Dans les livres danois, suédois et allemands, on a commencé depuis quelque temps à exprimer cette voyelle par le signe incomplexe ö, qui rappelle très-bien par sa figure, l'origine et la nature du son, et qu'on devrait adopter dans toutes les langues qui ont cette même voyelle [1].

Au lieu de la seule voyelle *u* nous en avons donc trois de la même famille, à savoir : *u, o, ö*, exemple : u*xi* (taureau), o*x* (bœuf); ö*xn* (bétail), u*r* (de, hors), o*rsök* (cause, origine), ö*rviti* (fou). Comme les trois caractères *u, o, ö* répondent parfaitement aux trois sons ou voyelles qu'ils représentent, l'orthographe islandaise doit les adopter et s'en servir.

[1] Nous profitons de cette occasion pour faire remarquer combien notre orthographe française serait à la fois plus simple, plus rationnelle et plus intelligible, si nous nous étions servis du signe ö pour désigner la voyelle que nous exprimons tantôt par les deux voyelles *eu*, tantôt par les deux voyelles *oe*, tantôt même par les trois voyelles *oeu* qui toutes sont des diphthongues, au lieu d'être des voyelles simples ou incomplexes, et qui, en outre, ne signifient pas même exactement, dans leurs éléments, ce qu'elles ont la prétention de signifier. Le signe ö, au contraire, indiquerait parfaitement l'origine de notre voyelle *eu*, dérivée, comme l'ö scandinave, de la voyelle *o*. De plus, le signe ö serait intelligible à toutes les nations qui, dans leur langue, ont cette même voyelle, et favoriserait, par conséquent, l'introduction d'un système d'orthographe uniforme pour toutes les langues de l'Europe. On aurait donc mieux satisfait, selon nous, aux véritables principes d'une bonne orthographe, si au lieu d'écrire par exemple : bœuf, œuf, seul, vœu, œil, feu, majeur, etc. on avait écrit : *böf*, lat. bov-em; *öf*, lat. ov-um; *söl*, lat. sol-us; *vöt*, lat. vot-um; *övres*, lat. opera; *öil*, lat. ocul-us; *fö*, lat. foc-us; *major*, lat. major, etc.

De l'*u* primitif dérivent non-seulement *o* et *ö*, mais encore une voyelle qui se prononce à peu près comme l'*u* français ou comme l'*u*-psilon grec; c'est pourquoi l'on a exprimé cette voyelle par la lettre *y*. L'*u* scandinave se prononce *ou*; mais quand la syllabe qui suit cet *u* commence[1] par un *i*, l'*u* prend, dans certains cas, un son plus délié, plus rapproché de l'*i* et semblable à la prononciation de l'*u* français. Exemple : full, fyll-i, gull, gyll-ing, guð, gyð-ia. Le changement de *u* en *y* nous semble dans certains mots plus ancien que le changement de *u* en *o*, et voici pourquoi. La voyelle *y* ne peut provenir de l'*o*, mais seulement de l'*u*, parce que de l'*o* à l'*y* il n'y a pas de transition directe possible. Or le mot islandais *sonr* forme au datif *syn-i*; cela prouve évidemment que le changement de voyelle en *y* s'est opéré avant que le mot scandinave *sunr* eût pris la forme actuelle de *sonr*; car cette dernière forme eût produit au datif, non pas syn-i, mais sön-i, puisque *o* par l'influence d'un *i* devient non pas *y*, mais *ö*.

Quelques objections qui sont assez fondées, s'élèvent contre l'adoption et l'usage du caractère *y*; d'abord ce signe est étanger à l'ancienne écriture scandinave puisqu'il est emprunté au grec; ensuite l'*y* a pris déja dans la prononciation des Romains, le son de la

[1] Les Islandais, en épelant les mots, finissent les syllabes par les consonnes. C'est le contraire du système des Hindous qui finissent les syllabes toujours par les voyelles, comme on peut le voir dans les anciennes incriptions sanscrites. Voyez *Transactions of the royal asiatic Society of Great Britain and Ireland*, t. I et II.

voyelle *i*, et la plupart des nations modernes le prononcent également de cette manière. Le signe *y* n'exprime donc pas exactement la voyelle islandaise qu'on doit prononcer comme un *u* français. Il est vrai que, même dans la prononciation des Islandais, *y* a pris peu à peu le son de l'*i*, comme cela se voit dans certains manuscrits qui emploient indifféremment *y* et *i*. Mais puisqu'il est prouvé que *y* n'était pas de tout temps, ni dans tous les cas prononcé comme *i*, il est de l'intérêt de l'orthographe et de la grammaire de rejeter un signe aussi équivoque que l'est la lettre *y*. Dans l'écriture runique on employait un caractère très-bien choisi, parce qu'il rappelait, déjà par sa forme, l'origine de la voyelle dérivée de *u*. Ce caractère était un *u* avec un point dans l'intérieur, ᚤ. On pourrait remplacer ce signe runique, par un *u* dans l'intérieur duquel on mettrait un point; au-dessus de cet *u* *ponctué* on placerait l'accent circonflexe pour exprimer la voyelle longue correspondante.

Quant à la voyelle longue qui, par l'influence d'un *i*, s'est formée de *ó*, ou quant à l'*ö* long, on le désigne ordinairement par les deux lettres *œ*. Ce signe a le seul inconvénient d'exprimer une voyelle simple ou incomplexe par deux voyelles qu'on pourrait aussi prendre pour une diphthongue; par conséquent, il vaudrait mieux exprimer *ö* long par le caractère *ö* surmonté de l'accent aigu au lieu de l'accent circonflexe, pour rendre le signe moins compliqué.

Si nous énumérons maintenant les voyelles qui appartiennent à la famille *a*, et dont les signes respectifs sont indispensables pour la transcription des textes islandais, nous trouverons qu'elles sont au nombre de huit; ce sont : *u, o, ö, y,* avec leurs longues *û, ó, œ* et *ý*.

La seconde voyelle primitive *a*, n'a engendré qu'une seule voyelle qui répond entièrement, et pour le son et pour l'origine, à notre voyelle *è* ou *ai* dans les mots *amer*, latin am*ar*-us; *mer*, latin m*are*; *clair*, latin cl*ar*us. Cette voyelle dérivée est désignée ordinairement par la lettre *e*. Il serait plus convenable de l'exprimer par le signe *ä*, si *e* n'était pas déjà une lettre adoptée dans toutes les langues de l'Europe, et que *ä* ne fût incommode, ne pouvant pas facilement être surmonté d'un accent circonflexe pour exprimer la voyelle longue.

Le changement de l'*a* en *e* est surtout fréquent dans l'anglo-saxon; en islandais ce changement s'opère principalement sous l'influence d'un *i* placé au commencement de la syllabe qui suit la voyelle *a*, exemple : *mögr* (magur) fils, datif *meg-i*; *dagr* jour, datif *degi*; *val*, choix, *vel-ia*, choisir, etc. *A* long subissant également l'influence de l'*i* se change en la voyelle qu'on désigne par *æ*, mais qu'on exprimerait bien plus convenablement par *ê*, parce que *ê* dérivé de *a* long suivrait l'analogie de *e* dérivé de *a* bref; *æ* devrait être réservé pour désigner le changement qu'a subi l'ancienne diphthongue *ai* (prononcez aï).

Les voyelles appartenant à la famille *a* sont seulement au nombre de quatre, ce sont : *a, e,* et leurs longues *â, ê* (æ).

Il nous reste à parler de la troisième voyelle primitive *i;* la seule voyelle qui en soit dérivée, est un *é* que M. Grimm exprime par *ë* pour le distinguer de l'*e* dérivé, comme nous l'avons vu, de la voyelle *a*. Le caractère runique correspondant à *ë* s'écrit comme un *i* avec un point au milieu, ᛂ; cette figure indique que *ë* n'est qu'un *i* modifié. Le changement de *i* en *ë* s'est fait dans beaucoup de langues. En français nous trouvons e*n* venu du latin i*n*, e*nfant* de i*nfans, ferme* de *firmus*, etc. L'*ë* islandais paraît avoir eu un son intermédiaire entre *é* et *i*, se rapprochant toutefois plus de l'*i* que de l'*é*.

Il y a certains cas où l'*ë* devient long, comme par exemple dans le mot *frëht* (frêtt). Pour désigner cet *ë* long, M. Grimm emploie le caractère *é*; mais ce caractère désigne bien plus convenablement l'*e* long qui est dérivé d'un *a* long. On ferait donc bien de remplacer *ë* par un *e* surmonté d'un seul point au-dessus duquel on placerait encore facilement l'accent circonflexe pour désigner l'*ë* long.

§ III.

EXAMEN DES DIPHTHONGUES.

La diphthongue est la combinaison de deux voyelles simples, prononcées distinctement l'une et l'autre en une seule émission de voix ou en une seule syllabe.

4.

Ce qui distingue la diphthongue de toute autre combinaison de voyelles, c'est qu'elle a une signification *grammaticale;* aucun des deux éléments qui la composent ne peut être retranché sans qu'aussitôt la forme grammaticale du mot soit entièrement détruite. Il n'y a que *ai* (a-ï) et *au* (a-ou) et leurs dérivés qui soient de véritables diphthongues, et les langues dont le *vocalisme* est le plus parfait, comme le sanscrit et l'arabe littéral, connaissent seulement les diphthongues primitives *ai* et *au.*

Les diphthongues *primitives* de la langue islandaise sont, d'après ce qui nous venons de dire, *ai* et *au* (prononcez a-i, a-ou). *Ai* a disparu peu à peu de la langue et a fait place à ses deux *dérivés ei* et *æ,* exemples : isl. *teitr,* goth. *taits;* isl. *stein,* goth. *stains;* isl. *heill,* goth. *hails;* isl. *hrœv,* goth. *hraiv;* isl. *lœra,* goth. *laisjan;* isl. *æ,* goth. aiv, *etc.* Dans *ei* le son diphthongue est resté, seulement *a* s'est changé en *e* par l'influence de l'*i; æ* au contraire se prononce comme un son simple ou incomplexe, et ce son est à peu près le même que celui de la voyelle *é* dont il diffère entièrement quant à son origine.

La diphthongue *au* n'a pas disparu de la langue comme *ai;* seulement elle est devenue, dans quelques cas très-rares, une voyelle simple ayant le son de l'*ó*, laquelle quelquefois, et principalement par l'influence d'un *i,* s'est changée en *ö* long. Le plus souvent *au* s'est maintenu comme diphthongue; mais il s'est changé en *ey* toutes les fois qu'il y a été amené par l'influence d'un *i* qui se trouvait dans la syllabe suivante, exemple : dra*u*p, dr*ey*pi ; ra*u*n, r*ey*ni ; la*u*s, l*ey*si, etc.

Enumérons maintenant les voyelles simples et les diphthongues [1] de la langue islandaise.

I. Voyelles simples ou incomplexes.

Voyelles primitives............. *a, â ; i, î ; u, û.*

Voyelles dérivées.............. *e, é ; ë, ē̆ ; y o ŷ ó.*

Voyelle dérivée d'une diphthongue.   *æ   ö̇   œ̇.*

II. Voyelles diphthongues.

Diphthongues primitives..   (*ai*), *au.*

Diphthongues dérivées.... *ei, œ, ey.*

Ces vingt voyelles entrent dans la composition grammaticale des mots, et constituent un des caractères distinctifs de la langue islandaise.

§ IV.
EXAMEN DES CONCRÉTIFS.

Nous appelons concrétifs toutes les combinaisons de voyelles qui ne sont pas des diphthongues. Les

[1] Le grammairien islandais qui a composé le traité *um látínu-stafrofit,* divise les voyelles (*liód-stafir,* lettres sonnantes) en trois classes : dans la première il range les voyelles *a, e, i, o, u, y* qu'il appelle simplement *stafir;* dans la seconde, les voyelles *æ* et *œ* qu'il appelle *limingar* (conglutinations) ; dans la troisième, les diphthongues *au, ey, ei,* qu'il nomme *lausa-klofar* (fentes béantes). D'après l'auteur du traité intitulé *Málfræðinnar Grundvöllr,* il y a cinq voyelles (*hlióðstafir*) *u, o, i, e, a,* et cinq diphthongues (*Tvíhlióðr, Limingar-stafir*) *ae, au, ei, oe, ey.*

concrétifs n'ont point, comme les diphthongues, une signification grammaticale, et n'entrent point comme elles dans la composition radicale ou la formation primitive des mots : ils doivent leur origine à l'intrusion d'une voyelle qui vient se placer à côté de la voyelle *radicale* pour des causes que nous aurons bientôt occasion d'indiquer.

A mesure qu'une langue s'éloigne de son origine, les diphthongues se changent en voyelles simples et les voyelles simples sont remplacées par des concrétifs. Ainsi, en français, les diphthongues de la langue latine sont devenues voyelles simples, et les voyelles simples du latin sont devenues des concrétifs en français. Dans la langue islandaise on trouve les concrétifs suivants : *ia, iâ, ië, iu, io, iö*. Parmi ces combinaisons de voyelles, il n'y a que les formes *ia* et *iu* qui soient primitives; car *io* dérive de *iu*, *iö* dérive de *io* et *ië* doit être rapporté tantôt à *ia*, tantôt à *iu*. Nous expliquerons seulement l'origine des formes *iu* et *ia*; les autres formes s'expliquent facilement par ce que nous avons dit de la dérivation des voyelles dans l'article précédent.

La combinaison de voyelles *iu* est sans doute très-ancienne, car dans la langue gothique elle se trouve jusque dans les racines des verbes; mais, en aucun cas, elle ne saurait être considérée comme diphthongue, c'est-à-dire comme combinaison de voyelles appartenant à la formation primitive ou radicale des mots. Les concrétifs *ia* et *iu* sont produits par trois causes principales : ou par la prononciation (euphonie), ou par le retranchement (syncope) d'une consonne, ou enfin par la transposition (métathèse) d'une voyelle. Si les concrétifs *ia* et *iu* sont produits par la prononciation, une seule des deux voyelles qui les composent est *radicale* ou appartient à la formation primitive du mot; l'autre voyelle est purement *euphonique*, c'est-à-dire qu'elle doit son origine à la prononciation et n'a par conséquent aucune signification grammaticale [1]. Cette voyelle insérée par notre organe, entre la voyelle radicale et la consonne dont elle est suivie, diffère selon que la voyelle radicale est *i*, *a* ou *u*. Si la voyelle radicale est *i*, la voyelle insérée est *a* ou *e* muet, devant les consonnes liquides, aspirées et sifflantes; c'est le plus souvent *u*, ou son dérivé *o*, devant les labiales et les gutturales; exemples : hiarta, hiarni, iarl, iafn, skialdur, etc.; mi*u*kr, skiumi, etc. M. Grimm

---

[1] L'insertion de voyelles euphoniques est très-fréquente dans les langues *celtiques*; ainsi, on trouve en irlandais des mots comme *cuaird, maoil, fliuch, siuir, liaigh, feroir*, etc. Il est souvent difficile d'indiquer quelle est la voyelle radicale du mot. Cependant, il ne faut pas croire que toutes les voyelles écrites se prononcent séparément; l'orthographe emploie souvent, comme en français, deux ou trois voyelles pour exprimer une seule voyelle simple. Les langues *sémitiques* ne souffrent généralement pas de voyelles euphoniques placées à côté des voyelles radicales. Seulement, en hébreu, il arrive qu'un *a* se glisse entre la voyelle radicale *e, i, u* et la consonne *gutturale;* exemple : רַע *ré*ᵃ*g*, הָרִיחַ *héri*ᵃ*kh*, לוּחַ *lou*ᵃ*kh*. Cet *a* que les grammairiens ont appelé *a furtif*, disparaît quand la consonne gutturale est suivie d'une voyelle : ainsi on dit *ré-ghi, lou-khi*, etc.

écrit *mër* (à moi) indiquant par là l'ancienne prononciation : Rask au contraire écrit *mér* (*mier*) exprimant par cette orthographe la prononciation plus moderne. Comme l'une et l'autre manière d'orthographier ce mot sont également bonnes, il s'agit seulement de distinguer quels sont les cas où il convient d'adopter l'une ou l'autre de préférence; ce qui revient à savoir à quelle époque de la langue islandaise, on a cessé de prononcer *mër* et commencé de prononcer *miar* ou *mier*.

Si la voyelle radicale est *a* ou *u*, la voyelle insérée est *i*. Cette insertion d'une voyelle étrangère à la racine est provoquée tantôt par l'*u* qui aime à être précédé d'un *i* légèrement accentué, comme le prouve encore l'*u* anglais, qu'on prononce *iu*, tantôt par les consonnes liquides et les consonnes gutturales qui, quand elles sont prononcées, font entendre facilement après soi le son *e, i*, les premières en se mouillant, les secondes par suite de leur nature qui tient à celle de l'*i* par l'intermédiaire du *j*. Comme exemple d'un *i* inséré entre la liquide ou la gutturale et la voyelle radicale, il suffira de citer les mots *giöra* (pour *giarva*, *garva*, cf. sansc. करोमि); goth. *liuhath*, latin *lux*; goth. *tiuhan*, latin *ducere*, *etc. etc.*

Dans quelques cas *ia* et *iu* sont, comme nous l'avons dit, le résultat d'une syncope de consonne, exemple : *gîa* (pour *gigia*), *fiôrir* (goth. *fidvôreis*), *iôr* (pour *ihvor*, latin *equus*), etc.

CHAPITRE IV. 57

Enfin, les concrétifs *ia* et *iu* proviennent quelquefois d'une métathèse ou transposition de voyelle, comme le prouvent les exemples suivants : goth. *kniu*, isl. *knië* (pour *kînu*), latin *genu*, sansc. जानु:; goth. *triu*, (arbre) isl. *trië* (pour *tiru*), sansc. तरु:, etc.

Nous devons ajouter que, quand la prononciation de *ia* et *iu* devient moins nette, les voyelles *a* et *u* se changent comme en français en *e* muet, et *ia* et *iu* se prononcent comme *ie* dans *patrie*, latin *patria*; *pie*, latin *pius*. Comme cet *e* muet qui provient d'un *a* ou d'un *u* sourdement prononcé, doit être représenté dans l'écriture par quelque signe, je proposerais de l'exprimer par le caractère *ë*. On suivrait ainsi l'exemple de l'écriture runique qui, avec une exactitude admirable, exprime le même changement en plaçant après l'*i* radical un autre *i*, lequel a un point au milieu, ᛁ, pour indiquer que la prononciation de ce second *i* se rapproche de celle d'un *e* très-peu accentué. Nous écrivons par conséquent, *hiët, bliës, trië, knië, miër, siër, hiër*, au lieu de *hêt, blês, knê, mêr, sêr, hêr*, employant *ê* uniquement pour désigner l'*e* long au milieu du mot comme dans *grêt, blês, mêli*, et à la fin du mot comme dans *fê* (pour feih, goth. faihu), *hnê* (pour hneig), où cet *e* est devenu long par suite du retranchement des deux dernières lettres.

§ V.

DE LA PERMUTATION DES VOYELLES.

Un autre genre de difficultés que présente l'orthographe des voyelles tient à la cause d'un phénomène très-intéressant, qui se montre dans quelques langues germaniques, et en particulier dans la langue islandaise. Ce phénomène que M. Grimm, dans sa Grammaire allemande, nomme *umlaut* et que nous pouvons désigner sous le nom de *permutation de voyelles*, consiste dans les transformations ou changements suivants :

1° Si les voyelles *a*, *â*, *u*, *û*, *ô* et la diphthongue *au* sont suivies, dans le même mot, d'une syllabe qui commence par *i*[1] :

a se change en *e*, exemple *dag-r*, *deg-i*; *land*, *lend-i*; *val*, *vel-ia*;

â se change en *é* (ae), exemple : *hâttr*, *hêtt-ir*; *spânn*, *spên-i*;

u se change en *y*, exemple : *full*, *fyll-i*; *guð*, *gyð-ia*;

û se change en *ŷ*, exemple : *hûs*, *hŷs-i*; *ût*, *ŷt-i*;

ô se change en *œ*, exemple : *bôk*, *bœk-(i)r*; *rôt*, *rœt-(i)r*;

au se change en *ey*, exemple : *draup*, *dreypi*; *raun*, *reyn-i*.

2° Si la voyelle *a* est suivie d'une syllabe qui com-

---

[1] Voyez p. 48, note 1.

mence par *u*, elle se change d'abord en *o* et ensuite en *ö*, exemple : (mag-ur) *mögr*, *mög-um*; a*ska*, *ösk-u*.

Cette permutation ne s'opère pas seulement dans les voyelles radicales, mais aussi dans les voyelles insérées par la prononciation [1], exemple : (kial-ur) kiölr, (skiald-ur) skiöldr, etc. Il y a des mots dont la voyelle radicale peut subir l'influence tantôt d'un *i*, tantôt d'un *a*, et qui par conséquent peuvent changer deux fois de voyelles. Ainsi, *mögr* dont la forme ancienne était magur, fait au génitif *magar*, au datif *megi*.

§ VI.

LE PHÉNOMÈNE DE LA PERMUTATION DES VOYELLES EXPLIQUÉ.

En présence d'un phénomène philologique aussi intéressant que celui de la permutation des voyelles, on se demande à quelle cause il faut le rapporter, ou comment il doit être expliqué. Ce n'est aussi que par l'explication complète de ce phénomène qu'on parvient à triompher d'un grand nombre de difficultés dans l'orthographe, et à se rendre compte de beaucoup de changements dans les formes grammaticales des mots. La permutation des voyelles mérite d'autant plus notre attention, qu'elle n'a point encore été, de la part des philologues, l'objet d'un examen approfondi. Rask donne seulement à entendre qu'elle a

[1] Voyez p. 55.

pour cause la tendance de notre organe à l'assimilation des voyelles ; mais il n'entre ni dans la démonstration de ce principe, ni dans l'explication des conséquences qui en découlent.

Avant d'en venir à l'explication du phénomène, il est nécessaire de présenter d'abord quelques considérations préliminaires.

Les changements que subissent les lettres dans les langues sont de deux espèces : ou ce sont des changements opérés par la *grammaire* qui, moyennant certaines modifications faites dans la forme des mots, exprime les modifications et les rapports logiques de l'idée, ou bien ce sont des changements qui, indépendants de la grammaire et de la signification des mots, ont uniquement pour cause une *différence de prononciation*. Nous désignerons ces deux espèces de changements par les noms de *changement grammatical* et de *changement euphonique* [1].

Quant au changement grammatical, il est inutile de dire qu'il ne s'étend pas sur les *consonnes ;* car les consonnes exprimant la signification propre à la racine, constituent, pour ainsi dire, l'individualité du mot, et ne sauraient, par conséquent, être changées sans que

[1] Le mot *euphonie*, en grammaire, ne signifie pas seulement la propriété des sons d'être harmonieux ou agréables à l'oreille, mais il désigne aussi ce qui rend la prononciation plus douce, plus coulante et plus facile pour notre organe, quelque bonne ou quelque mauvaise, quelque agréable ou quelque désagréable que soit du reste notre prononciation.

CHAPITRE IV.

la signification de la racine soit changée en même temps [1]. C'est donc seulement dans la partie mobile de la racine, ou dans les *voyelles* que la grammaire a pu opérer certains changements pour exprimer les différents rapports logiques, ou les différents points de vue sous lesquels l'idée du mot devait être envisagée. Comme exemples d'un changement grammatical, il suffira de citer le changement des voyelles radicales dans les verbes des langues germaniques et sémitiques, à l'effet d'exprimer les temps et les modes; le changement des voyelles radicales dans les verbes des langues sémitiques, pour exprimer l'actif, le passif et le neutre; le changement des voyelles à la fin des substantifs de l'arabe littéral, pour désigner les différents cas de la déclinaison; et enfin, en partie aussi, le changement ou plutôt le renforcement de voyelle connu dans la grammaire sanscrite, sous le nom de *gouna* et *vriddhi*.

[1] On pourrait être tenté de croire que dans les langues *celtiques* le changement grammatical s'étend même sur les consonnes. Ainsi, par exemple, en irlandais le mot *an fear* (l'homme) fait au génitif *an fhir;* *an bhean* (la femme) fait au génitif *na mná; an chois* (le pied) fait au génitif *na coise, etc.* Mais tous ces changements sont purement euphoniques, comme en grec θρίξ, τριχός; τρέφω, θρέψω; ἔχω, ἐκτός, κ.τ.λ. En irlandais certaines consonnes sont compatibles, d'autres sont incompatibles; certaines consonnes deviennent ou aspirées ou dures selon qu'elles sont placées, à la fin ou au commencement du mot, ou qu'elles sont précédées ou suivies de telle ou telle voyelle, de telle ou telle consonne. Nous ne craignons pas de dire que ces changements euphoniques n'ont pas eu lieu dans les premières périodes de la langue irlandaise.

Quant au *changement euphonique*, il s'étend également et sur les consonnes et sur les voyelles. Le changement euphonique des consonnes s'appelle aussi *la permutation des consonnes* [1]; le changement euphonique

[1] La *permutation des consonnes* appelée en allemand *lautverschiebung* est de deux espèces : ou la permutation se fait sur des consonnes *analogues* comme dans les exemples suivants : sansc. भृ (grec Φέρω, lat. Fero), goth. Bairan. vha. Péran; sansc. तन् (grec Τείνω, lat. Tendo), goth. Thanjan, vha. Dehnen, ou bien la permutation se fait sur des consonnes *dissemblables*, comme dans les exemples suivants : sansc. देव्, lat. Levir; grec. Δάκρυ, lat. Lacryma; sansc. गौ, lat. Bos; Δᾶ, Γᾶ; gr. θήρ, lat. Fera; goth. Thliuhan. vha. Fliuhan. La première espèce de permutation est la plus fréquente dans les langues; on peut l'observer également bien dans les différents idiomes d'une même langue ou dans les langues appartenant à la même famille. Comme ces changements se font d'après certaines règles, on peut deviner d'avance les lettres qui se correspondent ordinairement dans les différentes langues. Voici, par exemple, les consonnes qui se correspondent dans les principales langues indogermaniques :

Sanscrit.	Grec.	Latin.	Gothique.	Vieux haut allemand.
प	π	p	f	v
ब	β	b	p	f
भ	φ	f	b	p
त	τ	t	th	d
द	δ	d	t	z
ध	θ	(f)	d	t
क	κ	c	(c) h	h (g)
ग	χ	h	g	k
ज	γ	g	k	ch

Parmi ces cinq langues, le gothique et le vieux haut allemand présen-

des voyelles constitue précisément ce que nous avons nommé la *permutation des voyelles*. Cette dernière est donc, nous le répétons, un changement purement euphonique et consiste, comme la permutation des consonnes, dans certaines modifications que subissent les sons de la langue lorsqu'ils sont prononcés par différentes bouches, ou par l'organe de tel ou tel individu. En effet, l'organe de la voix n'est pas exactement le même chez tous les hommes : il diffère de nation à nation, de localité à localité, d'individu à individu. Si notre organe est sujet à une certaine paresse, ou accoutumé à une prononciation sourde,

tent le moins d'exceptions à cette règle; le latin en présente un plus grand nombre; le grec en présente plus que le latin, et le sanscrit encore plus que le grec; car sur trente mots sanscrits il y en a au moins dix qui ne suivent pas la règle indiquée. Cela vient de ce que le sanscrit est très-riche en consonnes, de sorte que, pour une seule consonne grecque ou gothique, il y a plusieurs consonnes sanscrites. La différence des lettres qui se correspondent en sanscrit, en grec et en latin est peu sensible; elle est, au contraire, très-marquée dans les autres langues surtout dans le gothique et le vieux haut allemand. Quant aux langues *sémitiques*, la permutation y a pris un caractère tout particulier; elle y tient, pour ainsi dire, le milieu entre le changement *grammatical* et le changement *euphonique*. Les racines qui se correspondent dans les idiomes sémitiques sont, pour la plupart, identiques dans la forme. Ainsi, par exemple, la racine BaRaCa est la même en syriaque, en hébreu, en arabe, en éthiopien. Cette racine ne s'est pas changée en PaRaKa dans tel idiome sémitique, ou en FaRaCa dans tel autre, comme cela est arrivé à la racine भाऋ qui est devenue B-RiKa en gothique, et P-RiCHa en vieux haut allemand. Cela nous prouve deux choses, d'abord que les langues sémitiques se ressemblent bien plus que les idiomes indo-germaniques, et ensuite qu'elles

les voyelles sonores se changeront dans la bouche en voyelles sourdes. Si au contraire notre organe est délicat, nous aurons de la peine à prononcer convenablement les voyelles qui sont sourdes de leur nature, et pour ne pas faire trop d'efforts, nous les prononcerons d'une manière plus commode à notre organe, en les amincissant et en les rendant plus claires. Ainsi, par suite de la paresse et de la lourdeur de l'organe, *a* se change en *o* et quelquefois en *u* (*ou*); *i* se transforme en *e;* au contraire, par l'effet de la mollesse et en quelque sorte de la mignardise de la prononciation, *a*

admettent plus rarement que les derniers, des changements purement *euphoniques*. Dès leur origine, elles n'ont pas fait abus de ces changements, se ménageant ainsi avec sagesse le moyen d'exprimer par la seule différence des formes d'une même racine, les différentes nuances dans la signification du mot. Ainsi les diverses formes des mêmes racines, comme

Syriaque ܒܪܡ, ܒܪܩ, ܦܪܩ;

Hébreu בְּרֵךְ, פְּרָךְ, בָּרַק, פָּרַק, בָּרַח, בָּרַע;

Arabe برك, فرق, فرج, فرخ, فرغ;

Éthiopien በረከ, ፈረቀ, ፈርሀ etc. etc.

ne sont pas différentes seulement par suite d'un changement *euphonique*, mais cette différence dans la forme, repose sur une différence dans la signification. D'un côté, on peut dire qu'il s'est opéré dans ces racines des changements *euphoniques*, parce que toutes ces racines appartiennent à la même famille, et expriment en dernière analyse à peu près la *même* idée; mais, d'un autre côté, il faut aussi dire que s'il n'y avait pas de différence ou des nuances dans la signification des racines, il n'y aurait pas non plus de différence dans les formes radicales.

devient ä, è, é, et i; u (ou) devient y (u) et i; o devient ŏ (eu). C'est ainsi que les différences de prononciation produisent dans les langues un plus ou moins grand nombre de voyelles qui, toutes, ne sont que des nuances ou des modifications des trois voyelles fondamentales a, i et u.

On peut dire que dans les langues primitives, la voyelle a est la plus fréquente de toutes, ou qu'elle y est plus fréquente que dans les idiomes dérivés. A mesure que la langue s'éloigne de son état primitif, la voyelle a se transforme en voyelle sourde o et u, ou en voyelle plus amincie è et é. Ainsi, par exemple, les formes primitives qui se sont conservées en arabe, mal'k, ab'd, val'd, etc. se sont changées en hébreu en mèl'k, èbed, ièled, etc. L'a sanscrit est devenu très-souvent en grec un o ou un è, et en latin un u. L'a latin est devenu en français, dans beaucoup de cas, è ou é, exemples : lat. clarus, fr. clèr; l. amare, f. èmér; l. pater, f. père. La voyelle primitive a s'est changée dans beaucoup de dialectes en o, exemple : μαλάχη et μολόχη, στρατὸς et στροτὸς, ἄνω et ὄνω; lat. domo et gr. δάμω; lat. cord- et gr. καρδία; anglais all (pron. oll), allem. all; angl. was (pron. ouos), all. war; suéd. språk, all. sprache; suéd. gård, goth. gards. Par une marche inverse o se rapproche de a dans les mots français mort, port, sort, etc., et plus encore dans les mots anglais lord, or, nor, etc.

Le son à la fois sourd et plein de l'u (ou) est devenu

u-psilon ou *u* fin dans la *voix ronde* (os rotundum) des Ioniens et des Attiques, tout comme l'*u* (ou) latin s'est aminci en devenant *u* français; et *o* latin en passant dans notre langue a pris, dans un grand nombre de cas, le son plus mince de *ö*, *eu*[1]. De la même manière, l'*o* anglais provenant d'un *u* primitif qui existe encore dans l'orthographe, se prononce *ö* dans les mots *tub*, *sun*, *spur*, *etc*.

On voit que le principe auquel nous rapportons la permutation des voyelles, est un principe général qui se retrouve dans toutes les langues, parce qu'il tient à la nature même de l'organe de la voix humaine. On a aussi dû remarquer qu'il y a entre les différentes modifications du son ou des inflexions de la voix, une infinité de nuances et une gradation continue; de sorte que le changement d'un son en un autre ne se fait pas brusquement, mais qu'il est amené et qu'il s'accomplit d'une manière insensible, comme toutes les transformations dans la nature.

Le principe général d'où provient le changement des voyelles nous étant maintenant connu, il nous reste seulement à faire voir de quelle manière s'y rattache la permutation des voyelles, telle qu'on la trouve en islandais. Nous avons reconnu, nous le répétons, que le changement des voyelles n'était pas un phénomène isolé ou qui fût particulier à la langue islandaise, mais qu'il se retrouve, du moins, en principe dans toutes

[1] Voyez p. 47.

les langues, et provient d'une cause physiologique que nous avons indiquée. Une seule différence, à la vérité bien légère, existe entre la permutation des voyelles, telle qu'on la trouve en islandais, et la permutation telle qu'on la remarque dans d'autres langues. Cette différence consiste en ce qu'en islandais ce changement ne s'opère que quand il a été, pour ainsi dire, provoqué par l'influence d'un *i* ou d'un *u*, tandis que dans les autres langues, la permutation se fait dans un plus grand nombre de cas et d'une manière plus générale. D'après cela, il est évident qu'un autre principe est encore venu se joindre à celui que nous avons déjà indiqué, pour produire, de concert avec ce dernier, la permutation des voyelles telle qu'elle se montre dans la langue islandaise. Ce nouveau principe n'est autre que la tendance qu'on remarque dans certains sons à se rapprocher l'un de l'autre, et même à s'identifier dans la prononciation. Ainsi, le son *u* aime à changer la voyelle qui le précède en *u* ou en une voyelle sourde analogue ; de même *i* sollicite la voyelle dont il est précédé à se changer également en *i*, ou en une voyelle déliée et mince. Cette tendance euphonique est ancienne, car elle se manifeste déjà dans la formation des mots dans beaucoup de langues [1]. Elle a naturellement

---

[1] Pour les langues sémitiques, voyez M. Ewald, *Grammatik der hebr. sprache*, 1835, p. 45 et 127, et *Grammatica critica linguæ arabicæ*, t. I, p. 86. — Quant aux langues de l'Inde, il suffit de rappeler le mot भूः dans lequel l'*u* dérivatif a changé la voyelle radicale *a* en *u*. M. Eugène

dû être comprimée et contenue dans de justes bornes, parce qu'en prenant trop de développement et d'extension, elle eût effacé la différence entre les voyelles, et détruit les effets du changement grammatical. Les peuples du Nord semblent avoir affectionné la similitude des sons, puisqu'on la trouve non-seulement dans la forme grammaticale des mots, mais encore dans les *allitérations* et les *assonances* qui, comme nous le verrons, sont des moyens rythmiques employés dans la versification scandinave. Cette tendance à assimiler les sons nous explique dans l'islandais le changement de *a* en *o* par l'influence d'un *u*, et le changement de *a* en *e* et de *u* en *y* par l'influence d'un *i*. En effet, *i* a provoqué le changement de l'*a* en *e* et de l'*u* en *y*, parce que les sons *e* et *y* sont plus rapprochés de *i* que les voyelles *a* et *u*. Par la même raison *u* a provoqué le changement de l'*u* en *o*, parce que *o* se rapproche plus de *u* que ne le fait la voyelle *a*.

Nous connaissons maintenant les deux causes qui, agissant simultanément, produisent toutes les espèces

Burnouf nous apprend que ce mot a conservé sa voyelle radicale *a* en pâli, de même qu'en grec dans le mot correspondant βαρύ. En grec ἀλαλάζειν et ὀλολύζειν qui expriment le même genre de bruit, reposent sur le principe indiqué. En latin on trouve, de même, les formes *cecini*, *fefelli*, *tetigi* au lieu de *cacani*, *fafalli*, *tatagi*; car le changement de la voyelle radicale au parfait des verbes latins, n'est pas comme dans les verbes allemands un changement *grammatical*, mais un changement purement *euphonique*, comme le prouvent les parfaits cucurri, tutudi, legi, etc. où il ne s'est fait aucun changement grammatical dans la voyelle radicale primitive.

de changements euphoniques qu'on voit s'opérer dans les langues. C'est, nous le répétons, d'une part, la nature différente ou la conformation particulière de l'organe de la voix chez les peuples et dans les individus; d'autre part, la tendance de notre organe à assimiler et même à identifier les sons de la langue. Ces deux causes nous expliquent parfaitement tous les phénomènes de la permutation des voyelles en islandais. Il ne nous reste plus à présent qu'à montrer sur quelques exemples, que la permutation des voyelles provient réellement des principes auxquels nous venons de la rapporter; en d'autres termes, que les causes indiquées ont effectivement produit les changements euphoniques dont nous nous sommes proposé l'explication. Nous prendrons pour exemples quatre substantifs, dans les déclinaisons desquels nous verrons s'opérer toutes les permutations de voyelles qu'on remarque généralement dans la langue islandaise. Ces quatre substantifs sont : *mögr, kiölr, sonr* et *dráttr*.

L'ancienne forme grammaticale de mögr était *magur* correspondant au mot gothique *magus*. Voici à peu près comment ce substantif a dû se décliner anciennement :

Singulier. Nom. *mag-ur*. Gén. *mag-ar*. Dat. *mag-i*. Acc. *mag-u*.
Pluriel. Nom. *mag-ir*. Gén. *mag-a*. Dat. *mag-um*. Acc. *mag-un*.

Par l'influence de l'*u* dérivatif au nominatif et à l'accusatif singulier, et au datif et à l'accusatif pluriel, la voyelle radicale *a* s'est changée en *o*, et plus tard cet *o* s'est changé à son tour en *ö* [1]. D'un autre côté, par l'influence de l'*i* dérivatif au datif singulier et au nominatif pluriel, la voyelle radicale *a* s'est changée en *e* [2]. C'est ainsi que s'est formée la déclinaison actuelle que voici :

Singulier. Nom. *mög-r*. Gén. *mag-ar*. Dat. *meg-i*. Acc. *mög-*.
Pluriel. Nom. *meg-ir*. Gén. *mag-a*. Dat. *mög-um*. Acc. *mög-u*.

La forme ancienne de *kiölr* était *kilur* qui se déclinait à peu près de la manière suivante :

Singulier. Nom. *kil-ur*. Gén. *kil-ar*. Dat. *kil-i*. Acc. *kil-u*.
Pluriel. Nom. *kil-ir*. Gén. *kil-a*. Dat. *kil-um*. Acc. *kil-un*.

Dans la seconde période de la langue, la prononciation inséra entre la voyelle radicale *i* et la liquide *l*, une voyelle purement euphonique [3]. Cette voyelle insérée était *a* pour le nominatif, le génitif, l'accusatif singulier, et le génitif, le datif et l'accusatif pluriel ; c'était la voyelle *i* pour le datif singulier et le nominatif pluriel. Voici quelle a dû être la déclinaison du mot dans la seconde période de la langue scandinave.

Singulier. Nom. *kial-ur*. Gén. *kial-ar*. Dat. *kiil-i*. Acc. *kial-u*.
Pluriel. Nom. *kiil-ir*. Gén. *kial-a*. Dat. *kial-um*. Acc. *kial-un*.

Plus tard, par l'influence de *u*, la voyelle euphonique

---

[1] Voyez p. 47.
[2] Voyez p. 50.
[3] Voyez p. 55.

CHAPITRE IV. 71

a s'est changée en *o* et ensuite en *ö*; l'*i* inséré au datif singulier et au nominatif pluriel s'est confondu avec l'*i* radical. C'est ainsi que s'est formée la déclinaison actuelle que voici :

Singulier. Nom. *kiöl-r*. Gén. *kial.ar*. Dat. *kîl-i*. Acc. *kiöl-*.
Pluriel. Nom. *kîl-ir*. Gén. *kial-a*. Dat. *kiöl-um*. Acc. *kiöl-u*.

Dans la première période de la langue, la forme grammaticale du mot *sonr* était *sunur*, en gothique *sunus*. L'ancienne déclinaison de ces substantifs était sans doute la suivante :

Singulier. Nom. *sun-ur*. Gén. *sun-ar*. Dat. *sun-i*. Acc. *sun-u*.
Pluriel. Nom. *sun-ir*. Gén. *sun-a*. Dat. *sun-um*. Acc. *sun-un*.

Par l'influence de l'*i*, la voyelle radicale *u* s'est changée en *y* au datif singulier et au nominatif pluriel. Plus tard l'*u* radical est devenu *o* dans tous les cas où il ne s'était pas changé en *y*, c'est-à-dire au nominatif, au génitif, à l'accusatif singulier, et au génitif, au datif et à l'accusatif pluriel. Voici la déclinaison telle qu'elle est actuellement :

Singulier. Nom. *son-r*. Gén. *son-ar*. Dat. *syn-i*. Acc. *son-*.
Pluriel. Nom. *syn-ir*. Gén. *son-a*. Dat. *syn-um*. Acc. *son-u*.

L'ancienne forme de *dráttr* était *drahtur;* l'*h* s'est confondu avec le *t* ou, en d'autres termes, la consonne faible *h* s'est effacée dans la prononciation devant la consonne dure *t*, et la voyelle radicale a dû devenir longue pour réparer la perte de la consonne *h*. Le mot se déclinait à peu près de la manière suivante :

SINGULIER. Nom. *drâtt-ur*. Gén. *drâtt-ar*. Dat. *drâtt-i*. Acc. *drâtt-u*.
PLURIEL. Nom. *drâtt-ir*. Gén. *drâtt-a*. Dat. *drâtt-um*. Acc. *drâtt-un*.

Plus tard, lorsque les changements euphoniques, que nous connaissons, se sont établis dans la langue, la déclinaison primitive a dû se transformer en la déclinaison suivante :

SINGULIER. Nom. *drôtt-ur*. Gén. *drâtt-ar*. Dat. *drætt-i*. Acc. *drôtt-u*.
PLURIEL. Nom. *drætt-ir*. Gén. *drâtt-a*. Dat. *drôtt-um*. Acc. *drôtt-un*.

Ici, les grammairiens objecteront peut-être que la voyelle longue *â* ne se transforme pas en *ô*, comme cela arrive à l'*a* bref qui se change en *o* bref; mais que *â* fait exception à la règle des changements euphoniques, en ne subissant, en aucune façon, l'influence de la voyelle dérivative *u*. Nous répondrons que si cette objection était fondée, il faudrait pouvoir démontrer, ou que la voyelle *â*, en général, ou que l'*â* scandinave en particulier, se refuse par sa nature même au changement en *ô*. Mais ni l'une ni l'autre thèse ne saurait être soutenue, selon nous. Il est vrai que *a* long est déjà, par sa longueur, moins exposé que l'*a* bref à se confondre avec d'autres voyelles. C'est ainsi qu'en sanscrit *a* + *i* font *e*, *a* + *u* font *o;* dans *e* comme dans *o*, l'*a* s'est tout à fait effacé. Au contraire *a* long plus *i*, et *a* long plus *u* font *â-ï*, *â-ü* (â-ou), diphthongues dans lesquelles la voyelle *â* s'est entièrement conservée. Mais il n'en est pas de même dans la langue scandinave. Nous y voyons *a* long subir, par l'influence de *i*, le même changement que subit *a* bref; *â* devient *ai* (è) de la même manière dont *a* devient *e*. En effet, pourquoi *a* long résisterait-il à l'influence de *u* ? et pourquoi y résisterait-il, tandis que *a* bref s'y soumet régulièrement? Il y a plus; à commencer d'une certaine époque, la prononciation de l'*â* scandinave s'est presque confondue avec celle de l'*o*, et *æ* et *œ*, se prononçaient à peu près de la même manière. C'est pourquoi le caractère runique ᛆ qui présente deux *a* réunis ensemble, désigne non-seulement un *a* long ou deux *a*, mais il sert également à exprimer l'*o*; de plus, non-seulement, dans les manuscrits en caractères latins, mais aussi, dans la prononciation parlée, *â* et *ô*, *æ* et *œ* se sont presque toujours confondus. Ne serait-il pas étonnant, après cela, si l'*â* qui, dans la prononciation, se confondait déjà avec l'*o*, n'avait pas subi le changement en *ô*, pas même dans le cas où une influence extérieure, celle de la voyelle sourde *u*, l'y provoquait fortement? Mais, dira-t-on, les manuscrits n'indiquent pas ce changement de *â* en *ô*, et il faut croire avant tout les manuscrits, qui écrivent de la même manière, par exemple, le datif pluriel *dráttum* et le génitif pluriel *drátta*. A cela nous répondrons que précisément les manuscrits prouvent tout autant pour nous que contre nous, et voici comment : nous maintenons que la voyelle longue *á* a réellement subi l'influence de *u*, et qu'elle s'est changée en *ô*. Mais comme *a* avait pris peu à peu, dans la prononciation, le son de *ô*, l'écriture pouvait, ou plutôt devait ne pas indiquer cette permutation de voyelles, parce que, à vrai dire, il n'y avait pas de changement réel dans la prononciation, puisque *drâttr* au nominatif, et *drâttar* au génitif, se prononçaient de la même manière. Pour cette raison, le même signe *â* pouvait servir à exprimer également bien la voyelle radicale et la permutation de cette voyelle. Mais avant que *â* eût pris le son sourd de l'*â* suédois, on a dû certainement dire au nominatif *drôttr* et au génitif *drâttar*. Il reste seulement à savoir quels sont les cas où *â* doit être considéré comme voyelle radicale n'ayant encore subi aucune permutation, et quels sont les cas où cette voyelle a éprouvé l'influence de *u* et devra par conséquent être remplacée par *ô*. Nous appelons, sur cette question importante, l'attention des grammairiens philologues.

Passons maintenant à l'examen philologique des consonnes (samhliôðendr) de la langue islandaise, et commençons par celles qui se rapprochent le plus de la nature des voyelles, à savoir, les consonnes liquides *r*, *l*, *m*, *n*.

§ VII.

DES CONSONNES LIQUIDES R, L, M, N (HALFRADDAR STAFIR, SEMI-VOYELLES).

R. Cette consonne liquide se prononçait de deux

manières différentes, selon qu'elle était placée au commencement et au milieu ou à la fin du mot. Au commencement et au milieu du mot, *r* se prononçait comme le *r* français, et dans l'écriture runique cette consonne était exprimée par le caractère R. Placé à la fin du mot, *r* se changeait en semi-voyelle et se prononçait comme un *e* muet légèrement aspiré, ou comme la voyelle *eu*, *ö*. Dans ce dernier cas, *r* était exprimé ordinairement par le caractère runique ᚼ qu'on nommait *ör*, et qui pouvait désigner également bien la voyelle *ö* et la semi-voyelle *r*. Pour comprendre comment R a pu être prononcé de deux manières différentes et comment il a pu se changer en semi-voyelle, il faut se rappeler quelle est la nature de la consonne R en général et du R scandinave en particulier. Comme cette dernière consonne ne présente aucune difficulté dans l'emploi orthographique, puisque cette lettre est exprimée partout où elle se trouve par notre caractère R, nous pouvons consacrer cet article à quelques considérations philologiques sur l'origine, la nature et la permutation de la consonne R.

Si l'on compare l'islandais avec le gothique, on trouve que beaucoup de *r* islandais correspondent à des *s* ou *z* gothiques. Exemples : goth. *fisks*, isl. *fiskr*; goth. *sunus*, isl. *sonr*; goth. *visan*, isl. *vera*; goth. *hausian*, isl. *heyra*; goth. *huzd*, isl. *hord* (hodd), etc. Le même phénomène se remarque dans les autres dialectes teuto-gothiques. Exemples : goth. *basi*, v.h.a.

peri; v.h.a. *haso*, isl. heri; v.h.a. *isan*, anglos. iren, etc.
En grec beaucoup de σ se sont changés dans le dialecte laconique en ρ, et la même chose est arrivée en latin où *r* et *s* se permutaient anciennement; ex. : *plusima* et *plarima; melios* et *melior; jus* et *juris*, etc. Cette permutation prouve évidemment qu'il y a parenté entre *r* et *s* puisque, dans la nature, aucune transition n'est brusque ni arbitraire. Cette parenté se trouve même indiquée dans quelques alphabets; ainsi, en arabe ز (*z*) ne diffère de ر (*r*) que par un point, dans l'alphabet umbrique le caractère qui exprime la lettre *r* exprime aussi la lettre *s*, et dans l'écriture anglo-saxonne les caractères qui désignent *r* et *s* se ressemblent beaucoup. Enfin, c'est probablement à cause de la parenté entre R et S que ces deux consonnes se trouvent placées l'une à côté de l'autre dans l'ancien alphabet sémitique qui est aussi devenu le nôtre. Examinons comment R et S sont parents; remontons à l'origine de l'un et de l'autre. La plus forte des consonnes gutturales, le *q*, en renforçant encore sa prononciation, se change en une espèce de râlement qui produit d'une manière toute naturelle le son rude de R. La consonne R est donc dans l'origine essentiellement gutturale, et cela nous explique, d'un côté, pourquoi en arabe la gutturale غ se prononce comme un *r* rude, et, d'une autre côté, pourquoi dans l'alphabet sémitique ר est placé immédiatement après ק, en d'autres termes, pourquoi notre *r* se trouve placé à côté de *q*. Nous

CHAPITRE IV. 77

venons de voir quelle est l'origine de *r;* expliquons maintenant, comment *s* est devenu parent de *r*. Les gutturales *k, g,* se changent par *assibilation* en *ç, ch, j,* ष, श. Ainsi, *ch* se trouve être le frère de *r*, puisque l'un et l'autre dérivent d'une gutturale; le premier par assibilation, le second par renforcement de prononciation. Comme frères R et Sh peuvent échanger leurs rôles, et c'est sur cet échange que repose la permutation suivante : sansc. ग्राश: et isl. *heri;* sans. इष et इर; lat. *etrusci* et *etruria, etc.* La gutturale sifflante *ch, sh, j* rejetant son élément guttural et ne conservant que l'assibilation, se change d'une manière naturelle en *s* pur. Ainsi, *ch* ou *j* français se prononce dans la bouche d'un Italien comme *s* ou *z*. D'un autre côté, *r* peut rejeter aussi son élément guttural et devenir une consonne liquide comme en français. De cette manière, R et S prennent, à leur apogée, des caractères tout différents, bien qu'ils soient parents l'un de l'autre. Ces deux consonnes se rapprochent de nouveau quand elles vieillissent ou s'affaiblissent. De même qu'ils sont sortis tous deux d'un son guttural, de même, en vieillissant, ils se changent tous deux en aspiration, c'est-à-dire en un son guttural excessivement faible. R est accompagné de l'aspiration, déjà par suite de son origine gutturale, puisque les gutturales naissent d'une aspiration très-rude. Cette aspiration de R se montre dans beaucoup de langues où elle influe sur les lettres qui se trouvent dans le voisinage de cette consonne liquide. En islandais, par exemple, ð conserve son aspiration quand il est précédé de R, tandis qu'il la perd s'il est précédé des autres liquides L, M et N. En grec ρ est toujours aspiré et influe très-souvent sur les lettres qui l'accompagnent. En zend la liquide R rend aspiré le *t* quand celui-ci se trouve placé devant elle. Le R n'a donc qu'à rejeter son élément de con sonne pour devenir une simple aspiration. Ce changement s'est opéré dans le *r* islandais placé à la fin du mot, et dans le *r* anglais qui se prononce comme une aspiration, par exemple, dans les mots *bar*, *far*, *lord*, etc. En français R a également la tendance de s'affaiblir, et il est déjà devenu semi-voyelle dans la bonne prononciation parisienne. En sanscrit et plus tard en pâli le R s'est tellement affaibli qu'il s'est confondu avec la voyelle radicale ou même qu'il s'est perdu entièrement. Exemple : sansc. बाहु, grec βραχίων, lat. *brachium*; sansc. भुज्, latin *fru(g)or*; sansc. भञ्ज्, lat. *frango*; pâli *pati*, sansc. प्रति, grec πρός. Enfin, R s'est changé en voyelle en sanscrit, ऋ[1], et dans quelques idiomes

---

[1] On pourrait être tenté de croire que ऋ est l'aspiration ou la voyelle primitive qui a donné naissance à la consonne र, de sorte que ऋ appartiendrait à l'époque où le sanscrit n'avait pas encore atteint son apogée. Pour nous, nous sommes convaincu, que ऋ n'est pas une voyelle faible d'enfance, et qui, en grandissant, est devenue र, mais que c'est cette consonne र même, devenue faible de vieillesse. Il est évident que le sanscrit, tel qu'il se montre dans les monuments littéraires qui nous en restent, est une langue qui depuis longtemps a passé l'âge de sa plus grande maturité. Ce qui le prouve, ce sont les palatales et les

CHAPITRE IV.   79

slaves[1]. Quant à S, il est inutile de dire qu'il est aussi aspiré de sa nature, puisque toute lettre sifflante est née de l'aspiration liée à l'assibilation. La lettre S n'a qu'à rejeter son élément sifflant pour devenir une aspiration pure. Ce changement s'est fait effectivement en grec; exemple : sansc. सः, grec ὅς; sansc. सप्तन्, grec ἑπτά; lat. *super*, grec ὑπέρ. L'aspiration qui reste d'un R ou d'un S expirant, est désignée en sanscrit par le même signe (ः) qu'on appelle *visarga*, exemple : सः, शिवः, दुःख, etc. Nous pourrions imiter cette orthographe si, au lieu d'écrire *bras, glas, amas*, nous écrivions *bra, gla, ama*. Souvent l'aspiration faible, ce reste d'un ancien R ou S, s'est perdu peu à peu à la

linguales, qui certainement n'ont pas existé dans la langue lorsqu'elle était encore jeune, c'est la lettre ह qui remplace une ancienne gutturale, ce sont surtout des formes comme बाहु, मुह्, मज्ज् qui ne peuvent être des formes primitives puisque la consonne R qui y manque est précisément l'élément principal qui donne aux racines de ces mots leur signification particulière qu'elles n'auraient pas sans cette lettre.

[1] A cette occasion, nous ferons remarquer que, dans les langues sémitiques, R s'introduit quelquefois dans les racines pour y faire les fonctions de voyelle. Aucune consonne ne pouvant s'introduire dans la racine sans changer complétement la signification du mot, il est évident que cet R ne peut pas être envisagé comme consonne, mais comme voyelle, ou tout au plus comme semi-voyelle. R remplace quelquefois le dagesh. Ex.: כָּרְסָא et כַּמָּא; كرسم, כָּרְסָם et כָּסַם, סַרְבָּל et סַבָּל; éthiop. *marsasa* et מְשֻׁשׁ; en syriaque on trouve le *Parèl* à côté du *Paèl*. R peut aussi remplacer, dans sa signification grammaticale, l'anusvâra sanscrit; exemp. : كُرْكُم, כַּרְכֹּם et कुङ्कुम; chald. סַרְבָּלִין, et éthiop. ሕንብል.

fin des mots comme en français. Ainsi, dans l'ancien égyptien, le mot *hor*, hébreu אור, s'est changé dans le dialecte du peuple en *hu*. En islandais le R à la fin des mots est devenu tellement faible, qu'il s'est confondu avec la consonne qui le précédait; ainsi, on disait *iötunn* pour *iötunr*, *stein*n pour *steinr*, *kiöll* pour *kiölr*, etc.

L. Cette liquide doit avoir une origine commune avec R, puisque dans les racines des mots elle a, comme consonne, la même signification logique que R, et qu'elle permute encore souvent avec lui dans les langues dérivées, exemple : fr. *orme*, lat. u*l*ma; fr. *navire*, b. lat. navi*l*e; fr. *épitre*, lat. episto*l*a, etc. Cependant, cette consonne s'est éloignée de son origine, et a pris dans quelques langues un caractère différent de R. En islandais L n'est pas aussi aspiré que R, et c'est pourquoi il ne rend pas aspirées les consonnes qui se trouvent dans son voisinage. Dans cette langue, L est devenu aussi faible que R dans des mots comme *halfr*, *halmr*, *kalfr*, etc.; il s'y est changé peu à peu en une légère aspiration, ce qui a rendu longue la voyelle radicale : *hâlfr*, *hâlmr*, *kâlfr*. En anglais, L a entièrement disparu dans les mots correspondants *half*, *halm*, *calf*, qu'on prononce *hâf*, *hâm*, *câf*.

Nous n'avons rien à remarquer sur l'emploi orthographique de L en islandais.

M. La consonne M est la moins sonore et la plus dure d'entre les liquides ; elle ne peut pas s'allier facilement avec les autres liquides, excepté avec N. C'est pourquoi, quand *m* se trouve placé devant les liquides faibles *l* et *r*, il s'adjoint la labiale douce *b* pour servir d'intermédiaire entre lui et ces liquides; exemples : *timmr* devient *timbr*, *kammr* devient *kambr*, *emla* devient *embla*, etc. Cette insertion d'un *b* euphonique se fait aussi dans d'autres langues. En sanscrit on trouve la forme अम्ब्: à côté de la forme अम्ः. Les Latins ont fait *cimbri* du grec κιμμέριοι; en islandais on dit *kumraland*, en anglo-saxon *cumberland*, et dans notre langue nous avons formé com*b*le, cham*b*re, trem*b*ler, de *cumulus*, *camera*, *tremere*. Le *b* euphonique s'est aussi peu à peu introduit dans des mots où *m* n'était pas immédiatement suivi d'une liquide; exemple : isl. *gaman* devient *gamban*, *lamm* devient *lamb*, *dramm* devient *dramb*, etc. L'emploi de M dans l'orthographe ne donnant lieu à aucune difficulté, nous passons à l'examen de la dernière consonne liquide N.

N. La lettre N se prononce de deux manières, selon qu'elle est placée devant une voyelle ou devant une consonne. Placée devant une voyelle ou à la fin du mot, comme dans *nëma, bani, run*, elle a la prononciation ordinaire et elle est *consonne* radicale, c'est-à-dire qu'elle contribue à former le sens propre au mot où elle se trouve. Placée devant des consonnes, surtout devant des gutturales, elle a très-souvent la prononciation d'une *voyelle* nasale, et exerce ordinairement, dans ce cas, des fonctions purement grammaticales, comme l'*anusvâra* sanscrit; exemple : isl. *ganga, hringr;* lat. *frango, tango, scindo* [1], etc. Il serait donc utile d'établir une différence dans la manière d'écrire ces deux espèces de *n*. Comme le premier *n* est une consonne et se prononce comme telle, il faut nécessairement le désigner par le caractère N; mais la seconde espèce de *n* étant plutôt une voyelle qu'une consonne, et pour la prononciation et pour la signification, on devrait l'exprimer par un signe ajouté à la voyelle radicale. Ce système d'orthographe est suivi en polonais, où la nasale est exprimée par un petit crochet attaché à la voyelle radicale; exemple : pol. *mięso*, sansc. मांस; pol. *gęs*, sans. हंस :. Nous avons déjà eu occasion de dire que le grammairien islandais qui a composé le traité *um látínu-stafrofit*, désigne *ng* par un *g* surmonté d'un point ou d'un trait. Cette manière d'exprimer la voyelle nasale par un point est analogue à celle qu'on a adoptée en sanscrit pour exprimer l'anusvâra; il serait à désirer qu'elle fût imitée dans toutes les langues qui renferment des nasales de cette espèce.

Après avoir parlé des consonnes liquides ou so-

---

[1] Dans les langues sémitiques, N remplit aussi comme semi-voyelle des fonctions purement grammaticales; il remplace le dagesh dans les formes du nom et du verbe; ex. : éthiop. *sanbat*, héb. שַׁבָּת; ar. قَنْفَذ, héb. קִפּוֹד; les formes verbales, ar. خنشل, éthiop. *sanhala*, *kantaba, etc.* sont parallèles à des formes avec dagesh ou teshdid.

nores, nous examinerons les consonnes sourdes ou solides appelées en islandais *dumbar stafir*.

§ VIII.

DES CONSONNES LABIALES P, B, F, V.

C'est chose digne de remarque, que dans les anciennes langues germaniques la consonne radicale *p*, quand elle était placée au commencement du mot, s'est changée ordinairement en labiale aspirée *f*, par l'effet de la *permutation des consonnes* [1]; placée au milieu et à la fin du mot, la labiale *p* s'est maintenue bien plus souvent. En gothique, les mots qui commencent par *p* sont en petit nombre et sont pour la plupart empruntés à d'autres langues. En vieux haut allemand le *p* qu'on trouve au commencement du mot a remplacé un *b* radical et primitif. En vieux saxon, en anglo-saxon et surtout en islandais, *p* ne se trouve placé le plus souvent qu'au milieu ou à la fin du mot. Cela est si vrai, que dans les trois poëmes que nous publions il n'y a que le mot *peningr* qui commence par un *p*, et encore ce mot est-il emprunté à un dialecte germanique. Parmi les langues sémitiques, l'arabe et l'éthiopien ont également perdu le *p* dur radical; l'hébreu et le syriaque l'ont conservé dans certains cas et perdu dans d'autres. Dans toutes ces langues, la labiale dure *p* est remplacée par la labiale aspirée *f*, ce qui nous fait croire que, généralement parlant, la labiale aspirée

[1] Voyez p. 62, note 1.

est moins ancienne que la labiale dure. Si donc les manuscrits islandais présentent deux formes de mots différentes, l'une avec la labiale dure *p*, l'autre avec la labiale aspirée *f*, comme, par exemple : *opt, oft; lopt, loft; kiaptr, kiaftr;* nous sommes en droit d'admettre que la dernière forme est généralement la moins ancienne.

F est la labiale aspirée qui remplace tantôt *p* et tantôt *b*. *V* a une origine toute différente de *f;* il provient le plus souvent de la voyelle *u;* et c'est pourquoi dans l'écriture runique, comme dans beaucoup d'autres alphabets anciens, le même caractère exprime *u* et *v*. La prononciation du *v* placé au commencement du mot n'était pas aspirée primitivement : *vër* a dû se prononcer d'abord *ouër*, et plus tard *vër* comme le mot français *vers*. Placé entre deux voyelles, le *v* était forcé de renier entièrement sa nature et son origine de voyelle, et de se produire entièrement comme consonne en prenant dans la prononciation un son sifflant. Par là *v* s'est approché de *f*, et c'est pourquoi *f* et *v* sont quelquefois confondus dans les manuscrits, surtout dans les noms propres dont la dérivation et la signification n'étaient pas bien connus. C'est ainsi que l'on trouve écrit *bifurr* et *bivorr*, *bafurr* et *bavurr*, *lovar* et *lofar*, *etc*. Ce n'est qu'en trouvant la racine du mot qu'on peut parvenir à déterminer d'une manière sûre dans quel cas *f* ou *v* doit être préféré.

§ IX.

DES CONSONNES DENTALES ET SIFFLANTES T, D, TH, D, Z, S.

þ est un caractère ancien qui se trouve déjà dans l'écriture gothique et l'alphabet runique pour exprimer le T aspiré. Ð ou la minuscule ð fut employée primitivement par les Saxons et les Anglo-saxons, puis par les Islandais pour exprimer le *d* aspiré; aussi la figure du caractère montre-t-elle un *d* avec un petit trait qui indique l'aspiration, de la même manière que dans l'écriture saxonne le *b* barré exprimait un *b* aspiré.

Si la valeur phonique de þ et de Ð est assez bien connue, rien n'est plus sujet à l'incertitude que l'emploi de ces deux caractères dans l'orthographe; car, dans les manuscrits, surtout depuis le xive siècle, þ et Ð sont souvent confondus; þ est quelquefois placé pour *t*, et *d* est placé pour ð. En voyant cette confusion et cette incertitude dans l'emploi de ces caractères, on se demande naturellement quelle sera la règle à suivre pour mettre de l'ordre dans ce chaos. Mais avant de chercher à établir cette règle, il importe de répondre à trois questions préalables. La première question est de savoir si les caractères þ, *t*, ð, *d* représentaient réellement des sons différents : nous répondons que oui; car s'il n'y avait pas eu de différence entre les sons, l'écriture n'aurait pas exprimé ces sons par des signes différents. Il s'agit de savoir, secondement, si cette différence de sons était assez sensible dans la prononciation : nous répondons encore affirmativement, parce que si la différence des sons n'avait pas été assez sensible dans la prononciation, l'écriture n'aurait pas choisi des caractères différents pour l'exprimer.

Sachant maintenant qu'il faut admettre que les différents caractères ne sont pas une invention arbitraire et inutile dans l'écriture, mais qu'ils représentent effectivement des différences dans la prononciation des dentales, il nous reste à savoir si þ et ð sont des *dentales aspirées radicales*, c'est-à-dire des dentales qui se trouvent aspirées déjà dans la racine indépendamment de la place qu'elles occupent, ou bien, au contraire, si þ et ð sont *aspirées* par *euphonie*, c'est-à-dire ayant pris dans certaines circonstances l'aspiration, ou un son plus ou moins dur, uniquement pour se plier à l'organe, aux exigences de la prononciation ou de l'euphonie. Cette dernière question est une des plus difficiles dont la philologie puisse se proposer la solution. En effet, il ne s'agit de rien moins que de remonter aux racines des mots, c'est-à-dire aux premiers âges de la langue pour découvrir si þ et ð sont radicaux, se trouvant dans le mot d'après la loi de la formation et de la permutation primitive et générale des consonnes, ou bien si ces dentales sont aspirées pour une cause euphonique particulière, contrairement à la loi de la formation des racines, ou à la loi générale de la permutation des consonnes. Pour résoudre cette question, nous aurions donc à comparer les racines du scandinave aux racines d'une autre langue ancienne de la même souche. Nous choisirions le sanscrit, cet idiome étant le meilleur terme de comparaison, d'abord parce que c'est une langue ancienne, une langue dans laquelle on trouve très-peu d'anomalies, et ensuite parce que cet idiome est exactement exprimé par la meilleure écriture que nous connaissions. Nous aurions à chercher la loi de la permutation d'après laquelle les consonnes se correspondent en sanscrit et en scandinave, et cette loi une fois trouvée, nous n'aurions qu'à la suivre rigoureusement et systématiquement dans la transcription des mots, sans faire la moindre attention à l'orthographe suivie dans les manuscrits. Mais si l'on considère que cette loi de la permutation des consonnes souffre de nombreuses exceptions, et qu'il est toujours dangereux de vouloir soumettre les formes mobiles de la langue aux règles absolues d'un système, on concevra que ce n'est qu'après beaucoup de travaux préliminaires, qu'on pourra aborder cette question difficile, et la résoudre d'une manière satisfaisante. Contentons-nous donc de présenter ici quelques considérations qui contribueront peut-être à répandre quelques lumières sur l'emploi orthographique de þ et de ð.

La langue gothique n'a qu'une seule dentale aspirée þ; elle a, en outre, une dentale dure t et une dentale moyenne d, comme le grec, qui s'est également contenté de trois dentales τ, δ, θ. Les consonnes t, *d*, þ sont *radicales* en gothique, et se trouvent également au milieu et à la fin du mot. En comparant le gothique au sanscrit, on trouve que þ correspond à त, et que *d* correspond à ग et ध; la dentale aspirée en gothique est non aspirée en sanscrit, et la non aspirée en gothique est aspirée en sanscrit. La principale différence entre les dentales des deux langues réside, par conséquent, dans l'aspiration; le gothique distingue bien les aspirées des non aspirées, mais il ne distingue pas les aspirées fortes des aspirées moyennes. C'est pourquoi dans þ la distinction entre *dh* et *th* s'est confondue, et þ représente également bien un ancien *dh* et un ancien *th*.

La loi de la permutation des consonnes d'après laquelle les dentales se correspondent généralement en sanscrit et en gothique, souffre des exceptions par suite d'une influence toute particulière de l'*euphonie*[1] sur les terminaisons des mots gothiques. L'organe de la voix des peuples germaniques ne prononce pas facilement une consonne moyenne placée à la fin des mots; c'est pourquoi cette moyenne se change ordinairement en consonne dure ou en consonne aspirée. Ainsi, la dentale moyenne *d* placée à la fin du mot devient þ, excepté quand elle est précédée des liquides *l*, *m*, *n*, qui, par

---

[1] M. Ad. Holzmann a le premier appelé l'attention des philologues sur cette espèce de changement euphonique en gothique dans son livre: *Isidori Hispalensis Epistolæ ad Florentinam Versio francica*, p. 102 et sqq.

CHAPITRE IV.

leur nature, disposent l'organe à prononcer doucement la moyenne qui les suit. Placée devant un *s*, la moyenne *d*, quand elle n'est pas précédée d'une liquide, peut devenir aspirée. Il s'ensuit de là qu'il existe en gothique beaucoup de dentales aspirées qui ne répondent pas à त en sanscrit, mais plutôt à थ ou ध parce que primitivement elles étaient des dentales moyennes qui ne sont devenues aspirées que par l'influence euphonique particulière que nous venons d'indiquer. Il faut donc distinguer deux espèces de þ : les uns sont *radicaux*, parce qu'ils se trouvent dans la racine conformément à la loi de la permutation des consonnes; les autres sont *euphoniques*, parce qu'ils doivent leur origine à l'euphonie. Au commencement du mot, þ est toujours radical; mais à la fin du mot, þ peut être ou radical ou euphonique.

Le þ radical se prononçait certainement plutôt comme *t* aspiré que comme *d* aspiré; la prononciation du þ euphonique était probablement plus douce, mais ne s'éloignait pas beaucoup du þ, parce que l'écriture emploie le même signe pour exprimer le þ radical et le þ euphonique, et qu'en général, les langues germaniques aiment, à la fin des mots, plutôt une consonne forte aspirée qu'une moyenne aspirée. Sans doute, le þ radical était prononcé en gothique comme le *th* anglais dur et le þ euphonique comme le *th* anglais doux. Il était naturel qu'entre deux voyelles et devant un *s*, þ prît comme le *th* anglais un son plus doux ou plus sifflant semblable au *z* ou *d* aspiré : de là on écrivait en gothique *faheds* et *faheþs*, l'écriture n'ayant pas besoin d'exprimer l'aspiration de *d* parce que cette aspiration résultait naturellement de la prononciation sifflante de *s*.

Après avoir reconnu l'origine et la nature des dentales gothiques, passons à l'examen des dentales de la langue scandinave. C'est une remarque générale à faire, que, dans les voyelles, l'islandais diffère bien plus du gothique que le vieux haut allemand ; mais, dans les consonnes, il ressemble plus au gothique que le vieux haut allemand. On peut dire que si nous avions, en langue scandinave, des monuments écrits aussi anciens que le sont ceux du vieux haut allemand, la différence entre le scandinave et le gothique serait moins sensible qu'elle ne l'est effectivement pour la même époque entre le gothique et le vieux haut allemand. Comme les consonnes islandaises ressemblent tant aux consonnes gothiques, nous pouvons aussi admettre que les dentales de l'islandais ne différaient pas beaucoup des dentales de la langue gothique.

Nous avons trouvé en gothique trois dentales qui, dans l'écriture, sont exprimées chacune par un caractère particulier. Dans l'alphabet runique nous voyons seulement deux caractères, le caractère gothique þ et le caractère ↑. Il n'y a pas à en douter, le premier exprime une dentale aspirée, le second un *t* dur. Mais, chose remarquable ! dans les plus anciennes inscriptions runiques, on ne trouve pas de caractère pour *d*, mais à la place de cette dentale moyenne se trouve le plus souvent þ, plus rarement t. On doit donc supposer, ou que le d scandinave s'est perdu, ou qu'il s'est confondu avec þ ou t. Il nous paraît plus vraisemblable que la langue scandinave n'avait originairement, comme la langue umbrique [1], que deux dentales, l'une aspirée et l'autre dure, et qu'elle ne faisait pas de distinction entre la dentale dure et la dentale moyenne. Nous avons déjà vu qu'en gothique on ne faisait pas de distinction non plus entre l'aspirée moyenne et l'aspirée dure. Plus tard la langue scandinave paraît avoir formé deux espèces de dentales aspirées, à savoir : une aspirée dure et une aspirée moyenne; mais on continua toujours à désigner l'une et l'autre espèce par le même caractère þ, comme on se sert encore aujourd'hui, en anglais, de la même lettre *th* pour exprimer deux espèces d'aspirations très-différentes. La dentale aspirée moyenne qui venait de se former, et dont la prononciation se rapprochait du d aspiré, perdit peu à peu son aspiration au commencement des mots et après les liquides *l, m, n,* et elle se changea ainsi en dentale moyenne pure *d;* il y eut donc, dès lors, dans la langue scandinave, outre la dentale dure ↑, une dentale aspirée dure, une aspirée moyenne et une dentale moyenne; mais ces trois dernières furent toujours exprimées par le même signe þ. Plus tard, lorsqu'on introduisit l'écriture latine, on con-

[1] Voyez Grotefend, *Rudimenta linguæ umbricæ*, Hanovre, 1835-1837.

serva le caractère þ pour désigner les deux dentales aspirées; mais la dentale moyenne fut exprimée par la lettre *d* comme ᛏ fut remplacé par *t*. Quelque temps après, au commencement du xiiie siècle [1], on choisit la lettre anglo-saxonne ð pour la substituer à þ, dans tous les cas où cette dernière lettre se prononçait comme une aspirée moyenne. C'est ainsi que s'est établi l'usage qu'on fait actuellement en islandais des lettres þ, *t*, ð et *d*. D'après ce que nous venons de dire, la consonne *d* devait être naturellement la moins fréquente dans la langue, et depuis elle est devenue d'autant plus rare, que l'usage s'est répandu, dans l'islandais moderne, de rendre douces et sifflantes les dentales précédées de voyelles et placées à la fin d'une syllabe ou d'un mot, et de changer ainsi *t* et *d* en ð.

[1] Cf. *Svensk spraklära utgifven af svenska Akademien*, Stockholm, 1836, p. xi. — L'auteur du traité grammatical *um látînu-stafrofit*, connaît la lettre *dh*, voy. p. 295; il parait l'avoir empruntée directement de l'alphabet anglo-saxon puisqu'il l'appelle *edh*, ce qui est précisément le nom qu'elle porte dans ce dernier alphabet. Notre grammairien range *dh* parmi les *undirstafir*, c'est-à-dire parmi les consonnes qui ne sont jamais placées au commencement d'une syllabe, comme par exemple *z* et *x*. Il dit, p. 293: dans le cinquième cercle sont, *their stafir ër heita undirstafir dh, z, x; má theim vidh engan staf koma nēma their se eptir hliodhstaf í hverri samstöfun. Fiórdhi stafr ër Z,* (c'est ainsi que je corrige *c* qui se trouve dans le texte; cette figure qui ressemble à *z*, est une abréviation usitée dans les manuscrits pour exprimer *ok*, et répond, par conséquent, à notre &) *that er rētt hans hliódh, at hann sē í enda samstöfu sem adhrir undirstafir*. Les consonnes qui ne sont jamais placées à la fin d'une syllabe, s'appellent *höfudhstafir*, ce sont: *th, v, h, q*. Voyez p. 290.

CHAPITRE IV.

Par suite des changements fréquents qu'ont éprouvés les dentales islandaises et dans la prononciation et dans l'écriture, il est difficile de déterminer toujours exactement l'emploi qu'on devra faire des lettres þ, ð et *d*. Ce n'est que par une étude critique de tous les monuments écrits et par la comparaison des différents idiomes germaniques, qu'on parviendra à éclaircir encore quelques questions importantes que l'état actuel de la science ne permet pas encore de résoudre.

Z. Le Z islandais n'est pas une consonne *radicale*, parce qu'elle n'est pas une consonne simple ; c'est un son composé, et le signe graphique *z* est une abréviation pour représenter deux consonnes réunies en une seule. Le *z* islandais diffère donc essentiellement du *z* vieux haut allemand qui est radical, parce qu'il représente la consonne simple *t* devenue aspirée ou plutôt sifflante. Le *z* islandais remplace tantôt *ds* comme dans *islenzkr*, tantôt *ts* comme dans *veizla*, tantôt ðs comme dans *hliôz*, *gerzkr*, tantôt *ss* comme dans *miza*, tantôt *st* comme dans *riufaz*. Singulier caractère que ce *z* qui exprime des combinaisons de consonnes si différentes ! Est-il probable que *z* ait servi à exprimer indistinctement des combinaisons opposées *ts* et *st* ? nous ne le pensons pas. On pourrait objecter qu'en grec, ζ (δσ) s'est aussi changé quelquefois en σδ, et qu'en espagnol *x* (ks) équivaut à *ch* (sk, sh). Cependant, il nous semble que lorsque *z* fut mis pour *st*, ce *st* s'était déjà changé dans la prononciation en *ss* ou *sz*, et qu'on exprimait cette assimilation des deux consonnes *s* et *t* par la lettre *z*[1]. S'il en est ainsi, il faut nécessairement distinguer deux périodes dans la langue : la première où l'on prononçait *st*, et la seconde où l'on prononçait *ss*; et l'on doit écrire, par conséquent, dans le premier cas, *beriast, riufast*, et dans le second, *beriass, riufass*, etc. En tout cas, comme chaque lettre ne doit représenter qu'un seul son et n'exprimer qu'une seule consonne simple, nous proposons qu'on rejette le *z* de l'alphabet islandais, dans lequel du reste il ne se trouvait pas primitivement, et de le remplacer chaque fois par les consonnes respectives *ds*, *ts*, *ðs* et *ss*.

§ X.

DES CONSONNES GUTTURALES K, G, H, J, X.

La gutturale scandinave forte se prononçait comme le *q* français; c'est donc la lettre *k* qui l'aurait exprimée le plus convenablement. Cependant, comme dans le Nord, on avait adopté l'alphabet latin où C remplaçait K, C fut employé de préférence dans l'orthographe des livres anglo-saxons. Les Islandais aussi, à l'exemple des Anglo-saxons, employaient C pour désigner la gutturale forte[2]. Néanmoins, nous préférons la lettre K,

---

[1] En suédois on mettait tout simplement un *s*. Voyez *Svensk språklära*, p. XII.

[2] Nous avons vu, page 45, que l'auteur du traité *um látínu-stafrofit*, toutes les fois qu'il veut exprimer une consonne double, écrit cette consonne en majuscule, mais en majuscule de la même grandeur que les minuscules. Comme grand *C* ne diffère point pour la forme de

CHAPITRE IV.

parce que C se prononce diversement devant les différentes voyelles et dans les différentes langues; et que la lettre K exprime bien mieux, dans tous les cas et en toute langue, la véritable prononciation de la gutturale dure.

La gutturale moyenne G se prononçait ordinairement et primitivement comme notre *gue* dans *bague*. Cependant dans certains cas, *g* avait un son un peu différent par suite d'une influence euphonique que nous allons expliquer.

Les sons gutturaux scandinaves, surtout le *k*, aiment à être suivis quelquefois d'un *u* euphonique légèrement accentué. La voyelle *u* s'ajoute facilement aux gutturales parce qu'elle est elle-même gutturale de sa nature. Nous voyons en latin K ou C suivi, dans un grand nombre de cas, de la voyelle *u;* cette manière de prononcer était exprimée par *qu* dans *qui*, q*uu*m, *loquor*, *etc*. Comme ce phénomène tient à la nature des sons gutturaux, il doit se montrer nécessairement encore dans d'autres langues. Nous le remarquons en effet, non-seulement dans les idiomes indo-germaniques, mais aussi dans les idiomes sémitiques. Il est vrai que ce phénomène est plus rare dans les langues sémitiques, parce qu'en général ces idiomes n'aiment pas les voyelles purement euphoniques. De plus,

---

petit *c,* notre grammairien ne pouvait pas se servir de la majuscule pour exprimer *cc,* il se servit, dans ce cas, de la lettre K. Ce système a aussi été suivi dans les manuscrits de l'Edda.

par leur tendance à affaiblir les gutturales et à les changer en une simple aspiration, les langues sémitiques font suivre les gutturales bien moins d'un *u* que de la voyelle *a*, qui de sa nature a plus d'affinité avec l'aspiration que l'*u*. Néanmoins, on trouve dans l'éthiopien les gutturales ቀ (K^u) ኰ (H^u) ኈ (C^u) ጐ (G^u) qui font entendre après elles le son *u* légèrement accentué. Cet *u* se fait entendre devant toutes les voyelles de l'éthiopien, excepté devant l'*u* et l'*o* où naturellement on ne l'entend pas, cette voyelle euphonique se confondant alors dans la prononciation avec la voyelle radicale. Cet *u* étant purement euphonique ne forme pas une diphthongue avec la voyelle radicale, comme le croyait *Ludolf;* il est, au contraire, intimement lié avec la gutturale dont il ne peut se séparer, pas même quand cette gutturale n'est pas suivie d'une voyelle, c'est-à-dire quand il y a *scheva* hébreu, ou *soukoun* arabe, ou *virâma* sanscrit. Il est évident que cet *u* ne mérite pas le nom de voyelle, parce qu'il n'a pas une existence indépendante de la gutturale, ni une signification grammaticale propre, pas plus que *u* dans les mots français *bagu-e, ligu-e, guérir, etc.;* il sert seulement à indiquer une certaine manière de prononcer la gutturale.

La propriété des gutturales d'engendrer et de faire entendre après elles un *u*, nous explique comment, dans certaines langues, des consonnes labiales ont pu remplacer d'anciennes consonnes gutturales. Le

CHAPITRE IV. 97

changement des gutturales en labiales, est physiquement impossible; car comment passer des sons formés dans la gorge aux sons prononcés du bout des lèvres? Ce n'est donc nullement par une permutation naturelle des consonnes, mais seulement par un moyen mécanique que les labiales ont pu prendre la place des gutturales. Ce moyen mécanique, le voici : l'*a* euphonique produit par la consonne gutturale, s'en sépare et se change en *v* qui, comme labiale, peut se transformer en toute autre labiale et faire tomber peu à peu le son guttural dont il est précédé; exemple : sansc. जिव्, goth. qv*ivs*, lat. *vivo*, *vic-si*, grec βέομαι, βίος; sansc. कृमि:, lat. *vermis* (pour qv*ermis*, hv*ermis*); goth. qv*ainôn*, vieux haut allemand w*einôn*, etc. Un changement inverse s'est opéré dans les langues romanes et cymriques[1] qui ont transformé *v* en *gu;* exemple : vieux français guer*ir*, vieux allemand v*erpa;* vieux français guillaume, normand villiahmr; ital. guardia, (fr. garde), vieux allemand wartên; fr. gazon, v. h. a. wâso, sansc. वास:[2].

Une autre modification tout à fait analogue à celle

---

[1] Voyez M. Pictet, *De l'affinité des langues celtiques avec le sanscrit*, page 58.

[2] J'ai appris depuis que le *v* zend a aussi été changé en gva, gua dans les transcriptions des Parses. « Nériosengh reproduisant en caractères dévanâgaris les mots zends *vôhu-manô, hâvani, çâvangh*, les écrit « de la manière suivante : *ghvahmana, hâguana, çáguamgha*. » Voyez la notice intéressante de M. Eug. Burnouf dans : *Zwei sprachvergleichende Abhandlungen* von Dr Richard Lepsius, p. 100, 101.

dont nous venons de parler, se fait sentir dans la prononciation des gutturales. Cette modification, la voici : dans certains cas, la gutturale se mouille, et alors elle fait entendre après elle, non pas un *u*, mais un *i* légèrement accentué. Cet *i* se détache quelquefois de la consonne gutturale qui l'a produit, et en prenant de l'accroissement il se change en *j*; exemple : goth. g*ards*, rom. gi*ardin*, fr. j*ardin*. Par un changement inverse, *j* redevient voyelle et se fait alors précéder de la gutturale douce *g*; exemple : lat. j*ugum*, vieux haut allemand j*oh*, anglo-s. gë*oc*; lat. j*uvenis*, vieux haut allemand j*ung*, anglo-s. gë*ong*; vieux haut allemand j*àr*, a.-s. gë*ar*; isl. j*úli*, a.-s. gë*óla*, etc.

Par ce qui vient d'être dit en dernier lieu de la propriété des gutturales de se mouiller, on s'expliquera facilement la prononciation du K et du G islandais. K et G devant les voyelles *a, u, o, ö*, se prononcent comme en français; mais, devant toutes les autres voyelles, K et G se mouillent, c'est-à-dire qu'ils font entendre après eux un *i* légèrement accentué. Ainsi, *këm* se prononce qui-èm, *geit* se prononce gui-éit, *gemlir* se prononce gui-emlir. Cette prononciation mouillée des gutturales, ne remonte certainement pas aux premières époques de la langue. Elle n'a commencé probablement que lorsque la permutation des voyelles eut depuis longtemps produit les voyelles dérivées *e*, *ë, é, ö, y*, qui sont des voyelles rapprochées de l'*i* et devant lesquelles les gutturales aiment précisément à se mouiller. Quoi qu'il en soit, comme la prononciation mouillée ne diffère que très-peu de la prononciation ordinaire, nous jugeons inutile de l'exprimer dans l'écriture par un signe particulier.

Nous avons déjà eu occasion de dire, page 88, que dans les langues germaniques les consonnes moyennes ou douces se changent quelquefois à la fin des mots en consonnes dures ou en consonnes aspirées. Le même changement se fait aussi en islandais. La consonne moyenne *g* placée à la fin de la syllabe ou du mot comme dans *lög*, *vëg*, *segia*, *etc.* devient aspirée et se prononce à peu près comme un *ch* allemand très-doux; c'est pourquoi on écrivait autrefois *lögh*, *vëgh*, *seghia*[1], *etc.* Cependant, cette dernière orthographe ayant l'inconvénient d'insérer dans l'écriture un *h* qui n'est pas radical, il vaut mieux écrire simplement *g*, et abandonner à la prononciation le soin d'aspirer ce *g* dans tous les cas indiqués par les règles.

Q. On se servait ordinairement de la lettre *q*, empruntée à l'alphabet latin, pour désigner la gutturale dure suivie de l'*u* euphonique, et l'on écrivait *qven*, *qveða*, *qvon*, au lieu de *kvën*, *kvëða*, *kvon*. Cependant on n'a adopté cette orthographe que parce que la lettre *q* se prêtait à une abréviation; au lieu d'écrire *qua* ou *gva*, on écrivait simplement q^a. Cette abréviation se trouve dans le *Codex regius*; le *Fragmentum mem-*

---

[1] Voy. R. Rask, *Kortfattet Vejledning til det oldnordiske*, Kjöbenhavn, 1832, p. 5.

braneum préfère *ku* à *qu*, et l'un et l'autre manuscrit emploient toujours la lettre *k* dans les cas ordinaires. L'auteur du traité *Um látinu-stafrofit* n'admet pas le *q* dans son alphabet islandais. Il n'est pas question non plus de cette lettre dans le traité intitulé : *Málfrœ-ðinnar grundvöllr,* parce que l'auteur y analyse principalement l'alphabet runique, qui ne contient pas de caractère particulier correspondant à *q.* Comme *q* n'a été introduit dans l'écriture que dans un but purement graphique, et comme il est tout à fait superflu dans l'alphabet islandais, nous concluons à ce qu'on rejette entièrement ce caractère et qu'on le remplace par *kv.* Si l'on voulait conserver *qv,* ce serait tout au plus dans les mots dérivés du latin et des langues modernes, comme dans *qvartil, qvaterni,* et autres mots semblables.

J. Cette consonne J, admise par Rask dans l'alphabet islandais, est une gutturale dont la pronciation n'a rien d'analogue en français. Dans toutes les langues, cette consonne est née d'un *i* suivi d'une autre voyelle, comme *v* est né de *u* suivi de *a* ou *i.* C'est pourquoi, dans les textes islandais, on a remplacé par *j* la voyelle *i* toutes les fois qu'elle était suivie d'une autre voyelle, et l'on a écrit, par conséquent, j*or*, j*arl*, j*örð,* b*jarga,* m*jölnir,* se*gja,* au lieu de i*or,* i*arl,* i*örð,* b*iarga,* m*iölnir,* se*gia.* Si l'on se tenait seulement à la prononciation grossière des mots que nous venons de citer, on pourrait encore justifier cette orthographe avec *j.*

En effet, l'*i* suivi d'une voyelle pouvait facilement se changer, dans la prononciation du peuple, en *j*. Mais cette prononciation n'était certainement pas la bonne, et, par conséquent, elle ne doit pas aujourd'hui faire loi dans l'orthographe des textes. Supposé même que cette prononciation ait été générale, ce n'est pas encore une raison qui nous autorise à défigurer les formes grammaticales par des consonnes intruses qui n'ont aucune signification dans la racine, et qui ne sont insérées dans les mots que par le caprice de la prononciation. Personne ne doute que dans la première période de la langue, le *j* n'ait été entièrement inconnu; les dérivations se faisaient, comme en toute langue, par la voyelle *i*, et non par la consonne *j*. On disait *segia, þegia, yrkia, etc.* et non *segja, þegja, yrkja, etc.* Le *j* n'existait pas, non plus, dans les mots *jor, jarl, jörð, bjarga, mjölnir, etc.* parce que originairement la voyelle radicale *i*, qu'on veut transformer en *j*, n'était pas suivie d'une autre voyelle; car les formes primitives de ces mots étaient *ihvo-r* (lat. *equu-s*, sansc. *açva-s*), *irl, irð, birga, milnir*. C'est seulement plus tard que la prononciation a inséré une voyelle euphonique entre la voyelle radicale et la consonne dont elle était suivie[1] : ce n'est donc aussi que depuis cette époque que *i* a pu se changer en *j*. Mais ce qui prouve que, même après cette époque, l'*i* radical primitif ne s'était pas changé en *j* dans la bonne prononciation des

[1] Voyez p. 55.

poëtes, c'est que, comme l'a déjà fait remarquer M. Grimm [1], les mots qu'on voudrait écrire avec *j* rimaient, dans l'allitération, avec des mots commençant par des voyelles; preuve évidente que ceux-là commençaient également par une voyelle, c'est-à-dire par *i* et non par *j*. Une autre circonstance mentionnée par M. Grimm, et qui prouve également contre l'usage de *j*, c'est qu'en anglo-saxon les mots qui correspondent aux mots islandais qu'on voudrait écrire avec *j*, commencent par *ëo*, c'est-à-dire par une voyelle, ce qui fait supposer naturellement que les mots islandais correspondants commençaient également par une voyelle. Les deux grammairiens islandais dont les traités font partie de la Snorra-Edda, ne connaissent pas la lettre *j*. Seulement le premier connaît la prononciation un peu différente de *i*, quand cette voyelle est suivie d'une autre voyelle. Il semble croire que dans ce cas *i* est une espèce de *mâlstafr*, c'est-à-dire, d'après son système, une *consonne* qui peut précéder ou suivre une voyelle; mais il n'a garde de ranger *i* parmi les mâlstafir, et il ne sait pas ce qu'il doit penser de la lettre *i* dans *biôr, biörg* [2]. Tout cela prouve qu'à cette époque on ne connaissait pas encore la consonne *j*, mais que cependant on prononçait *i* un peu différemment s'il était suivi d'une autre voyelle, que s'il n'en était pas suivi. Les plus anciens manuscrits de l'Edda n'emploient

---

[1] Voyez *Deutsche Grammatik*, I, p. 322.
[2] *Snorra-Edda*, p. 290, 292.

pas la lettre *j*; ils écrivent: *tiösull, hverian, iotun, liggia, miök, ialkr, etc.* Dans les manuscrits du xv⁰ et du xvi⁰ siècle, les *j* deviennent fréquents, et de nos jours la prononciation en Islande, a changé en *j* tous les *i* suivis d'autres voyelles. Mais ni les manuscrits des siècles postérieurs, ni la prononciation moderne ne font autorité dans l'examen de la question qui nous occupe. Il est inutile de dire, après cela, que nous concluons purement et simplement à ce qu'on rejette la consonne *j* de l'ancien alphabet islandais.

H. La lettre *h* était primitivement, comme le *h* en sanscrit et en beaucoup d'autres langues, une gutturale soit forte ou douce, qui en s'affaiblissant est devenue peu à peu une aspiration [1], mais une aspiration forte ou rude. Il y a quelques mots en islandais dans lesquels l'ancienne forme s'est conservée à côté de la forme dérivée, ex. : k*nië* et h*nië*, k*nîfr* et h*nîfr*, g*loâ* et h*loâ, etc.* L'aspiration forte de H n'a rien d'analogue en français; elle s'approche beaucoup de la prononciation du *ch* allemand. Comme l'aspiration se fait difficilement entendre devant *n*, la lettre *h* (g, k) s'est perdue très-souvent quand elle était placée devant cette nasale. Exemples : *nyt* (pour h*nyt*), *neip* (pour g*neip*), *neisti* (pour g*neisti*), *nubbr* (pour k*nubbr*), *etc.* D'un autre côté, comme les liquides *r* et *l* sont aspirées de leur nature, *h* se confond souvent avec elles dans la prononciation; exem-

---

[1] Cf. *Svensk spraklära*, p. vi, not. 2.

ples : *vilialmr* pour *vilhialmr*, *norðralfa* pour *norðr-halfa*, etc. L'emploi orthographique de *h* ne présente aucune difficulté.

X. Cette lettre est une abréviation de *hs* et de *ks*, et se prononce, comme en français, tantôt comme *gs*, tantôt comme *cs*. Bien que la lettre composée *x* soit admise dans l'alphabet d'un très-grand nombre de langues, il nous semble pourtant préférable, dans l'intérêt de l'analyse grammaticale, de la remplacer toujours, dans l'orthographe, par les deux consonnes dont elle se compose, et d'écrire, par conséquent, *lahs* au lieu de *lax*, *fahs* au lieu de *fax*, *öks* (akus) au lieu de *öx*, etc. Cette orthographe est déjà en partie établie, puisqu'on n'emploie jamais *x* pour exprimer *gs*; ainsi par exemple, on écrit toujours *hugsa* au lieu de *huxa*.

§ XI.

CONCLUSION DU CHAPITRE.

Nous avons distingué les différents sons de la langue islandaise dans le but de les orthographier aussi exactement et aussi convenablement que possible. Peut-être dira-t-on que les distinctions que nous avons établies, surtout entre les voyelles, sont trop nombreuses et trop subtiles. A cela nous répondrons que toute distinction qui est fondée en nature établit un fait ou une vérité, et aucune vérité ne saurait paraître au philosophe ni superflue ni subtile. En constatant des vérités, on enrichit le domaine de la science, et l'on contribue à l'explication d'un phénomène physique ou intellectuel. « L'orthographe vulgaire, dit « M. Grimm [1], ne distingue pas les nuances dans la « prononciation; c'est au grammairien de constater les « différences et de les marquer par des signes. En cela, « il ne fera jamais trop, ni rien qui soit inutile. Quand « même on abandonnerait dans la suite les signes intro- « duits, la science aurait toujours gagné à ces distinc- « tions. » Il est vrai, si les distinctions qu'on établirait dans l'orthographe ne s'appliquaient qu'à une langue spéciale, l'utilité de ces distinctions serait très-bornée et contre-balancerait à peine l'inconvénient qui résulte d'une orthographe rendue plus compliquée par cela même qu'on l'aurait rendue plus exacte. Mais des vues plus générales nous ont guidé dans les observations que nous avons faites sur les lettres de la langue islandaise. Notre but a été de transcrire les textes islandais d'après un système *d'orthographe générale et uniforme pour toutes les langues*, en nous servant de l'écriture latine dont nous voudrions faire une écriture universelle, parce qu'elle réunit l'élégance à la simplicité, et qu'elle est déjà en usage chez presque toutes les nations de l'Europe. Cette orthographe uniforme est possible, puisque la philologie moderne prouve que les mêmes articulations de la voix se trouvent dans toutes les langues, avec la seule différence qu'elles sont, dans les différents idiomes, tantôt plus ou moins nom-

[1] Voyez *Deutsche Grammatik*, t. I, p. 232, note.

breuses, tantôt plus ou moins complètes. De plus, cette orthographe est philosophique, parce qu'étant fondée en nature, elle est aussi fondée en raison, tandis que l'orthographe vulgaire des différentes langues se contredit sans cesse, étant basée en grande partie sur l'usage arbitraire et quelquefois sur le caprice de l'individu. Enfin, cette orthographe uniforme est en même temps très-utile, parce qu'elle facilite de beaucoup l'étude grammaticale et comparative des langues, et qu'elle réunit tous les avantages que possèdent ordinairement les systèmes établis sur une base large et universelle. On voit, d'après cela, que les distinctions que nous avons faites n'ont rien d'exclusif, ni de subtil; elles trouvent leur application, non-seulement dans l'islandais, mais dans toutes les langues; et les caractères que nous avons choisis pour désigner les sons, loin d'être d'un usage spécial pour l'idiome scandinave, appartiennent au contraire tous à l'alphabet général par lequel nous voudrions qu'on transcrivît les langues anciennes et modernes [1]. Cependant, avant de suivre notre méthode d'orthographe dans la transcription des textes islandais que nous publions, nous croyons devoir la soumettre au jugement impartial des grammairiens philosophes. Si leur jugement

---

[1] La question de la formation d'un alphabet général fait le sujet d'un mémoire que publie, au moment où nous mettons sous presse, M. Paul Ackermann sous le titre d'*Essai sur l'analyse physique des langues, ou de la formation et de l'usage d'un alphabet méthodique.*

nous est favorable, nous n'hésiterons pas à transcrire, à l'avenir, nos textes d'après le système indiqué. En attendant nous n'avons pas craint de nous égarer en suivant, presque entièrement dans notre publication, l'orthographe adoptée par Rask et par M. Grimm.

CHAPITRE V.

DE LA VERSIFICATION ISLANDAISE.

§ I.

DE LA QUANTITÉ ET DE L'ACCENT.

Après avoir examiné, dans le chapitre précédent, la nature des sons de la langue ou la prononciation syllabique, il nous reste à parler de la prononciation prosodique ou rhythmique qui est la base de toute espèce de versification. Expliquons d'abord ce que c'est que la prosodie, et parlons ensuite du rhythme.

Le mot *prosodie*, tiré du grec προσῳδία que les Latins ont traduit par *accentus*, signifie accompagnement de chant, parce que l'émission simple du son matériel, ou ce que nous avons appelé la prononciation syllabique, est accompagnée, dans le langage de tous les hommes, d'une espèce de modulation qu'on a comparée au chant, et qu'on pourrait nommer *accent* dans le sens le plus étendu de ce mot. La prosodie, envisagée comme science, est donc proprement la théorie de l'accent vocal.

De même que dans le chant musical il faut observer deux choses, la durée et l'élévation des tons, de même, dans l'accent vocal, il faut distinguer entre la durée et l'élévation des syllabes prononcées. La durée des syllabes constitue ce qu'on appelle la *quantité;* l'élévation ou l'abaissement de la voix constitue *l'accent proprement dit*. La prosodie définie d'une manière plus explicite est donc la prononciation ou la théorie de la prononciation des syllabes selon l'accent et la quantité qui leur conviennent.

La quantité (lengð) ou la mesure des syllabes longues ou brèves (*samstafa löng eðr skömm*) indique la durée *relative* des sons de la langue. Une syllabe n'est longue qu'en tant qu'une autre est brève; mais quelle que soit la lenteur ou la vitesse avec laquelle on prononce les mots, le rapport de quantité entre les syllabes doit rester le même. Ce rapport de la syllabe longue à la brève peut avoir un exposant différent dans les différentes langues. Ordinairement on admet en islandais, de même que dans la prosodie grecque, latine, allemande, italienne, etc. qu'une syllabe longue équivaut à la durée de deux brèves [1]. Dans certaines langues,

---

[1] L'auteur du *Málfrœðinnar Grundvöllr*, dit, page 305 : « En thô

une oreille exercée et un calculateur exact trouveraient que cet exposant n'est quelquefois que le chiffre 1 plus une fraction. Il y a des syllabes qu'on nomme *douteuses*, non qu'il soit douteux si la syllabe est longue ou brève, mais parce que dans certains cas et pour certaines raisons ces syllabes perdent quelque chose de leur longueur ou ajoutent quelque chose à leur brièveté.

L'accent proprement dit (*hlióðs-grein*) consiste, comme nous l'avons dit, dans l'élévation et l'abaissement de la voix. L'élévation est marquée par *l'accent aigu* (*hvöss hlióðs-grein*); l'abaissement, par un accent que, faute de meilleure dénomination, nous appellerons *accent sourd* (*þûng hlióðs-grein*). Entre l'accent aigu et l'accent sourd se trouve *l'accent grave* qu'on a aussi nommé *l'accent circonflexe* (*umbeygilig hlióðs-grein*). Il est moins élevé que l'accent aigu, mais la voix s'y soutient encore, tandis qu'elle baisse entièrement dans les syllabes qui ont *l'accent sourd*.

La quantité et l'accent proprement dit reposent, dans l'origine, sur le même principe et tendent, dans leur application, au même but, c'est-à-dire à désigner, par une marque distinctive, les syllabes qui, pour une cause quelconque, semblent avoir une plus grande importance que les autres. Pour désigner ces syllabes sur lesquelles il faut appuyer, la langue a deux

« setia nûvërandi klérkar î versa-giördh allar samstöfur annathvart ein-
« nar stundar edha tveggia. »

moyens à sa disposition : d'abord la quantité qui marque ces syllabes par la durée ou la *tenue* de la voix, et ensuite l'accent qui les distingue et les fait ressortir en les prononçant d'un ton plus élevé. La langue s'est servie des deux moyens à la fois, sans cependant vouloir que l'un et l'autre contribuassent simultanément au même but. L'accent et la quantité ne marchent pas toujours parallèlement l'un à côté de l'autre: une longueur de quantité ne coïncide pas nécessairement au même endroit avec une élévation d'accent. Comme chaque partie du mot, prise séparément, peut avoir une importance plus ou moins absolue ou relative en raison de sa signification logique et grammaticale, ou de sa forme extérieure et matérielle, et par suite de mille circonstances fortuites, l'emploi de l'accent et de la quantité a dû se diversifier à l'infini. La quantité et l'accent se sont partagé leurs nombreuses fonctions, et, tout en poursuivant le même but par des chemins différents, ils restent entièrement indépendants l'un de l'autre; de même qu'en musique la durée et l'élévation des tons sont complétement séparées l'une de l'autre, mais contribuent néanmoins au même effet, qui est l'harmonie ou l'agrément musical.

§ II.

DU RHYTHME.

Quelque chose d'analogue à l'harmonie musicale est produit presque accidentellement par le concours de la quantité et de l'accent : c'est le *rhythme vocal* qui résulte du mélange et de la variété des syllabes longues et brèves différemment accentuées, et de l'ordre ou de la règle que l'oreille découvre dans ce mélange et cette variété de sons.

Le *rhythme* peut tenir plus de la quantité ou plus de l'accent; s'il tient plus de la quantité, l'oreille s'aperçoit davantage de la succession régulière et de la répétition périodique des syllabes longues et brèves. Cette succession et cette répétition produisent ce qu'on appelle *la mesure, le nombre*. Si, au contraire, le rhythme tient plus de l'accent, l'oreille remarque principalement la succession régulière et la répétition périodique des syllabes accentuées, et cette succession et cette répétition produisent ce qu'on appelle la *cadence*.

Le rhythme résultant de la succession et de la variété régulière des syllabes ne peut pas se faire sentir dans un simple mot quelque long qu'il soit; il lui faut au moins une phrase d'une certaine étendue où il puisse se déployer convenablement. C'est dans la période oratoire que le rhythme peut se manifester librement, et il atteint sa dernière perfection dans les vers harmonieux de la poésie. L'arrangement raisonné des syllabes pour produire le rhythme est un commencement de versification. La prose rhythmique s'approche déjà de la poésie, et une phrase ou une période bien cadencées forment la transition naturelle pour arriver au vers et à la strophe poétique. Le rhythme appartient donc également à la prose et à la poésie; il est précisément le degré par lequel on monte de l'une à l'autre. Les deux manières d'exprimer nos pensées et nos sentiments, la prose et la poésie, ne sont pas tellement différentes l'une de l'autre, qu'il n'y ait pas et dans le fond et dans la forme de chacune d'elles de nombreux points de contact. Il serait même quelquefois difficile de dire exactement où finit le domaine de l'une et où commence celui de l'autre, si la convention n'avait pas fixé arbitrairement les limites et établi entre la poésie et la prose une différence, à la vérité bien marquée, mais fondée uniquement sur quelques signes extérieurs. Ainsi, dans les temps modernes, on est convenu de ranger parmi les poésies toutes les œuvres revêtues d'un certain extérieur artificiel et conventionnel, quelque prosaïques qu'elles soient dans l'expression des pensées et des sentiments. D'un autre côté on relègue parmi la prose tout ce qui n'a pas cet extérieur conventionnel, fût-ce même un chef-d'œuvre admirable et pour le fond et pour l'expression. Le *vers* ou le rhythme présenté sous une certaine forme artificielle et réglée, constitue, de nos jours, le caractère distinctif de la poésie. Tout ce qui appartient à cet ornement extérieur et artificiel de la poésie fait l'objet de la *versification* ou de l'art de faire des vers.

§ III.

DE LA VERSIFICATION (VERSA-GIÖRDH).

Il est intéressant d'observer la différence et la diversité des moyens employés par les poëtes des différentes nations dans la composition des vers, et de voir comment, chez tel peuple, la versification est restée à peu près dans son état primitif, tandis que chez tel autre, elle a atteint un haut degré de perfection. Qu'il nous soit permis de jeter un coup d'œil rapide sur les différents genres de versification dont on a fait usage depuis les temps les plus anciens jusqu'à nos jours. Cet aperçu comparatif que nous allons donner fera mieux comprendre la nature de la versification islandaise, dont nous aurons à nous occuper plus spécialement.

Le genre de versification le plus simple est la *versification cadencée*, qui n'ajoute à la prose d'autre ornement extérieur qu'un rhythme plus harmonieux. Telle est la versification des Hébreux, dont la poésie ne se distingue de la prose, quant à l'extérieur, que par le rhythme. Le poëte hébreu produit ce rhythme par deux moyens qui sont : *l'accentuation* et le *parallélisme* des hémistiches. L'accentuation, il est vrai, telle qu'elle est marquée dans les livres hébreux, a été ajoutée au texte par les Massorètes ou grammairiens juifs, dans les premiers siècles de notre ère; mais rien ne nous empêche d'admettre qu'elle reproduise fidèlement

8

l'accentuation primitive marquée par les poëtes ou les prophètes, quand ils chantaient leurs hymnes, ou qu'ils déclamaient d'une voix solennelle leurs visions et leurs prédictions. Cette accentuation consistait dans une espèce de déclamation oratoire qu'on imitait au temple et à la synagogue, en lisant devant le peuple les paroles de la Loi et des Prophètes. Comme le prêtre déclamateur ne faisait aucune distinction entre la poésie et la prose des livres saints, les morceaux d'histoire étaient déclamés comme les psaumes ou les prophéties, avec cette différence, que dans la prose où il n'y avait généralement ni cette accentuation marquée, ni ce parallélisme d'idées et d'expressions qui caractérisaient les vers, le rhythme était bien moins cadencé, et la déclamation, par conséquent, plus factice que naturelle.

Le parallélisme des hémistiches, cet autre élément du rhythme dans la poésie hébraïque, supplée en quelque sorte au manque de la quantité. Par le parallélisme, le verset hébreu est partagé en deux hémistiches d'une longueur à peu près égale, et ces hémistiches se divisent, de nouveau, en parties plus ou moins symétriques. Ce qui donne surtout beaucoup d'expression au parallélisme, c'est qu'il n'est pas seulement dans la forme extérieure du verset, mais qu'il se trouve jusque dans les pensées du poëte. Dans la poésie hébraïque, les idées marchent et se succèdent deux à deux; la première est répétée, développée, agrandie par la seconde, ou bien la seconde exprime l'antithèse, la restriction ou l'inverse de la première. Le parallélisme réunit, par conséquent, tout ce que les figures de rhétorique, la répétition, la gradation et l'antithèse renferment de beau, de grand et d'oratoire; comme elles, il donne au langage plus d'énergie, de majesté et d'onction. A cause de ces qualités du parallélisme rhythmique, il n'est pas étonnant qu'on le trouve souvent employé dans les maximes, les sentences, les dictons et les proverbes de presque toutes les nations. Il en est fait usage dans le Koran et même dans les livres arabes en prose comme, par exemple, dans Hariri. La poésie finnoise connaît aussi le parallélisme; chaque phrase ou pensée y est répétée en d'autres expressions, soit en entier, soit en partie. En anglo-saxon, les poëtes se sont aussi quelquefois emparés du parallélisme comme d'un moyen de versification; mais il n'a servi qu'à rendre leur style plus prosaïque et leur pensée plus traînante.

Un autre genre de versification est celui qu'on peut désigner sous le nom de *versification métrique,* parce qu'il est basé sur la mesure ou la quantité des syllabes. Le rhythme d'un vers métrique est naturellement plus réglé, et se fait, par conséquent, mieux sentir que le rhythme d'un vers accentué ou cadencé. L'oreille s'aperçoit sans peine de la mesure, étant frappée successivement d'un nombre égal de syllabes, dont les longues et les brèves se reproduisent périodiquement et se succèdent dans le même ordre. Ce genre de versification qui a pour base une métrique plus ou moins réglée et développée, est employé dans la poésie des Hindous, des Grecs, des Latins, des Arabes, des Persans et de tous les peuples de l'Europe moderne.

Le troisième genre de versification qui diffère essentiellement des deux premiers dont nous venons de parler, peut être désigné sous le nom de *versification phonique*. Dans ce genre le poëte ne considère ni l'accentuation, ni la quantité des syllabes, mais uniquement la qualité ou la nature phonique des sons, et il produit un effet agréable à l'oreille en choisissant et en arrangeant les mots de telle façon, que certains sons semblables qui se correspondent, viennent frapper l'oreille dans un certain intervalle ou dans un ordre déterminé. Les sons qui se correspondent peuvent être plus ou moins nombreux, et leur ressemblance peut être plus ou moins sensible et parfaite, selon qu'elle s'étend sur une lettre seulement, ou sur une ou plusieurs syllabes. Si le même son est produit par la prononciation d'une même lettre commençant différents mots dans les vers, il en résulte ce qu'on appelle *allitération* (lióð). Si les mêmes syllabes se produisent au commencement, au milieu ou à la fin de plusieurs mots dans les vers, elles forment une *consonnance* (*hending*). Enfin, si cette consonnance revient régulièrement à la fin des vers ou de l'hémistiche, elle forme ce que nous appelons *rime*.

En examinant plus attentivement les trois genres de versification que nous venons de distinguer, on trouve qu'on peut les réduire à deux, en comprenant sous le nom commun de *versification rhythmique*, la versification cadencée et la versification métrique. Il nous reste donc, en dernière analyse, deux genres opposés l'un à l'autre, le *genre rhythmique* et le *genre phonique;* le premier fondé sur la quantité et l'accentuation des syllabes; le second, sur leur nature phonique. Comme dans les syllabes, abstraction faite de la signification logique qu'elles peuvent exprimer, il n'y a que l'accent, la quantité et le son qui puissent servir comme moyens de versification, il est évident que les deux genres indiqués résument toutes les manières possibles de faire des vers. En effet, la versification des peuples anciens et modernes diffère seulement, selon la préférence qu'on a donnée à l'un ou l'autre genre, ou selon le degré de perfection que le genre phonique ou le genre rhythmique a atteint dans telle ou telle littérature. Les Hébreux, nous l'avons vu, se sont contentés, dans leur poésie, du rhythme provenant de l'accent et du parallélisme. Les Hindous, les Grecs et les Latins ont remplacé le parallélisme par la quantité ou les mètres. Les Arabes, les Persans, les Allemands, les Danois, les Suédois, les Russes ont ajouté la rime à la quantité. Les Espagnols, les Italiens, les Français, les Anglais, les Polonais ont la rime; mais ils se contentent de compter les syllabes sans distinguer les longues des brèves. Les Chinois comptent les syllabes, marquent les accents, et ont, outre la rime, encore la consonnance. Enfin, les Anglo-saxons et les Scandinaves marquent les accents sans compter le nombre des syllabes, et emploient non-seulement la rime et la consonnance, mais encore l'allitération. Cependant tous les moyens de versification employés par ces différents peuples sont, nous le répétons, empruntés soit au genre rhythmique, soit au genre phonique, puisqu'il n'y a que ces deux genres de versification possibles.

§ IV.

DE LA VERSIFICATION ISLANDAISE.

Après ces considérations générales, nous allons expliquer brièvement en quoi consiste la versification islandaise. La poésie islandaise possède quatre moyens de versification qui sont : l'*accent,* l'*allitération,* la *consonnance* et la *rime*. Ces moyens sont anciens; cependant il ne faut pas croire que tous aient existé ensemble dès le commencement de la poésie, et que les poëtes se soient toujours servis de tous les quatre à la fois. Les plus anciens poëtes ne connaissaient ni la consonnance, ni la rime, et il n'y a que le genre de poésie qui s'est formé en dernier lieu, *la chanson* (*runhenda*), où les quatre moyens de versification soient employés tous ensemble. Ce n'est point ici l'endroit de décrire toutes les espèces de versification propres aux divers

CHAPITRE V. 119

genres de poésie : nous traiterons seulement de la versification des trois poëmes *Völuspâ*, *Vafthrûdnismâl* et *Lokasenna*. Le premier de ces poëmes appartient au genre épique, comme nous l'avons dit à la page 21 : les deux autres rentrent dans le genre que, faute de meilleure dénomination, nous avons appelé le genre dramatique. Or la même liaison, la même analogie, les mêmes rapports que nous avons observés[1] entre la poésie épique et la poésie dramatique, nous les trouvons aussi, seulement sous des formes toutes différentes, entre la versification du premier poëme et la versification des deux autres. Ce sont deux espèces appartenant au même genre, et ce genre, on peut le nommer la *versification épique*. Ce genre s'appelle en islandais *fornyrðalag* ou *fornyrðislag* (*air ancien*)[2], nom qui indique clairement que cette versification était celle des poëmes les plus anciens, c'est-à-dire des poëmes épiques, et qu'elle n'était plus guère en usage dans les poésies des temps postérieurs. En effet, les Skaldes s'éloignant toujours davantage de la simplicité de l'ancienne poésie, imaginèrent une versifica-

---

[1] Voyez chap. II, § 4.

[2] J'ai traduit *lag* par *air*, parce qu'en français il n'y a pas d'autre mot qui réponde plus exactement au mot islandais. *Lag* signifie *disposition*, *air*, c'est-à-dire une suite de notes qui composent un chant. Toutes les anciennes poésies étaient chantées sur un certain air; mais cet air variait naturellement selon les différentes espèces de versification. C'est pourquoi le mot *lag* servait aussi à désigner ce que nous appelons la versification.

tion de plus en plus artificielle, et donnèrent, par conséquent, au vers dont ils ne se servaient plus, le nom *d'air ancien* ou *air des anciens chants*.

Le fornyrðalag est de deux espèces qui sont : le *fornyrðalag* proprement dit, appelé aussi *liuflingslag* (l'air du bon génie), et le *lióðahâttr* (la versification des chants). La première espèce est la plus ancienne, et elle porte, pour cette raison, le même nom que le genre lui-même. La seconde espèce est dérivée de la première dont elle n'est qu'une modification. *Fornyrðalag* est la versification du poëme Völuspâ; *lióðahattr* est celle de Vafþrûðnismâl et de Lokasenna. Nous allons expliquer l'une et l'autre espèce, en commençant par le fornyrðalag.

§ V.

DU FORNYRDALAG.

Les deux moyens de versification employés dans le fornyrðalag, sont l'*accentuation* et l'*allitération*. Par la première, le fornyrðalag appartient à la versification cadencée; par la seconde, il fait partie de la versification phonique [1].

De la Thèse et de l'Arse.

Dans le fornyrðalag, les syllabes ne sont pas comptées. Le rhythme ne repose donc, dans cette versification, ni sur la quantité numérique, ni sur la quantité

---

[1] Voyez p. 113, 115.

prosodique des syllabes; mais l'accentuation seule produit la cadence et une espèce de mesure en appuyant sur certaines syllabes et en glissant légèrement sur d'autres. Cette accentuation est l'origine et la base de l'ancienne versification des Scandinaves, des Anglo-saxons, des Allemands, des Russes, etc.; et comme elle tient à l'enfance de l'art, elle se trouve dans les premiers essais poétiques de toutes les nations. Aussi voit-on encore aujourd'hui que les pièces de vers composées par des personnes qui ignorent les règles de la versification sont ordinairement, sous le rapport de la quantité numérique et prosodique des syllabes, sans aucune règle, sans aucun rhythme; mais déclamés ou chantés par l'auteur, ces vers acquièrent une espèce de cadence par l'accentuation qu'il y met : car l'accentuation règle la foule désordonnée des syllabes en étranglant les unes et en donnant du relief aux autres. Or, si l'on considère que dans l'antiquité les vers ont toujours été chantés, on conçoit comment la poésie a pu se servir de l'accent comme de son principal moyen de rhythme. Cependant, il ne faut pas croire que dans la poésie basée sur l'accent, la quantité des syllabes ne soit nullement prise en considération; au contraire, l'accent et la quantité s'y soutiennent réciproquement et se font valoir l'un l'autre. Il y a bien plus : dans certaines langues, comme en islandais, en allemand, en russe, etc. la quantité va jusqu'à s'identifier avec l'accent, de sorte que les syllabes longues et brèves coïncident généralement avec des syllabes accentuées et non accentuées.

Le vers du fornyrðalag doit renfermer au moins quatre syllabes accentuées. Ces quatre élévations de voix ou ces quatre *arses* (ἄρσις), se trouvent toujours placées dans quatre *syllabes longues*. Nous prenons pour exemple la première strophe de Völuspâ; les syllabes imprimées en caractères italiques sont des arses coïncidant avec des syllabes longues :

*Hli*ôds bid-ëk *allar hël*gar *kind*ir,
*Mei*ri ok *minn*i *mög*u *Heim*thallar;
*Vil*da-ëk *val*-fôdur *vêl* fram*tel*ia
Forn-spiöll *fír*a thau ëk *fremst* of-*nam*.

Le nombre des abaissements de voix ou des *thèses* (θέσις) n'est pas fixé dans la versification, il varie selon le plus ou moins grand nombre de mots qui entrent dans le vers. Naturellement, il faut au moins trois thèses placées entre les quatre arses pour marquer et faire ressortir les élévations de voix. Mais ce nombre de trois strictement nécessaire est presque toujours dépassé. Les thèses pouvant être en plus ou moins grand nombre, il s'ensuit que les vers n'ont pas tous la même longueur. Cette différence de longueur nuirait nécessairement au rhythme si les arses, revenant toujours au nombre de quatre, ne mettaient dans les vers une certaine mesure régulière et uniforme. Aussi ce sont les arses qui constituent la charpente ou les parties principales et saillantes du vers;

les thèses n'en sont, pour ainsi dire, que le remplissage. Pour cette raison, l'attention du poëte se dirige principalement sur les arses, et c'est à elles qu'il distribue tous les ornements de la versification, comme la consonnance et l'allitération.

De l'Anacrouse (*mâlfylling*).

Les thèses n'étant, comme nous venons de le dire, qu'un remplissage, on devrait s'attendre à voir le vers commencer seulement par des arses; mais cela n'a pas toujours lieu. Une ou plusieurs syllabes, qui ont l'accent sourd, se placent assez souvent à la tête du vers ou au commencement de chaque hémistiche. Ces syllabes, sans accent marqué, sont considérées comme placées en dehors du vers, ou comme n'en faisant pas partie intégrante; les Islandais les nomment *mâlfylling* (remplissage de phrase), et elles répondent à ce que les Grecs appelaient la *base* (βάσις) ou l'*anacrouse* (ἀνάκρουσις). Si l'on compare le mouvement des pieds ou des syllabes composant un vers, à une course que fait la voix dans une carrière d'une longueur déterminée, l'anacrouse représente l'élan que prend la voix avant d'entrer dans cette carrière. La voix, pour nous servir d'une autre image, ne voulant pas, au commencement du vers, s'élever tout à coup jusqu'à l'arse, y monte peu à peu par les degrés de l'anacrouse. Comme cet élan ou cette montée successive de la voix est quelque chose de naturel, et, de plus, un moyen de marquer davantage l'arse au commencement du vers, l'anacrouse se trouve dans la métrique la plus cultivée comme dans la versification encore grossière. Il y a seulement cette différence, que dans la versification grecque, l'anacrouse est réglée et se place uniformément devant chaque vers, tandis que dans la versification islandaise, elle est sans règle et, pour ainsi dire, facultative. Il suit de la nature même du mâlfylling, que ce remplissage ne doit pas renfermer des syllabes accentuées, ou des mots d'une grande importance par leur signification. Bien que le nombre des syllabes du mâlfylling ne soit pas fixé, il est clair que ce serait une faute de versification que d'entasser trop de syllabes au commencement du vers, parce que leur trop grand nombre empêcherait la voix de glisser légèrement sur elles, et que parmi plusieurs mots, il s'en trouverait au moins un qui aurait ou l'accent prosodique, ou l'accent oratoire.

Quant au nombre total des syllabes qui entrent dans les vers du fornyrðalag, il varie selon le nombre des thèses et selon l'étendue du mâlfylling. Le vers se compose ordinairement de huit jusqu'à douze syllabes; il est donc moins long que l'hexamètre grec, et à plus forte raison moins long que le çlôka sanscrit [1]. Malgré son peu d'étendue, le vers se partage par la césure en

---

[1] Il est très-intéressant de comparer le vers épique scandinave avec le vers épique des Hindous et le vers épique des Grecs. Pour mettre nos lecteurs à même de faire cette comparaison, nous nous permet-

deux hémistiches; mais ces hémistiches sont intimement liés entre eux par le sens, l'accent et l'allitération.

trons de dire ici quelques mots sur le çlôka sanscrit et sur l'*hexamètre*. Le caractère du vers épique hindou appelé *çlôka*, est un rhythme grave et posé, plutôt languissant que vif et sautillant, et c'est peut-être pour cette raison que la tradition rapporte l'origine et le nom même du vers à un événement triste et déplorable. Le çlôka se compose d'un distique, ou de deux vers dont chacun, pris séparément, porte le nom d'*ardha-çlôka* (demi-çlôka). Ces deux vers ont une mesure égale, et seraient indépendants l'un de l'autre s'ils n'étaient pas réunis par le sens et quelquefois même, comme il nous semble, par le rhythme, puisqu'on remarque que le mouvement trop vif du premier vers est ralenti quelquefois dans le second, et que ce dernier efface et compense souvent, par sa vivacité, la trop grande pesanteur du premier. Le çlôka embrasse trente-deux syllabes; par conséquent, le demi-çlôka en contient seize. Chaque demi-çlôka est partagé par la césure en deux moitiés ou hémistiches; de sorte que le çlôka forme une espèce de période carrée dont les membres sont réunis par le sens, coupés en longueurs égales, et cadencées presque entièrement d'après le même rhythme. Cependant la forme du çlôka n'est pas si roide, ni son allure tellement uniforme que le vers ne puisse pas exprimer également bien les mouvements les plus différents de la poésie ou de la narration épique. Le çlôka comme le plus ancien de tous les mètres sanscrits, est aussi le moins réglé et le plus libre de tous. Les deux hémistiches n'ont pas, l'un et l'autre, exactement les mêmes pieds, comme cela se remarque dans les vers épiques arabes, où, à l'exception des syllabes finales ou de la *pause*, les hémistiches se ressemblent entièrement. Chaque hémistiche se partage en deux pieds de quatre syllabes chacun. Parmi ces pieds, il n'y a que les derniers qui suivent une certaine règle; les autres ont une allure tout à fait libre. Le rhythme général ou prédominant qui se fait entendre dans le çlôka, est le rhythme *iambique* ᴗ −, dont la cadence convient parfaitement aux sujets grands, tels que ceux de la poésie épique.

Le vers épique des Grecs s'appelle *hexamètre*; il se compose, comme le nom l'indique, de six mètres ou de six pieds qui forment ensemble treize jusqu'à dix-sept syllabes ou *temps*. Ainsi l'hexamètre correspond

De l'Allitération.

Le second moyen de versification employé dans le fornyrðalag est l'*allitération*. Elle consiste en ce que chaque vers renferme au moins deux mots commençant par la même lettre. Ordinairement le vers renferme trois mots de cette espèce, dont deux se trouvent dans le premier hémistiche, et un dans le second; mais, en aucun cas, le vers ne doit renfermer plus de trois mots commençant par la même lettre, et ces lettres doivent toujours se trouver dans des syllabes accentuées. L'allitération appartient à la versification phonique, et, semblable à la rime, elle plaît par l'uniformité des sons qui viennent frapper notre oreille. Les lettres *allitérantes* ou rimantes, s'appellent en islandais *lióðstafir* (lettres du chant); celles du premier hémistiche se nomment, plus particulièrement, *studlar* (soutiens, étais). A l'exemple des Suédois et des Danois, nous aimons mieux les appeler *lettres subordonnées*. La lettre

---

pour la longueur à la moitié d'un çlôka. Un vers de trente-deux syllabes, comme le çlôka, eût été naturellement trop long en grec. De même que les mots grecs n'ont pas une longueur démesurée comme les *sesquipedalia verba* du sanscrit, de même l'hexamètre renferme un nombre de pieds suffisant pour l'abondance du style épique, sans pourtant s'étendre dans des périodes à perte d'haleine. Malgré cette différence de longueur, l'hexamètre a l'allure aussi majestueuse et en même temps aussi libre que le çlôka. A l'exception des deux derniers pieds dont le mètre est à peu près fixe et invariable, tous les autres pieds peuvent marcher librement ou par dactyles, ou par spondées, ou par trochées. L'hexamètre se prête donc à merveille à la poésie

rimante du second hémistiche porte le nom de *höfuð-stafr* (lettre capitale ou lettre principale [1]), peut-être parce qu'elle donne le plus de peine au poëte, obligé de chercher un troisième mot qui fasse allitération avec les deux mots du premier hémistiche, ou, ce qui est plus vraisemblable, parce qu'étant, pour ainsi dire, l'écho de l'allitération, cette lettre éveille principalement notre attention sur les lettres qui riment ensemble dans le vers. L'allitération peut se faire par des consonnes ou par des voyelles. Toutes les voyelles, sans distinction, riment ensemble; on préfère même que l'allitération soit formée par des voyelles différentes. La lettre *v* compte quelquefois pour une voyelle. Si les lettres rimantes sont des consonnes, il faut qu'elles soient exactement les mêmes pour qu'il y ait allitération : ainsi les consonnes *b, p, f,* ou *d, t, þ,* ou *g, k, h,* bien qu'elles soient *homorganiques,* n'allitèrent pas ensemble. La consonne simple *s* ne rime pas suffisamment avec les consonnes composées *sk, sp, st.* Cependant *gl, bl, etc.* allitèrent avec *gr, br,* parce que

épique ou narrative qui, suivant le mouvement de la narration, est tantôt grave et posée, tantôt vive et légère. Le rhythme primitif et dominant de l'hexamètre, est le rhythme dactylien $-\cup\cup$ qui suivant l'influence des différents mouvements de la poésie, s'entremêle de rhythmes spondaïques $--$ et trochaïques $-\cup$.

[1] D'après Rask, les deux lettres rimantes du premier hémistiche s'appellent *liôdstafir,* et celle du second hémistiche se nomme *höfudstafr.* Mais il nous semble que *liôdstafr* est un nom générique propre à toutes les lettres allitérantes du vers. Le nom *höfudstafr* n'est pas opposé à liôdstafr, mais à *studlar.*

les consonnes liquides *l* et *r* se confondent aisément, comme nous l'avons vu page 80; *hr* ou *hl* allitèrent encore dans les anciennes poésies avec la consonne simple *h;* mais depuis qu'en islandais *h* s'est changé en une aspiration presque imperceptible, *hl* et *hv* riment seulement avec *l* et *v*.

Quant à l'effet acoustique produit par l'allitération, notre oreille ne peut plus en juger suffisamment. Nous ne sentons l'allitération que quand les lettres rimantes se montrent en assez grand nombre et à de petits intervalles comme dans ce vers de Racine :

Pour qui *s*ont ces *s*erpents qui *s*ifflent *s*ur vos têtes?

mais deux ou trois lettres allitérantes dispersées parmi six jusqu'à dix mots, comme dans le vers scandinave, passeraient presque inaperçues dans notre poésie. D'après cela, on serait tenté de croire que l'allitération était faite, comme l'acrostiche et autres jeux de versification, pour l'œil et non pour l'oreille. Cependant plusieurs raisons s'opposent à ce qu'on admette cette opinion. D'abord, la poésie ancienne était chantée et non pas lue; les poëmes de l'Edda furent transmis de bouche en bouche longtemps avant d'avoir été mis par écrit; ensuite, l'allitération est trop généralement usitée dans la versification de tous les peuples gothiques et germaniques, pour qu'elle puisse être un simple jeu frivole. En effet, nous trouvons l'allitération non-seulement dans la poésie scandinave, mais encore dans les plus anciennes poésies anglo-saxonnes; elle a passé même dans quelques vers latins faits en Angleterre, et elle s'est conservée dans la versification anglaise jusqu'au temps de Chaucer et Spencer. L'allitération se fait également remarquer dans les anciens monuments littéraires de l'Allemagne comme, par exemple, dans l'oraison *wessobrunnienne*, en vieux haut allemand; dans le fragment de *Hildebrand* et *Hadubrand*, et dans l'*Harmonie des évangiles* écrite en vieux saxon. L'allitération est peut-être un héritage que les peuples germaniques ont apporté de l'Asie; car les poëtes hindous, comme Kalidâsa [1], connaissaient ce genre de versification, et la consonnance, qui est une espèce d'allitération, se trouve déjà dans les plus anciennes poésies des Chinois [2]. Enfin, il faut se rappeler que l'allitération a la même origine et le même but que la rime, qui, tout le monde en conviendra, n'est pas faite pour l'œil, mais bien certainement pour l'oreille.

Pour comprendre comment l'allitération a pu se faire sentir suffisamment dans les vers, il faut considérer que les peuples qui en faisaient usage, y portaient une attention à laquelle nous ne sommes pas accoutumés. Ils recherchaient cette uniformité de son, ces consonnances et assonances avec autant de plaisir que nous, nous cherchons la rime au bout de nos vers. Ensuite, comme leurs poésies étaient chantées ou

[1] Voyez *Asiatic Researches*, t. X, p. 402.
[2] Voyez Abel Rémusat, *Grammaire chinoise*, p. 171.

déclamées, les lettres rimantes étaient bien plus marquées qu'elles ne le sont dans une simple lecture. Enfin, il y avait deux règles de versification dont l'observation stricte contribua beaucoup à faire ressortir davantage l'allitération, et à attirer sur elle toute l'attention de l'oreille ; la première de ces règles était de ne placer les lettres rimantes que dans des mots marqués par l'accent oratoire et prosodique ; la seconde, d'isoler la syllabe allitérante, autant que possible, en évitant de mettre dans son voisinage des syllabes non accentuées commençant par la même lettre. Par ces deux moyens, on arrivait nécessairement à donner plus de relief à l'allitération ; car d'un côté, le son allitérant devait se prononcer distinctement, parce que, loin de se perdre dans des mots sur lesquels la voix eût légèrement glissé, il se trouvait, au contraire, favorablement placé dans des syllabes sur lesquelles l'accent appelait de préférence l'attention de l'oreille. D'un autre côté, la syllabe rimante, par cela même qu'elle était plus isolée dans le vers, était mieux marquée et ressortait avec plus de netteté.

§ VI.

DU RHYTHME DU FORNYRDALAG.

Avant de passer à l'explication du *lióðahâttr*, qu'il nous soit permis de dire encore quelques mots sur le rhythme du fornyrðalag proprement dit. Quand on lit les vers de la Völuspâ à haute voix et en les accentuant convenablement, on entend aisément la modulation d'une certaine espèce de rhythme. Quel est le rhythme qui se fait entendre dans le fornyrðalag? Il nous semble que c'est le rhythme *trochaïque* qui prédomine dans le vers; mais il ne se montre pas tout pur, parce que la versification scandinave n'est pas basée sur la quantité prosodique. Si l'on pouvait appliquer à la versification scandinave les principes de la métrique grecque, nous dirions que le vers du fornyrðalag se compose originairement et essentiellement de quatre trochées, ou de deux ditrochées. Le thème rhythmique général dont les différents vers nous présenteraient les nombreuses variations, serait donc le suivant : $-\cup-\cup\ |\ -\cup-\cup$

§ VII.

DU LIÔÐAHÂTTR.

La seconde espèce de fornyrðalag ou de versification épique s'appelle *liôðaháttr*. C'est d'après cette versification que sont composés nos deux poëmes *Vafþrúðnismál* et *Lokasenna*. Le liôðaháttr est dérivé du fornyrðalag, ou pour mieux dire, c'est un fornyrðalag modifié : par conséquent, ce que nous avons dit de celui-ci s'applique aussi, en grande partie, à celui-là. La seule différence entre les deux espèces consiste en ce que la strophe du liôðaháttr ne renferme pas, comme celle du fornyrðalag, quatre vers tout à fait semblables les

9.

uns aux autres; mais le second et le quatrième vers ne sont, pour ainsi dire, que des hémistiches en comparaison du premier et du troisième. Le plus souvent, il n'y a que deux lettres rimantes dans les vers du liôðahâttr; et par la négligence des poëtes, les lettres allitérantes ne sont pas toujours placées dans des syllabes accentuées.

Quant au mâlfylling, il a quelquefois pris une extension démesurée, surtout dans les vers deuxièmes et quatrièmes qui, par leur peu de longueur, ne permettaient pas au poëte de développer entièrement sa pensée et le forçaient à entasser dans le mâlfylling les mots nécessaires pour compléter le sens. En général, les règles de la versification sont bien plus souvent négligées dans le liôðahâttr que dans le fornyrðalag proprement dit. Cela prouve que le premier est moins ancien que le second, et qu'il appartient à une époque où l'ancienne versification épique tombait déjà en décadence.

Comme les vers ne sont pas tous de la même longueur, le rhythme du liôðahâttr est, il est vrai, moins grave et moins posé que celui du fornyrðalag; mais il est aussi moins monotone, parce que les petits vers y alternent agréablement avec les grands. Si l'on compare le fornyrðalag à l'hexamètre, on peut comparer le liôðahâttr au mètre élégiaque ou au pentamètre.

Quelquefois les quatre vers qui composent la strophe du liôðahâttr, ne suffisent pas au développement que le poëte voudrait donner à sa pensée. Dans ce cas, le quatrième vers, qui est une espèce d'hémistiche pour la longueur, en comparaison du premier et du troisième, est remplacé par un grand vers encore suivi d'un petit (*Vafþrúðnismál*, v. 174-175). Quelquefois la strophe se compose de six vers, dont le cinquième est semblable aux vers premier et troisième, et le sixième aux vers deuxième et quatrième (*Vafþ*. v. 224-225). Le quatrième vers est aussi parfois suivi d'un autre petit vers qui lui est entièrement semblable (*Vafþ*. v. 169-170; *Lokasenna*, vers 52-53, 219-220, 265-266); il est même suivi de deux petits vers dans *Lokasenna*, v. 93-95. A part ces anomalies, qui du reste se présentent aussi dans le fornyrðalag, la strophe suit, par rapport à sa longueur et à sa composition, les mêmes règles dans le liôðahâttr comme dans le fornyrðalag proprement dit.

§ VIII.

DE LA STROPHE.

En islandais la strophe s'appelle *erendi*, (énoncé, proposition), parce que chaque strophe doit renfermer une pensée complète ou un tableau achevé. Elle s'appelle aussi *vîsa* (air, couplet), parce que quand les vers sont chantés, le même air recommence après chaque strophe. Le vîsa se divise en deux moitiés appelées *vîsa helmingar* (hémistrophes). La première moitié embrasse les deux premiers vers, et la seconde les deux autres. Les vers qui composent l'hémistrophe sont ordinairement liés ensemble par le sens : chacun d'eux porte le nom de *vîsa-fiorðungr* (quart de strophe). Le nombre des strophes dans les poëmes dépend et du sujet et de la manière dont le sujet est traité. Quant aux poëmes épiques, le caractère de ce genre de poésie exige que le poëme ait une longueur convenable. Cependant cette longueur ne dépasse jamais cent strophes ou quatre cents vers, excepté lorsque le poëme présente dans son milieu un point de repos, ou qu'il se divise en deux grandes sections. Rask fait observer que la plus longue des rhapsodies d'Homère embrasse huit cents vers; de sorte que deux vers grecs répondent à un vers scandinave. Nous ajoutons que les rhapsodies ou épisodes des poëmes épiques sanscrits n'embrassent pas ordinairement au delà de quatre cents çlôkas ou huit cents demi-çlôkas. Il y a, par conséquent, à peu près la même proportion entre la longueur des rhapsodies hindoues, grecques et islandaises, qu'entre la longueur du çlôka, de l'hexamètre et du fornyrðalag; et cette longueur des chants épiques, laquelle, proportion gardée, est la même dans l'Inde, la Grèce et la Scandinavie, paraît être la limite naturelle qu'un récit épique ne saurait dépasser sans fatiguer et le poëte et l'auditeur.

§ IX.

LA DIVISION DE LA STROPHE EN QUATRE VERS,
ATTAQUÉE PAR RASK.

Nous pourrions terminer ici ce que nous avions à dire de la versification de nos trois poëmes, s'il ne nous restait une question à discuter sur laquelle nous appelons toute l'attention des savants. On aura remarqué, en jetant un regard sur le texte et la traduction de nos trois poëmes que la division des strophes en vers n'y est pas la même que dans les éditions qu'on a faites des poésies de l'Edda. Nous avons divisé en quatre vers les strophes de la Völuspa qu'on divise ordinairement en huit, et en suivant le même système dans Vafþrûðnismâl et Lokasenna ; nous avons également divisé en quatre vers les strophes qui sont ordinairement formées de six. Quelles sont les raisons qui nous ont fait abandonner la division vulgaire et comment justifier cette innovation ? Avant tout, nous dirons que s'il y a innovation, nous n'en sommes pas l'auteur, mais seulement le partisan ; MM. Grimm ont fait cette innovation bien longtemps avant nous. Nous pourrions donc nous retrancher derrière des noms aussi illustres ; mais comme dans la science il n'y a d'autre autorité que celle de la démonstration, et qu'un nom, quelque grand qu'il soit, ne vaut jamais des preuves, nous n'oserions pas suivre l'exemple des frères Grimm, si nous ne nous y croyions pas autorisé par des raisons suffisantes. Un des plus grands philologues de notre époque que la mort a trop tôt enlevé à la science, le Danois Rask, s'est déclaré formellement contre la manière de diviser les strophes, adoptée par MM. Grimm. Nous ne savons pas si les deux frères croient devoir maintenir ou abandonner leur opinion; nous ignorons même quels ont été les motifs et les raisons qui les ont portés à adopter le nouveau système. Nous nous trouvons donc sans auxiliaire, et réduit à nos propres moyens, pour défendre la nouvelle division contre les objections de Rask.

§ X.

LES OBJECTIONS DE RASK RÉFUTÉES.

L'illustre Danois a rassemblé dans sa Grammaire anglo-saxonne, au chapitre de la versification, tous ses arguments contre la division de la strophe en quatre vers. Nous allons les reproduire successivement, les accompagner de nos observations, et ajouter à la fin les preuves qui nous semblent militer en notre faveur. Les raisons qui ont porté Rask à s'opposer au système consistant à réunir chaque fois deux lignes en une seule pour en former un vers, sont les suivantes :

I. « La nouvelle manière de diviser les strophes est, « dit-il, contraire à l'usage des nations scandinaves, « depuis la plus haute antiquité jusqu'à nos jours. »

Avant de répondre, nous allons présenter la question sous son véritable point de vue. Il ne s'agit pas de savoir si l'on avait ou si l'on n'avait pas l'usage d'écrire les vers en une ou deux lignes : cette question purement graphique ne nous intéresse pas en ce moment. Ce dont il s'agit, c'est de savoir si chacune des six ou huit lignes dans lesquelles, selon Rask, la strophe doit être partagée, forme réellement, à elle seule, un vers complet. La première objection de Rask ne touche donc nullement au fond de la question. Il se peut que l'on ait eu quelquefois l'usage d'écrire les vers en petites lignes, mais nous contestons que cet usage ait été général et surtout qu'il soit ancien. Anciennement on écrivait les vers de la même manière que la prose, tout se suivait dans la ligne sans distinction, ni de vers, ni de strophe. C'est ainsi que sont écrits les plus anciens manuscrits de l'Edda, le *Codex regius* et le *Fragmentum membraneum*. Mais quand même on eût écrit le vers en deux lignes, faudrait-il en conclure que chacune de ces deux lignes doit être considérée comme un vers complet, uniquement parce qu'elle forme dans l'écriture une ligne à part? Tout le monde conviendra que le vers est indépendant de l'écriture, et que, par exemple, un hexamètre reste un hexamètre, et ne forme jamais plus d'un seul vers, qu'on l'écrive en une ou deux, ou même en trois lignes. Mais toujours est-il vrai de dire que ce serait une faute que d'écrire l'hexamètre en plusieurs lignes, parce que la voix baissant et s'arrêtant naturellement après chaque ligne changerait complétement le rhythme de ce vers. Si donc l'on a eu quelquefois l'usage singulier de diviser le vers scandinave en l'écrivant en deux lignes, il ne faut pas en conclure que nous ne soyons pas en droit de réunir les hémistiches que le mauvais goût des copistes, ou leur système graphique a séparés dans l'écriture.

II. « C'est contraire à l'usage plus ancien encore des « Anglo-saxons qui, dans beaucoup de manuscrits, ont « eu soin de séparer les vers par des points. » Cette deuxième objection rentrant entièrement dans la première, on peut y faire la même réponse : des points mis à la fin d'une ligne, prouvent-ils que cette ligne, à elle seule, forme un vers ? Mais il y a plus : s'il était vrai que les points indiquent ordinairement la longueur du vers, et que la véritable longueur du vers fût celle qu'a indiquée Rask, il faudrait qu'il y eût un point après chacun des vers de cette espèce. Or, dans les deux plus anciens manuscrits de l'Edda, les points ne se trouvent pas à l'endroit où, selon le système de Rask, le vers serait fini : ils ne se trouvent ordinairement qu'à la fin des hémistrophes; donc de deux choses l'une : ou les points n'indiquent pas la fin du vers dans les manuscrits de l'Edda, ou les vers ont une tout autre longueur que celle que Rask voudrait leur donner. Dans l'un et l'autre cas le second argument de Rask prouve contre lui-même.

CHAPITRE V.   139

III. « C'est contre toutes les règles de l'ancienne
« versification gothique qui veut que toujours deux
« lignes soient jointes par l'allitération en tous cas et
« en toute espèce de vers, excepté quand deux lignes
« ainsi liées ensemble sont suivies d'une autre ligne
« à part. Il y a plus : c'est contraire à la dénomination
« donnée aux lettres rimantes, dont les deux premières
« placées dans la première ligne sont nommées *studlar*,
« et celle placée dans la seconde est nommée lettre
« *capitale*, parce qu'étant toujours placée à la tête du
« vers, elle a une place fixe et peut facilement être
« trouvée. La dénomination de *lettre capitale* serait
« absurde si la lettre pouvait être placée au milieu ou à
« la fin de la ligne. » Nous répondons : 1° Il n'y a aucune
règle qui nous dise que les lettres allitérantes doivent
se trouver réparties dans deux lignes au lieu d'une ;
au contraire, des vers avec allitération très-anciens
prouvent que les lettres rimantes se trouvaient placées
dans un seul et même vers : ainsi, par exemple, dans
les épitres de Boniface, on lit les vers suivants :

> *N*itharde *n*unc *n*igerrima
> Imi *c*osmi *c*ontagia
> *T*emne fauste *t*artarea
> *H*æc contra *h*unc supplicia, etc. etc.

2° Le cas que Rask voudrait faire passer pour un cas
exceptionnel à sa prétendue règle de versification n'est
pas une exception : c'est au contraire l'état normal,
comme le prouvent les vers que nous venons de citer.

3° Si la règle que Rask établit si gratuitement existait, elle s'appliquerait tout au plus à l'écriture, et ne prouverait pas encore que deux lignes d'écriture forment nécessairement deux vers. 4° La principale raison qui nous porte à considérer deux lignes renfermant des lettres rimantes, comme formant un seul et même vers, c'est précisément parce que ces deux lignes sont, pour nous servir de l'expression même de Rask, *liées ensemble par l'allitération.* Pourquoi donc diviser ce qui est naturellement lié et uni ensemble? Pourquoi l'allitération serait-elle une cause de séparation? N'est-elle pas plutôt le meilleur moyen de reconnaître les parties qui composent un vers? n'est-elle pas le meilleur lien qui les tienne réunies? Les lettres allitérantes sont l'une l'écho de l'autre : ainsi, il y a rapport, corrélation entre elles : par conséquent on ne saurait les séparer l'une de l'autre sans détruire ce rapport, sans détruire l'allitération elle-même. 5° La dénomination de höfuðstafr (*lettre capitale*) ne doit pas être prise dans le sens de *lettre* qui se trouve *à la tête,* ou au commencement de la ligne; car la première des lettres appelées *studlar* se trouve tout aussi bien au commencement de la ligne, et ne porte point le nom de *höfuðstafr.* De plus, il n'est pas même vrai que le höfuðstafr se trouve toujours *à la tête* de la ligne ; il est souvent précédé des mots qui composent le mâlfylling. Höfuðstafr, selon nous, veut dire *lettre principale,* parce qu'on la considère comme

CHAPITRE V.   141

la principale parmi les lettres allitérantes. Ce nom ne saurait donc nullement prouver que les liôðstafir doivent être nécessairement répétés dans *deux* lignes et non pas dans une seule.

IV. « Si l'on réunissait deux lignes en une seule dans « les petits vers, il faudrait faire la même chose pour « des vers plus longs. » Cette conséquence étant rigoureuse, nous l'admettons entièrement, et nous ne craignons pas qu'il résulte de notre système des vers d'une longueur démesurée. En effet, le vers le plus long que Rask puisse citer, et qui résulterait de la réunion de deux lignes en une seule, a seize syllabes; ce qui, ce nous semble, n'est pas une longueur excessive. Cependant, nous dirons qu'il y a un cas auquel la conséquence que Rask a tirée de notre principe ne serait pas applicable. Si un poëte étendait l'allitération sur *plusieurs vers* uniquement pour vaincre de plus grandes difficultés, alors il serait absurde de vouloir réunir plusieurs *vers* en un seul vers. Mais, si le poëte a voulu mettre l'allitération dans un vers long, de quel droit allons-nous couper ce vers en deux, sous prétexte qu'il nous paraît trop long?

V. « C'est contraire au caractère de l'ancienne ver- « sification scandinave, qui n'admet pas la *césure* « qu'on trouve dans les hexamètres et les pentamètres « grecs et latins, et ainsi ne connaît pas de vers plus « longs que ne l'est un vers grec ou latin de quatre « pieds. Ensuite, il est naturel de placer le mâlfylling

« au commencement du vers ; mais c'est absurde de
« vouloir placer le mâlfylling au milieu du vers sans
« le compter dans le mètre. » Nous répondrons, il est
vrai que la versification scandinave, ne reposant pas
sur la même base que la versification grecque, ne connaît pas la césure de l'hexamètre et du pentamètre.
Mais faut-il en conclure qu'un vers scandinave ne
puisse jamais dépasser la longueur d'un vers grec de
quatre pieds? Admettons cependant cette conclusion
bien qu'elle ne soit nullement rigoureuse ; admettons
même que les quatre pieds que Rask nous accorde
soient du plus petit nombre de syllabes possible, c'est-
à-dire que chacun se compose de deux temps : nous
aurons donc au moins huit syllabes pour la plus grande
longueur du vers scandinave. Mais huit syllabes, c'est
tout juste la base que nous avons donnée au vers
épique ; nous disons la base, parce que, comme on
sait, les syllabes ne sont pas comptées dans les vers
islandais. Or on doit raisonnablement admettre que le
vers épique est le plus long de tous les vers, parce que
la poésie épique est la plus grave et celle qui admet le
plus d'abondance de style. Nous sommes donc en droit
de conclure que le vers épique scandinave se composait
d'au moins huit syllabes, et non pas de quatre seulement, comme Rask le prétend. Quant au mâlfylling, il
est vrai de dire que sa véritable place est au commencement du vers ; mais il peut aussi se trouver au commencement d'un hémistiche ; dans ce cas, il remplit la

fonction de césure, la voix s'y repose un instant pour reprendre sa course en s'élançant de nouveau dans la carrière. Du reste, il n'est pas plus absurde de ne pas compter dans le mètre, si toutefois on peut parler ici de mètre, le mâlfylling placé au commencement du second hémistiche, que de ne pas le compter lorsqu'il se trouve au commencement du premier hémistiche.

On voit que les objections élevées par Rask contre notre système ne sont nullement fondées. Nous allons maintenant résumer en peu de mots les raisons qui nous ont porté à diviser la strophe en quatre vers, et non pas en huit ou six.

1° Le vers tel que nous l'avons rétabli, est seul conforme au caractère de la poésie épique scandinave, parce qu'il a tout juste la longueur convenable à la richesse du style épique et à cette sobriété de mots qui distingue l'ancienne poésie islandaise. Il faudrait avoir une bien mauvaise opinion des poëtes scandinaves, s'ils avaient choisi pour la poésie épique de petits vers, qui seraient tout au plus à leur place dans une chanson anacréontique.

2° Si l'on divisait le vers épique scandinave en deux lignes, tout le *rhythme* en serait perdu, ou, du moins, il changerait entièrement de caractère. Ce serait comme si l'on coupait l'hexamètre en petits vers de deux pieds. Ces vers pleins de rhythme et de majesté :

Arma virumque cano Trojæ qui primus ab oris
Italiam fato profugus, Lavinaque venit, etc.

divisez-les, d'après le système des petits vers, en

Arma virumque	Italiam
cano, Trojæ	fato profugus,
qui primus ab oris	Lavinaque venit, etc.

il n'y a plus de rhythme, plus de poésie épique; c'est comme une belle statue mise en morceaux, ce sont des *membra disjecta poetæ*.

3° L'ancien vers allemand renferme quatre arses, et embrasse, par conséquent, au moins huit syllabes; et, chose remarquable, l'ancien vers épique ou narratif des Russes a également trois accents avec une désinence dactylique, et renferme au moins huit syllabes. Il est donc plus que probable que l'ancien vers scandinave a été composé d'une manière analogue.

4° Les strophes du poëme épique allemand *Der Nibelunge Nôt* se composent chacune de quatre vers; si l'on admet notre système, il y a parfaite ressemblance entre la versification allemande et la versification scandinave.

5° Le nom de *vîsufiôrðûngr* (quart de strophe), qu'on donnait au vers, prouve que, bien qu'on écrivît quelquefois la strophe en huit lignes, on entendait toujours réunir deux lignes pour en former un seul vers; car si la ligne eût compté pour un vers entier, on aurait certainement donné au vers le nom de *vîsuâttûngr* (huitième de strophe).

6° L'allitération indique mieux que toute autre chose quels sont les membres qui composent le vers. Nous avons déjà dit, page 139, que les lettres allitérantes ne sont jamais réparties dans deux lignes. Rask lui-même cite des vers très-anciens, où l'allitération n'enjambe pas sur la seconde ligne; il dit même que ce genre d'allitération, qu'il considère ailleurs comme une exception à la règle, lui paraît être le plus ancien, parce qu'il s'approche de très-près de la versification finnoise : enfin il donne des exemples tirés de ballades danoises et férœiques, où les lettres allitérantes se trouvent également dans une seule et même ligne, ou dans un seul et même vers.

Les raisons qui viennent d'être exposées nous semblent péremptoires; nous les soumettons avec confiance à l'examen des savants. Nous regrettons seulement de ne pouvoir plus les soumettre à l'illustre Rask lui-même, à la mémoire duquel nous apportons ici, avec sincérité, le tribut de notre respect et de notre admiration.

SECONDE PARTIE.

POËMES ISLANDAIS.

I.

VÖLUSPÅ.

INTRODUCTION.

CHAPITRE I.

EXPLICATION DU TITRE DU POËME.

§ I.

DES PROPHÉTESSES OU DEVINERESSES CHEZ LES PEUPLES GERMANIQUES.

On ne saurait parfaitement comprendre le poëme *Völuspâ*, si l'on ignorait quelle était la condition des prophétesses ou devineresses chez les peuples teuto-gothiques. Nous exposerons donc succinctement leur histoire depuis le moment où elles se montrèrent pour la première fois dans les hordes des Cimbres et des Teutons, jusqu'au temps où, par l'influence du christianisme, elles disparurent entièrement dans le Nord.

Strabon[1] rapporte que dans l'armée des Cimbres, il y avait des femmes âgées qui faisaient les fonctions de *prêtresses* et de *devineresses*; elles portaient une casaque de lin, une ceinture en cuivre, et marchaient pieds nus. Quand on amenait des captifs au camp, elles se précipitaient sur eux, les jetaient à terre, et après les avoir traînés vers un grand vase, les égorgeaient avec leur épée; puis,

[1] *Géographie,* liv. VII.

par l'inspection de leur sang recueilli dans le vase, elles prédisaient l'issue heureuse ou malheureuse du combat. D'autres, ouvrant le ventre aux captifs et fouillant dans leurs entrailles, devinaient la bonne ou mauvaise fortune de l'expédition. Quand l'armée se battait, elles frappaient à coups redoublés les peaux des tentes du camp, et mêlaient ainsi l'effroi du bruit à l'horreur des batailles.

On trouve des devineresses ou *magiciennes* dans l'armée de Filimer, fils de Gandarik et cinquième roi des Goths. Ces femmes étaient moins âgées que les prêtresses des Cimbres, elles se nommaient *aliorumnes*, et se faisaient remarquer par leurs déréglements; c'est pourquoi elles devinrent suspectes à Filimer, qui les expulsa toutes de son armée. D'après une autre tradition, les aliorumnes quittant le camp de Filimer et du roi goth Idandrès, allèrent s'établir dans les forêts de la Propontide où, par leur commerce avec les faunes, elles devinrent mères des Huns [1].

Chez les peuples teutoniques, la divination avait un caractère plus relevé. Du temps de Jules César, quand les Germains faisaient la guerre, c'était aux mères de famille de déclarer par *sortilége* et par *oracles* si l'on devait combattre, ou différer la rencontre avec l'ennemi [2].

Un peu plus tard, il y avait chez des tribus sédentaires de la Germanie, une prêtresse ou devineresse qui jouissait d'un grand crédit. Elle se nommait *Aurinia* [3], nom qui

---

[1] Jornandes, *de Rebus geticis,* ed. P. Bross. cap. xxiv; Cornel. Agrippa, *de occulta Philosophia,* lib. III, cap. xxxiv.

[2] Jul. Cæsar, *de Bello gallico,* 1, 50.

[3] Tacitus, *Germania,* cap. viii.

ressemble assez à celui d'*aliorumne* qu'on donnait aux magiciennes chez les Goths.

Sous l'empereur Vespasien, Véléda, de la tribu des Bructères, exerçait en Germanie, un grand empire sur sa nation. Elle était vierge, et passait presque pour une divinité; car, dit Tacite, les Germains croyaient que beaucoup de femmes étaient douées d'un esprit prophétique et divin, et qu'il y avait en elles quelque chose de *saint* et de *prévoyant*. Véléda habitait une haute tour où elle rendait ses oracles; on ne pouvait ni la voir, ni lui parler; un de ses parents rapportait ses réponses à ceux qui venaient la consulter. Bien qu'elle eût prédit la victoire aux Germains et la destruction des légions, sa nation fut vaincue; elle-même fut conduite à Rome où elle figura dans la marche triomphale du vainqueur[1].

Sous le règne de l'empereur Domitien, on rendit dans la Germanie occidentale un culte presque divin à une prophétesse nommée *Ganna* [2]. Il y avait sans doute chez les tribus germaniques encore d'autres femmes qui jouissaient des mêmes honneurs; mais l'histoire n'en a pas conservé le souvenir.

Quant à la tribu des Francs, la tradition rapporte que Marcomir, le second roi de ce peuple, après avoir été battu par les Goths, consulta une aliorumne ou *alrune* pour savoir quel serait son avenir. Cette femme fit paraître devant le roi, au milieu de la nuit, un spectre qui avait trois têtes, une tête d'aigle, une de lion et une de crapaud.

[1] Tacitus, *Germania*, cap. VIII, *Histor.* IV, 61, 65; V, 22, 24; Statius, *Sylv.* I, 4, v. 90.
[2] *Dio Cassius*, lib. LXVII, cap. v.

Cela devait signifier que les descendants de Marcomir vaincraient les Romains, les Gaulois et les Goths [1].

Plus tard, du temps du roi Charibert et de Guntchramne (Gontran), lorsque le christianisme s'était déjà répandu en France, il y avait une pythonisse qui prédit à Guntchramne non-seulement l'année, mais aussi le jour et l'heure de la mort du roi Charibert. Dans l'année 577, Guntchramne voulant savoir quelle serait sa destinée, envoya consulter la pythonisse; il en eut cette réponse, que le roi Chilpérik trépasserait dans l'année même; que Mérovech, à l'exclusion de ses frères, aurait tout le pouvoir royal; que lui, Guntchramne, serait duc du royaume pendant cinq ans [2], etc. etc.

Vers la fin du VIᵉ siècle, vivait en France une femme serve qui avait *l'esprit de Python,* et qui, par ses divinations, fit gagner beaucoup d'argent à son maître. Elle parvint à acheter sa liberté et exerça ensuite son métier pour son propre compte [3].

Sous Charles-le-Chauve, en l'an 847, une alrune allemande vint à Mayence : son nom était *Thiota;* et son séjour dans cette ville fit tant de bruit que les annales de Fulde en ont fait mention [4].

§ II.

DES VALAS (VǪLUR) CHEZ LES PEUPLES SCANDINAVES.

Comme les peuples scandinaves étaient de race go-

---

[1] Münster, *Cosmographia,* lib. II, cap. XXX; Lazius, *de Migratione gentium,* lib. III, p. 83.

[2] *Gregorii Turonensis opera,* ed. Ruin. p. 216.

[3] *Ibid.* p. 368.

[4] M. Pertz, *Monumenta,* etc. I, p. 365.

thique, la divination fut exercée chez eux dans l'origine par des prêtresses appelées *aliorumnes*. Mais bientôt l'ancien culte barbare des Cimbres et des Goths fut remplacé par une nouvelle religion. Le culte d'Odin ou l'odinisme se répandit dans toute la Scandinavie. Ce culte était simple et grossier; il ressemblait, dans son ensemble et dans ses pratiques, à la religion des anciens Arabes idolâtres avant l'islamisme[1]. Le chef de la tribu, ou le roi avec les douze hommes les plus marquants de sa suite, présidait à tous les actes religieux. Le service des temples était confié à des prêtres (*godar*) ou à des prêtresses (*hofgydiur*) qui faisaient les sacrifices et interprétaient les oracles des dieux.

Les prêtresses qui n'étaient, au commencement, que les organes de la divinité, rendirent bientôt des oracles en leur propre nom, et au lieu de rester simples interprètes des dieux, elles se firent prophétesses, ou interprètes de la destinée elle-même. Par ce changement, la prophétesse devint un personnage distinct de la prêtresse, et la divination pouvait s'exercer indépendamment des fonctions sacerdotales.

La mythologie qui dans ses fictions copie toujours la vie réelle, créa à l'imitation des prophétesses les trois *Nornes* qui présidaient à la destinée humaine. Plus tard les prophétesses devinrent à leur tour les images ou les représentantes des Nornes; elles en prirent le nom et reçurent comme elles des honneurs divins. On venait demander leurs oracles (*til frèttar*), et elles les ren-

[1] Voyez ma dissertation *de Religione Arabum anteislamica*, Argentorati, 1835.

daient avec solennité dans le temple, assises sur des siéges élevés comme en avaient ordinairement les dieux. Après leur mort, on plaça quelquefois leurs statues dans le sanctuaire, et elles-mêmes furent mises au rang des Nornes mythologiques. C'est ainsi qu'on doit expliquer l'origine d'un grand nombre de Nornes adorées dans les temples. Telles ont été, sans doute, les trois *Parques* que le roi danois Fridleif interrogea sur le sort de son fils Olaf [1]. Telles ont encore été Thôrgerdr et Irpa dont les statues étaient placées auprès de celle de Thôr dans un temple norvégien [2].

Les prophétesses portaient généralement le nom de *spåkonur* (femmes de vision); et si elles avaient déjà pris un caractère mythologique, on les appelait plus particulièrement *spådîsir* (intelligentes de vision). Il y eut aussi des prophètes (*spåmenn*), et on en trouve même quelques-uns dans la mythologie, comme par exemple *Mimir* le géant, dont la tête fut conservée par Odin qui allait la consulter dans les affaires difficiles [3]. Tel était encore *Gripir*, qui prédit l'avenir à Sigurd [4]. Mais les prophétesses étaient en bien plus grand nombre, et elles jouissaient généralement de plus de crédit et de plus de vénération.

Plus tard, les spåkonur se séparèrent entièrement des prêtresses; elles quittèrent les temples, et pratiquèrent leur science en voyageant dans le pays. De cette manière la prophétie ne tarda pas à devenir un métier, et cette

---

[1] Saxo Grammat. ed. Francf. p. 92.
[2] *Niålssaga*, chap. LXXXIX.
[3] *Völuspå*, v. 192.
[4] *Edda-Sæmundar*, *Gripis-Spå*.

industrie fut bientôt exploitée par des femmes qui, manquant du talent nécessaire à leur état, substituèrent à la prophétie les opérations mystérieuses de la magie. Cependant, quoique métier, la prophétie ou la magie était encore honorée, parce que les spåkonur savaient se donner du relief et de l'importance aux yeux des grands et du peuple.

Les spåkonur se nommaient aussi *völur ;* elles parcouraient le pays, principalement pendant l'hiver lorsque les vassaux donnaient des festins à leurs seigneurs. On les invitait partout avec empressement. Elles prédirent l'avenir aux rois et aux particuliers, et décidèrent quelquefois des questions de droit difficiles. L'histoire nous a conservé les noms de quelques valas tels que ceux de Thôrdîse[1], de la spåkona Thuridr[2] en Islande, et de Thôrbiörg dans la colonie islando-norvégienne du Grœnland. Thôrbiörg était surnommée la *petite Vala ;* elle jouissait de beaucoup de crédit auprès des grands et auprès du peuple. Un jour, Thôrkill voulant la consulter sur la durée de la famine et des maladies qui désolaient la contrée, l'invita à se rendre chez lui. Elle vint sur le soir et fut reçue avec distinction. Son habillement consistait en un surtout bleuâtre couvert du haut en bas de petites pierres; son collier était de grains de verre, sa coiffure de peau d'agneau noir doublée de peau de chat blanc. Elle tenait en main un bâton dont la pomme était de cuivre jaune incrusté de pierreries. De sa ceinture pendait une gibecière qui renfermait des instruments de magie. Elle avait des souliers

[1] *Fornmanna Sög*, I, 255.
[2] *Islenzk. Sög*, I, 58, 205.

de peau de veau avec tirants terminés en petites boules de cuivre. Ses gants étaient de peau de chat, noirs à l'extérieur et blancs dans l'intérieur. Elle portait, du reste, quelques ornements qui faisaient partie du costume des femmes nobles. Thôrbiörg alla occuper un siége qui était placé dans un endroit élevé. Après le souper, elle se fit chanter une ancienne chanson magique pour réveiller son esprit prophétique; mais ce ne fut que le lendemain qu'elle prédit à Thôrkill, que la famine et les maladies cesseraient au printemps prochain : elle prédit aussi une destinée heureuse à la fille Gudride qui lui avait chanté la chanson magique. Les gens de la maison vinrent ensuite la consulter l'un après l'autre; et lorsqu'elle eut répondu à toutes leurs questions, elle se retira pour se rendre dans une autre maison où on l'avait également invitée [1].

Les valas ne prophétisaient pas seulement l'avenir des personnes adultes, elle prédisaient aussi la destinée des enfants nouveaux-nés. Anciennement il était d'usage que le père [2] allât au temple consulter les Nornes sur le sort de son fils. Plus tard ce furent les valas qui, pour gagner leur vie, s'empressèrent de se rendre dans la maison où un enfant venait de naître. La fable mythologique qui, comme nous l'avons dit, est l'expression des mœurs du temps, nous retrace fidèlement l'image des valas dans la personne des Nornes accourant à la naissance des héros. Ainsi il est dit que dans la nuit, au milieu d'un orage, les Nornes arrivèrent à Bralundr où Borghilde venait de mettre

---

[1] *Edda-Sæmundar*, éd. de Copenhague, t. III, p. 5.
[2] Voyez Saxo Grammat. p. 92.

au monde son fils Helgi qui plus tard est devenu illustre comme vainqueur de Hunding[1]. Il est également dit que des völur qui parcouraient le pays vinrent dans la maison du père de Nornagest[2], et que cet enfant reçut au berceau, précisément à cause de cette visite, le nom de *Nornagest* (hôte des Nornes).

Les valas assistaient aussi aux enfantements laborieux, et aidaient les femmes en travail par leurs incantations (galdrar) qui, à ce qu'on croyait, produisaient une prompte et heureuse délivrance. Aussi voit-on dans la tradition mythologique que Borgny, fille du roi Heithrek, ne pouvant accoucher de deux jumeaux qui étaient le fruit d'un amour clandestin, fut enfin délivrée par les incantations efficaces d'Oddrune, sœur d'Attila[3].

L'incantation des valas faisait non-seulement accoucher les femmes, mais elle guérissait aussi les blessures les plus graves. Ainsi la vala Grôa, femme d'Orvandil, entreprit de fermer, par ses chants, la plaie profonde que le géant Skrymnir[4] avait faite au dieu Thôr. Il y avait dans l'antiquité, un devin nommé Vidôlfr qui employait principalement son art à faire des cures merveilleuses. La mythologie qui aime à inventer des généalogies et à imaginer des rapports de famille entre les divers personnages de la fable, considère ce Vidôlfr comme le père de toutes les valas[5]. Ce mythe nous prouve clairement que l'art de

---

[1] *Helgakvida*, strophe 1.
[2] E. Jul. Biörner, *Nordiska kämpa Datter*, Stockh. 1737.
[3] *Sæmundar-Edda*, Oddrûnar grâttr. strophe 6.
[4] *Snorra-Edda*, p. 110, 111.
[5] *Sæmundar-Edda*, Hyndluliôd, 31.

guérir n'était pas le moins estimé dans les spåkonur, puisqu'on les fait descendre toutes de Vidôlfr qui excellait dans cet art.

De même que les spåkonur et les spåmenn pouvaient guérir les blessures et les maladies, de même ils pouvaient aussi produire, par leurs opérations magiques, différents effets pernicieux. C'est pourquoi on achetait leur service quand on voulait nuire à un ennemi, ou lui ôter secrètement la vie. On raconte qu'un jour Thangbrand, grand promoteur du christianisme en Islande, se rendait à l'assemblée générale (althing), quand tout à coup la terre s'ouvrit sous ses pas : son cheval fut englouti, et lui-même n'échappa à la mort que par miracle. Les chrétiens attribuèrent cet éboulement de terrain au maléfice d'un magicien païen nommé Galdra-Hedinn[1]. On employait, pour nuire, deux espèces de maléfices, le *meingaldr* (incantation funeste) et les *gerningar* (opérations). Le meingaldr consistait en imprécations lancées secrètement contre la personne à laquelle on voulait causer quelque désastre. Les paroles de l'imprécation étaient accompagnées d'une action symbolique qui indiquait le genre de malheur qu'on désirait produire. Les gerningar s'employaient quand on voulait faire tomber une forte grêle pour gâter les semailles, ou pour déconcerter l'ennemi au milieu du combat, ou bien quand on voulait exciter, sur terre ou sur mer, un tempête (görningavedr) pour faire périr une flotte ou pour mettre une armée en déroute. Tels étaient les maléfices que pouvaient produire les spådîsir Thôr-

[1] *Kristnisaga*, chap. VII, p. 46.
[2] *Fornm. Sög.* XI, 134 sqq.

gerdr Irpa[2], Heiđi, Hamglöm, Ingibiörg[1] et autres, quand on demandait leur assistance. Un autre maléfice consistait à envelopper tout à coup l'ennemi dans un brouillard épais ou dans une obscurité complète, de sorte qu'il était comme aveuglé[2]. Ce *nuage enveloppant* (hulinshiâlmr[3]), on s'en servait aussi pour se rendre invisible; c'était le *nimbus* des anciens dont les divinités s'entouraient pour ne pas être aperçues des mortels.

Le maléfice le plus efficace était produit par le *seidr;* c'était une espèce de magie qui s'opérait sur le feu et au moyen de l'incantation. Cette magie paraît remonter aux habitants primitifs de la Péninsule scandinave, lesquels ont été refoulés vers les contrées septentrionales par les peuples gothiques. En effet les Finnois excellaient dans le seidr, et on allait chez eux apprendre les opérations et les pratiques de cet art. Aussi voit-on toujours dans l'histoire de la Norvége, les Finnois représentés comme de grands enchanteurs ou magiciens[4].

Au commencement le seidr n'était pas un art méprisé ou détesté, puisque Odin lui-même l'exerçait quelquefois[5], et que la déesse Freyia passait pour l'avoir fait connaître, la première, aux Ases ou dieux scandinaves[6]. On croyait qu'au moyen du seidr, on pouvait prendre telle forme ou *peau* (ham) qu'on voulait, et traverser les airs

[1] *Fornaldar Sög.* II, 72; III, 219, 442.
[2] *Fornmanna Sög.* II, 141; *Fornaldar Sög.* III, 219, 338. Saxo Grammaticus, liv. VII.
[3] Cf. *Tarnkappe,* dans le *Nibilungenot,* I, 98, 442, 1060, etc.
[4] *Saga Halfdanar Svarta,* chap. VIII.
[5] *Ynglinga Saga,* chap. VII.
[6] *Ibid.* chap. IV.

avec rapidité. Ainsi la tradition rapporte que le roi Haralld Grâfelld ayant prié un sorcier de se rendre en Islande pour explorer ce pays, cet espion y alla sous la forme d'une baleine [1]. Par le seidr on pouvait aussi produire à la vue tous les objets qu'on désirait. La fable raconte que le Iarl *Magus* (le comte magicien), surnommé *Vidförull* (qui voyage au loin), fit paraître devant Charlemagne quatre escadrons des anciens héros du Nord. Au moyen du seidr, on pouvait également produire, dans les personnes, la folie, la rage, l'imbécillité, ou bien augmenter leur intelligence et même rendre raisonnables jusqu'aux animaux. Quand *Eystein le méchant* eut subjugué les habitants de Thrandheim, il leur demanda s'ils aimaient mieux avoir pour préfet son esclave ou son chien. Ils préférèrent le chien auquel ils firent donner, au moyen du seidr, une intelligence égale à celle de trois hommes [2]. Le seidr avait quelquefois pour but de transporter, par enchantement, une personne dans des contrées éloignées. Ainsi Drisa, femme de Vanlandi roi à Upsalir, acheta le service de la magicienne Huld qui devait transporter ce roi en Finlande, ou bien le faire mourir secrètement [3]. Les magiciennes donnaient la mort au moyen d'un breuvage enchanté appelé *banadrykk* (potion mortelle). Les opérations pour préparer le seidr se faisaient dans la nuit et en plein air; ces vacations nocturnes portaient le nom de *utisëtur* (séances en dehors).

Plus tard le seidr tomba en discrédit, et le peuple le prit

---

[1] *Saga af Haralldi konungi Grâfelld*, chap. XXXVII.
[2] *Saga Hakonar Goda*, chap. XIII.
[3] *Yngl. Saga*, chap. XVI.

même en horreur à cause des terribles maléfices qu'il lui attribuait. On établit entre lui et la divination la même différence qu'on a établie chez nous entre la magie noire et la magie blanche. La mythologie aussi décrédita le seidr en le représentant comme la sorcellerie des Iotes, ennemis des dieux et des hommes. Les *austrvegsmenn* (hommes des contrées orientales), ou la race finnoise qui a été vaincue par la race gothique, figurent dans les traditions mythologiques comme géants malfaisants, et leur magie (seidr) est représentée comme pernicieuse et abominable. Les poëtes mythologues allèrent même jusqu'à jeter le blâme et le ridicule sur Odin et la déesse Freyia [1] qui, à ce qu'on croyait, exerçaient quelquefois le seidr. Tout cela contribua à faire considérer cette magie comme une abomination, et l'on commença à sévir de toute manière contre les seidmenn et les seidkonur.

Dans un poëme du skalde Thiodolf, une magicienne est appelée plusieurs fois *vitta vetr* (créature des crimes) [2]. Les rois ne manquèrent pas de poursuivre quiconque se mêlait de sorcellerie. Les vacations nocturnes (utisëtur) et les voyages chez les Finnois (finförar), pour s'instruire dans le seidr, étaient sévèrement défendus; les opérations magiques étaient même considérées comme des *forfaits* dans les codes danois, norvégiens et suédois. Haralld Harfagr, ayant appris que son fils Rögnwald Rettilbeini exerçait la magie, en fut tellement courroucé qu'il chargea son autre fils Eirik Blodox d'aller le punir. Celui-ci étant arrivé à Hadaland où résidait Rögnwald, mit le feu à la maison de

[1] Voyez le poëme *Lokasenna*.
[2] *Ynglinga Saga*, chap. XVI et XXXIII.

son frère et le brûla avec quatre-vingts seidmenn; et il est dit que cet auto-da-fé eut l'approbation générale [1]. Les rois chrétiens furent encore plus inexorables contre les magiciens. Olaf le saint, à l'assemblée (*thing*) de Tunsberg, fit la proposition que tous ceux qui seraient convaincus d'avoir fait des incantations et des maléfices fussent expulsés du pays. Ensuite il invita à un grand festin les seidmenn du voisinage, et quand tous furent enivrés, il fit mettre le feu à la salle [2].

Ces persécutions sanglantes firent diminuer considérablement le nombre de ceux qui se livraient à la magie. Les valas qui voulaient encore jouir de quelque crédit, désavouèrent complétement le seidr. Enfin, par l'influence progressive du christianisme, les spåkonur, les völur et les seidkonur disparurent peu à peu dans le Nord avec les dernières traces de la religion païenne.

Après avoir tracé rapidement l'histoire des valas en général, il nous reste à dire quelques mots sur la prophétesse de notre poëme en particulier. Cette Vala est un être purement mythologique, c'est la Vala par excellence, c'est la prophétesse des *Ases* (dieux), c'est pour ainsi dire le type céleste des valas terrestres. Comme, dans toute mythologie, la vie des dieux est une copie embellie de celle des hommes, il est naturel que la mythologie du Nord ait placé auprès des Ases, le type des devineresses telles qu'elles étaient chez les Scandinaves. Non-seulement les Ases, mais aussi les êtres mythologiques appelés *Alfes* et *Dvergues* ont leurs prophétesses ou devineresses. Les

[1] *Harallds Saga ens harfagra*, chap. XXXVI.
[2] *Saga af Olafi Konungi Tryggvasyni*, chap. LXIX.

Vanes, les rivaux et les ennemis des Ases, ont une magicienne appelée *Heidr*, qui est le type des seidkonur. Il y a même une vala dans les enfers; un jour Odin alla la consulter, et l'entretien qu'il eut avec elle forme le sujet du poëme eddique intitulé *Vegtams Kvida*. L'Edda fait mention d'une autre prophétesse appelée *Hyndla* qui, à la demande de la déesse Freyia, fit savoir quels étaient les ancêtres d'Ottarr [1].

Comme la Vala des Ases n'est pas un personnage historique, il est inutile de dire que ses visions (*spâ*) ne sont autre chose qu'une fiction poétique. Pour comprendre les motifs qui ont porté le poëte à donner à son poëme la forme d'une vision, il faut savoir quel a été son but en composant la *Völuspâ*.

§ III.

DE LA FORME DE VISION DONNÉE AU POËME.

Le but du poëte est de représenter la mythologie scandinave dans son ensemble, depuis les mythes sur l'origine de toutes choses, jusqu'à ceux sur la destruction et la renaissance du monde. Le poëte a choisi habilement le personnage de Vala pour lui mettre dans la bouche ce qu'il se proposait de dire. Cette fiction est des plus heureuses, parce qu'elle réunit plusieurs avantages essentiels. En effet, le poëme étant présenté sous la forme d'une *vision* prophétique, le style en prend plus d'élévation, et l'exposition des différents mythes en devient plus animée. En second lieu, la forme de vision permet au poëte d'être court; il peut ne parler que des principaux mythes; il peut

---

[1] Voyez *Hyndlu-Liód*.

se contenter d'en tracer seulement l'ébauche, car la prophétie peint surtout à grands traits; il peut omettre les transitions qui embarrasseraient la poésie et la rendraient traînante. Enfin le personnage mythologique de Vala est le plus propre pour raconter l'origine de toutes choses et les destinées de l'univers dans le passé, le présent et l'avenir. Voilà pourquoi le poëte a donné à son poëme la forme d'une vision attribuée à la prophétesse des Ases. Il y a encore une autre cause, à la vérité secondaire, pour laquelle il a donné à son poëme la forme d'une vision : cette cause tient à la nature de *l'idée* qu'il voulait énoncer. Car tout poëme, comme toute œuvre de l'art, doit non-seulement plaire en représentant un tableau qui captive l'imagination, il doit aussi instruire, c'est-à-dire renfermer et prouver une vérité philosophique ou une idée. Nous avons vu quel est le sujet du tableau représenté dans la Völuspâ. Quant à l'idée qui ressort de ce tableau et qui lui donne de l'unité, on peut la formuler de la manière suivante : la *ruse* et la *force* doivent être dominées par la *justice*. Cette idée forme, pour ainsi dire, la trame du poëme qui prouve que le mal et le malheur ne sont venus dans le monde que par la violence et l'injustice. Par suite de ce mal, le monde périra avec les dieux qui ont été coupables les premiers de violence et de mauvaise foi; et dans la palingénésie du monde, les dieux représentant la ruse et la force, *Odin* et *Thôr*, seront remplacés par des dieux de paix et de justice, *Baldur* et *Forseti*. C'est donc la chute de l'ancienne religion scandinave, c'est un ordre de choses établi sur d'autres principes, que prévoit le poëte, et qu'il prédit avec cette assurance que donne le génie. Cette espérance ou cette prévision du poëte s'exprimait le plus convenablement sous la forme d'une prophétie ou d'une vision. Cette forme était d'autant plus nécessaire ici que l'idée du poëte était hardie et, comme nous dirions, sacrilége, hérétique et révolutionnaire; car c'était un blasphème (*godgá*) aux yeux du peuple, que de prétendre qu'Odin et Thôr périraient un jour; et l'annonce d'une ère de paix et de justice devait paraître absurde à des hommes qui mettaient leur plus grande gloire dans l'exercice de la force, et croyaient s'illustrer par la ruse, la violence et le meurtre. Comme l'idée du poëte était une véritable révélation pour ces temps, elle devait être exprimée avec les précautions et les ménagements qu'on doit mettre dans l'exposition des vérités hardies qui choquent les opinions du vulgaire. C'était donc une raison de plus pour que notre poëte donnât à son poëme la forme d'une prophétie. En effet, toute prédiction par cela même qu'elle porte sur l'avenir, n'inquiète qu'indirectement les hommes qui vivent avant tout pour le présent : le caractère sacré de la vision impose à l'intolérance et au fanatisme du peuple, et la tyrannie même n'ose toucher au prophète quand elle croit recevoir de lui l'arrêt fatal de la destinée. Aussi voyons-nous, dans l'histoire, que les prophéties naissent quand des idées nouvelles veulent se manifester, quand la vérité n'ose pas se faire entendre librement, quand un peuple ou un parti opprimé se console par l'espérance, par la foi dans l'avenir, et continue à lutter sourdement contre son oppresseur en lui prédisant une chute inévitable. Telles sont plus ou moins les causes qui ont fait écrire les livres *prophétiques* des Hébreux, l'*Apocalypse* ou la prophétie du triomphe du christianisme, le grand nombre de livres *sibyllins* dans l'empire romain, les prophéties attribuées à Merlin en Angleterre, les prédictions de Gioacchino le Calabrois, sous les Hohenstaufen, les prophéties de Jérôme Savonarola, etc. etc. C'est, généralement parlant, dans les temps de fermentation et de crise, ou dans les troubles politiques et religieux, qu'on voit surgir des prophètes ou des visionnaires. Le poëme Völuspå appartient évidemment à une époque où les principes de la religion d'Odin et de Thôr, bien qu'ils fussent encore enracinés chez le peuple, ne pouvaient plus satisfaire les esprits élevés. Notre poëte se tourne vers d'autres lumières, il semble prédire l'avenir et deviner, par son génie, les principes de justice et de charité qui devaient se répandre plus tard dans le Nord par l'influence salutaire et civilisatrice du christianisme.

CHAPITRE II.

DES PARTIES DU POËME.

§ I.

DE LA DISPOSITION GÉNÉRALE DES PARTIES DU POËME.

Nous avons vu que le but du poëme est de présenter le tableau de l'ensemble de la mythologie scandinave, et d'exprimer l'idée que les hommes ne peuvent être heureux que sous le règne de la justice et de la paix. Examinons maintenant la disposition du poëme ou l'arrangement de ses différentes parties.

Notre poëme se divise naturellement en trois grandes parties qu'on peut désigner sous les noms de *passé*, de *présent* et d'*avenir*, ou bien sous ceux de *tradition*, de *vision* et de *prédiction*. Le *passé* renferme le tableau de l'origine de tout ce qui est ; Vala en parle d'après la *tradition* et d'après le *souvenir* de ce que les Iotes lui ont enseigné. Le *présent* raconte l'histoire des dieux, et l'histoire de tout ce qui s'est passé dans les neuf mondes ; Vala en parle d'après ce qu'elle a *vu* elle-même. Enfin, l'*avenir* renferme l'histoire de la destruction et du renouvellement du monde ; Vala en parle d'après ce qu'elle *prévoit* dans son esprit prophétique. Ces trois grandes parties, qui sont nettement dessinées par les sujets différents qui y sont traités, le poëte a su les faire reconnaître par un signe extérieur caractéristique. Ainsi, dans la première partie, Vala, en parlant d'elle-même, se sert de la locution : *Je me souviens* d'avoir entendu dire aux Iotes ; ou bien de la formule : *Je sais*, parce que la tradition me l'a enseigné. Dans la seconde partie de la Völuspâ, Vala, en racontant, se sert du temps *passé*, et en même temps elle parle d'elle-même à la troisième personne : *elle* (Vala) *a vu* de ses propres yeux. Enfin, dans la troisième partie, tous les verbes sont mis au *présent*, parce que le tableau de l'avenir est déroulé aux yeux de la prophétesse, et que la prédiction énonce les arrêts de la destinée avec la même assurance et la même certitude que s'il s'agissait de choses qui s'accomplissent déjà dans le temps présent.

Les trois grandes parties du poëme sont liées ensemble

par des transitions simples et naturelles. Ainsi, après la première strophe qui sert d'introduction à tout le poëme et qui renferme l'exposition du sujet, la prophétesse explique comment elle a été mise en état de pouvoir proclamer les grands mystères du Père des Élus. Elle dit qu'elle a été instruite par les Iotes, et qu'elle a visité en personne les neuf mondes pour acquérir la science. Ces paroles de Vala forment la transition à la *première* partie, ou à l'exposé de la tradition des Iotes sur l'origine de leur race, sur la création des hommes et des dvergues, etc. Vala parle ensuite de son entrevue avec Odin; elle dit que ce dieu, charmé de la science dont elle a fait preuve, lui a communiqué le don de la vision et de la prophétie. Le récit de cette entrevue forme la transition à la *seconde* partie, parce que le présent qu'Odin fait à la prophétesse explique comment elle a pu voir dans les neuf mondes ce qu'elle raconte dans la seconde partie. Enfin les indices précurseurs de la destruction et les signes sinistres que la prophétesse voit dans tous les mondes, servent de transition à la *troisième* partie, à la prédiction, ou au tableau de la destruction universelle, suivie de la palingénésie.

Nous avons vu que la division de notre poëme en trois parties était indiquée par la nature même du sujet : le grand drame mythologique embrasse trois actes qui se jouent dans le passé, le présent et l'avenir. Remarquons aussi que le poëte a su faire coïncider les divisions du sujet de son *tableau* avec les divisions nécessaires pour le développement de son *idée*. Le poëte, nous l'avons dit, veut prouver que le bonheur résulte de la justice et de la paix; il divise le drame qui doit prouver cette vérité en trois actes. Le premier acte nous montre l'origine de toutes choses, et le bonheur des dieux jusqu'au moment où ils donnent dans ce monde le premier exemple de la *violence* et de l'*injustice*. L'injustice étant, selon le poëte, le mal par excellence, et le mal produisant toujours le malheur, nous voyons au commencement du *second* acte, le malheur s'introduire pour la première fois dans le monde par la *discorde* et la *guerre*. Le second acte finit au moment où le mal, c'est-à-dire la violence et l'injustice ont atteint le plus haut degré. Au *troisième* acte, cet état affreux est suivi de la mort des dieux et de la destruction du monde entier. Bientôt le monde renaît, mais il renaît avec des hommes qui ne font plus la guerre ; les Ases reviennent, mais seulement ceux d'entre eux qui aiment la paix ; le dieu de la justice est le dieu suprême ; tout rentre dans l'état primitif, dans l'état heureux dont jouissait le monde avant que les Ases se fussent livrés à la violence et à l'injustice. C'est ainsi que l'idée du poëte se développe à mesure que son tableau se déroule. Notre poëme est comme une œuvre parfaite de l'art dans laquelle le corps et l'esprit, la forme et la pensée se pénètrent et s'expliquent admirablement l'une l'autre.

§ II.

TABLE DÉTAILLÉE DES PARTIES DU POËME.

Après avoir vu la disposition générale du poëme, il nous reste à examiner de plus près les parties dont il se compose. Pour que le lecteur puisse embrasser d'un coup d'œil l'ensemble de ces parties et voir les rapports qu'il y a entre elles, nous donnerons ici la table détaillée des divisions du poëme.

Introduction.

1. Les hommes de tout rang invités au silence et à l'attention, vers 1-2.

2. Vala parlera des mystères d'Odin, des anciennes traditions du monde, v. 2-4. Elle connaît ces mystères, car

3. Elle connaît tout l'univers, elle a été instruite par la tradition des Iotes, v. 5-8.

A. — Passé. Tradition.

I. Tradition des Iotes sur la création et sur les premiers âges du monde.

1. Au commencement, néant; l'univers un immense gouffre; le géant Ymir se forme le premier, v. 9-12.

2. Création du ciel et de la terre par les fils de Bur, v. 13-14.

3. Création des astres dans le ciel et de la végétation sur la terre, v. 15-16.

4. Le cours des astres n'est pas encore réglé, v. 17-21.

5. Les dieux règlent le cours des astres, v. 22-26.

6. Les dieux établissent leur demeure dans le ciel, v. 27-32.

7. Les êtres les plus parfaits de la végétation sont deux arbres, Askr (frêne) et Embla (aune), sur le rivage de la mer, v. 33-36.

8. Les dieux changent ces arbres en homme et en femme en leur donnant l'âme et le corps humain, v. 37-40.

9. Les Nornes (Parques scandinaves), sortant de la fontaine d'Urd, donnent aux premiers hommes la destinée (*örlög*), v. 41-52.

10. Les dieux délibèrent sur la création des Dvergues, v. 53-56.

INTRODUCTION.

11. Les Dvergues formés de terre sur le modèle de l'homme, v. 57-60.

12. Énumération des Dvergues de la bande de Modsognir, v. 61-72.

13. Énumération des Dvergues de la bande de Dvalinn, v. 73-84.

II. Souvenir de Vala sur l'origine du mal; guerre entre les Ases et les Vanes.

1. Vala raconte comment elle a reçu d'Odin le don de la vision et de la prophétie, v. 85-98.

2. La première chose que Vala se rappelle avoir vue après avoir reçu le don de la vision, c'est l'arrivée des Valkyries; présage de la guerre, v. 99-104.

3. Guerre occasionnée par la violence qu'ont exercée les Ases sur Gullveig, la magicienne des Vanes, v. 105-113.

4. Les dieux délibèrent pour savoir s'ils doivent faire réparation aux Vanes, v. 114-117.

5. Les Vanes renversent le mur de la forteresse des Ases, mais Odin les repousse et remporte la victoire définitive, v. 118-121.

6. Les Ases deviennent parjures, ils refusent le prix stipulé pour la réparation du mur renversé; Thôr tue le géant architecte, v. 122-129.

B. — Présent. Vision.

Vala raconte ce qu'elle a vu dans les différents mondes depuis la première guerre, qui est l'origine du mal.

I. Vala vit dans Asaheim le malheur suivre de près l'origine du mal. Baldur le meilleur des Ases périt.

1. Cause et circonstance de la mort de Baldur, v. 130-137.

2. La mort de Baldur vengée ; mais par une destinée fatale elle ne peut être vengée que par un parricide, v. 138-141.

3. Loki, la cause première de la mort de Baldur, est puni, v. 142-147.

II. Vala vit dans les différents mondes les génies malfaisants et les principes destructeurs se propager, s'accroître et menacer de mort et de ruine les dieux et l'univers.

1. Elle vit, à Nidafiöll, la salle habitée par la race heureuse de Sindri ou les géants des montagnes, v. 148-149.

2. Elle vit, à Okolnir, la salle à boire des Hrimthurses ou géants de glace, v. 150-151.

3. Elle vit à Nâstrendir, dans les enfers, la salle aux serpents et les supplices infligés aux méchants dans ce séjour affreux, v. 152-162.

4. Elle vit, dans le monde des Iotes, la géante Gygir élever le fils de Fenrir qui engloutira un jour le soleil, v. 163-170.

5. Elle vit le gardien de Gygr, le coq Fialarr, qui doit avertir les Ases quand le fils de Fenrir aura grandi, v. 171-174.

6. Elle vit le coq Gullinkambi, qui au dernier jour du monde réveillera les héros de Valhöll pour qu'ils combattent les puissances destructives, v. 175-176.

7. Elle vit dans l'enfer le coq noir qui appellera un jour les génies malfaisants à la destruction du monde, v. 177-178.

III. Vala vit les signes précurseurs de la destruction du monde :

1. Le chien Garmr pousse des hurlements affreux devant les portes de l'enfer ; Fenrir le loup enchaîné, qui engloutira Odin, va bientôt briser ses chaînes, v. 179-182.

INTRODUCTION.

2. Les hommes atteignent le dernier degré de la perversité et méritent de périr aussi bien que les dieux, v. 183-188.

C. — Avenir. Prédiction.

Vala prévoit la destruction du monde pervers et la renaissance d'un monde meilleur où règneront la paix et la justice.

I. Destruction du monde.

1. Heimdall, le gardien des Ases, donne du cor pour avertir les dieux de l'approche des puissances destructives ; Odin consulte l'oracle de la tête de Mimir, v. 189-192.

2. La colonne du monde tremble, tout est en émoi, v. 193-196.

3. Hrymr, à la tête des Iotes, se met en route ; on s'embarque pour aller attaquer la terre, v. 197-200.

4. Les armées du monde de feu s'embarquent avec tous les génies malfaisants, v. 201-204.

5. Surtur, le dieu du feu, traverse la terre et entre dans le ciel, v. 205-212.

6. Les trois dieux principaux, Odin, Freyr et Thôr, luttent contre les ennemis et succombent, v. 213-226.

7. Le dragon de l'enfer vole sur la plaine jonchée de morts, v. 227-230.

8. Le soleil se noircit, la terre s'abîme dans l'Océan ; le feu s'élève jusqu'au ciel ; tout périt dans les flammes, v. 231-234.

II. Renaissance du monde.

1. Une nouvelle terre semblable à l'ancienne sort de l'Océan ; la paix y règne, v. 235-238.

2. Les fils des anciens Ases qui ont péri viennent reprendre le gouvernement du monde et exercer la justice, v. 239-242.

3. Les Ases retrouvent le bonheur dont ils avaient joui avant l'origine du mal, v. 243-246.

4. L'abondance règne sur la terre; Baldur, le meilleur des Ases, revient dans le ciel avec Hoder et Hœnir, v. 247-253.

5. Les hommes habitent une salle plus brillante que le soleil et jouissent d'une félicité éternelle, v. 254-257.

6. Forseti, le dieu de la justice, préside aux jugements des dieux; il n'y a plus de violence, il n'y a plus de discorde; la paix règne à jamais, v. 258-261.

§ III.

DE L'ARRANGEMENT DES STROPHES.

On voit, par le tableau que nous venons de présenter, qu'il y a dans le poëme un plan bien ordonné. Cet ordre, il est vrai, s'y trouve seulement depuis que nous avons disposé les strophes autrement qu'elles ne le sont dans les éditions de l'Edda. Avant ce nouvel arrangement, les parties du poëme étaient sans liaison, sans suite, sans unité. Ce défaut de plan provenait de la transposition de plusieurs strophes, et le désordre causé par ce changement mettait des obstacles insurmontables à l'interprétation du poëme. En effet, si jusqu'ici l'explication de la Völuspà a été moins satisfaisante qu'elle ne l'est aujourd'hui, ce n'est pas qu'il n'y ait eu des hommes d'un talent supérieur qui s'y soient essayés tour à tour; mais c'est qu'il était impossible d'expliquer convenablement un poëme entre les parties duquel il n'y avait aucun rapport logique; aussi avons-nous mis tous nos soins à retrouver la place que les strophes et les vers du poëme avaient primitivement.

Ce qui prouve que l'arrangement que nous avons adopté est le véritable, c'est qu'il rend l'explication de la Völuspâ possible et facile, et qu'il produit, à la place du désordre qui régnait dans le poëme, un plan bien entendu et un ordre parfait. Nous pourrions nous contenter de fournir cette seule preuve en faveur du nouvel arrangement; cependant nous en donnerons encore d'autres dans les notes critiques et philologiques dont le texte sera suivi.

CHAPITRE III.

EXAMEN CRITIQUE DU POËME.

§ 1.

DE L'INTÉGRITÉ DU POËME.

Le plan si régulier, si logique et si naturel que nous remarquons dans la Völuspâ, nous prouve qu'il n'y a aucune lacune dans le poëme, puisque toutes les parties s'enchaînent admirablement les unes aux autres. Cela prouve en même temps, qu'il ne s'y est glissé aucune interpolation, parce que nous n'y trouvons aucun vers qui soit inutile, ou qu'on puisse soupçonner de n'être pas authentique. En un mot, ce qu'on appelle en critique l'*intégrité* du poëme, c'est-à-dire cette propriété du texte de ne renfermer ni plus ni moins qu'il ne renfermait primitivement, nous semble suffisamment démontrée par l'analyse que nous avons faite des Visions de Vala. Cette intégrité pouvait et devait être mise en doute aussi longtemps que les strophes transposées ne se trouvaient pas dans leur ordre naturel; car alors tout paraissait défectueux, inachevé, décousu, et le poëme ressemblait à une collection de fragments. Cette transposition des parties doit être ancienne puisqu'elle existe déjà dans les manuscrits de l'Edda. Il paraît qu'on a perdu de bonne heure le véritable sens du poëme, et que pour cette raison l'enchaînement des strophes ne s'imprimait pas bien dans la mémoire. On confondait les strophes et les vers, les parties se dérangeaient, et bientôt le poëme n'eut plus d'ensemble, et, par suite, plus de sens. C'est dans cet état que la Völuspâ a été recueillie de la bouche du peuple, et insérée dans le recueil de l'Edda de Sæmund. La première chose que nous avions à faire était donc de remettre les strophes et les vers dans leur ordre primitif; ce n'est aussi qu'après ce travail pénible que nous avons pu reconnaître le plan, et, par suite, l'intégrité et la beauté du poëme.

§ II.

DE L'ÉPOQUE DE LA COMPOSITION DU POËME.

La date d'aucun des poëmes de l'Edda ne nous est connue avec précision; ce n'est que par des indices plus ou moins certains et directs, que la critique peut déterminer la date approximativement. Ces indices se trouvent, soit dans le poëme lui-même, soit en dehors de lui. Parmi les indices de la première espèce, ou parmi les témoignages intrinsèques, les uns sont tirés du fond, les autres de la forme

INTRODUCTION. 177

de l'ouvrage. Quant à la Völuspâ, le fond et la forme indiquent que ce poëme est un des plus anciens de l'Edda. Il est vrai qu'on ne doit pas toujours conclure de ce que le fond et l'extérieur sont anciens, à une rédaction ancienne, parce que le poëte peut choisir son sujet dans les temps reculés et le traiter dans le style de l'antiquité. Cependant cette imitation des productions littéraires du temps passé ne se fait que chez les nations dont la littérature a pris un très-grand développement. Nous sommes donc en droit d'admettre que dans la poésie scandinave, les poëmes portent toujours dans le fond et dans la forme le cachet de l'époque de leur composition.

Examinons d'abord le fond du poëme. Le sujet de la Völuspâ étant purement mythologique, il ne s'y trouve aucune allusion à l'histoire et, par conséquent, aucun indice chronologique. Les expressions de *chef des Dvergues,* v. 55, et de *bande de Dvalinn,* v. 74, semblent, il est vrai, indiquer que le poëte vivait dans le temps où le pouvoir monarchique n'existait pas encore en Scandinavie, et où il n'y avait que des chefs de tribus entourés de leurs bandes qui les suivaient dans leurs expéditions militaires. D'un autre côté, l'expression de *porter au bûcher,* v. 139, peut bien indiquer que le poëte vivait dans le temps appelé *bruna-ölld* (l'âge de brûlement), où l'on brûlait les morts au lieu de les ensevelir, comme cela se faisait dans la période suivante appelée *haugs-ölld* (l'âge des collines ou des tombeaux). La tradition rapporte que l'âge de brûlement cessa en Suède, après la mort de *Freyr,* et en Danemark, après celle de *Dan Mikillâti;* mais plus tard, la coutume de brûler les morts reprit chez les Normands et les Suédois [1]. Cependant comme ces indices historiques ne sont pas assez positifs, on n'en peut tirer aucune conclusion certaine sur la date de notre poëme. Il nous reste à examiner si les mythes ne renferment pas quelque indice chronologique. Tout ce qu'on peut dire à ce sujet, c'est que les traditions mythologiques de la Völuspâ doivent être des plus anciennes, puisque quelques-unes d'entre elles n'étaient plus connues du temps de Snorri Sturlason. Cet auteur ne sait pas expliquer le mythe sur le cor de Heimdall et sur l'œil caché d'Odin (voy. v. 85-95); il ne sait pas ce qu'étaient *Heidr, fiflmegir, inn rîki*, etc. Le poëme doit donc avoir été composé bien antérieurement au temps de Snorri. De plus, il doit appartenir à une époque où le paganisme était à son apogée; car le langage concis et souvent elliptique du poëme fait présumer que le peuple connaissait encore à fond la mythologie et savait s'expliquer facilement ce que le poëte ne fait qu'indiquer. La mythologie proprement dite était déjà parvenue à son entier développement, puisque notre poëte a entrepris de la représenter dans son ensemble systématique; et la religion d'Odin devait avoir atteint son plus haut période, puisque le poëte prévoyait pour elle une transformation inévitable. Ainsi tout ce qui appartient au *fond* du poëme nous prouve que la Völuspâ a été composée à une époque ancienne, où le paganisme scandinave était encore en pleine vigueur, mais où se manifestaient déjà les symptômes de sa décadence.

La *forme* de la Völuspâ nous montre également que ce poëme est un des plus anciens de l'Edda. Cela se voit

[1] *Ynglinga Saga*, I, Introduction.

INTRODUCTION. 179

non-seulement dans le langage et dans les formes grammaticales des mots, mais aussi dans l'emploi de certaines expressions qu'on pourrait appeler des archaïsmes : tels sont, par exemple, *rökstólar, undorn, afl, sús, tivor, thinur,* etc. Le *h* devant la liquide *l* a encore l'ancienne prononciation forte d'une gutturale; ainsi, v. 1, h*liöds* est en allitération avec h*elgar.* De plus, les articles ou les pronoms démonstratifs ne sont pas encore devenus des suffixes ajoutés aux substantifs : il n'y a que le mot *godin,* v. 117, qui présente un cas d'exception assez remarquable. Enfin, la versification de la Völuspâ est dans le plus ancien genre appelé le *fornyrdalag* proprement dit [1]. Ainsi tout ce qui appartient à la *forme* de notre poëme nous prouve, à l'égal du *fond,* que la Völuspâ est un des plus anciens monuments de la littérature scandinave.

Après avoir vu les témoignages *intrinsèques* sur la date approximative de notre poëme, il nous reste à examiner les témoignages *extrinsèques.* Ces derniers sont de deux espèces ; ou ce sont des citations, des extraits qu'on a faits de la Völuspâ avec indication du titre de ce poëme, ou bien des réminiscences, des imitations qu'on rencontre dans d'autres poëmes dont l'époque de la composition est connue.

Parmi les poëmes de l'Edda de Sæmund, il y en a qui renferment des vers empruntés à la Völuspâ. Ainsi, dans *Vegtamskvida,* XVI, les vers suivants

> Sâ man Odins son *e*innættr vega;
> *H*önd um thværa næ *h*öfud kembir,
> Adr â *b*âl um *b*err *B*alldrs andkota,

[1] oyez p. 120.

sont exactement les mêmes que les vers 137-139 de notre poëme. Dans *Thrymskvîda,* vi, le vers

> Hvat ër mëd Asom hvat ër mëd Alfom

est entièrement semblable au vers 209 de la Völuspâ. Nous devons donc admettre que notre poëme est plus ancien que *Vegtamskvîda* et *Thrymskvîda.*

Snorri Sturlason connaissait parfaitement notre poëme; il l'a cité plusieurs fois et en a donné des extraits étendus dans l'Edda en prose. De plus, on trouve dans les poésies de Snorri, des vers qui semblent être des réminiscences de la Völuspâ, soit quant à l'idée, soit quant à l'expression. Ainsi, dans le grand poëme de Snorri intitulé *Hâttalykill* (clef des différentes espèces de versification), on trouve les deux vers

> Falli *f*yr *f*old in œgi
> *S*teini *s*tudd, ën *s*tillis lof.

> Que la terre fondée sur le roc s'abîme dans l'Océan,
> (Et qu'elle périsse) plus tôt que la gloire du protecteur!

qui ressemblent, quant à l'idée, aux vers 83, 231 de la Völuspâ. La réminiscence est plus évidente dans les vers suivants :

> That mun æ lifa, nëma öld fariz
> Bragninga lof, ëda bili heimar [1].

> Cette gloire des guerriers vivra éternellement, à moins que
> Les hommes ne périssent, ou que les mondes ne s'écroulent.

Antérieurement à Snorri, la Völuspâ a été imitée dans une traduction islandaise des *prophéties de Merlin* [2] (*Merlins-spâ*). *Gunlaug* fils de Leif, moine à Thingeyra en

---
[1] Voyez *Bragahættir*, p. 268.
[2] Cf. Greith *Spicilegium Vaticanum*, p. 86 sqq.

INTRODUCTION. 181

Islande, et mort en 1219, fit cette traduction par ordre du roi Hakon. On y lit, entre autres, les vers suivants :

> Vĕrdr â *f*olldo, kvad ĕnn *f*rôdi halr,
> *S*tyriöld mikil, *s*tôrar ôgnir,
> *V*îg ok *v*êlar, vargöld, heröld
> *H*rîm î *h*verskonar *h*iörto lida.
> *V*ĕrst ĕr î heimi, *v*eit-at sun födur
> *S*lîta thvî *s*ifium, svâ *s*ynir vid fedra.

Il y aura sur la terre (a dit cet homme sage)
Un long âge de guerre, de grandes terreurs,
Des meurtres, des perfidies, un âge des bêtes féroces, un âge des armées;
La froideur régnera dans le cœur de chacun.
Le plus grand mal est dans le monde; le père ne connaît plus son fils,
Les parentés sont rompues, les fils s'élèvent contre leurs pères.

> Ok thâ *h*lyrni ok *h*eidar stiörnor,
> *M*â *m*arka thvî *m*oldar hvergi;
> Sumar fara öfgar, sumar *a*nnan vĕg,
> Af hinni *g*ömlo *g*öngo sinni.
> *S*umar sœkiaz at, ĕnn *s*umar finnaz
> Bregda liôsi ok *l*itom fögrom......

Alors nulle part sur la terre on ne pourra contempler
Le ciel et les étoiles brillantes.
Les unes se jettent à gauche, les autres à droite,
En quittant leurs orbites éternelles.
D'autres se heurtent entre elles, d'autres s'agglomèrent,
(Toutes) perdent leur éclat et leur bel aspect.

> *G*eysar *g*eimi, *g*engr hann upp î lopt;
> Slikt ĕr ôgurligt *i*ta börnom;
> Slikt ĕr ôgurligt *u*pp at telia :
> Man ĕn *f*orna *f*old at *f*yrnom vĕrda [1].

L'Océan bouillonne; il s'élève vers le ciel.
Cela est terrible pour les enfants des hommes,

[1] Voyez *Lexicon mythologicum*, p. 659.

Cela est terrible à prédire :
Cette vieille terre sera une solitude affreuse.

En lisant ces strophes, on y reconnaît facilement des imitations de plusieurs vers de la Völuspâ.

Un témoignage plus ancien encore sur l'existence de la Völuspâ, se trouve dans un poëme composé par un Norvégien vers l'an 1065. Les vers suivants

Biört verdr sôl at sortna, sökkr folld î mar dökkvan;
Brestr erfidi Austra, allr brunnr siârr med fiöllum [1].

Le soleil brillant se noircit, la terre s'abîme dans l'Océan livide,
Le fardeau d'Austri se fend, la mer mugit dans les montagnes.

renferment évidemment des réminiscences; le premier vers surtout rappelle le vers 231 de notre poëme.

Le plus ancien témoignage que nous puissions citer, comme indiquant approximativement la date de la Völuspâ, remonte à la première moitié du xe siècle. C'est une réminiscence qu'on trouve dans un vers de *Thiôdôlfr*, natif de Hvin en Islande. Ce poëte vécut à la cour du roi de Norvége *Haralld aux beaux cheveux*, et chanta les hauts faits de la race de Ragnvald et des Ynglingiens. Dans une strophe de ce poëme, on lit le vers suivant :

Veit-ëk Eysteins enda folginn [2].

Je prévois pour Eystein le trépas à lui réservé.

Ce vers, en style de prophétie, est une réminiscence ou une imitation du vers 130 de la Völuspâ. Cela prouve donc

---

[1] Voyez *Orkneyinga Saga*, édit. de Jonas Jonæus, Copenhague, 1780, p. 90.
[2] *Ynglinga Saga*, chap. xxxv.

que notre poëme existait déjà du temps de Thiôdòlfr : il doit même être de beaucoup antérieur à ce poëte, parce qu'au commencement du xe siècle, la poésie scandinave, cultivée à la cour des rois, devint de plus en plus artificielle et ampoulée, comme le prouve le poëme de Thiôdòlfr. Dans la Völuspâ, au contraire, la poésie est encore naturelle et sobre de mots, et elle porte le caractère d'une antique simplicité. D'après cela, nous croyons pouvoir admettre que la Völuspâ remonte au ixe siècle de notre ère : tous les témoignages intrinsèques et extrinsèques que nous avons examinés ci-dessus, nous indiquent ce siècle comme devant être l'époque à laquelle notre poëme a été composé.

§ III.

DE L'AUTEUR DU POËME.

Comme l'Islande n'a été peuplée que dans la seconde moitié du ixe siècle, on pourrait croire que l'auteur de la Völuspâ était Norvégien. Cependant quelques circonstances semblent indiquer que ce poëme a été composé en Islande. Ainsi les mythes sur *Hveralundr* (bois aux thermes) v. 142, et sur le géant *Surtur,* v. 205, sont sans doute originaires de l'Islande, parce qu'il n'y a pas de pays où les sources chaudes soient en aussi grand nombre que dans cette île volcanique, et qu'il existe encore aujourd'hui en Islande, une grande caverne qui porte le nom de *Surtar hellir*. De plus, l'arrivée *par mer* des puissances destructrices du monde ; la destruction du monde par le feu ; la terre que le poëte se figure comme une île fondée sur des rochers au milieu de la mer, sont des circonstances qui s'expliquent par la position géographique et la nature géologique de l'Islande. Enfin, l'aigle qui donne la chasse aux poissons, v. 238, est sans doute le *falco chrysetus* qu'on rencontre en Islande sur les rochers qui bordent la mer. Il est donc probable que le poëte vivait en Islande; peut-être que dans sa jeunesse il avait quitté la Norvége, sa patrie, par suite des changements politiques produits dans ce pays par l'établissement du pouvoir monarchique sous le règne de *Haralld aux beaux cheveux*. Beaucoup de nobles et d'hommes libres qui ne voulaient pas se soumettre au nouveau régime, quittèrent alors la Norvége; les uns, sous la conduite de *Göngu-Rolf*, vinrent s'établir en France; les autres s'embarquèrent avec *Ingolf* pour aller s'établir en Islande. Notre poëte peut bien avoir été de ces derniers. Cette circonstance expliquerait pourquoi ce poëte, réfugié en Islande, se tournait vers un avenir meilleur, et prédisait la fin certaine du règne de la force, dont il avait eu lui-même à se plaindre dans sa vie.

Quant au nom du poëte, nous ne saurions le deviner; probablement il se trouve parmi les noms qui figurent dans les tables généalogiques du *Landnámabók* d'Islande. En lisant la Völuspâ, on peut se convaincre que l'auteur de ce poëme était un homme de génie, puisqu'il réunissait deux grandes qualités, celle d'un philosophe et celle d'un poëte. Comme philosophe, notre auteur était élevé bien au-dessus de son siècle; car l'idée qu'il exprimait dans la Völuspâ était une véritable révélation pour ses contemporains. Comme poëte, il a su choisir la forme poétique la plus convenable à son sujet, et tracer à grands traits le tableau de la mythologie.

INTRODUCTION.

Si l'on veut apprécier tout le mérite de notre poëme, il faut dire que l'idée en est grande et l'exécution en tout digne du sujet; la disposition des parties est bien ordonnée, le style presque toujours noble et poétique, l'ensemble et l'effet imposants et majestueux.

VÖLUSPÁ.

*H*lióðs bið-ëk allar *h*elgar kindir,
*M*eiri ok *m*inni *m*ögu Heimþallar;
*V*ilda-ëk *V*al-föður *v*êl framtelia,
*F*orn-spiöll *f*íra þau ëk *f*remst of-nam.

5 *E*k man *I*ötna ár of-borna,
þá-ër *f*orðum mik *f*rœdda höfðu:
*N*íu man-ëk heima, *n*íu ívidi,
*M*iötvið mæran fyrir *m*old nëdan.

*A*r var *a*lda þá *Y*mir bygði;
10 *V*ar-a *s*andr nê *s*ær nê *s*valar unnir;
*I*örd fannz æva ne *u*pphimin;
*G*ap var *g*innûnga, ën *g*ras hvergi.

*A*ðr *B*urs synir *b*ioðum of-ypta,
þeir-ër *M*iðgarð mæran skôpo:
15 *S*ôl skein *s*unnan â *S*alar steina;
þá var *g*rund *g*rôin *g*rœnom lauki.

*S*ôl varp *s*unnan *s*inni *M*âna
*H*endi hinni *h*œgri um *h*imin-ið-dyr.
*S*ôl þat nê vissi hvar hon sali âtti,

VISIONS DE VALA.

A l'attention j'invite toutes les saintes générations,
Les fils de Heimdall, grands et petits;
Je voudrais du Père des Élus proclamer les mystères,
Les traditions antiques des héros qu'autrefois j'ai apprises.

Je me souviens des Iotes nés au commencement;   5
Eux, jadis, ils m'ont enseignée :
Je me souviens des neuf mondes, des neuf forêts,
Du grand Arbre du milieu, sur la terre ici-bas.

Ce fut le commencement des siècles quand Ymir s'établit;
Il n'y avait ni rivage, ni mer, ni ondes fraîches;   10
On ne trouvait ni terre ni ciel élevé;
Il y avait le Gouffre béant, mais de l'herbe nulle part.

Alors les fils de Bör levèrent les firmaments,
Eux, ils formèrent la grande Enceinte du milieu :.
Sôl éclaira, de sud, les roches de la Demeure;   15
La terre aussitôt verdit d'une verdure touffue.

Sôl répand de sud, ses faveurs sur Mâni,
A la droite de la porte du Coursier céleste.
Sôl ne le savait pas où elle avait ses demeures,

20 *St*iörnur þat nê vissu hvar þœr *sta*ðí áttu,
    *M*áni þat nê vissi hvat hann *m*egins átti.

    Þá gêngu *R*egin öll á *r*ökstóla,
    Ginheilög Goð um þat gættuz:
    *N*ótt ok *ni*ðium *n*öfn um-gáfu;
25 *M*orgun hêtu ok *mi*ðian dag,
    *U*ndorn ok aptan *á*r um at telia.

    Hittoz Æsir á *I*ðavelli,
    þeir-ër *h*örg ok *h*of *h*á-timbroðo;
    *A*fla lögðu, *au*ð smíðoðo,
30 *T*angir skápo ok *t*ól görðo.

    *T*efldu í *t*úni, *t*eitir váro,
    *V*ar þeim *v*ettugis *v*ant or gulli.
    Unz þrír komo ór því liði,
    *O*flgir ok *á*stgir Æsir at súsi;
35 *F*undo á *l*andi *l*ítt megandi
    Ask ok *E*mblo örlög-lausa.

    Ond þau nê átto, óð þau nê höfðo,
    *L*á nê *l*æti, nê *l*ito góða:
    Ond gaf Oðinn, óð gaf Hœnir,
40 *L*á gaf Loður ok *l*itu góða.

    Unz þriár komo þursa meyiar
    *Á*máttkar miök, ór *I*ötunheimom.

Les Étoiles ne le savaient pas où elles avaient leurs places, 20
Mâni ne le savait pas quel était son pouvoir.

Alors les Grandeurs allèrent toutes aux siéges élevés,
Les Dieux très-saints sur cela délibérèrent;
A la nuit, à la nouvelle lune ils donnèrent des noms;
Ils désignèrent l'aube et le milieu du jour, 25
Le crépuscule et le soir, pour indiquer le temps.

Les Ases se rencontrèrent dans la Plaine d'Idi,
Ils bâtirent bien haut un sanctuaire et une cour;
Ils posèrent des fourneaux, façonnèrent des joyaux,
Forgèrent des tenailles et fabriquèrent des ustensiles. 30

Ils jouaient aux tables dans l'enceinte ; ils étaient joyeux,
Rien ne leur manquait et tout était en or.
Alors trois Ases de cette bande,
Pleins de puissance et de bonté, descendirent vers la mer;
Ils trouvèrent dans la contrée des êtres chétifs, 35
Ask et Embla, manquant de destinée.

Ils n'avaient point d'âme, ils n'avaient point d'intelligence,
Ni sang, ni langage, ni bon extérieur :
Odin donna l'âme, Hœnir donna l'intelligence,
Lodur donna le sang et le bon extérieur. 40

Alors arrivèrent trois Vierges Thurses
Très-puissantes du monde des Iotes.

VOLUSPA.

Ask veit-ëk standa, heitir Yggðrasill,
Hâr-baðmr ausinn hvîta auri;
þaðan koma döggvar þœrs î dala falla,
Stendr æ yfir grœnn Urðar brunni.

þaðan komo meyiar margs vitandi
þriâr or þeim sæ ër und þolli stendr:
Urð hêtu eina, aðra Vërðandi;
Skâru â skîði; Skuld ëna þriðiu:
þœr lög lögðu, þœr lîf kuru,
Alda börnom örlög at segia.

þâ gêngu Regin öll â rök-stôla,
Ginheilög Goð um þat gættoz:
Hverr skyldi Dverga dróttin skepia,
Or Brimis blôði, ôr blâins leggiom.

þâ ër Môðsognir mætstr um-orðinn
Dverga allra, ën Durinn annar;
þeir manlîkun mörg of-görðo
Dverga or iörðo, sem Durinn sagði.

Nýi ok Niði, Norðri ok Suðri,
Austri ok Vëstri, Alþiôfr, Dvalinn,
Nâr ok Nâinn, Nipîngr, Dâinn,
Bifurr ok Bafurr, Bumburr, Nori.

Anarr ok Onarr, Ai, Miöðvitnir,

Je connais un frêne, on le nomme Yggdrasill,
Arbre chevelu, humecté par un nuage brillant,
D'où naît la rosée qui tombe dans les vallons ; 45
Il s'élève, toujours vert, au-dessus de la fontaine d'Urd.

De là sortirent les trois Vierges de beaucoup de science,
De ce lac qui est au-dessous de l'arbre :
Urd se nommait l'une, l'autre Verdandi ;
Elles gravèrent sur les planchettes ; Skuld était la troisième : 50
Elles consultèrent les lois, elles interrogèrent le sort,
Et proclamèrent la destinée aux enfants des hommes.

Alors les Grandeurs allèrent toutes aux siéges élevés,
Les Dieux très-saints sur cela délibérèrent :
« Qui formerait le chef des Dvergues, 55
« Du sang de Brimir, des cuisses du géant livide. »

Alors Modsognir est devenu le premier
De tous les Dvergues, mais Durinn, le second ;
Eux, ils formèrent de terre la foule des Dvergues
A la figure humaine, comme Durinn le proposa : 60

Nyi et Nidi, Nordri et Sudri,
Austri et Vestri, Althiofr, Dvalinn,
Nâr et Nâinn, Nipingr, Dâinn,
Bifurr et Bafurr, Bumburr, Nori.

Anarr et Onarr, Aï, Miodvitnir, 65

Veigr, Gandâlfr, Vindâlfr, þorinn,
Fili ok Kili, Fundinn, Nali,
Hepti, Vili, Hanarr, Svîorr.

Frâr, Fornbogi, Frœgr ok Lôni,
þrâr ok þrâinn, þrôr, Vitr, Litr,
Nŷr ok Nŷraðr; — nû hef' ëk Dverga
Regin ok râðsvið, rêtt um-talda.

Mâl ër Dverga î Dvalins liði
Liôna kindom til Lofars telia;
þeir-ër sôttu frâ Salar steini
Aurvanga siöt til Ioruvalla.

þar var Draupnir ok Dôlgþrasir,
Hâr, Haugspori, Hlævângr, Glôinn,
Skirvir ok Virvir, Skafiðr, Ai,
Alfr ok Yngvi, Eikinskialdi.

Fialarr ok Frosti, Finnr ok Ginnarr,
Heri, Hugstari, Hliôðôlfr, Môinn:
þat mun æ uppi, mëðan öld lifir,
Lângniðia tal Lofars hafat.

Veit hon Heimþallar hlioð um-folgit
Undir heiðvœnum helgom baðmi:
A sêr hon ausaz, örgom forsi,
Af veði Valföðurs. — vitoð-ër ën ëða hvat?

Veigr, Gandalfr, Vindalfr, Thorinn,
Fili et Kili, Fundinn, Nali,
Hepti, Vili, Hanarr, Sviorr.

Frâr, Fornbogi, Frœgr, Lôni,
Thrâr et Thrâinn, Thrôr, Vitr, Litr, 70
Nyr et Nyradr. — Voilà que j'ai énuméré au juste
Les Dvergues puissants et intelligents.

Il est temps d'énumérer au genre humain,
Les Dvergues de la bande de Dvalinn, jusqu'à Lofar;
Ceux-ci ont cherché, loin du rocher de la Demeure, 75
Des habitations à Aurvangar, jusque vers Ioruvellir.

Là était Draupnir et Dolgthrasir,
Hâr, Haugspori, Hlævangr, Gloînn,
Skirvir et Virvir, Skafidr, Aï,
Alfr et Yngvi, Eikinskialdi. 80

Fialarr et Frosti, Finnr, et Ginnarr,
Heri, Hugstari, Hliodôlfr, Moïnn : —
On exaltera toujours, tant qu'il y aura des hommes,
Le grand nombre des descendants de Lofar.

Elle sait que le cor de Heimdall est caché 85
Sous l'arbre majestueux et sacré :
Elle voit qu'on boit à traits précipités [quoi?
Dans le gage du Père des Élus. — Le savez-vous? — Mais

Ein sat hon úti, þá-ër inn aldni kom
Yggiongr Asa, ok î augo leit:
«Hvers fregnið mik? hví freistið mîn?
«Allt veit-ëk Oðinn, hvar þá auga falt —
«I ënom mæra Mîmis brunni;
«Drëkkr mioð Mîmir morgun hverian
«Af veði Valföðurs.» — Vitoð-ër ën ëða hvat?

Valdi hënni Herföður hrînga ok men,
Fê-spiöll spaklig ok spâ-ganda:
Sâ hon vîtt ok um vîtt of vëröld hveria.

Sâ hon Valkyrior vîtt of komnar,
Görvar at rîða til Goð-þióðar;
Skuld hêlt skildi, ën Skögul önnur,
Gunnr, Hildr, Göndul ok Geirskögul;
Nû ëro taldar nonnor Herians,
Görvar at rîða grund Valkyrior.

Þat man hon fôlkvîg fyrst î heimi,
Er Gullveig geirum studdo,
Ok î höll Hârs hana brendo;
Þrisvar brendo þrisvar borna,
Opt, ôsialdan, þô hon ën lifir.

Heiði hana hêtu hvars til húsa kom;
Völu vêl-spâ vitti hon ganda:

Elle était assise dehors, solitaire, lorsqu'il vint, le vieux,
Le plus circonspect des Ases, et lui regarda dans les yeux :— 90
« Pourquoi me sonder ? pourquoi me mettre à l'épreuve ?—
« Je sais tout, Odin, je sais où tu as caché ton œil, —
« Dans cette grande fontaine de Mimir ;
« Chaque matin Mimir boit le doux breuvage   [quoi ?
« Dans le gage du Père des Élus. »—Le savez-vous ?—Mais 95

Le Père des Combattants choisit pour elle des bagues et
   des joyaux,
Le riche don de la sagesse, et les charmes de la vision :—
Alors elle vit loin, bien loin, dans tous les mondes.

Elle vit les Valkyries accourir de loin,
Empressées à se rendre auprès de la race des Dieux ; 100
Skuld tenait le bouclier, Skogul la suivait,
Ainsi que Gunnr, Hildur, Gondul, Geirskogul :
Voilà énumérées les servantes du Combattant,
Les Valkyries pressées de voler dans la campagne.

Elle se rappelle cette première guerre dans le monde, 105
Lorsqu'ils avaient placé Gullveig sur des piques,
Et l'avaient brûlée dans la demeure du Très-Haut ;
Trois fois ils l'avaient brûlée ; elle renaquit trois fois ;
Brûlée souvent, fréquemment, elle vit pourtant encore.

On l'appelait Heidur dans les maisons où elle entrait ; 110
Elle méprisait le charme des visions de Vala :

VOLUSPA.

Seið hon kunni, seiði hon leikin;
Æ var hon ángan illrar þióðar.

þá gêngu Regin öll á rök-stôla,
Ginheilög Goð um þat gættuz:
Hvart skyldo Æsir afrâð gialda,
Eðr skyldo goðin öll gildi eiga.

Brotinn var borð-veggr borgar Asa;
Knâttu Vanir vîg-spâ völlo sporna:
Fleygði Oðinn ok î fólk um-skaut;
þat var ën fólkvîg fyrst î heimi.

þá gêngu Regin öll á rök-stôla,
Ginheilög Goð um þat gættuz:
Hverir hefði lopt allt lævi blandit,
Eðr ætt iötuns Oðs mey gefna.

þórr einn þar var þrûnginn môði;
Hann sialdan sitr ër hann slîkt of-fregn
A-gênguz eiðar, orð ok sœri,
Mâl öll meginlig ër â meðal fôru.

Ek sâ Baldri blôðgum tîvor
Oðins barni örlög fôlgin:
Stôð um-vaxinn völlu hærri
Miôr ok miök fagur mistil-teinn.

Elle savait la magie, elle abusait de la magie;
Elle était toujours les délices de la race méchante.

Alors les Grandeurs allèrent toutes aux siéges élevés;
Les Dieux très-saints sur ceci délibérèrent :   115
« Les Ases devront-ils expier leur imprudence,
« Ou bien tous les dieux auront-ils de l'autorité ? »

Le mur extérieur de la forteresse des Ases fut renversé;
Les Vanes ont su, par ruse de guerre, fouler les remparts :
Mais Odin lança son trait, et tira sur l'ennemi....   120
Telle fut la première guerre dans le monde. —

Alors les Grandeurs allèrent toutes aux siéges élevés;
Les Dieux très-saints sur ceci délibérèrent :
« Qui avait rempli de désastre les plaines de l'espace,
« Et livré la fiancée d'Odur à la race des Iotes ? »   125

Thôr se leva seul, enflé de colère;
Rarement il reste assis quand il apprend chose pareille :—
Les serments furent violés, les promesses et les assurances,
Tous les traités valides qu'on avait passés de part et d'autre.

Je prévis pour Baldur, pour cette victime ensanglantée,   130
Pour ce fils d'Odin, la destinée à lui réservée :
Il s'élevait dans une vallée charmante
Un gui tendre et bien gentil.

Varð af þeim meiði ër miör sýndiz
Harm-flög hættlig Höðr nam skióta.

Baldurs bróðir var of-borinn snëmma,
Sá nam Oðins son ein-nættr vëga:
þó hann æva hendr nê höfuð kembdi
Aðr á bál um-bar Baldurs andskota:
En Frigg um-grêt î Fensölum
Vá Valhallar. — Vitoð-ër ën ëðr hvat?

Hapt sá hon liggia undir Hvëralundi
Lægiarn líki, Loka áþekkian;
þá knâ Vala vîgbönd snûa,
Heldr um harðgiör höpt or þörmum.
þar sitr Sigyn þeigi um sínom
Vër vel glýoð. — Vitoð-ër ën ëðr hvat?

Stóð fyrir norðan á Niðafiöllum
Salr ór gulli Sindra ættar;
En annar stóð á Okolni
Biór-salr iötuns, ën sá Brimir heitir.

Sal sá hon standa sólo fiarri,
Nâströndom á, norðr horfa dyr:
Falla eitr-dropar inn of lióra,
Sá ër undinn salr orma hryggiom.

A fellr austan um eitr-dala
Saurom ok svörðom, Slíður heitir sû;

De cette tige qui paraissait si tendre, provint
Le fatal trait d'amertume que Hoder se prit à lancer.   135

Le frère de Baldur venait seulement de naître,
Agé d'une nuit, il se prit à combattre contre le fils d'Odin.
Il ne lavait plus ses mains, ni ne peignait sa chevelure,
Avant qu'il portât au bûcher le meurtrier de Baldur;
Mais Frigg pleura dans Fensalir   140
Les malheurs de Valhall. — Le savez-vous? — Mais quoi?

Elle vit couchée près de Hveralund
Une créature méchante, l'ingrat Loki;
Il a beau remuer les liens funestes de Vali;
Elles sont trop roides ces cordes de boyaux.   145
Là est assise Sigyne, qui du sort de son mari
N'est pas fort réjouie. — Le savez-vous?— Mais quoi?

Vers le nord, à Nidafiöll, s'élevait
La salle d'or de la race de Sindri;
Mais une autre s'élevait à Okolnir,   150
La salle à boire de l'Iote qui est nommé Brimir.

Elle vit une salle située loin du soleil,
A Nastrendr, les portes en sont tournées au nord :
Des gouttes de venin y tombent par les fenêtres,
La salle est un tissu de dos de serpents.   155

Un fleuve se jette à l'orient dans les vallées venimeuses,
Un fleuve de limon et de bourbe; il est nommé Slidur :

VOLUSPA.

Sâ hon þar vaða þraunga strauma
Menn mein-svara ok morð-varga,
160 Ok þann annars glepr eyra-rûno:
Þar saug Niðhöggr nâi fram-gêngna,
Sleit Vargr vëra. — Vitoð-ër ën ëða hvat?

Austr sat hin aldna î Iârnviði,
Ok fœddi þar Fenris kindir:
165 Vërðr af þeim öllom einna nokkurr
Tûngls tiûgari î trölls hami.

Fylliz fiörvi feigra manna,
Rŷðr Ragna siöt rauðom dreyra;
Svört vërða sôl-skîn of sumar eptir,
170 Vëður öll val-ynd. — Vitoð-ër ën ëða hvat?

Sat þar â haugi ok slô hörpu
Gŷgiar hirðir glaðr Egðir:
Gôl um honum î Gaglviði
Fagur-rauðr hani sâ ër Fialarr heitir.

175 Gôl um Asom Gullinkambi,
Sâ vekr hölda at Heriaföðurs:
Enn annarr gôl fyrir iörd nëðan
Sôt-rauðr hani at sölum Heliar.

Vala y vit se traîner dans les eaux fangeuses,
Les hommes parjures, les exilés pour meurtre,
Et celui qui séduit la compagne d'autrui :   160
Là, Nidhoggr suçait les corps des trépassés,   [quoi?
Le Loup déchirait les hommes. — Le savez-vous? — Mais

A l'orient elle était assise, cette vieille, dans Iarnvat.
Et y nourrissait la postérité de Fenrir :
Il sera le plus redoutable de tous, celui   165
Qui, sous la forme d'un monstre, engloutira la lune.

Il se gorge de la vie des hommes lâches,
Il rougit de gouttes rouges la demeure des Grandeurs ;
Les rayons du soleil s'éclipsent dans l'été suivant,
Tous les vents seront des ouragans. — Le savez-vous? —   170
  Mais quoi ?

Assis tout près sur une hauteur, il faisait vibrer sa harpe
Le gardien de Gygur, le joyeux Egdir :
Non loin de lui, dans Gagalvid, chantait
Le beau coq pourpré qui est nommé Fialar.

Auprès des Ases chantait Gullinkambi,   175
Il réveille les héros chez le Père des Combattants ;
Mais un autre coq chantait au-dessous de la terre,
Un coq d'un rouge noir, dans la demeure de Hel.

Geyr Garmr miök fyrir Gnŷpahelli;
Festr mun slitna, ën Freki rënna:
Fiöld veit hin fróða, fram-sê-ëk lengra
um Ragna rök ok róm Sigtiva.

Brœðr muno beriaz ok at bönum verða,
muno systrûngar sifium spilla;
Hart ër î heimi, hórdómr mikill:
Skeggi-öld, skálm-öld, skilder 'ro klofnir,
Vind-öld, varg-öld, áðr vër-öld steypiz;
Mán ëngi maðr öðrum þyrma.

Leika Mîmis synir, ën miöt-viðr kyndiz
At ëno gialla Giallarhorni:
Hátt blæs Heimþallr, horn ër á lopti;
Mælir Oðinn við Mîmis höfut.

Skëlfr Yggðrasils askr standandi,
Ymr ið aldna trê, ën iötunn losnar:
Hræðaz halir á helvëgom,
Áðr Surtar þann sëfi of-gleypir.

Hrymr ekr austan, hefiz lind fyrir;
Snŷz Iörmungandr î iötun-móði;
Ormr knŷr unnir, ën Ari hlakkar,
Slîtr nái Nefföllr: — Naglfar losnar.

VISIONS DE VALA.

Garmur hurle affreusement devant Gnypahall. —
Les chaînes vont se briser ; Freki s'échappera : — 180
Elle prévoit beaucoup, la prophétesse : Je vois de loin
Le crépuscule des Grandeurs, la lutte des Dieux Combat-
    tants.

Les frères vont se combattre entre eux, et devenir fratri-
Les parents vont rompre leurs alliances ;   [cides ;
La cruauté règne dans le monde, et une grande luxure : 185
L'âge des haches, l'âge des lances, où les boucliers sont
    fendus,
L'âge des aquilons, l'âge des bêtes féroces se succèdent
    avant que le monde s'écroule ;
Pas un ne songe à épargner son prochain.

Les fils de Mimir tressaillent, l'arbre du milieu s'embrase
Aux sons éclatants du Cor bruyant : 190
Heimdall, le cor en l'air, sonne fortement l'alarme ;
Odin consulte la tête de Mimir.

Alors tremble le frêne élevé d'Yggdrasil,
Ce vieil arbre frissonne : — l'Iote brise ses chaînes :
Les ombres frémissent sur les routes de l'enfer, 195
Jusqu'à ce que l'ardeur de Surtur ait consumé l'arbre.

Hrymr s'avance de l'orient, un bouclier le couvre ;
Iormungand se roule dans sa rage de géant ;
Le serpent soulève les flots, l'Aigle bat de ses ailes,
Le Bec-jaune déchire les cadavres : — Naglfar est lancé. 200

Kiöll fer austan, koma munu Muspellz
Of lög lýðir, ën Logi stýrir:
Fara fífl-megir mëð Freka allir,
þeim ër brôðir Bíleists î för.

205
Surtr fer sunnan mëð sviga lævi;
Skîn af svërði sôl Valtîva:
Griôt-biörg gnata, ën gîfur rata,
Troða halir helvëg, ën himin klofnar.

Hvat ër mëð Asum? hvat ër mëð Alfum?
210
Gnŷr allr Iötunheimr; Æsir 'ro â þingi;
Stynia Dvergar fyrir stein-dyrom
Vêg-bêrgs vîsir. — Vitoð-ër en ëðr hvat?

þa këmr Hlînar harmr annar fram
Er Oðinn ferr við Ulf vëga,
215
En bani Belia biartr at Surti —
þâ mun Friggiar falla ângan-tŷr.....

þâ këmr inn mikli mögr Sigföðurs,
Víðarr vëga at val-dŷri:
Lætr megi Hvëðrûngs mund um-standa
220
Hiör til hiarta; þâ ër hefnt föður.

Le navire vogue de l'orient, l'armée de Muspill
Approche sur mer, Logi tient le gouvernail :
Les fils de l'Iote naviguent tous avec Freki,
Le frère de Bileist est à bord avec eux.

Surtur s'élance du midi avec les épées désastreuses;   205
Le soleil resplendit sur les glaives des Dieux-héros :
Les montagnes de roche s'ébranlent, les géantes tremblent,
Les ombres foulent le chemin de l'enfer. — Le ciel s'en-
   tr'ouvre.

Que font les Ases? que font les Alfes?
Tout Iotunheim mugit; les Ases sont en assemblée;   210
A la porte des cavernes gémissent les Dvergues,
Les sages des montagnes sacrées. — Le savez-vous? — Mais
   quoi?

Alors l'affliction de Hlîne se renouvelle
Quand Odin part pour combattre le Loup;
Tandis que le glorieux meurtrier de Beli va s'opposer à   215
Bientôt le héros chéri de Frigg succombera.. [Surtur: —

Mais il vient le vaillant fils du Père des Combats,
Vidarr, pour lutter contre le monstre terrible :
Il laisse dans la gueule du rejeton de Hvédrung,
L'acier plongé jusqu'au cœur. — Ainsi le père est vengé.   220

VOLUSPA.

þâ këmr inn mæri mögr Hlôðyniar,
Gengr Oðins sonr við Orm vëga;
Drëpr hann af môði Miðgarðs veor;
Muno halir allir heim-stoð ryða :
225 Gengr fet nîo Fiörgyniar burr,
Nëppr frâ Naðri nîðs ôkvîðnom.....

þâ këmr inn dimmi Dreki fliûgandi,
Naðr fram nëðan Niðafiöllum;
Ber sër î fiöðrom, flŷgr völl yfir
230 Niðhöggr nâi — nû mun hon sökvaz.

Sôl tekr sortna, sîgr fold î mar;
Hvërfa af himni heiðar stiörnur;
Geysar eimi við aldur-nara;
Leikr hâr hiti við himin siâlfan. —

235 Sêr hon upp-koma öðru sinni
Iörð or œgi iðia grœna :
Falla forsar, flŷgr örn yfir
Sâ-ër à fialli fiska veiðir.

Hittaz Æsir â Iðavelli,
240 Ok um mold-þinur mâttkar dœma,
Ok minnaz þar â megin-dôma,
Ok â Fimbultŷs fornar rûnar.

Voici que vient l'illustre fils de Hlôdune,
Il va, le descendant d'Odin, combattre le Serpent ;
Le défenseur de Midgard le frappe dans sa colère. —
Les héros vont tous ensanglanter la colonne du monde.—
Il recule de neuf pas, le fils de Fiorgune, 225
Mordu par la Couleuvre intrépide de rage.....

Voici venir le noir Dragon-volant,
La couleuvre, s'élevant au-dessus de Nidafioll :
Nidhogr étend ses ailes, il vole au-dessus de la plaine,
Au-dessus des cadavres. — Maintenant elle va s'abîmer. 230

Le soleil commence à se noircir ; le continent s'affaisse
  dans l'Océan ;
Elles disparaissent du ciel, les étoiles brillantes ;
La fumée tourbillonne autour du feu destructeur du monde ;
La flamme gigantesque joue contre le ciel même.

Elle voit surgir de nouveau, 235
Dans l'Océan, une terre d'une verdure touffue.
Des cascades y tombent ; l'aigle plane au-dessus d'elle,
Et du haut de l'écueil, il épie les poissons.

Les Ases se retrouvent dans la Plaine d'Idi,
Sous l'arbre du monde, ils siégent en juges puissants : 240
Ils se rappellent les jugements des Dieux,
Et les mystères antiques de Fimbultyr.

VOLUSPA.

þâ muno Æsir undursamligar
Gullnar töflur î grasi finna,
þœrs î ár-daga ættar höfðu
Fôlkvaldr goða ok Fiölnis kind.

Muno ôsânir akrar vaxa;
Böls mun allz batna, Baldur mun koma:
Bûa þeir Höðr Hropts sig-toptir,
Vê Valtîva. — Vitoð-ër ënn ëða hvat?

þâ knâ Hœnir hlut við kiôsa,
Ok burir byggia brœðra tveggia
Vindheim víðan. — Vitoð-ër ën ëða hvat?

Sal sêr hon standa sôlo fegra,
Gulli þaktan â Gimli hâm:
þar skulo dyggvar drôttir byggia,
Ok um aldur-daga yndis niôta.

þâ këmr inn Rîki at Regin-dômi
Oflugr ofan, sâ-ër öllu ræðr:
Semr hann dôma ok sakar leggr,
Vê-sköp setr þau-ër vëra skulo.

Alors les Ases retrouvèrent sur l'herbe
Les merveilleuses tables d'or,
Qu'avaient, au commencement des jours, les générations, 245
Le chef des dieux et la postérité de Fiölnir.

Les champs produiront sans être ensemencés :
Tout mal disparaîtra : Baldur reviendra
Pour habiter avec Hodur les enclos de Hroptr,
Les demeures sacrées des Dieux-héros.—Le savez-vous?— 250
   Mais quoi?

Alors Hœnir pourra choisir sa part,
Et les fils des deux frères habiteront
Le vaste Séjour du vent. — Le savez-vous? — Mais quoi?

Elle voit une salle plus brillante que le soleil,
S'élever, couverte d'or, dans le magnifique Gimlir : 255
C'est là qu'habiteront les peuples fidèles,
Et qu'ils jouiront d'une félicité éternelle.

Alors, il vient d'en haut présider aux jugements des Gran-
Le souverain puissant qui gouverne l'univers :   [deurs,
Il tempère les arrêts, il calme les dissensions, 260
Et donne les lois sacrées inviolables à jamais.

NOTES
CRITIQUES ET PHILOLOGIQUES.

Vers 1. — *Hliôds bidia*, expression parlementaire usitée dans les assemblées (thing), pour dire : *demander la parole. Obtenir la parole* s'exprimait par *hliôds fanga*. Voy. *Hakonar saga*, ch. xvii.

Vers 3. — *Vilda-ëk*. L'imparfait de l'indicatif *je voulais* est mis pour l'optatif *je voudrais*, de même qu'en latin l'imparfait du subjonctif s'emploie aussi pour l'optatif. Par la même raison, la forme de l'imparfait du subjonctif s'est confondue quelquefois, en islandais, avec celle de l'imparfait de l'indicatif. Cf. Rask, *Vejledning til det islandske sprog*. Kjöb. 1811, p. 143. — *Valfödar; valr* a la même signification que *vâpndaudr; valfadir* signifie proprement *le père des étendus morts*, des hommes tués les armes à la main. — *Vêl* (viel), dérive de la racine *vëla* ou *fëla*, (couvrir), *cacher*, et signifie sans doute (*qui est caché*), *mystère*. — *Framtelia* (*énoncer, proclamer*) est une meilleure leçon que *umtelia* (*parler de*).

Vers 4. — *Of-nëma* (*apprendre*), en latin *accipere*, en allemand *vernehmen*, est préférable à *um-muna*, (*se rappeler*). Il s'agit ici de traditions que Vala a *apprises*; de plus l'adverbe *fremst* ne s'accorde pas avec l'idée de *um-man*. Pour concilier le mot *fremst* avec le verbe *um-man*, il faudrait l'envisager comme un adjectif pluriel neutre, signifiant *les premières* ou *les plus anciennes*. Mais Vala ne rapporte pas seulement les traditions les plus anciennes, elle rapporte aussi celles concernant les événements qui ont précédé immédiatement sa naissance.

Vers 5. — *Ar* est ou un locatif ou un substantif devenu adverbe.

Vers 6. — *Frœdda* indique que Vala a été *instruite* par les Iotes; l'autre leçon *fœdda*, indiquerait seulement qu'elle a été *élevée* parmi eux.

Vers 8. — *Fyrir mold nëdan* peut signifier : *sur la terre ici bas*, ou *sous la terre ici bas*, selon que la personne qui parle, est censée se trouver sur la terre ou dans le ciel. Voy. vers 177; *Gróttassaungr*, strophe 11; cf. *Vafthrudnismâl*, v. 174.

NOTES CRITIQUES.

Vers 9. — Il y a beaucoup de ressemblance entre cette strophe et les vers suivants tirés de l'Oraison wessobrunnienne, en vieux haut allemand.

> . . . . Dat ëro ni was noh úfhimil
> Noh paum noh përeg ni was
> Ni stërro nohheinîg noh sunna ni skein
> Noh mâno ni liuhta noh dër marëo-sêo, etc.

Vers 12. — *Ginnunga gap* ne signifie pas, comme on le dit ordinairement, le *gouffre des tromperies*, mais le *gouffre des mâchoires* ou le *gouffre béant*. On se figure le chaos (χάος, *hiatus*) comme une vaste gueule ouverte, avec d'immenses mâchoires. Le skalde *Thiódólfr Hvinverski* appelle *ginnunga ve* (sanctuaires entre les mâchoires), les demeures sacrées des dieux dans l'immensité de l'espace. Voy. Haustlaung.

Vers 16. — *Laukr* signifie toute herbe *pleine de sève*. C'est pourquoi *Laukr* est quelquefois l'image ou le symbole de la force et de l'excellence, comme par exemple dans *Gudrúnar Kvida*, I, 17.

Vers 17. — *Sinni* est à l'instrumental parce que les verbes qui signifient *lancer, jeter*, etc. régissent ce cas.

Vers 21. — *Hvat... megins*, en latin *quid* potentiæ, pour *quantum* potentiæ ou *quam magnam* potentiam.

Vers 23. — Le mot *gin* placé devant *heilög* signifie proprement extension, distension, fente. Ce substantif ajoute aux mots devant lesquels il est placé, l'idée de grandeur, d'intensité. En anglo-saxon *gin* se trouve employé de la même manière, dans *gin-rice* (le vaste empire), l'Éthiopie; *gin-fest*, très-ample, etc. En vieux haut allemand les mots qui correspondent à *gin* sont *megan* (force) et *regin* (grandeur): exemple : *megan-wëtar, regin-diob;* cf. island. *regin-griotr* (*Gróttasaungr*, str. 19).

Vers 26. — *Um* se rapporte à *telia; um-telia*, en allemand *aufzählen* (énumérer); cf. Slikt ër ôgurligt *upp at telia*, pag. 181. La leçon *árum at telia* ne saurait être approuvée, d'abord parce que *telia* ne régit pas l'instrumental, et ensuite parce que le pluriel serait inexplicable; car la succession des jours et des nuits est envisagée ici comme produisant *l'année*, c'est à dire un espace de temps déterminé, et non pas *les années* qui seraient un espace de temps indéterminé.

Vers 28. — *Hâtimbrodu* se rapporte plus particulièrement à *hörg*. Voy. Grimnismâl, strophe xvi.

Vers 30. — Ce vers est suivi, dans quelques manuscrits, d'un autre que voici : *Afls kostodu, alls freistudu* (*ils essayaient leurs forces, ils mettaient tout à l'épreuve*); mais ce dernier vers ne nous semble pas authentique. Probablement pour expliquer *afla lögdu*, quelque copiste a mis en marge: *afls kostudu*, confondant le mot *afl* qui signifie *fourneau*, avec son homonyme *afl* qui signifie *force*. Plus tard on aura ajouté *alls freistudu* ou comme équivalant à *afls kostudu*, ou pour compléter le vers.

Vers 31. — *Tefla* veut dire *jouer aux tables*; c'est un jeu semblable à celui des échecs. Ce jeu était connu en Angleterre où il portait également le nom de *täfel*; les jetons ou pions s'appelaient täfelstân. En France ce jeu a probablement été introduit par les Normands. On lit dans le roman de la Rose :

> . . . . Jouer
> Aus eschiez, aus dèz, aus *tables*
> Ou à autre jeu délitable.

On trouve dans le même roman le mot *tableteresse* :

> Assez y ot *tableteresses*
> Ilec entor et tymberesses
> Qui molt savoient bien joer.

Mais ce mot *tableteresse* ne me paraît avoir aucun rapport avec le mot *table* : il est probablement d'origine provençale et dérive du mot arabe طَبْل, qui désigne une espèce de tambourin. D'après cela *tableteresse* serait une femme qui bat le tambourin, en arabe طَبَّالَة.

Vers 32. — Ce vers renferme ce que les grammairiens appellent une *crase* (κράσις), c'est à dire la réunion de deux propositions en une seule. Les deux propositions que le poëte a réunies en une seule phrase sont : *Var theim vettugis vant, et ok allt var or gulli :* « Rien ne « leur manquait, et tout était en or. »

Vers 33. — Dans les manuscrits et les éditions de l'Edda, ce vers et les suivants ont été transposés, et à leur place on a mis le vers 41 et les suivants. Cette méprise provenait de ce que les vers 33 et 41 commencent à peu près de la même manière; mais cette transposition rendait impossible l'explication de toute cette partie du poëme.

Vers 34. — *At sûsi; sûs,* expression poétique pour désigner la mer. Comme on n'a pas su expliquer ce mot, on l'a changé en hûs (*maison*); d'autres ont trouvé plus commode de retrancher du texte les mots *at sûsi.*

Vers 36. — *Embla* signifie sans doute *l'aune.* La forme primitive du mot était Elma; d'où on a fait Emla : enfin entre *m* et *l* s'est inséré un *b* euphonique. Voy. page 81.

Vers 37. — *Thau.* Quand le pronom se rapporte à des personnes de sexe différent, il est mis au pluriel du *neutre.*

Vers 38. — *Lá* signifie non-seulement le *sang,* mais aussi les *cheveux.* La première signification est préférable; en effet, on peut dire que les arbres n'ont pas de sang, mais on ne dirait point qu'ils n'ont pas de cheveux. Voy. vers 44.

Vers 43. — *Ask veit ek standa,* construction de l'accusatif avec l'infinitif.

Vers 44. — *Hârbadmr.* Voyez *Sæmundar Edda,* Hrafna gáldr Odins, strophe VII.

Vers 47. — Toutes les éditions portent *koma;* mais il faut nécessairement lire *komo.*

Vers 51. — *Lög lögdu;* peut-être faut-il dériver *lögdu* non pas de *legia,* mais de *luggva* (*voir, examiner*). Cf. gluggr, et en allemand, *lugen.*

Vers 52. — *Orlög at segia.* Notre poëte emploie *at* avec l'infinitif quand il veut exprimer le but pour lequel une chose se fait. Cf. *ár um at telia,* v. 26.

Vers 59. — *Manlikun mörg;* cette leçon qu'on trouve dans l'Edda de Snorri, nous paraît être la meilleure. *Manlikun* est à l'accusatif pluriel. Ce mot signifie : ayant l'*image d'un homme,* comme en allemand *Mannsbild,* en grec ἄνθρωπος (ἀνδρ-ὠπή), en sansc. नररूप:.

Vers 61 — Dans les noms des Dvergues, et dans la manière de les écrire, les manuscrits diffèrent beaucoup. Il serait trop long de dire quelles raisons m'ont chaque fois déterminé à choisir les leçons que j'ai suivies.

Vers 72. — *Regin ok radsvid* semblent être, à la première inspection, des noms de Dvergues; mais si c'étaient des noms, pourquoi se trouveraient-ils intercalés au milieu de la phrase? D'ailleurs un qualificatif nous semble nécessaire après les mots : *nû hef-ëk dverga.* Le poëte n'a pas énuméré tous les Dvergues, puisqu'il en reprend l'énumération dans la strophe suivante; mais il a seulement dit les noms d'une certaine classe de Dvergues, et cette classe, il la désigne par l'épithète de *regin ok radsvid*.

Vers 74. — *Til Lofars telia*, remonter dans l'énumération jusqu'à Lofar. Le skalde Eyvindr dit de même : mëdan hanns ætt i hverlegi galga grams til goda telium.

Vers 83. — Après les noms des Dvergues, vient dans l'édition de M. Afzelius la strophe qui commence par les mots *Ein sat hon uti*. Cette strophe est à sa véritable place; seulement il faut la faire précéder de la strophe *Veit hon Heimdallar*, etc. qui, dans l'édition de Stockholm, est la trente et unième. Cette dernière transposition s'est faite par une erreur de mémoire, parce que la strophe trente-deuxième commence par : *Austr sat*, etc. mots qui ressemblent beaucoup à : *Ein sat hon uti*.

Vers 85. — Au lieu de *hlióð*, on lit dans l'édition de Stockh. *horn*; ce qui n'est évidemment qu'une explication de l'expression poétique *hlióð*.

Vers 86. — Au lieu de *heidvönum*, je propose de lire *heidvænum* (beau avec majesté, avec sérénité), beau et majestueux.

Vers 88. — *Vitod-ër ën ëda hvat* est une meilleure leçon que *vitod ënn ëda hvat*; *ër* est l'ancienne forme pour *thër* (vous); *ëda* répond au latin *aut, autem*; *ënn ëda hvat* (quid autem), mais quoi?

Vers 98. — *Vërölld* a ici la même signification que *heimr*.

Vers 103. — *Nû ëru taldar*; cette formule se trouve ordinairement à la fin des généalogies. Voyez Snorra Edda, p. 365; Skaldskaparmâl, p. 210.

Vers 104. — *Rida grund*; on trouve aussi la locution *rida lopt ok lög*. Voy. *Edda Sæmundar*, fra Helga ok Svavu, 10.

Vers 105. — La strophe où il est parlé de l'arrivée des Valkyries doit être suivie immédiatement de celle où la première guerre est racontée. C'est dans cet ordre que se suivent les vers dans l'édition de Stockh.; seulement la strophe 25 doit être placée après la strophe 26, comme cela a été fait dans l'édition de Copenhague. Par suite d'une erreur, le récit de la mort de Baldur est placé, dans cette dernière édition, immédiatement après l'arrivée des Valkyries, parce qu'on se figurait que la mort de Baldur était dans quelque rapport avec cette arrivée.

Les Valkyries ne se présentent que quand il y a combat ou guerre. Baldur ne périt pas dans un combat, mais par un accident fatal; aussi descend-il après sa mort dans l'empire de Hel, comme tous ceux qui meurent sans avoir les armes à la main.

Vers 106. — *Geirom stydia* (étayer avec des lances), placer sur les pointes des lances.

Vers 111. — *Vêl-spâ* est au génitif, qui est régi par *ganda*.

Vers 112. — *Seidi leikin*, elle exerça la magie en se jouant, c'est-à-dire d'une manière frivole. On dit aussi en islandais *leikä sër at*.

Vers 113. — *Angan* signifie *servante, suivante;* mais ce mot signifie aussi *délices,* comme le mot *gaman.*

Vers 117. — *Godin;* l'article enclitique *in* doit nous surprendre : d'abord cet article ne se trouve ainsi ajouté aux substantifs que dans la langue plus moderne; ensuite c'est le seul exemple de cette espèce dans notre poëme; et enfin l'article ne semble pas bien convenir au mot *god.* Voy. cependant Hrafnagaldr Odins, strophe 23. *Godin* désigne peut-être les Vanes seuls, et dans ce cas la locution *ces dieux* exprimerait la haine ou le mépris des Ases pour leurs ennemis et leurs rivaux.

Vers 119. — *Vígspâ* est à l'instrumental et signifie *sagesse* ou *ruse de guerre,* ou bien *auspices de guerre,* c'est-à-dire, divination exercée dans le but de connaître d'avance l'issue du combat et de se ménager les moyens de remporter la victoire.

Vers 120. — *Fleygdi;* il faut sous-entendre *spioti* (la lance, le javelot).

Vers 129. — Au lieu de *fôru,* on lit dans un manuscrit *vâru;* mais *fôru* est la véritable expression pour désigner la relation qui existe entre deux choses ou deux personnes. En latin on dirait *intercedere.* Nous disons aussi : cela *se passe* entre nous; et dans un sens actif, *passer* un contrat.

Vers 132. — *Völlu* est le datif ou plutôt le locatif de *vóll,* génit. *vallar : hærri* est pour *hârri.*

Vers 135. — *Hödur nam skióta* est intimement lié par le sens avec *harm-flög hættlig;* c'est pourquoi il faut réunir les deux membres de la phrase par le pronom relatif *que.*

Vers 141. — Dans l'édition de Stockholm, on lit *vördr Valhallar* au lieu dé *vá Valhallar*. Le *protecteur* de Valhall, c'est sans doute Baldur lui-même, le modèle des héros.

Vers 144. — Ce vers et le suivant ne se trouvent pas dans l'édition de Copenhague, bien qu'ils soient authentiques. Le langage dans ces vers est celui de notre poëte, ainsi *sá kná* se trouve v. 251; *víg* composé avec un autre substantif, se retrouve dans *víg-spá*, v. 119, *folkvíg*, v. 121. En second lieu ces vers se trouvent dans quelques manuscrits et présentent un sens parfait à la place que nous leur avons assignée.

Dans l'édition de Stockholm, ces deux vers n'occupent pas leur véritable place; c'est pourquoi ils sont inintelligibles. Nous ne pouvons approuver l'explication qu'en donne M. Afzelius dans sa traduction suédoise, parce que cette explication repose sur une mauvaise leçon. En effet, pour qu'il y ait allitération dans le vers 144, il faut lire *víg-bönd* au lieu de *hapt-bönd*; et ainsi il n'est plus question dans nos vers des dieux qui préparent des cordes pour lier Loki. D'ailleurs il a déjà été dit vers 142 et 143 que Loki est lié; il ne peut donc pas être question après cela des dieux qui *préparent* des liens.

Vers 148. — Dans les éditions, les vers dont nous avons fait les vers 156 et 157 se trouvent placés immédiatement après le vers 147. Mais un examen approfondi démontre que ce ne peut pas être là leur véritable place.

Vers 157. — *Saurom ok svördom* est à l'instrumental, régi par le verbe *fellr*. *Svördom* nous semble préférable à *Svërdum* comme s'accordant mieux avec *saurom* et expliquant mieux les mots *thraunga strauma* du vers suivant.

Vers 158. — A commencer de ce vers jusqu'au vers 205, les strophes se suivent dans le même ordre que dans l'édition de Copenhague. Il serait trop long de démontrer que dans cette partie de notre poëme, l'édition de Stockholm présente un désordre complet.

Vers 167. — *Feigr*, en lapon *veigas*, doit signifier ici *lâche*, et non pas *voué à la mort*; car comment le loup peut-il se gorger de la vie d'hommes qui *mourront*? La signification de *lâche* est la signification primitive, de laquelle dérive celle de *voué à la mort*; car d'après la croyance des peuples guerriers du Nord, les lâches seuls descendaient dans l'empire de Hel ou mouraient, tandis que les hommes vaillants étaient conduits à Valhall pour y vivre auprès d'Odin.

Vers 169.—*Of sumar,* à commencer *de* l'été, ou *dès* l'été.

Vers 176.— *At Heriafödurs,* construction elliptique pour : *at sölum* Heriafödurs, cf. v. 178. On dit de même en grec ἐν Ἀσκληπίου pour ἐν οἰκίᾳ Ἀσκ.

Vers 181.—*Hin fróda* désigne la prophétesse Vala; c'est ainsi que Merlin est appelé, *inn fróde halr.* Voy. page 181.

Vers 182.— *Um* se rapporte à *fram-sé,* et doit se traduire par *concernant.* En islandais on dit : prévoir *concernant* une chose, pour dire prévoir tout ce qui *concerne* la chose, ou prévoir la chose même. En grec, la proposition περί est aussi quelquefois employée dans ce sens. —*Röm;* dans l'édition de Copenhague on lit *röm,* ce qui est une orthographe vicieuse. L'édition de Stockholm porte *raun (effort,* peine). Peut-être doit-on lire *run* ou *hrun* (chute, ruine).

Vers 183.— *At bönum verda,* cf. Hildebrandslied, *ti banin werdan*: *at* répond au *lamed* préfixe des langues sémitiques.

Vers 186.—*Hart ër* (il fait dur), c'est un temps dur; en allemand : « es geht hart her. »

Vers 189.— *Leika (jouer, joûter),* se dit des exercices gymnastiques, pour *faire des armes,* se préparer à la lutte; cf. en latin : *ludimagister.* Dans le *chant sur Louis,* en vieux haut allemand, il est dit : « bluot skein in wangôn *spilôd* under Vrankôn. » En anglo-saxon, *æscplega* (jeu des boucliers) ou *hard handplega* (dur jeu des mains), sont des expressions poétiques pour dire : combat, guerre.

Vers 190.—Dans l'édition de Stockh. on lit *gamla* au lieu de *gialla;* cette dernière leçon est préférable comme étant plus expressive. — A la construction *at ëno,* etc. correspondent, en latin, l'ablatif absolu, qui est la forme nouvelle d'un ancien locatif, et en grec, le génitif absolu qui correspond à l'ablatif absolu des Latins.

Vers 195.— *Hrædaz halir;* l'édition de Copenh. et l'édition de Stockh. portent brædaz *allir;* mais le verbe demande un sujet plus précis que *allir.* De plus, *halir* a l'accent prosodique et doit par conséquent avoir aussi l'allitération. Le mot *halir* a deux significations très-distinctes; il signifie : 1° hommes, maîtres, héros; cf. all. *hâls;* 2° habitants de Hel, ombres, mânes. Voy. *Alvismál,* 29.

Vers 196.—*Thann* se rapporte à *askr standandi,* qui est l'idée principale dans la strophe.

VERS 197. — Chose singulière! après avoir dit dans la strophe 48 que Freki s'est mis en liberté (en jötun losnar), l'édition de Stock. répète néanmoins les deux vers. « Geyr garmr miök fyrir Gnypa helli; Festr man slitna, ën Freki rënna, » qui annoncent que Freki se mettra en liberté; et ce qui est encore plus surprenant, elle répète ces mêmes vers après la strophe LI, lorsqu'il a déjà été dit que la terre s'est abîmée, et que Freki a été *tué* par Vidarr.

VERS 197. — *Hefiz lind fyrir. Lind* signifie *tilleul* et puis un *bouclier* fait de bois de tilleul. Voy. *Rigsmâl*, 32, 34. *Skaldskâparmâl*, p. 75. Cf. *Saga Sverris Konungs*, c. CLXV. M. Afzelius a bien traduit: « bär *sköld* för sig. » Cf. *Hafdi hann skiöldinn fyrir sèr, Skaldskaparmâl*, 109.

VERS 202. — Au lieu de *Loki*, comme on lit dans les manuscrits, j'ai mis dans le texte *Logi*, et cela par les raisons suivantes. Il s'agit ici de Logi, dieu du feu et roi de Muspilheim, et non de Loki qui, vers 204, est appelé *Brôdir Bileists*, et qui, avec son fils le Loup, est à bord du navire des géants. Logi et Loki sont souvent confondus dans la mythologie, parce que *Loki* (la fin) est le génie de la destruction, et que *Logi* (la flamme) est également la cause de la destruction universelle, puisqu'il est dit que le monde périra dans un embrasement général. Cf. M. Grimm, *Deutsche Mythol.* p. 148 et suiv. On peut ajouter que dans l'écriture runique K et G ont eu primitivement la même forme.

VERS 205. — *Sviga lævi, désastre causé par les épées;* sur *sviga*, voy. le glossaire; sur *lævi*, voy. v. 124.

VERS 206. — Dans l'édition de Copenh. cette strophe est placée après les vers 209-212. Nous préférons l'arrangement qui a été suivi dans l'édition de Stockh.; car c'est l'approche de Loki, de Freki, de Surtr qui fait que le monde des géants tremble, que les Ases délibèrent, que les Dvergues gémissent.

VERS 209. — *Hvat ër mëd Asum*, locution germanique pour dire *que font-ils? Comment se portent-ils? Que leur est-il arrivé?* Voy. *Thrymskvida*, 6.

VERS 212. — L'édition de Copenhague porte *veggbërgs;* celle de Stockholm *vegbërgs*, un manuscrit *vébergs*. Je crois devoir préférer *végbërgs*. Sur *végbërgsvísir*, voyez *Thôrdrapu, Skaldskaparmâl*, p. 115. Vén est l'ancienne forme de vêh, vê (*asile sacré*); *vég-bërg* signifie montagne *qui est un asile sacré*, et *végbërgsvîsir* sont *les sages qui habitent les montagnes sacrées*.

Vers 213. — *Fram* se rapporte au verbe *këmr; komafram* (provenir), naître.

Vers 215. — Ce vers n'est pas lié par la construction avec le vers précédent; *ër* ne doit pas être répété après *ën*. La construction serait régulière si le poëte n'avait pas mis le vers 214 en rapport avec le vers 213 par la conjonction *ër*.

Vers 219, 220. — *Hiör* est le régime direct de *lætr; umstanda mund* est dit pour *standa um mund* ou *of mund* (s'élever de la bouche, sortir de la bouche).

Vers 222. — Les mss. portent: *vid ulf vëga;* cela est évidemment une mauvaise leçon; car le *loup* vient d'être tué par Vidarr, v. 220. Thôr lutte avec le *serpent* Iormungand (voy. *Hymiskvida*, 22). Il faut donc nécessairement lire *orm* au lieu de *ulf*. Ulf ne peut en aucun cas désigner un serpent, pas même un monstre en général. Cependant *ulf* paraît être une leçon très-ancienne; car elle semble avoir donné origine à une autre version du mythe d'après laquelle Thôr lutte aussi contre le loup. (Voy. *Lokasenna*, v. 235. Cf. *Hymiskv.* 11.)

Vers 223. — *Midgards-veor;* Thôr s'appelle aussi *hard-veorr* (*Skaldskaparmál*, p. 75), ou simplement *veorr* (*Hymiskv.* 11). *Veriandi Asgards ok Midgards* (*Skaldsk.* p. 101. Cf. *Harbardsliód.* 22).

Vers 224. — *Halir* désigne ici les *héros* qui entourent ou suivent Thôr; ce sont peut-être les monomaques (*einheriar*). Au lieu de *heimstöd*, il faut lire *heimstod*.

Vers 226. — *Okvidinn* se construit avec le génitif *nids: audacieux d'envie, de colère*, pour dire *audacieux par la colère*. On dit de même *idia-grœnn*, v. 236; *thurftar mikill* (grand de besoin), ayant grand besoin; *vids fiarri* (trop long d'espace), etc. Cette construction est très-fréquente en grec et même en latin.

Vers 228. — *Fram nëdan* (d'en bas); au lieu de *fram*, l'édition de Copenh. porte *frann* (brillant), cf. *Fŏr Skirnis*, 27; mais *dimmi* du vers précédent me semble exclure l'idée de *brillant*.

Vers 229. — *Ber sër i fiödrum*, locution particulière pour dire: «s'é-
«lever sur ses ailes, s'élever dans les airs.»

Vers 230. — *Nái* est régime direct; il est régi par la préposition *yfir*. — *Hon* se rapporte au mot précédent *völl*, ou au mot suivant *fold*.

Vers 233. — M. Finn Magnussen explique *vid aldur-nara* par *alnœrende trœ* (arbre qui nourrit tout), expression qui, selon lui, désigne le frêne Yggdrasill. Mais il ne peut plus être question ici de cet arbre qui est déjà consumé par le feu; car la terre que ce frêne soutenait est tombée dans la mer. *Aldur nari* signifie mot à mot *destructeur du monde*, et destructeur du monde est une expression poétique pour *logi* (la flamme), le *feu*.

Vers 241. — *Megin-doma*, cf. *Regin-domi*, v. 258.

Vers 246. — *Fôlkvaldr goda* désigne ordinairement l'Ase *Yngvi-Freyr* (voy. *Skirnis För*, 3). Ici ce nom désigne *Odin* (voy. *Grimnismál*, 46). *Thôr* s'appelle *Thrudvaldr goda* (voy. *Harbardsliôd*, 8), et *Baldur* porte le nom de *Asabragr*.

Vers 248. — *Böls mun; mun*, verbe impersonnel; *batna allz böls* (s'améliorer de tout mal), devenir en tout meilleur.

Vers 249. — Nous avons retranché de ce vers, les mots *ok Baldur* qui se trouvent dans l'édition de Copenhague et dans celle de Stockholm. Ces mots ne sont pas authentiques : ils ont été mis dans le texte par des copistes qui ne savaient pas expliquer la locution *búa their Hœnir*. Cette locution est un islandisme qu'il faut traduire par : lui (Baldur) et Hœnir habiteront. Cette locution particulière est assez fréquente en islandais; exemples : *their Olafr* (lui (Sigröd) et son frère Olaf). *Saga Haralds*, c. xxvi; *fadr therra Buis* (le père de Buis et de son frère), *Saga af Olafi Tryggv*. c. xxxix; *their Loki báru* (lui et Loki portèrent), *Skaldskaparmál*, p. 131; *their Gylfi* (lui (Odinn) et Gylfi), *Konungasögur*, c. v; *thau Astridr* (eux et Astrid), ou (Astrid et sa suite), *Saga af Olafi Tryggv*. c. 1; *thau kerling* (lui et la femme), *Grimnismál formálinn*; *thau Haugni* (elle et Haugni), *Atlamál*, x; *vid Freyr* (moi et Freyr), *För Skirnis*. c. xx; *id Gymir* (toi et Gymir), *För Skirnis*, c. xxiv; *vid Hrungnir* (moi et Hrungnir), *Harbardsliôd*, c. xiv, etc.

Vers 251. — *Vid* est adverbe, *en même temps*.

Vers 255. — Le mot *hâm* ne se trouve pas dans l'édition de Copenh.; mais il est nécessaire pour compléter le vers.

NOTES EXPLICATIVES.

Vers 2. — *Heimdall* est un des douze dieux (Ases) de la mythologie scandinave; il représente l'idée du *commencement*, de l'origine des choses; c'est pour cette raison que l'on fait remonter à lui l'origine de la différence des conditions humaines, ou la division de la société en trois classes. La tradition mythologique rapporte que Heimdall, prenant le nom de *Rig* (éminence), vint sur la terre et y fit naître, d'une manière mystérieuse, *Thrœll* (serf), *Karl* (plébéien, homme libre) et *Iarl* (comte, noble), desquels descendent les serfs, les hommes libres et les nobles. C'est pourquoi les hommes considérés sous le point de vue de leur condition sociale sont nommés *fils de Heimdall;* ils sont *grands* ou *petits* selon la classe à laquelle ils appartiennent; ils sont des *générations saintes*, parce que Heimdall lui-même est appelé *inn helgi ás* (l'ase saint).

Vers 3. — *Valfadir*, que nous avons traduit par *Père des Élus*, veut dire proprement *Père des étendus morts*. Mais comme, selon la croyance des Scandinaves, les héros ne meurent dans les combats que quand le dieu suprême Odin leur fait la faveur de les appeler à lui, le mot *étendu mort* a tout à fait la signification de *bienheureux*, d'élu. Le Père des Élus est *Odin*. Les *mystères* d'Odin sont la connaissance de la destinée des dieux et des hommes, la connaissance du passé, du présent et de l'avenir; en général la connaissance des *traditions* mythologiques qu'on appelait *runar* (runes, mystères), et qui composaient à peu de chose près tout le savoir des anciens Scandinaves.

Vers 5. — Les *Iotes* sont la personnification des forces pour ainsi dire gigantesques de la nature; ils sont nés au *commencement* du monde; c'est pourquoi ils connaissent l'origine de toute chose. Plusieurs d'entre eux passent pour avoir une haute sagesse et un profond savoir.

Vers 6. — Vala, la prophétesse des Ases, appartient à la race des Iotes, parce que dans la mythologie du Nord, les personnages qui sont doués d'un pouvoir ou d'une intelligence égale ou supérieure à celle des Ases, proviennent tous de *Iötunheim* (du monde des Iotes).

Vers 7. — Vala avait jadis visité les neuf mondes, et augmenté dans ce voyage le trésor de sa science. Les Hindous comptent trois mondes, les Scandinaves en ont neuf. Trois et les multiples de trois sont des nombres sacrés chez les peuples indo-germaniques comme chez les nations sémitiques. Les neuf mondes des Scandinaves sont les suivants :

I. Trois au-dessus de la terre : 1. *Liôsâlfaheim* (monde des génies de lumière). 2. *Muspilheim* (monde du feu), au sud. 3. *Asaheim* ou *Asgard* (monde des Ases), au milieu du ciel.

II. Trois sur la terre : 4. *Vanaheim* (monde des Vanes), à l'ouest. 5. *Mannheim* ou *Midgard* (monde des hommes), au milieu. 6. *Iötunheim* ou *Utgard*, à l'orient.

III. Trois sous la terre : 7. *Dokâlfaheim* et *Svartâlfaheim* (monde des génies de l'obscurité). 8. *Hel* ou *Helheim* (empire de la mort). 9. *Nifl heim* (monde des ténèbres), au nord. — On se figurait que dans chaque monde il y avait une grande *forêt* au milieu, parce que les forêts étaient sacrées chez les peuples germaniques comme chez les peuples de l'Inde.

Vers 8. — *Le grand Arbre du milieu* est le frêne Yggdrasill qui, placé au *milieu* de la terre, élève ses branches au-dessus du ciel et pousse ses racines jusqu'à l'extrémité de l'enfer. Cet arbre porte et soutient ainsi le monde entier ; il est l'image de la végétation terrestre et le symbole de la vie et de la durée des choses.

Vers 9. — *Ymir* est la personnification de l'océan primitif ; il est né des glaçons de Niflheim, fondus ou vivifiés par les étincelles sorties de Muspilheim.

Vers 12. — *Le Gouffre béant* est l'immense espace vide du néant avant qu'Ymir vînt le remplir. On se figurait cet espace comme une vaste gueule ouverte.

Vers 13. — *Les fils de Bur* sont Odin et ses frères et, dans un sens plus étendu, les Ases en général. Il y a *neuf* firmaments ou neuf cieux. (Voy. *Skaldskaparmâl*, p. 222.)

Vers 14. — *L'Enceinte du milieu* est *Mannheim* (le monde des hommes), situé au *milieu*, entre le ciel au-dessus et l'enfer au-dessous.

Vers 15. — *Sôl* est la personnification du soleil, qui est féminin dans les langues germaniques comme dans les idiomes sémitiques. —

Sól darde ses rayons du *sud*, parce que le midi paraît être le séjour habituel du soleil. — La *demeure* par excellence est la demeure des hommes, ou l'enceinte du milieu; cette demeure repose sur des *rochers* comme sur des fondements : ces rochers entourent la terre comme une bordure, et sont un rempart contre les envahissements de la mer. (Voy. Snorri, *Háttalykill.*)

Vers 17. — *Máni*, personnification de la lune, qui est du genre masculin dans les langues germaniques. Les *faveurs* de Sól sont ses rayons vivifiants, si agréables à l'habitant des régions brumeuses du Nord. C'est donc comme si le poëte avait dit : « Quoique éloignée de Máni, *Sól* « lui fait partager de loin ses ardeurs amoureuses. »

Vers 18. — *Le Coursier céleste* est le cheval *Hrimfaxi* (qui a la *crinière* couverte de *givre*), qui traîne le char de la nuit. Comme il sort par la porte de l'orient pour aller vers l'occident, *la droite* du coursier désigne le septentrion.

Vers 19-21. — Les astres errent encore sans règles dans l'immensité de l'espace. *Sól* ne connaît pas encore *les demeures* qu'elle doit habiter successivement pendant les douze mois de l'année. Máni ne savait pas quel était son *pouvoir*, c'est-à-dire, il n'avait pas encore les diverses phases qui, selon l'opinion populaire, avaient tant d'influence sur la fertilité de la terre, sur les variations du temps, l'issue des entreprises, les opérations de la magie, la destinée des hommes, etc. etc.

Vers 22. — *Grandeurs* est le nom que prennent les *Ases* quand ils sont en assemblée ou en conseil, parce qu'alors ils ont un caractère plus relevé et plus imposant. Les *siéges élevés* du conseil sont placés dans le ciel, autour de l'arbre du milieu : on se les figurait, sans doute, comme de grands rochers, à l'imitation des grandes pierres sur lesquelles étaient assis les anciens rois scandinaves et leur douze conseillers quand ils étaient réunis en cour de justice ou en assemblée délibérante. — L'expression *aller au siége* était autrefois usitée chez nous pour dire, aller au lieu où l'on rendait la justice.

Vers 23. — *Les dieux très-saints*, c'est-à-dire les Ases, délibérèrent pour savoir comment régler le cours des astres; quelle demeure il fallait leur assigner dans le ciel, quels noms leur donner, etc. etc.

Vers 24. — Il est à remarquer que les dieux donnent d'abord un nom à la nuit, et seulement ensuite au jour. Dans la mythologie scandinave, la nuit précède le jour, parce que le jour est né de la nuit. Les peuples germaniques comptaient par *nuits*. Les Anglais disent encore aujourd'hui *sennight* (seven nights, *sept nuits*), *fortnight* (fourteen-nights, *quatorze nuits*), pour dire *une semaine, deux semaines*. — Les années des Scandinaves étant des années lunaires, l'apparition de *la nouvelle lune* devait avoir une grande importance chez eux.

Vers 26. — Le *crépuscule* était le temps où l'on soupait, le *soir* ou la nuit tombante, le temps où l'on allait se coucher.

Vers 27. — *La Plaine d'Idi* se trouve dans Asgard; au milieu s'élève le frêne Yggdrasill, autour duquel sont placés *les siéges élevés*. C'est là le *champ d'assemblée* (thingvöllr) des Ases. *Idi* est le nom d'un Iote qui est la personnification du vent; plaine d'Idi signifie donc *champ de l'air*.

Vers 28. — Les Ases bâtirent un grand temple qui devait leur servir de demeure à tous. Les temples des Scandinaves se composaient d'un *sanctuaire* qui renfermait l'idole, et d'une *cour* ou *enceinte* qui entourait le sanctuaire.

Vers 31. — *Le jeu des tables* avait quelque ressemblance avec notre jeu de dames; il était aussi connu en France, car on lit dans le roman de *la Rose* :

> Là sont servis joieusement. . . .
> De jeus de dez, d'eschecs, de *tables*,
> Et d'oultrageux mets délitables.

Les Islandais ont encore aujourd'hui un jeu de dames particulier qu'ils appellent *la table de Saint-Olaf*. Cf. p. 212.

Vers 33. — *Bande*. Pour donner à ce mot le sens qu'il doit avoir ici, il faut se rappeler que chez tous les peuples germaniques, les chefs rassemblaient autour d'eux une *bande* composée de leurs fils, de leurs parents et d'autres guerriers qui venaient s'attacher à leur personne; cette bande servait sous leur commandement, les accompagnait dans toutes les expéditions et combattait à leurs côtés. *Bande* signifie donc société, assemblée, famille. Les trois *Ases* de la *bande* céleste sont *Odin, Hœnir* et *Lodur*; ils sont *pleins de force et de bonté*, car ils ont le pouvoir et la volonté de secourir la faiblesse.

Vers 35. — *Askr* et *Embla* sont l'Adam et l'Ève de la mythologie scandinave. *Ask* signifie le *frêne* et *Embla* désigne l'*aune*. Ce mythe veut indiquer que l'organisation de l'homme n'est qu'une organisation végétale perfectionnée. Il est à remarquer que d'après Hésiode, J. et Œuv. 147, le premier couple d'hommes provient ἐκ μελίας, *d'un frêne.*

Vers 36. — Les deux arbres Ask et Embla qui croissaient dans le sable aride du rivage de la mer, étaient des êtres *chétifs* en comparaison de la nouvelle organisation d'homme qu'ils reçurent par le secours des Ases. Aussi longtemps qu'ils n'étaient que des arbres, ils n'avaient point de *destinée*, parce qu'il n'y a que l'homme qui ait une destinée fixée par les lois immuables et éternelles de la nécessité.

Vers 37. — *Sang* désigne l'organisation physique humaine; le *langage* désigne les moyens de manifester la volonté, soit par des paroles, soit par des gestes.

Vers 41. — Les Ases pouvaient donner aux premiers hommes tout, excepté la destinée; car les dieux eux-mêmes sont soumis à la destinée. Il fallait donc que les trois Nornes vinssent dispenser le sort à Ask et à Embla nouvellement créés. Les Nornes sont *filles de Thurses*, c'est-à-dire, issues de l'ancienne race des Iotes nés du géant Ymir. Elles sortirent de la fontaine d'*Urd*, située au pied du frêne Yggdrasil : en parlant de cette fontaine, le poëte saisit l'occasion pour décrire l'Arbre du monde.

Vers 44. — Yggdrasil, la colonne du monde, est un *arbre chevelu*, d'un feuillage touffu; son sommet élevé au-dessus du ciel, est arrosé par un nuage brillant qui alimente l'arbre et produit la rosée.

Vers 46. — La fontaine d'Urd est la *fontaine de la sagesse* des Ases, comme la fontaine de Mimir est la source de la sagesse des Iotes. Ne serait-ce point par allusion à de semblables mythes, qu'on dit dans la fable : La Sagesse ou la Vérité se cache dans un *puits* ?

Vers 49. — *Urd* (ce qui a été) signifie le passé; cette Norne, comme l'aînée des sœurs, a donné son nom à la fontaine. *Verdandi* (ce qui est) signifie le présent. Urd et Verdandi gravent sur les planchettes ou tablettes de bois, les arrêts du destin auxquels seront soumis Ask et Embla. *Skuld* (ce qui sera), l'avenir, est la troisième Norne : elle n'écrit pas comme ses deux sœurs auxquelles elle est toujours opposée, ainsi qu'Atropos l'est à Clôthô et à Lachésis.

Vers 52. — *Enfants des hommes* est une expression pour dire simplement *hommes*; cette expression désigne ici les premiers hommes, Ask et Embla.

Vers 55. — *Les Dvergues* sont les personnifications des forces élémentaires de la nature. Plus tard, l'image qu'on s'est formée des Dvergues, s'est pour ainsi dire rapetissée, et ils sont devenus ces êtres petits et chétifs que nous appelons *nains*. — Comme dans l'enfance de la société, le père de famille est aussi chef de tribu; *chef* ou roi signifie en même temps *père*, et réciproquement.

Vers 56. — Le père des Dvergues est né du sang de *Brimir* qui est le même que le géant *Ymir*; voyez vers 9. Brimir, la personnification de l'océan primitif, né des glaçons du chaos, s'appelle aussi le *géant livide*, parce que les montagnes de glace qui nagent dans les mers arctiques, ont une couleur livide. Brimir fut tué par les fils de Bur; de sa chair fut créée la terre; de son crâne, la voûte du ciel; de ses os, les montagnes; de son sang, la mer. Les *cuisses* du géant sont les soutiens, les fondements de la terre, les montagnes ou les rochers; voyez vers 15. Si donc le chef des Dvergues naît du sang et des cuisses de Brimir, cela signifie que la nature des Dvergues tient principalement à deux éléments, à l'eau et à la terre.

Vers 61. — Cette longue énumération des noms de Dvergues paraîtra bizarre à beaucoup de lecteurs; c'est que nous n'y voyons qu'une suite de noms insignifiants. Mais quand on songe que le poëte et ses auditeurs se rappelaient à chaque nom le mythe qui s'y rattachait, on comprendra que l'énumération de ces noms ne devait avoir rien d'aride pour eux. En second lieu, les tables généalogiques avaient autrefois et ont encore aujourd'hui, chez beaucoup de peuples, une très-grande importance; et dans l'antiquité, les généalogies ne paraissaient nullement déplacées dans la poésie épique. Cependant, on doit être surpris de trouver, dans notre poëme, la généalogie des Dvergues, tandis qu'on n'y trouve point celle des Iotes, ni celle des Ases. Pour l'explication des noms des Dvergues, autant qu'il est possible de la donner, le lecteur pourra recourir au Glossaire. L'étymologie des noms prouve qu'on se figurait les Dvergues comme ayant des caractères, des mœurs, des fonctions différentes. Les uns sont les génies de la lune, comme *Nyi* et *Nidi*; les autres président aux quatre régions du ciel,

NOTES EXPLICATIVES. 227

comme *Nordri, Sudri, Austri* et *Vestri;* d'autres sont des génies de l'air, comme *Vindálfr,* ou des génies de saison, comme *Frosti.* Les uns habitent l'eau, comme *Aï* et *Hlævangr;* les autres les marécages, comme *Lóni;* d'autres les hauteurs, comme *Haugspori;* d'autres enfin les arbres, comme *Eikinskialdi. Bifurr* et *Bafurr* sont peureux; *Veigr, Thorinn* ont le caractère ardent, audacieux; *Althiofr* est voleur; *Nipingr* est méchant, etc. etc.

VERS 71. — Les Dvergues de la première race se distinguent de ceux de la seconde par leur énergie et leur intelligence.

VERS 74. — *Dvalinn* est un Dvergue de la seconde race dont Lofar est la souche.

VERS 76. — *Aurvangr* (plaine humide) et *Ioruvellir* (plaines de la terre), semblent désigner *l'eau* et la *terre,* comme habitations des Dvergues.

VERS 83. — Il paraît que beaucoup de noms ont été retranchés ou se sont perdus. Le nom de Lofar ne se trouve pas dans l'énumération des Dvergues.

VERS 85. — *Elle,* désigne la prophétesse elle-même. Cette manière de parler de soi-même à la troisième personne, appartient au style prophétique de toutes les nations. — *Heimdall,* dont il a été question, vers 2, devint après l'établissement des Ases dans Asgard, le gardien de nuit et le portier des dieux. Odin lui donna un cor appelé le *cor bruyant* pour sonner l'alarme en cas que les Iotes ou d'autres ennemis voulussent pénétrer dans le ciel.

VERS 86 et suiv.— Ces vers sont difficiles à expliquer, parce qu'ils se rapportent à un mythe qui ne nous est plus connu. Du temps de l'auteur de l'Edda en prose, on n'avait déjà plus qu'une idée confuse de ce mythe. Il est dit dans *Gylfaginning,* page 17 : « Sous la racine du « frêne Yggdrasill.... se trouve la fontaine de Mimir, où sont ren- « fermées la sagesse et l'intelligence..... Mimir est plein de sagesse, « parce qu'il boit à la fontaine dans le *cor bruyant.* Odin vint un jour, « et demanda à boire à cette fontaine; mais il n'en eut la permission « qu'après avoir mis en gage son œil. Ainsi, il est dit dans la Völuspâ :

Je sais tout, Odin, etc. »

Il est évident que tout est confondu et embrouillé dans ce récit. Si

Odin a donné son œil pour avoir à boire, l'œil ne peut pas être appelé *un gage*, c'est un payement. De plus, si Odin a donné son œil en gage, cela ne pouvait pas être dans le but d'avoir la permission de *boire*, car un gage suppose qu'on veuille rendre un jour ce qu'on reçoit pour reprendre la chose engagée. D'ailleurs, si le gage d'Odin est son œil, comment expliquera-t-on le vers 87 où il est dit : *boire dans le gage d'Odin*. Il me semble qu'il faut bien distinguer deux mythes qu'on a confondus et mêlés ensemble : d'abord un mythe qui racontait comment Odin a perdu un de ses yeux, et comment cet œil est venu en la possession de Mimir qui l'a caché dans sa fontaine : ensuite un mythe qui racontait la mise en gage du cor bruyant de Heimdall.

Pourquoi Odin a-t-il perdu son œil? Peut-être l'a-t-il donné comme payement à Mimir pour avoir le breuvage de la sagesse, ou bien l'a-t-il perdu ayant été vaincu par Mimir dans une espèce d'assaut de sagesse et de savoir, où l'on avait mis pour condition que le vaincu perdrait un œil. (Voy. *Vafthrûdnismâl*, Introduction.) Pourquoi la corne de Heimdall a-t-elle été donnée en gage? Peut-être qu'Odin sentant, dans un pressant danger, le besoin d'augmenter sa sagesse, voulut boire à la fontaine de Mimir; le géant demanda un prix qu'Odin promit de payer. Pour garantie, Mimir exigea qu'il mît en gage le cor bruyant de Heimdall : c'était le gage le plus précieux que pussent donner les dieux, parce que leur sûreté dépendait de la possession de ce cor. Le *gage du Père des Élus* est donc le cor bruyant de Heimdall; ce cor est tenu *caché* par Mimir dans sa demeure qui se trouve *sous l'arbre majestueux et sacré*, c'est-à-dire sous l'une des trois racines du frêne Yggdrasill. Mimir se servait chaque matin de ce cor pour y *boire à traits précipités* à la source de sagesse. — Les Scandinaves buvaient dans des cornes; la même corne servait de trompette et de coupe.

Vers 88. — *Le savez-vous? — Mais quoi?*.... Locution elliptique propre au style prophétique. La prophétesse remplie de la nouvelle vision qui vient de frapper son esprit s'adresse à ses auditeurs : *Savez-vous*, dit-elle, *ce que je vois?* — Cette locution n'exprime point une question directe, mais plutôt une exclamation interrogative, comme quand nous disons : *Savez-vous quoi!*..... *N'est-il pas vrai!*...., et autres locutions semblables, où personne n'attend une réponse de son interlocuteur. Après cette exclamation, la prophétesse continue: *Mais quoi?.... Que vois-je?.... Que vais-je révéler?.... Écoutez!....*

Vers 89. — S'il est question d'enchanteresses, de magiciennes, *être assis dehors* signifie « se livrer en plein air et au milieu de la nuit à l'exercice de la magie » (voy. page 160). Dans tout autre cas, *dehors* signifie « devant la porte. » *Être assis* ou *se tenir à la porte* est une locution usitée dans les poésies épiques pour dire « avoir du loisir, » ou « attendre quelqu'un avec impatience. » — *Le vieux* désigne l'Ase Odin.

Vers 90. — *Le plus circonspect des Ases* est Odin, ainsi nommé, parce que dans ses voyages et surtout dans le danger, il se montrait prudent et circonspect dans ses actions et dans ses paroles. — *Regarder dans les yeux de quelqu'un* veut dire « sonder les dispositions d'une personne pour lui faire une demande à propos. » (Cf. *Hymiskv.* 2.)

Vers 91. — Odin avait coutume de mettre à l'épreuve la sagesse et la puissance des autres. Nous en verrons un exemple curieux dans *Vafthrûdnismâl.*

Vers 93. — L'Arbre du monde ou le frêne Yggdrasill a trois racines qui s'étendent dans le ciel, sur la terre et dans l'enfer. Sous chacune des trois racines, il y a une fontaine ou un lac. Dans le ciel, il y a la *fontaine d'Urd;* sur la terre, chez les Iotes, se trouve la *fontaine de sagesse* de Mimir; et dans l'enfer, il y a le *lac Hvergelmir* qui alimente de ses eaux les fleuves de Niflheim. *Mimir* est un ancien Iote ou Hrîmthurse; il est le représentant de la sagesse des géants: il boit chaque matin *le doux breuvage*, c'est-à-dire, il augmente chaque jour sa sagesse.

Vers 96. — Odin voyant que Vala connaît son secret, et satisfait de trouver en elle tant de sagesse, lui donne des bagues et des joyaux pour la récompenser; il ajoute encore le don de la parole sage et le don de la prophétie. Dès ce moment tout ce qui se passe dans les différents mondes est dévoilé au regard de Vala.

Vers 99. — Les *Valkyries* sont les vierges guerrières qui sont envoyées par Odin pour choisir, sur le champ de bataille, parmi les combattants, ceux qui méritent, par leur bravoure, de trouver une mort glorieuse. Les héros qui périssent les armes à la main sont conduits par les Valkyries à *Valhall* (séjour des Élus) qui est l'Élysée scandinave : elles sont présentes partout où se livre un combat; c'est pourquoi leur arrivée présage la guerre. — *La race des dieux*, ce sont les Ases.

Vers 101. — *Tenir le bouclier* veut dire « marcher au combat à la tête d'une troupe »; il n'y avait que les chefs qui eussent des armes défensives. (Voy. vers 197.)

Vers 102. — *Skuld,* la plus jeune des Nornes, et celle qui met fin à la destinée des héros, marche à la tête des vierges guerrières. Le nombre et les noms des Valkyries sont indiqués différemment dans les anciennes poésies. *Skogul* signifie « qui est hérissée d'armes »; *Gunnr* signifie « la lutte »; *Hildur,* « la guerre »; *Gondul,* « qui délivre les héros »; *Geirskogul,* « qui est hérissée de piques. »

Vers 103. — Les Valkyries sont appelées *servantes du Combattant* ou *d'Odin,* parce qu'elles exécutent les ordres de ce dieu, sur le champ de bataille.

Vers 106. — *Gullveig* est la devineresse ou la sorcière des *Vanes* qui sont les rivaux et les ennemis des Ases. Ces derniers, pour faire un affront aux Vanes, ou pour arracher quelque secret à la sorcière Gullveig, la mirent sur les pointes hérissées de piques qu'ils avaient fixées en terre, et allumèrent au-dessous d'elle un grand feu.

Vers 108. — Déjà la sorcière, brûlée trois fois, était rentrée trois fois en vie par des moyens magiques; les Ases continuèrent à vouloir la faire périr par le feu, mais ils ne purent réussir.

Vers 110. — *Heidur* est le nom de la sorcière Gullveig dans la *langue* des Vanes. — Les sorciers et les sorcières parcouraient le pays et *entraient* dans les maisons pour prédire l'avenir et pour répondre aux questions qu'on leur adressait. (Voy. page 156.)

Vers 111. — La sorcière des Vanes méprisait les prophéties de la devineresse des Ases.

Vers 112. — Il y avait deux espèces de divination : une divination prophétique se fondant sur l'inspiration divine, et une autre basée sur les opérations de la magie ou de la sorcellerie. Cette dernière tomba peu à peu dans le plus grand mépris. Les Vanes passaient pour les inventeurs de la magie, et pour être très-habiles dans la sorcellerie. (Voy. page 159.)

Vers 113. — Les Vanes, comme ennemis et rivaux des Ases, sont appelés *la race méchante;* les Ases sont nommés *la race des dieux,* v. 100.

Vers 114. — Les Vanes demandèrent réparation de l'injure qu'on leur avait faite dans la personne de Gullveig. Les Ases entrèrent en délibération pour savoir s'ils devaient expier *leur imprudence* et accorder aux Vanes des droits égaux. Ce dernier point prouve que leur inimitié avait pour cause la rivalité, les Ases ne voulant pas que *tous les dieux*, c'est-à-dire eux et les Vanes, eussent de *l'autorité* ou des droits égaux.

Vers 118. — Pendant que les Ases délibèrent, les Vanes renversent le mur extérieur de la forteresse des Ases; ce mur sépare, dans Midgard, la demeure des Ases de la demeure des hommes. Les Vanes, par ruse de guerre, parviennent à monter sur les remparts; mais Odin lance son trait, il tire ses flèches sur l'ennemi... C'est assez dire que la victoire reste aux Ases.

Vers 122. — Le mur extérieur ayant été renversé, un inconnu, un géant déguisé, offrit aux Ases de le reconstruire plus solide que jamais. Pour prix de son travail, il demanda la fiancée d'Odur, la déesse Freya; de plus, le soleil et la lune. *Loki* persuada aux Ases d'accepter cette offre : il espérait pouvoir frustrer l'architecte de sa récompense en mettant, comme condition du contrat, que le mur serait achevé en un *seul* hiver, et que l'architecte n'aurait aucun aide excepté son cheval; que si le travail n'était pas fait dans le temps prescrit, le prix stipulé ne serait pas payé. Le géant accepta cette condition, et les dieux sanctionnèrent le contrat par leurs serments. Le travail avança rapidement : la veille du jour fixé comme dernier terme, il n'y avait plus qu'à placer les portes. Les Ases voyant que le lendemain ils seront obligés de livrer Freya, le soleil et la lune, s'assemblent, et s'accusent les uns les autres d'avoir accepté un contrat aussi préjudiciable; ils se demandent qui d'entre eux est la principale cause de ce que le ciel *est rempli* de désastre par l'enlèvement du soleil et de la lune, et que la déesse Freya *est livrée* à la race du géant. — Par une ingénieuse hardiesse de style, le poëte a mis les verbes au présent pour indiquer que les Ases étaient pleinement persuadés que le lendemain ils seraient obligés de remplir les conditions du contrat: ils regardaient le payement du prix stipulé comme aussi sûr que s'il se faisait déjà dans le moment présent.

Vers 126. — *Thór*, le dieu du tonnerre, qui était absent lorsqu'on fit le contrat avec l'architecte, se lève enflé de colère en apprenant les conditions que les Ases ont acceptées. Cela suffit pour déterminer les

Ases à violer leurs serments; ils ne tiennent plus compte des promesses données à l'architecte; au lieu de recevoir le prix stipulé, le géant est tué par un coup de foudre lancé par Thôr. C'est ainsi que les Ases joignent la violence au parjure.

Vers 130. — Vala prévoit la destinée de *Baldur* dont la mort prochaine et sanglante est encore cachée aux Ases mêmes. — Baldur est fils d'Odin et de Frigg, c'est un héros accompli, l'idéal de la beauté et de la bonté. Baldur avait eu depuis quelque temps des rêves sinistres. Sa mère Frigg prévoyant quelque malheur, conjura tous les êtres de la création de ne pas nuire à son fils, et elle s'en fit prêter le serment par tout ce qui existait. Frigg négligea de le faire prêter aussi par un *gui*, parce qu'il lui semblait incapable de nuire. Loki alla chercher ce gui, et lorsqu'un jour les Ases s'amusaient à joûter contre Baldur, et à lancer contre lui des traits dont aucun ne pouvait le blesser, Loki s'approcha du frère de Baldur, *Hoder*, qui était né aveugle, et il l'engagea à se mêler au jeu des Ases. Il lui donna le gui, et lui indiqua la direction dans laquelle il devait le lancer. Hoder lança le trait, et le gui blessa mortellement le dieu Baldur.

Vers 136. — D'après les mœurs du temps, Baldur devait être vengé par un de ses plus proches parents. Mais par une terrible fatalité, les Ases parents de Baldur étaient en même temps parents de Hoder qui était fils d'Odin. Pour que la vengeance fût moins odieuse, la destinée inexorable choisit le bras d'un enfant nouveau-né pour donner la mort à Hoder. Vali, fils de Rindur et d'Odin, âgé seulement d'une nuit, vengea son frère Baldur en tuant son autre frère Hoder.

Vers 138. — Ceux qui avaient à venger la mort d'un parent, avaient coutume de ne pas laver leurs mains, ni peigner leur chevelure avant d'avoir exécuté leur vengeance. — La poésie et la mythologie qui réunissent souvent les traits les plus contradictoires, nous représentent Vali tantôt comme un enfant âgé seulement d'une nuit (voy. v. 137), tantôt comme un héros adulte, agissant dans sa vengeance avec préméditation et discernement.

Vers 140. — Frigg pleure dans son palais *Fensalir,* la mort de Baldur, son fils. La mort de Baldur est aussi regardée comme une grande calamité dans *Valhall,* où habitent Odin et les Monomaques (*einheriar*).

Vers 142. — Les Ases exaspérés contre *Loki*, qui était la cause première de tous leurs malheurs, mirent à mort l'un de ses fils nommé *Vali*. Des boyaux de cet enfant, ils firent des cordes avec lesquelles ils attachèrent Loki aux rochers de *Hveralund* (le bois des Thermes). Sigyne, la femme de Loki, ne se réjouit pas du malheur de son mari; mais, assise auprès de lui, elle lui prodigua des soulagements et des consolations. (Voy. *Lokasenna*, Introd.)

Vers 148. — *Nidafioll* est le nom de la contrée ténébreuse, au nord de Midgard. Cette région est bornée par de hautes montagnes, derrière lesquelles se cache la lune pendant tout le temps qu'elle n'est pas visible à l'horizon. — *La race de Sindri* est sans doute cette espèce de géants connus sous le nom de *Bergrisar* (Géants des montagnes). Leur palais est richement orné de l'or tiré des entrailles des montagnes.

Vers 150. — Le lieu de réjouissance des *Iotes* qui vivent ordinairement au milieu des frimas, est une salle à boire située à *Okolni* (chauffoir). — *Brimir* est la souche des Iotes. (Voy. v. 56.)

Vers 152. — Vala voit une autre salle située loin du soleil, c'est-à-dire au fond du septentrion, dans l'Érèbe appelée *Niflheim*, au-dessous de *Nidafiöll*. Là, dans une contrée nommée *Nâstrendir* (Rivages des morts), s'élève un édifice dont les portes sont ouvertes au nord, et laissent entrer le souffle glacial des aquilons. Des gouttes de venin tombent dans l'intérieur de la demeure; elles découlent de la gueule des serpents dont les têtes forment le plafond, et les dos les parois extérieures de l'édifice.

Vers 157. — Un fleuve nommé *Slidur* (lent, croupissant), formé de venin de serpent et de bourbe, traîne ses eaux fangeuses dans ce séjour lugubre.

Vers 159. — Les peines les plus sévères sont infligées aux parjures, aux meurtriers et aux adultères. Le parjure devait paraître aux Scandinaves un crime d'autant plus grand, qu'ils regardaient déjà l'obligation de tenir de simples promesses comme un devoir sacré. La chasteté était une des vertus distinctives des peuples germaniques et gothiques.

Vers 161. — *Nidhoggr* (qui abat) est un dragon, ou serpent ailé qui habite *Niflheim* (voy. v. 229); il ronge l'une des racines de l'Arbre du monde, et suce les cadavres des décédés qui arrivent de *Hel* (Empire de la mort). — Le *Loup* est un des fils de *Fenrir* et de la géante *Gygur*. *Fenrir* est fils de *Loki* et de la géante *Angurbodi*.

Vers 163. — *La vieille* est la géante *Gygur*; elle habite *Iarnvid* (la forêt de fer), située dans *Iotunheim*, à l'orient de Midgard. Le plus redoutable des fils de Gygur est le loup *Managarmur* qui, dès qu'il aura atteint l'âge de la force, engloutira la lune; c'est le même loup dont il est parlé vers 162.

Vers 167. — Vala prévoit déjà le moment où le Loup aura atteint l'âge de la force : elle le voit se *gorger* du sang des hommes *lâches* qui sont descendus dans l'empire de Hel. (Voy. v. 161.) Elle le voit poursuivre le soleil et la lune, les atteindre à la fin, les dévorer et rougir ainsi de sang le siége des Grandeurs, c'est-à-dire le ciel. Alors, comme le soleil ne répandra plus ni sa lumière, ni sa chaleur, l'été disparaîtra dans l'année, les hivers se succèderont continuellement; il y aura le grand et long hiver appelé *fimbulvëtr*. Les vents du nord deviendront des ouragans, tous les phénomènes de la nature annonceront la grande catastrophe qui engloutira les dieux et le monde entier.

Vers 171. — Les Ases avaient envoyé, auprès de Gygur, un gardien pour la surveiller, et pour les prévenir quand les monstres, nourris par la géante, auraient assez de vigueur et seraient lâchés par leur mère. Ce gardien est nommé *Egdir* (aigle), parce qu'il porte la dépouille ou le plumage d'un aigle (arnar ham); il a le regard perçant, et la vitesse de cet oiseau pour voir tout ce qui se passe et pouvoir prévenir les Ases avec la plus grande célérité. Egdir a l'esprit éveillé et joyeux comme il convient à un gardien. Pour rester toujours alerte, pour charmer son loisir et pour assoupir la férocité des monstres, il joue de sa harpe. Il est assis sur une hauteur pour pouvoir tout embrasser de son regard.

Vers 173. — Le poëte ayant parlé d'Egdir, prend de là occasion pour parler des trois coqs qui chantent dans les trois mondes principaux, et annoncent *le crépuscule des Grandeurs*, c'est-à-dire, le soir, la rentrée dans la nuit, la mort des dieux. — Non loin d'Egdir, dans *Gagalvid* (la forêt des oiseaux), les Iotes entendent chanter le coq *Fialarr* qui porte un beau plumage rouge. Dans le ciel, auprès des Ases, le coq *Gullinkambi* (à la crête dorée), réveille les dieux et les Monomaques. Dans la demeure de Hel, un coq noirâtre appelle à la destruction du monde les puissances de l'enfer. — *Hel* est la fille de *Loki* et de la géante *Angurbodi;* elle est la sœur de *Freki* et du serpent *Iormungand*. Odin la précipita dans l'enfer où elle règne sur les morts.

Vers 179. — *Garmur* (glouton), espèce de cerbère qui garde l'entrée du royaume de *Hel*. Les hurlements de Garmur présagent le terrible combat des dieux contre les puissances destructives du monde. — On croyait que les hurlements de chien étaient un signe avant-coureur des combats. (Voyez *Atlamâl,* 23.) — *Gnypahall* est l'avenue qui conduit à *la grille des morts* (nâgrindur), ou à l'entrée du palais de *Hel*.

Vers 180. — *Freki* ou *Fenrir* le loup est fils de *Loki* et d'*Angurbodi*. Les Ases prévoyant qu'un jour il leur serait dangereux, parvinrent à l'enchaîner. Freki tend sans cesse à rompre ses liens; ses chaînes sont déjà usées, bientôt il s'échappera et dévorera *Odin*.

Vers 182. — *Le crépuscule des Grandeurs.* Voy. v. 173. Les *Dieux combattants* sont les Ases.

Vers 183. — Les hommes qui sont compris dans la ruine générale ne périssent pas innocents; ils se sont attiré par leurs crimes la vengeance du destin. Dans leur perversité, ils ont inventé différentes armes, toutes plus meurtrières les unes que les autres. On voit succéder à *l'âge des haches de guerre, l'âge des lances* qui percent les boucliers et blessent à distance. Ces deux âges sont suivis de deux autres qui aggravent encore les maux de l'humanité. Des vents impétueux, des ouragans terribles se déchaînent sur la terre; les bêtes féroces viennent assaillir en grand nombre les hommes pervertis. Ces bêtes se multiplient, d'abord parce que l'homme, loin de songer à les détruire, ne dirige ses armes que contre son prochain, et ensuite, parce qu'elles trouvent une pâture abondante sur les champs de bataille jonchés de cadavres par suite des guerres nombreuses que se font les hommes entre eux.

Vers 189. — *Mimir* est un Iote, voy. vers 93; *fils de Mimir* désigne, par synecdoque, les Iotes en général. Les Iotes *tressaillent* de joie en préludant aux combats qu'ils vont livrer aux Ases. Ils mettent le feu sous l'une des racines d'*Yggdrasill* pendant que Heimdall sonne l'alarme. Voy. vers 85.

Vers 192. — *Mimir* étant devenu l'ami et l'allié des Ases, fut donné par eux en ôtage aux Vanes. Ceux-ci lui tranchèrent la tête et l'envoyèrent aux Ases. Odin conserva cette tête, car elle renfermait encore toute la sagesse que Mimir avait eue pendant sa vie; il la consultait dans les dangers et les circonstances critiques.

Vers 194. — L'*Iote* par excellence est le loup terrible *Freki* ou *Fenrir* qui parvient enfin à rompre ses chaînes.

Vers 196. — *Surtur* (noir), est le prince de *Muspilheim* (monde de feu). *L'ardeur de Surtur* désigne les flammes qui consument la *colonne du monde*.

Vers 197. — Les Iotes se mettent en mouvement; ils vont s'embarquer sur le navire *Naglfar* pour traverser l'océan, attaquer Midgard et pénétrer de là dans le ciel. *Hrymr*, le constructeur et le propriétaire du navire Naglfar, conduit les Iotes. Il s'avance *de l'orient*, c'est-à-dire de Iotunheim; il porte un bouclier, comme chef d'armée (voy. vers 101); il s'approche du rivage où se trouve le navire sur le chantier.

Vers 198. — *Iormungand,* le serpent énorme qui, couché au fond de l'océan, entoure la terre de son anneau, se roule pour sortir de la mer; il est animé de la *rage d'Iote* (iötun-môdhr), comme *Thôr* son adversaire est animé de la *rage d'Ase* (âs-môdhr). Iormungand est appelé Iote ou géant à cause de sa force et de sa grandeur, et parce qu'il est le fils de *Loki* et de la géante *Angurbodi,* et frère de *Freki* et de *Hel.*

Vers 199. — Pendant que le serpent, impatient de combattre, soulève les vagues, un autre géant nommé *Hræsvelgr,* assis à l'extrémité du ciel et revêtu de la dépouille d'un aigle, agite ses ailes. Ce battement des ailes est non-seulement une manifestation de joie, mais il produit aussi les vents qui favorisent la navigation de Naglfar.

Vers 200. — *Le Bec-Jaune* est l'aigle *Hræsvelgr* qui, dans sa rage de géant, déchire les cadavres. — *Naglfar* (navire d'ongles) a été construit par Hrymer avec les ongles des trépassés descendus dans l'empire de Hel.

Vers 202.— *Logi* (la flamme) est le chef de l'armée de Muspilheim; c'est sans doute le même que *Surtur.*

Vers 203. — *Les fils de l'Iote* sont les mêmes que les *fils de Mimir;* ils ont avec eux *Freki* qui était enchaîné dans l'île d'*Amvartnir* et qui a brisé ses chaînes. Voy. v. 180. Le frère de *Bileist,* c'est-à-dire *Loki,* le père de Freki, est à bord du navire des géants.

NOTES EXPLICATIVES.

Vers 206. — *Les dieux-héros* sont les *Ases* qui se préparent au combat.

Vers 207. — *Les géantes* sont les personnifications des roches et des montagnes.

Vers 209. — *Les Alfes* sont ici les *Liosálfar* (Alfes de lumière), ou les personnifications des astres qui brillent dans le ciel.

Vers 211. — *Les Dvergues* qui habitent l'intérieur des montagnes sentent la terre trembler; leur *prudence* les porte à sortir de leurs cavernes qui menacent de s'écrouler. — De même que les Hindous, les Scandinaves regardaient les montagnes comme les *demeures sacrées* de certaines divinités.

Vers 213. — *Hline* ou *Frigg*, la femme d'Odin, qui est à peine consolée de la mort de son fils Baldur, est de nouveau affligée quand elle voit partir Odin pour combattre le loup *Freki* ou *Fenrir*.

Vers 215. — *Le glorieux meurtrier de Beli* est l'Ase *Freyr* ou *Ingvi-Freyr*; *Beli* était un Iote. Les héros de l'Inde portent aussi très-souvent le nom de *tueur* (hâ), *meurtrier* de tel ou tel.

Vers 216. — *Le héros chéri de Frigg* est Odin; il est dévoré par le loup *Fenrir*. Le poëte, pour ne pas dire que le dieu suprême sera dévoré, dit seulement qu'Odin *succombera*, cf. v. 226.

Vers 218. — *Vidarr*, fils d'Odin, est le plus fort des Ases après Thôr. On le nomme l'*Ase muet*.

Vers 219. — L'Iote *Hvidrung* est sans doute le père d'*Angurbodi*, qui est la mère de *Freki*.

Vers 221. — *Thôr*, fils d'Odin et de *Hlôdune* ou *Iordh*, lutte avec le serpent *Iormungand*. Thôr est nommé *défenseur de Midgard*, parce qu'il défend l'Enceinte du milieu contre les Iotes qui voudraient pénétrer par ce chemin jusque dans le ciel.

Vers 224. — Les héros qui luttent à côté de Thôr, sont les *Monomaques* (einheriar); ils sont les alliés, les auxiliaires des Ases dans cette terrible journée. (Voy. *Hakonar Saga*, chap. xxxiii.)

Vers 225. — *Fiorgune* (montagneuse) est un autre nom de Iordh (terre).

Vers 227. — *Le Dragon volant*, est *Nidhoggr* qui, après avoir dévoré les cadavres dans Niflhel (voy. v. 161), quitte l'enfer à Nidafioll (voy. v. 148), et revient chercher une pâture abondante sur la terre jonchée de morts. Son arrivée annonce que la terre va bientôt s'abîmer dans la mer.

Vers 237. — *L'aigle* ou le vautour qui est souvent confondu avec lui (*S. Math.* XXIV, 28; *Kvida Gudrunar,* II, 7), ne se repaît plus de la chair des hommes tués sur les champs de bataille; mais, du haut de l'écueil, il épie les poissons. Cela veut dire qu'après la renaissance, il n'y aura plus de guerre : les hommes vivront dans une paix éternelle, et les animaux mêmes perdront leur férocité et leur rapacité.—L'aigle dont parle le poëte est sans doute le *falco chrysetus.* « Cet aigle se tient « quelquefois dans l'intérieur du pays (Islande), où il se nourrit de « *saumons et autres poissons*.....; d'autres fois on le rencontre sur les « *rochers qui bordent la mer,* où il se contente de poissons morts, ou de « charognes que les flots jettent sur le rivage. On en voit souvent en-« lever, au loin, de jeunes chiens marins; ils profitent pour cela du « moment que ceux-ci se reposent sur les rochers qui bordent la mer. » *Voyage en Islande fait par ordre de Sa Majesté Danoise,* t. I, p. 116.

Vers 240. — Les Ases de la seconde génération viennent occuper les *siéges élevés* (voy. v. 22) sous l'arbre Yggdrasill où leurs pères délibéraient autrefois sur le gouvernement du monde.—Les Scandinaves avaient coutume de tenir leurs assemblées auprès d'un arbre. (Cf. *Havamâl,* 50.) C'était aussi à l'ombre d'un arbre qu'on rendait la justice. On se rappelle :

. . . . . . Vincenne, où Louis autrefois
Au pied d'un chêne assis dicta ses justes lois.

Vers 241. — *Fimbultyr* (le grand dieu) est Odin. *Mystères d'Odin,* voyez v. 3.

Vers 243. — Les jetons ou *tables d'or* avec lesquelles les Ases avaient joué au commencement des siècles, voy. v. 31, se retrouvent sur l'herbe dans les enclos des dieux : cela veut dire que les Ases rentrent dans le même état de félicité dont ils avaient joui au commencement des siècles.

Vers 245. — *Les générations* sont la postérité de *Fiolnir,* ou du *chef* des dieux, c'est-à-dire d'*Odin.*

Vers 248. — *Baldur,* l'idéal de la beauté et de la bonté, le principe du bien, qui avait disparu du ciel et de la terre, reparaît dans le monde

NOTES EXPLICATIVES. 239

régénéré. Baldur revient de Hel : il vit en paix avec son frère qui avait été la cause involontaire, mais fatale de sa mort : il habite avec lui la demeure de *Hroptr* (Odin), c'est-à-dire l'ancienne Valhall (demeure des Élus).

Vers 251. — *Hœnir*, frère d'Odin, qui jadis avait été envoyé comme otage aux Vanes, revient à Asgard, et prend sa part du bonheur des Ases. Ses fils et les fils de son frère Odin, habiteront *Vindheim* ou les vastes régions de l'air.

Vers 255. — Les hommes sur la terre nouvelle sont régénérés; pour prix de leurs vertus, ils habitent le magnifique *Gimli* (étincelant).

Vers 260. — Le président du nouveau conseil des *Grandeurs*, est *Forseti* (président), fils de Baldur et de Nanna. C'est le dieu de la justice et de la paix. (Voy. *Grimnismâl*, 15.) Son palais *Glitnir* (étincelant), passe pour le meilleur *thing* (tribunal) chez les hommes et chez les dieux. (Voy. *Snorra-Edda*, p. 31.)

II.

VAFTHRUDNISMAL.

INTRODUCTION.

CHAPITRE I.

EXPLICATION DU TITRE ET DU BUT DU POËME.

Vafthrûdnismâl signifie discours, entretien ou dialogue de Vafthrûdnir. Tout ce qu'on sait sur Vafthrûdnir se réduit à ce que, dans la Snorra-Edda, son nom figure dans l'énumération des Iotes, et que dans notre poëme, il est appelé père d'Imr et représenté comme un géant renommé pour sa force corporelle et sa grande érudition. C'est en sa qualité d'Iote que Vafthrûdnir doit naturellement avoir beaucoup d'intelligence et de savoir, puisque selon la mythologie, les Iotes sont nés au commencement du monde, et connaissent, par conséquent, le mieux les *antiquités* (fornir stafir) et les *mystères* du Destin (runar)[1]. Aussi les Iotes sont-ils quelquefois appelés *hundvîsir ïotnar* (Iotes qui savent cent choses), *géants infiniment savants*[2].

Le second interlocuteur dans Vafthrûdnismâl est Odin, le dieu de l'intelligence, de la sagesse et du savoir. Ainsi nous voyons figurer dans notre poëme deux personnages mythologiques, l'un et l'autre distingués par leur esprit et leur science.

On comprendra pourquoi le poëte a mis en scène ces

[1] Voyez Introduction générale, page 9, et *Völuspâ*, vers 3.
[2] *Skaldskaparmâl*, page 108.

deux personnages, quand on saura quel a été son but en composant Vafthrûdnismâl.

Le but du poëte est de montrer la supériorité d'Odin en sagesse et en savoir sur tous les êtres du monde, et de représenter une de ces rencontres où cet Ase a vaincu, par son intelligence, un Iote qui était son rival et son ennemi. L'idée de la supériorité d'Odin a été suggérée au poëte par la mythologie, qui raconte que le père des Ases prenait souvent différentes formes et différents noms, et allait, ainsi déguisé, vaincre les Iotes par sa sagesse, comme son fils Thôr les vainquait par la force de son bras. Quant à la représentation poétique de cette idée, ou quant au tableau retracé dans Vafthrûdnismâl, il est entièrement de l'invention du poëte. En effet, il n'est pas probable que le poëte n'ait fait que reproduire un ancien mythe qui eût déjà existé sur la lutte entre Vafthrûdnir et Odin. Si Vafthrûdnismâl avait été une ancienne tradition mythologique, les détails de cette tradition existeraient encore dans d'autres poésies de l'Edda; de plus, le nom de *Gangradr* (voyageur) que prit Odin lorsqu'il alla voir son adversaire, serait devenu un nom propre poétique de ce dieu [1] : et Vafthrûdnir jouerait un rôle bien plus important qu'il ne le fait dans la mythologie scandinave. Nous devons donc admettre que le mythe, qui fait le sujet de Vafthrûdnismâl, est entièrement de l'invention du poëte. Ce mythe nous retrace le tableau d'un assaut de savoir entre Odin et le géant Vafthrûdnir. Dans cette lutte, les deux jouteurs risquent leur tête; celui d'entre eux qui sera vaincu par la science de son adversaire, devra être mis à mort. Il paraîtra sans

---

[1] *Grimnismâl*, strophe 45 et suivante.

doute singulier à plusieurs de nos lecteurs, que la vie soit l'enjeu dans un assaut d'esprit, et qu'il y aille de la tête des concurrents dans une joute d'érudition. C'est pourquoi, avant d'examiner en détail la mise en scène de l'aventure racontée dans notre poëme, il importe de dire quelques mots sur le genre de lutte à mort dont nous avons un exemple dans Vafthrûdnismâl.

Dans l'antiquité, et surtout chez les peuples encore barbares, il était admis en principe, sinon d'une manière raisonnée, du moins instinctivement, que celui qui était supérieur par sa force physique et son intelligence, devait être le maître de celui qui était plus faible de corps et d'esprit. Ce principe était juste et vrai en lui-même, puisqu'il est la loi du monde et la loi de la nature; mais il devait être absurde et inhumain chez des hommes dont la force corporelle était de beaucoup plus développée que l'esprit. La force devint brutale parce qu'elle n'était pas dirigée et dominée par la raison, et elle devint doublement pernicieuse parce que l'esprit, qui ne savait pas encore s'élever jusqu'à l'intelligence ou la justice, se manifestait comme ruse, et servait à opprimer plus facilement la faiblesse et l'inexpérience. Cependant ce principe, tout incomplet qu'il était, formait la base de la religion des Scandinaves dont les deux plus grands dieux étaient *Odin*, le représentant de l'adresse et de la ruse normande, et *Thôr*, la personnification de la force physique. Nous avons vu comment l'auteur de la Völuspâ protestait[1], en homme de génie, contre la religion de son siècle, et comment il espérait, en patriote et en philosophe, de voir un jour la

[1] *Völuspá*, Introduction, page 164.

justice présider aux destinées du monde. Mais la grande idée de cet homme supérieur n'était pas comprise par ses contemporains, de même qu'elle n'a jamais été reconnue explicitement par le monde païen de l'antiquité civilisée. Tous ces peuples ne voyaient la grandeur que dans la force, et tout homme qui représentait la force était leur héros, leur roi, leur dieu. La *force* seule donnait le *droit* et le sanctionnait; elle seule était un titre incontesté pour subjuguer et anéantir tout ce qui ne pouvait pas lui résister. Le droit du vainqueur sur le vaincu était illimité, et on aurait cru se déshonorer en n'en usant pas dans toute son étendue. Le droit du plus fort était en même temps le droit *international* de l'antiquité, et il a été proclamé d'une part et reconnu de l'autre, dans les rapports diplomatiques entre le monde germanique ou gothique, et le monde romain. Quand les Cimbres envoyèrent des ambassadeurs à Papirius, ceux-ci lui dirent « que c'était une loi « reçue parmi toutes les nations, que tout appartînt au « vainqueur ; que les Romains eux-mêmes n'avaient point « d'autre droit sur la plupart des pays qu'ils possédaient, « que celui qu'on acquiert l'épée à la main. »

Le droit de la victoire et de la conquête était un droit divin ; car Dieu, c'était la force, et le symbole de Dieu chez les Scythes, c'était le glaive. L'intrépidité passait pour une grâce ou un don céleste, et l'issue des combats pour une décision de la Providence. « La valeur, » dit un guerrier germain, « est le seul bien propre de l'homme ; Dieu se « range du côté du plus fort : » et quand le Gaulois Brennus jeta son épée dans la balance du Romain, en s'écriant : « Malheur aux vaincus, » il confirma la maxime, que la victoire donne des droits absolus, et que le vainqueur ne doit pas avoir pitié de ceux contre lesquels les dieux se sont déclarés. C'est encore par suite du principe établi, que Dieu se range du côté du plus fort, qu'on institua, au moyen âge, le *combat judiciaire*, qui fut même autorisé par l'Église.

Dans le Nord, l'idée du droit que procurait la force fit naître les singulières prétentions de ces hommes féroces, connus sous le nom de *Berserkir* (les simples-chemises, les sans-cuirasses) parce qu'ils n'avaient que leur chemise quand ils allaient se battre. Ces sans-culottes du Nord auxquels rien ne pouvait résister s'ils étaient dans leur rage (berserksgangr), prétendaient que la supériorité de la force donnait droit jusque sur la propriété d'autrui. C'est pourquoi ils provoquaient à la lutte les riches et les paysans propriétaires (hölldar), pour trouver occasion de les vaincre et de s'emparer de leurs biens. Il y avait dans l'armée d'Olaf, roi de Norvége, des Berserkir qui disaient publiquement qu'ils se fiaient bien plus à leur bras et à leurs armes qu'à Thôr et à Odin; qu'ils n'avaient d'autre religion que la confiance en leur propres forces.

Cette haute idée, qu'on attachait à la force physique et à la valeur guerrière, fut exaltée chez les peuples scandinaves par les éloges pompeux que les skaldes donnaient aux héros. D'un autre côté, la religion elle-même rendait le plus grand hommage à la valeur et à la force, en enseignant que seulement les hommes forts et vaillants entreraient, par une mort sanglante, dans le séjour joyeux de *Valhalle;* tandis que les hommes faibles, lâches ou morts de maladie et de vieillesse, passeraient dans le séjour triste de l'empire de Hel. Ce qui prouve encore que les Scandinaves, mettaient leur bonheur et leur gloire dans la force physique et la bravoure, c'est que les bienheureux de Valhalle n'avaient pas de plus grand plaisir que d'éprouver leur vigueur en luttant les uns contre les autres.

Si, comme nous venons de le voir, la force physique était idolâtrée dans l'antiquité, il y avait cependant aussi des occasions où l'on rendait hommage à la force de l'esprit. De même qu'il y avait des luttes et des combats en champ clos, de même il y avait aussi, jusque dans la plus haute antiquité, des luttes où le prix était décerné à la sagacité et à l'érudition. C'est l'Asie qui est le berceau de ces joutes d'esprit et de ces assauts de savoir. Chez les peuples sémitiques, c'étaient principalement des énigmes par lesquelles on éprouvait la sagacité et le savoir des concurrents. De là les traditions répandues chez les anciens Hébreux, Arabes et Éthiopiens, sur les énigmes que se proposèrent réciproquement le roi Salomon et la reine de Saba. Dans l'Inde, c'était surtout la philosophie qui faisait l'objet du concours. Ces joutes d'esprit étaient quelquefois aussi funestes aux vaincus que les luttes où la force physique triomphait : car il y allait de la tête de celui qui ne savait pas deviner l'énigme ou répondre à la question proposée.

La mythologie grecque, dont plusieurs fables sont empruntées à l'Orient, présente, entre autres, le mythe allégorique du sphinx de Thèbes, qui proposait des énigmes aux passants, et qui les déchirait s'ils ne savaient pas en deviner le mot.

Dans les contes persans et arabes, on voit des princesses qui mettaient leurs prétendants dans l'alternative ou de deviner les énigmes qu'elles leur proposaient, et d'obtenir ainsi leur main, ou, dans le cas où ils ne pourraient les deviner, d'être mis à mort pour expier leur incapacité téméraire [1].

Dans Mahâbhârata, poëme épique hindou, on trouve raconté le trait suivant. Le roi Djanakî fit un grand sacrifice qui devait durer douze ans. Un bouddhiste, nommé Vandî, se présente; il provoque les brahmanes à disputer avec lui, et met comme condition de la lutte, que celui qui serait vaincu par les arguments de son adversaire se jetterait dans la rivière. Kahora, disciple d'Ouddâlaka, accepte le défi; mais il est vaincu par le bouddhiste, et obligé de se noyer. Douze ans après, Aschtâvakra, fils de Kahora, vint pour venger son père. Quoiqu'il n'eût alors que douze ans, il provoque le bouddhiste, et, après l'avoir vaincu par ses arguments, il lui signifie de se jeter à son tour dans la rivière. Mais le bouddhiste déclare qu'il est fils de Varouna (dieu des eaux); que Kahora et les autres brahmanes n'ont pas péri dans la rivière, mais qu'ils ont été accueillis par Varouna, et que toutes ces luttes n'ont eu pour but que de procurer au dieu des eaux des prêtres qui pussent l'assister dans le sacrifice qu'il avait à faire.

Les Hindous avaient une si haute opinion de la supériorité et de l'empire absolu que donnait la sagesse, qu'ils étaient convaincus qu'Indra même, le chef des dieux inférieurs, serait obligé de céder son trône au philosophe qui lui serait supérieur par l'intelligence. On croyait que par la pénitence contemplative [तपस्], on parviendrait à la

[1] Cf. *Der Nibelungen Nôt*, VII, strophe 326.

sagesse suprême. C'est pourquoi les pénitences terribles que s'imposèrent certains mounis (anachorètes) faisaient trembler le dieu Indra, et, pour ne pas perdre son empire, il eut souvent recours au moyen extrême. Ce moyen était d'envoyer au mouni une charmante Apsaras (espèce de nymphe ou de houri [حور العيون] du ciel ou paradis hindou) qui, en lui inspirant de l'amour, le détournait de sa philosophie et de sa pénitence, et lui faisait ainsi perdre le fruit de la sagesse.

Odin, le dieu scandinave, n'était pas moins jaloux qu'Indra de la sagesse et du savoir d'autrui; il craignait la supériorité d'esprit des Vanes, qui étaient les rivaux des Ases et celle des Iotes qui étaient leurs ennemis. Ces derniers surtout lui inspiraient sans cesse de vives inquiétudes. C'est pourquoi il buvait à la fontaine de sagesse, gardée par l'Iote Mimir, et plus tard il allait consulter la tête de ce géant dans les cas difficiles [1]. Il fit de fréquents voyages dans le pays des Iotes pour mettre leur sagesse à l'épreuve et constater par lui-même sa supériorité. Dans ces épreuves, il y allait toujours de la vie de celui qui était vaincu. D'après ce que nous venons de dire, on comprendra comment il a pu prendre envie à Odin d'aller se mesurer avec Vafthrûdnir, qui était un Iote renommé pour sa sagesse : on comprendra ce que c'est que cette joute d'esprit, cet assaut d'érudition entre le prince des Ases et le géant *qui sait tout;* enfin, on comprendra comment la vie a pu être mise en jeu dans la lutte engagée entre les deux personnages qui figurent dans Vafthrûdnismâl.

[1] Voyez *Völuspâ,* v. 192.

CHAPITRE II.

DES DIVISIONS DU POËME.

Vafthrûdnismâl est divisé en deux parties principales. Dans la première, le poëte raconte toutes les circonstances qui précèdent l'entrevue d'Odin et de Vafthrûdnir. Dans la seconde, il raconte la lutte qui fait le sujet du poëme. Comme la première partie ne doit être qu'une introduction à la seconde, elle ne s'étend que jusqu'à la cinquième strophe. Dans cette introduction, nous voyons Odin s'entretenant avec sa femme Frigg; il lui exprime le désir d'aller voir Vafthrûdnir, et il lui donne à entendre que c'est pour se mesurer avec ce géant qu'il a résolu de faire ce voyage. Frigg voudrait retenir son mari, car elle connaît la grande force corporelle de Vafthrûdnir. Mais Odin persiste dans sa résolution, et, pour tranquilliser sa femme, il lui rappelle qu'il était toujours resté vainqueur dans les aventures périlleuses. Frigg voyant qu'elle ne pourrait pas détourner Odin de son projet, consent à ce qu'il parte; mais, dans ses adieux, elle trahit son inquiétude par les vœux qu'elle fait pour le succès et le retour heureux de son mari. Après ce dialogue entre Odin et Frigg, une strophe raconte que le prince des Ases, déguisé en voyageur, et ayant pris le nom de Gangrade, se présenta dans la demeure de Vafthrûdnir. Ici commence la seconde partie du poëme, ou le dialogue et la lutte entre Odin et Vafthrûdnir. Cette seconde partie renferme au commencement quelques strophes dans lesquelles le poëte raconte comment la lutte s'engage entre les deux adversaires.

Odin, après son entrée dans la demeure de Vafthrûdnir, se tient dans le vestibule; et dès qu'il se trouve en face de son hôte, il lui déclare qu'il est venu exprès pour se convaincre de sa sagesse. Vafthrûdnir étonné qu'un étranger doute de sa science, et vienne le provoquer brusquement dans sa propre demeure, accepte le défi en déclarant avec colère que l'étranger ne sortira plus de chez lui, à moins qu'il n'ait prouvé sa supériorité en sagesse et en savoir. Odin, pour apaiser la colère du géant, le rappelle aux devoirs de l'hospitalité en faisant connaître son nom de Gangrade et sa qualité de voyageur. Vafthrûdnir, fidèle à ces devoirs sacrés, dit à l'étranger d'entrer dans la salle et d'y prendre place. Mais Gangrade, avant de jouir des avantages de l'hospitalité, voudrait donner une preuve de son savoir et gagner ainsi la bienveillance de son hôte; car, comme tous les étrangers sans distinction avaient droit à une réception hospitalière, les hommes supérieurs, pour ne pas être confondus avec la foule, tenaient à se faire connaître, dès le commencement, comme hommes d'esprit, et à s'attirer le respect de leur hôte par la sagesse de leurs discours. Aussi Gangrade ne veut-il pas devoir le bon accueil de Vafthrûdnir à sa qualité d'étranger, mais à sa qualité d'homme de mérite. C'est pourquoi il garde sa place dans le vestibule, et répond, sur l'invitation de son hôte à entrer dans la salle, qu'un étranger doit avant tout se faire respecter, surtout s'il est pauvre et s'il se trouve chez un homme qui n'est pas précisément prévenu en sa faveur. Vafthrûdnir voyant que Gangrade ne veut jouir de l'hospitalité qu'après avoir prouvé qu'il n'est pas un homme ordinaire, commence à lui adresser différentes questions.

Ici commence la lutte entre Vafthrûdnir et Odin. Dans la première partie de cette joute de savoir, c'est Vafthrûdnir qui adresse des questions à Gangrade; dans la seconde, c'est Odin qui adresse des questions à Vafthrûdnir. Les questions que le géant adresse à son hôte sont au nombre de quatre; la dernière est la plus difficile de toutes, parce qu'elle se rapporte aux choses à venir. Comme Gangrade sait répondre à toutes les questions, Vafthrûdnir lui témoigne du respect; il le fait asseoir auprès de lui et l'engage à commencer le grand assaut d'érudition, où il y ira de la vie du jouteur vaincu. Gangrade accepte le combat, et, à son tour, il interroge son hôte Vafthrûdnir. Il lui adresse en tout dix-huit questions toutes plus difficiles les unes que les autres; les douze premières se rapportent à l'origine de différents êtres mythologiques, les six dernières à l'avenir des dieux et des hommes, ou à la fin du monde. Comme Vafthrûdnir a su répondre aux dix-sept questions, Odin lui adresse enfin la dix-huitième à laquelle, comme il en est convaincu, le géant ne saura pas répondre. En même temps qu'il propose la question fatale, Gangrade reprend sa figure de prince des Ases. Vafthrûdnir reconnaît Odin, non-seulement à sa figure, mais aussi à la question qu'il vient de lui adresser : car il n'y avait qu'Odin qui pût faire cette question, et qui pût connaître le mystère dont lui-même était l'auteur et le seul initié vivant. Vafthrûdnir avoue qu'il est vaincu; il déplore son imprudence d'avoir voulu rivaliser avec le plus sage des hommes, et il se soumet à son sort avec résignation. Cette dernière strophe de Vafthrûdnismâl renferme donc à la fois la péripétie, la catastrophe et la conclusion du poëme.

CHAPITRE III.

DISCUSSION DE DIFFÉRENTES QUESTIONS DE CRITIQUE CONCERNANT LE POËME.

Par l'analyse rapide que nous venons de faire, nous avons pu reconnaître la disposition du poëme. Comme cette disposition est régulière et qu'on n'y remarque aucune lacune, nous sommes en droit d'admettre que notre poëme est *intègre,* c'est-à-dire tel qu'il est sorti de la main de l'auteur.

Vafthrûdnismâl a été composé à une époque moins ancienne que celle de la Völuspâ; on le voit et par le fond et par la forme du poëme, ou par les témoignages *intrinsèques.* Le fond ou le sujet en est mythologique comme dans la Völuspâ, et le poëme remonte à un temps où la mythologie formait encore la croyance du peuple, mais où elle commençait déjà à être un objet d'étude et d'érudition. La plupart des mythes, dans Vafthrûdnismâl, ne sont pas anciens, mais on en trouve aussi qui semblent n'avoir plus été connus de Snorri, comme, par exemple, le mythe sur les génies tutélaires (v. 196-199), et celui sur le secret d'Odin (v. 218-219); ce qui semble prouver que ces mythes appartiennent à une époque assez ancienne.

Quant à la forme ou à l'extérieur de Vafthrûdnismâl, tout nous prouve que ce poëme n'est pas aussi ancien que la Völuspâ. En effet, le langage du poëme présente des formes grammaticales qui sont plus modernes; comme entre autres *t* changé en ð dans *ið eina* (v. 77), *ið sama* (v. 88), *við skolom* (v. 75), etc. Ensuite, la versification de Vafthrûdnismâl est dans le genre nommé *liôdaháttr* qui, comme nous l'avons vu, est dérivé du *fornyrḍalag* proprement dit, et par conséquent moins ancien que celui-ci. De plus, comme la versification de notre poëme est moins soignée que celle de la Völuspâ, il est à présumer qu'elle appartient à une époque où l'on ne connaissait pas encore la versification plus artificielle du xiie et du xiiie siècle, mais où les règles de l'ancienne versification n'étaient plus aussi strictement observées que dans les temps antérieurs.

Examinons maintenant les témoignages extrinsèques sur l'époque à laquelle notre poëme a été composé. Vafthrûdnismâl est cité plusieurs fois dans l'Edda de Snorri. C'est donc un témoignage positif sur l'existence du poëme, à la fin du xiie siècle; mais, malheureusement, il ne nous reste pas de témoignage plus ancien que celui-ci. Il est vrai que Vafthrûdnismâl a été imité dans quelques poëmes de l'Edda de Sæmund; mais comme la date de ces poëmes n'est pas encore suffisamment connue, ils ne peuvent pas non plus indiquer la date de Vafthrûdnismâl. Cependant, bien que ces imitations ne soient d'aucun intérêt dans la question qui nous occupe, nous devons les constater ici, parce qu'elles serviront plus tard à déterminer les rapports qui existent entre Vafthrûdnismâl et plusieurs poëmes de l'Edda. Nous dirons donc que parmi les poëmes de l'Edda, celui qui est intitulé *Alvîsmâl* nous paraît être une imitation de Vafthrûdnismâl. La forme de l'un et de l'autre poëme est entièrement semblable. Alvîs (qui sait tout) représente évidemment Vafthrûdnir, l'Iote *qui sait tout* (alsvinni iötunn); l'un et l'autre personnage ont visité les neuf mondes (*Vafth.* v. 173; *Alv.* strophe 9); l'un et l'autre connaissent les runes ou les antiquités (*Vafth.* v. 3, 171, 222; *Alv.* strophe 56). Dans l'un et l'autre poëme, les questions commencent par la même formule : *Dis-moi cela, etc.* Enfin, dans l'un et l'autre poëme, on trouve des expressions semblables, comme *hvat ër that fíra; hvat er that rëka* (*Alvîsmâl,* strophe 2, 5); *hvat ër that manna; hvat lifir manna* (*Vafthrûdnismâl,* v. 25, 178).

Un autre poëme de l'Edda de Sæmund intitulé *Fiölsvinnsmâl,* nous semble également imité de Vafthrûdnismâl. Fiölsvidr (qui est versé en beaucoup de choses) représente Vafthrûdnir qui est versé en tout (*alsvidr iötunn*), de même que l'autre interlocuteur, *Komumadr* (étranger), représente *Gangradr* (le voyageur). De plus, les deux poëmes se ressemblent beaucoup dans la forme; les questions adressées à Fiölsvidr commencent par la formule ordinaire : *Dis-moi cela, etc.* Enfin, on trouve dans Fiölsvinnsmâl la locution *hvat er that....* que nous avons aussi remarquée dans Alvîsmâl. On ne saurait donc douter que Vafthrûdnismâl, Alvîsmâl et Fiölsvinnsmâl ne soient imités l'un de l'autre. Mais lequel est le poëme original ou celui qui a servi de modèle? Toutes les raisons nous portent à croire que Vafthrûdnismâl est le plus ancien des trois poëmes, et par conséquent celui qui a été imité dans les deux autres. Nous en fournirons la preuve quand nous expliquerons Alvîsmâl et Fiölvinnsmâl, car il faut connaître ces poëmes avant de pouvoir juger du rapport qui existe entre eux et Vafthrûdnismâl.

INTRODUCTION. 257

Nous trouvons encore une imitation de notre poëme dans la *Hervarar-Saga*[1]. Au chapitre xv de ce livre, il est dit qu'Odin se revêtit du corps d'un certain Gestur (hôte), et qu'il alla, ainsi métamorphosé, proposer vingt-huit énigmes (*bëra upp gatur*) au roi Heidrëk, connu par sa grande sagacité (*gedspeki;* cf. *Vafth.* v. 76). La dernière de ces énigmes est précisément la même que la dernière question qu'Odin adressa à Vafthrûdnir. En voici la traduction littérale : « Dis-nous, roi Heidrëk, si tu es plus « savant que les autres, qu'a dit Odin à l'oreille de Baldur « avant que celui-ci fût placé sur le bûcher? Roi Heidrëk, « réfléchis à cette énigme ! » — En général, il est impossible de ne pas reconnaître la grande ressemblance qu'il y a, jusque dans les expressions, entre le récit de la joute d'Odin avec Heidrëk, et le récit de la joute d'Odin avec Vafthrûdnir. Nous sommes par conséquent en droit d'admettre que l'auteur de la Hervarar-Saga a imité, dans le xvᵉ chapitre, le poëme de Vafthrûdnismâl. Mais comme nous ne savons pas exactement quand la Hervarar-Saga a été rédigée, la circonstance qu'elle renferme des imitations de Vafthrûdnismâl, ne peut pas servir de guide pour trouver la date de ce poëme. Cependant, si nous résumons les différents témoignages intrinsèques et extrinsèques que nous avons rapportés jusqu'ici, nous aurons pour résultat de notre examen que Vafthrûdnismâl a dû être composé à la fin du xᵉ siècle. Le poëte nous est entièrement inconnu ; il était sans doute Islandais, car il n'y a aucune raison qui nous fasse croire que le poëme ait été composé dans un autre pays que l'Islande.

[1] *Hervarar-Saga,* ed. *Olai Verelii.* Upsaliæ, 1672.

Quant au mérite de Vafthrûdnismâl, nous dirons qu'en général, ce poëme est un des moins beaux de ceux du recueil de l'Edda. Ce n'est point qu'il y ait quelque défaut dans l'arrangement du poëme : ce qui lui manque, c'est uniquement une *diction poétique*. Nous avons déjà eu occasion de faire remarquer la disposition naturelle des parties dans Vafthrûdnismâl. Ajoutons que le poëte a su choisir avec habileté, la forme de dialogue par laquelle tout devient dramatique dans le poëme, et cette forme est d'autant plus convenable, qu'elle se prête naturellement aux discussions telles que la lutte entre Odin et Vafthrûdnir. De plus, le dialogue permet au poëte de passer sur beaucoup de détails qui seraient nécessaires dans un récit, mais qui nuiraient à l'effet dramatique du poëme. Ainsi, dès le commencement de Vafthrûdnismâl, nous assistons tout à coup à un dialogue entre Odin et sa femme Frigg; et sans donner d'autres explications préliminaires, le poëte expose dans ce dialogue, comme dans un premier acte, le sujet de son drame. Mais le lecteur supplée facilement au manque d'éclaircissement préliminaire; il se figure qu'Odin, assis dans l'endroit du ciel appelé *Hlidskialf,* d'où son œil se portait sur les neuf mondes, a aperçu la demeure de Vafthrûdnir; qu'il lui a pris aussitôt envie d'aller mettre à l'épreuve ce géant tant renommé par sa sagesse, et que c'est à ce sujet qu'il est entré en dialogue avec Frigg. Si l'auteur a commencé son poëme ex abrupto, il le finit, pour ainsi dire, par une aposiôpèse ou réticence. Comme s'il connaissait les convenances du théâtre, le poëte tire le rideau sur le spectacle de la mort de Vafthrûdnir, et laisse à deviner le sort qui attend le malheureux jouteur *derrière la scène*. En cela, il fait preuve de beaucoup de jugement et de goût. De plus, il y a dans notre poëme des tournures de phrase qui prouvent que le poëte avait parfois de la délicatesse dans ses pensées, et de la finesse dans ses expressions. Ce n'est donc ni sous le rapport de la disposition ou du plan, ni sous celui des pensées ou du fond, que notre poëme laisse beaucoup à désirer : c'est dans le style que réside le principal défaut de Vafthrûdnismâl. Le style en est généralement trop prosaïque, et les mêmes phrases qui reviennent dans presque chaque strophe, répandent sur tout le poëme quelque chose d'uniforme et de monotone. Il est vrai que le dialogue comporte un style moins poétique, mais toujours faut-il que dans un poëme le langage se soutienne au-dessus de la prose ordinaire. D'un autre côté, il faut convenir que les répétitions proviennent, en partie, de la nature même du sujet de Vafthrûdnismâl. Comme les mêmes idées devaient nécessairement se répéter plusieurs fois, le poëte a cru devoir les reproduire chaque fois sous les mêmes expressions. Mais que l'on attribue les défauts que nous venons de signaler, ou à la nature du sujet, ou à la négligence du poëte, toujours est-il vrai que Vafthrûdnismâl n'est point du nombre des plus belles poésies de l'Edda. Cependant sous beaucoup de rapports, surtout par les renseignements qu'il renferme sur la mythologie scandinave, ce poëme sera toujours un des monuments les plus curieux de l'ancienne littérature islandaise.

VAFTHRUDNISMAL.

ODINN.
Ráð þû mër nû, Frigg, allz mik fara tíðir
  At vitia Vafþrûðnis;
Forvitni mikla kveð-ëk mër â fornom stöfom
  Við þann-inn alsvinna iötun.

FRIGG.
Heima letia ek munda Heriaföðr
  I görðom goða:
þvîat engi iötun ëk hugða iafn-ramman
  Sem Vafþrûðni vëra.

ODINN.
Fiöld ëk fôr, fiöld ëk freistaða
  Fiöld ëk reynda regin:
Hitt vil-ëk vita, hve Vafþrûðnis
  Sala-kynni sê.

FRIGG.
Heill þû farir, heill þû aptr komir,
  Heill þû Asyniom sêr!
Œði þër dugi, hvars þû skalt, or alldaföðr!
  Orðom mæla iötun.

Fôr thâ Odinn, at freista ordspeki
  Thëss-ins alsvinna iötuns;
At höllo hann kom ër âtti Ims-fadir:
  Inn-gêkk Yggr thëgar.

DISCOURS DE VAFTHRUDNIR.

ODIN.

Que me conseilles-tu, Frigg? il me tarde de partir
    Pour aller voir Vafthrûdnir ;
J'ai, je l'avoue, une grande curiosité de parler sur les
    Avec ce Iote qui sait tout.   [antiquités

FRIGG.

Père des Combattants, je voudrais te retenir chez toi,   5
    Dans les palais des dieux :
Car aucun Iote, je pense, n'est égal en force
    A ce Vafthrûdnir.

ODIN.

J'ai voyagé beaucoup, j'ai eu beaucoup d'aventures,
    J'ai mis à l'épreuve beaucoup de puissances :   10
Je veux donc aussi savoir comment Vafthrûdnir
    Tient son ménage.

FRIGG.

Que ton voyage soit heureux! que ton retour soit heureux!
    Que tu reviennes heureux auprès des Asynies!
Puisse ta sagesse t'aider, ô notre Père de l'Univers, quand   15
    Disputer avec ce Iote.   [il te faudra

  Odin partit donc pour éprouver la sagesse
      De ce Iote qui sait tout ;
  Il arriva à la demeure qu'habitait le père d'Imr ;
      Le Circonspect y entra aussitôt.   20

VAFTHRUDNISMAL.

ODINN.

*H*eill þû nû Vafþrûðnir! nû ëm-ëk î *h*öll kominn
 â þik siâlfan siâ:
Hitt vil-ëk *f*yrst vita, ëf þû *f*rôðr sêr,
 Eðr *a*lsviðr, *i*ötunn!

VAFTHRÛDNIR.

25 Hvat ër þat *m*anna, ër î *m*înom sal
 *V*ërpomk orði â?
*U*t þû nê komir orom höllom frâ
 *N*ëma þû inn *s*notrari sêr.

ODINN.

Gângrâðr ëk heiti; — nû ëmk af *g*öngo kominn
30 þyrstr til þinna sala,
Laðar þurfi (hefi ëk *l*engi farit),
 Ok þinna *a*ndfânga, *i*ötunn!

VAFTHRÛDNIR.

Hvî þû þâ, Gângrâðr, mæliz af *g*ôlfi fyr?
 Far-þû î *s*ëss î *s*al!
35 þâ skal *f*reista hvârr *f*leira viti,
 Gestr ëðr inn *g*amli þulr.

GÂNGRÂDR.

*O*auðigr maðr, ër til *a*uðigs kömr,
 Mæli þarft ëðr þegi;
*O*frmælgi mikil, hygg-ek at *i*lla geti
40. Hveim ër við *k*aldrifiaðan *k*ömr.

VAFTHRÛDNIR.

Seg-þû mêr, Gângrâðr, — allz þû â *g*ôlfi vill
 þins um *f*reista *f*rama —

ODIN.

Je te salue Vafthrûdnir, je suis entré dans ta demeure
　　Pour voir ta personne :
Je voudrais surtout savoir si tu es savant
　　Et versé en tout, Iote !

VAFTHRÛDNIR.

Quel est cet homme qui, dans ma salle,　　　　　25
　　Me provoque si brusquement ?
Tu ne sortiras pas de ma demeure
　　Si tu n'es pas plus savant que moi.

ODIN.

Je me nomme Gangrade. — Je viens de quitter la route,
　　Altéré que je suis, pour entrer dans ta demeure :　30
J'ai fait un long voyage, j'ai besoin de ton hospitalité
　　Et de ton accueil, ô Iote !

VAFTHRÛDNIR.

Pourquoi, Gangrade, parles-tu là, debout dans le vestibule ?
　　Viens prendre place dans la salle :
Alors nous éprouverons lequel est le plus savant,
　　De l'étranger ou de ce vieillard parleur.　　　35

GANGRADE.

Le pauvre qui entre chez le riche
　　Doit parler avec discrétion ou se taire :
La loquacité, je pense, porte malheur
　　A quiconque se trouve avec un homme sévère.　40

VAFTHRÛDNIR.

Dis-moi, Gangrade : — puisque debout dans le vestibule,
　　Tu veux prouver ta supériorité. —

Hve sâ *h*estr *h*eitir, ër *h*verian dregr
  *D*ag of *d*rôttmögo?

GÂNGRÂDR.

45 *Sk*infaxi heitir ër inn *sk*íra dregr
  *D*ag um *d*róttmögo;
 *H*esta beztr þykkir hann mëð reiðgotom
  Æi lýsir mön af *m*ari.

VAFTHRÛDNIR.

Seg-þu þat, Gângráðr, — allz þû â *g*ôlfi vill
50 þins um *f*reista *f*rama —
 Hve sâ *i*ôr heitir ër *a*ustan dregr
  *N*òtt of *n*ýt regin?

GÂNGRÂDR.

*H*rímfaxi *h*eitir ër *h*veria dregr
  *N*òtt of *n*ýt regin :
55 *M*eldropa fellir hann *m*orgin hvern,
  þaðan kömr *d*ögg um dala.

VAFTHRÛDNIR.

Seg-þû þat, Gângráðr, — allz þû â *g*ôlfi vill
  þins um-*f*reista *f*rama —
 Hvê sû *á* heitir, ër deilir mëð *i*ötna sonom
60 Grund ok mëð *g*oðom.

GÂNGRÂDR.

*I*lfing heitir *á* ër deilir mëð *i*ötna sonom
  Grund ok mëð *g*oðom;
 *O*pin rënna hon skal um *a*ldr-daga
  Vërðr-at ís â *á*.

Quel est le nom du cheval qui amène chaque fois
　　Le jour au genre humain?

GANGRADE.

Il se nomme Skinfaxi; c'est lui qui apporte le jour
　　Lumineux au genre humain :
Il est réputé pour le meilleur de tous les chevaux ;
　　La crinière du coursier brille continuellement.

VAFTHRÛDNIR.

Dis-moi, Gangrade :—puisque debout dans le vestibule,
　　Tu veux prouver ta supériorité.—
Quel est le nom du cheval qui amène, de l'orient,
　　La nuit aux Grandeurs bénignes?

GANGRADE.

Hrimfaxi est le nom du cheval qui apporte chaque fois
　　La nuit aux Grandeurs bénignes :
Chaque matin il laisse tomber l'écume de son mors
　　D'où provient la rosée dans les vallées.

VAFTHRÛDNIR.

Dis-moi, Gangrade :—puisque debout dans le vestibule,
　　Tu veux prouver ta supériorité.—
Quel est le nom du fleuve qui partage la terre
　　Entre les fils des Iotes et les dieux?

GANGRADE.

Ilfing est le nom du fleuve qui partage la terre
　　Entre les fils des Iotes et les dieux :
Sans jamais geler, il coulera éternellement;
　　Jamais il ne sera couvert de glace.

VAFTHRUDNISMAL.

VAFTHRÛDNIR.

65 Seg-þû þat, Gângrâðr, — allz þû â gôlfi vill
þins um *freista frama* —
Hve sâ *vöUr* heitir ër finnaz vîgi at
Surtr ok in svaso goð?

GÂNGRÂDR.

Vigriðr heitir *völlr* ër finnaz vîgi at
70 Surtr ok in svaso goð:
*H*undrað rasta *h*ann ër â *h*verian vëg;
Sâ ër þeim völlr vitaðr.

VAFTHRÛDNIR.

*Fr*ôðr ërtû nû, gestr! *f*ar-þû â bekk iötuns,
Ok mælomk î *s*ëssi saman!
75 *H*öfði veðia við skolom *h*öllo î,
Gestr, um geðspeki!

GÂNGRÂDR.

Seg-þû þat ið *e*ina — ëf þitt œði dugir
Ok þû, *V*afþrûðnir! vitir —
Hvâðan iörd um-kom, ëðr upp-himinn
80 Fyrst? inn *fr*ôði iötunn!

VAFTHRÛDNIR.

Or *Y*mis holdi var iörð um-sköpuð,
ënn or *b*einom *b*iörg,
*H*iminn or *h*ausi ins *h*rîmkalda iötuns,
ënn or *s*veita siôr.

GÂNGRÂDR.

85 Seg-þû þat *a*nnat — ëf þitt œði dugir
Ok þû, *V*afþrûðnir! vitir —

VAFTHRÛDNIR.

Dis ceci, Gangrade : — puisque debout dans le vestibule, 65
    Tu veux prouver ta supériorité. —
Quel est le nom de cette plaine où se rencontreront au
    Surtur et les dieux paisibles?   [combat

GANGRADE.

Vigride est le nom de la plaine où se rencontreront au com-
    Surtur et les dieux paisibles :   [bat 70
Elle a cent journées de chemin en longueur et en largeur;
    Voilà le champ de bataille qui leur est assigné.

VAFTHRÛDNIR.

Je vois, étranger, que tu es savant; viens t'asseoir sur mon
    Et discutons ensemble étant assis.   [banc,
Étranger! gageons nos têtes ici dans la salle, — 75
    C'est à qui aura le plus de savoir.

GANGRADE.

Si ton esprit est assez fort et que tu possèdes la science,
    Réponds, Vafthrûdnir, à cette première question :
D'où sont venus, au commencement, la terre et le ciel?
    Dis cela, savant Iote! 80

VAFTHRÛDNIR.

La terre a été créée de la chair d'Ymir,
    Les montagnes *ont été formées* de ses os,
Le ciel *a été fait* du crâne de ce Iote glacé,
    Et la mer *a été produite* par son sang.

GANGRADE.

Si ton esprit est assez fort et que tu possèdes la science, 85
    Réponds, Vafthrûdnir, à cette seconde question :

Hvaðan Máni um-kom sâ-ër ferr menn yfir,
Eðr Sôl ið sama.

VAFTHRÛDNIR.

Mundilfœri heitir hann ër Mâna faðir
Ok svâ Sôlar ið sama;
Himin hverfa þau skolo hverian dag,
Oldom at ârtali.

GÂNGRÂDR.

Seg-þû þat-ið priðia — allz þik svinnan kvëða
Ok þû, Vafþrûðnir! vitir —
Hvaðan Dagr um-kom, sâ-ër ferr drôtt yfir,
Eðr Nôtt mëð niðom?

VAFTHRÛDNIR.

Dellîngr heitir hann ër Dags faðir,
Enn Nôtt var Nörvi borin;
Nŷ ok nið skôpo nŷt regin,
Oldom at ârtali.

GÂNGRÂDR.

Seg-þû þat-ið fiôrða — allz þik frôdan kvëða
Ok þû, Vafþrûðnir! vitir —
Hvaðan Vëtr um-kom, ëðr varmt Sumar,
Fyrst mëð frôð regin?

VAFTHRÛDNIR.

Vindsvalr heitir hann ër Vëtrar faðir,
Enn Svasuðr Sumars;
Ar-of bœði þau skolo æi fara,
Unnz riûfaz regin.

DISCOURS DE VAFTHRUDNIR. 269

D'où est venu Mâni qui passe par dessus les hommes;
> D'où est venue encore Sôl?

VAFTHRÛDNIR.

Mundilfœri est le nom de celui qui est le père de Mâni
> Et de Sôl également ; 90

Chaque jour ils feront tous les deux le tour du ciel
> Pour compter aux mortels la durée de l'année.

GANGRADE.

Puisqu'on te dit si instruit et que tu possèdes la science,
> Réponds, Vafthrûdnir, à cette troisième question :

D'où sont venus le Jour qui passe pardessus les peuples, 95
> Et la Nuit avec la nouvelle lune?

VAFTHRÛDNIR.

Delling est le nom de celui qui est le père du Jour;
> Mais la Nuit est la fille de Norvi :

Les Grandeurs bénignes ont créé la nouvelle lune et le
> premier quartier
> Pour compter aux mortels la durée de l'année. 100

GANGRADE.

Puisqu'on te dit si savant et que tu possèdes la science,
> Réponds, Vafthrûdnir, à cette quatrième question:

D'où sont venus au commencement l'Hiver et l'Été cha-
> Parmi les Grandeurs intelligentes? [leureux

VAFTHRÛDNIR.

Vindsvale est le nom de celui qui est le père de l'Hiver, 105
> Mais Svasuder *est le père* de l'Été :

L'Hiver et l'Été alterneront toujours dans l'année,
> Jusqu'à ce que les Grandeurs périssent.

GÂNGRÂDR.

Seg-þû þat-ið fimta — allz þik fróðan kvëða
    Ok þû, Vafþrûðnir! vitir —
Hverr Asa ellztr ëðr Ymis niðia
    Yrði î âr-daga?

VAFTHRÛDNIR.

Orôfi vëtra, âðr væri iörð sköpuð
    þâ var Bergelmir borinn;
þrûðgelmir var þëss faðir,
    Enn Orgelmir afi.

GÂNGRÂDR.

Seg-þû þat-ið siötta — allz þik svinnan kvëða
    Ok þû, Vafþrûðnir! vitir —
Hvaðan Orgelmir kom mëð iötna sonom
    Fyrst? inn fróði iötunn!

VAFTHRÛDNIR.

Or Elivâgom stukko eitr-dropar,
    Svâ ôx unnz varð or iötunn:
þar orar ættir koma allar saman;
    því ër þat allt til atalt.

GÂNGRÂDR.

Seg-þû þat-ið siönda — allz þik svinnan kvëða
    Ok þû, Vafþrûðnir! vitir —
Hve sâ börn gat ënn balldni iötunn,
    Ër hann hafði-'t gŷgiar gaman.

VAFTHRÛDNIR.

Undir hendi vaxa kvâðo Hrîmþursi
    Mey ok mög saman;

GANGRADE.

Puisqu'on te dit si savant et que tu possèdes la science,
  Réponds, Vafthrûdnir, à cette cinquième question : 110
Qui a été, au commencement des siècles, le premier des
  Et le premier des enfants d'Ymir?   [Ases,

VAFTHRÛDNIR.

Dans la rigueur des hivers, avant que la terre fût créée,
  Bergelmir naquit;
Thrudgelmir était son père,   115
  Et Orgelmir son aïeul.

GANGRADE.

Puisqu'on te dit si instruit et que tu possèdes la science,
  Réponds, Vafthrûdnir, à cette sixième question :
D'où est venu, au commencement, Orgelmir parmi les fils
  Dis cela, savant Iote!   [des Iotes? 120

VAFTHRÛDNIR.

Des gouttes de venin, jaillissant des fleuves Elivâgar,
  Se congelèrent jusqu'à ce qu'il en naquît un Iote :
A lui remontent toutes nos familles;
  C'est pourquoi toute cette *race* est si robuste.

GANGRADE.

Puisqu'on te dit si instruit et que tu possèdes la science, 125
  Réponds, Vafthrûdnir, à cette septième question :
Comment engendra-t-il des enfants, ce géant robuste,
  N'ayant point la jouissance d'une géante?

VAFTHRÛDNIR.

Sous le bras, dit-on, de ce Thurse se formèrent ensemble
  Un garçon et une fille :   130

Fôtr við fœti gat ins fróða iötuns
Sër-höfðaðan son.

GÁNGRÁDR.

Seg-þú þat-ið átta — allz þik fróðan kvëða
    Ok þú, Vafþrúðnir! vitir —
135 Hvat þú fyrst of-mant, ëðr fremst vm-veitzt?
    þú ërt alsviðr iötunn.

VAFTHRÚDNIR.

Orófi vëtra, áðr væri iörð um-sköpuð
    þá vár Bergelmir borinn;
þat ëk fyrst um-man, ër sá-inn fróði iötunn
140   Var á lúðr um-lagiðr.

GÁNGRÁDR.

Seg-þú þat-ið nionda — allz þik svinnan kvëða
    Ok þú, Vafþrúðnir! vitir —
Hvaðan vindr um-kömr, svá at ferr vág yfir?
    Ei menn hann siálfan um-siá.

VAFTHRÚDNIR.

145 Hræsvelgr heitir, ër sitr á himins enda,
    Iötunn í arnar ham;
Af hans vængiom kvëða vind koma
    Alla men yfir.

GÁNGRÁDR.

Seg-þú þat-ið tíunda — allz þú tíva rök
150   Oll, Vafþrúðnir! vitir —
Hvaðan Niörðr um-kom mëð Asa sonom?
Hofom ok hörgom hann ræðr hund-mörgom,
    Ok varð-at hann Asom alinn.

Un pied de ce Iote intelligent engendra avec l'autre
    Un fils qui avait une tête à soi.

GANGRADE.

Puisqu'on te dit si savant et que tu possèdes la science,
    Réponds, Vafthrûdnir, à cette huitième question :
Quel est ton plus ancien souvenir? Jusqu'où remonte ta
    Réponds, toi, Iote qui sais tout !   [science?

VAFTHRÛDNIR.

Dans la rigueur des hivers, avant que la terre fût créée,
    Bergelmir naquit :
Mon plus ancien souvenir, c'est que ce Iote intelligent
    S'est mis dans une barque.

GANGRADE.

Puisqu'on te dit si instruit et que tu possèdes la science,
    Réponds, Vafthrûdnir, à cette neuvième question :
D'où vient le vent qui passe par-dessus les flots,
    Et qui est toujours invisible aux hommes?

VAFTHRÛDNIR.

Hræsvelg est le nom de celui qui est assis à l'extrémité du
    C'est un Iote sous un plumage d'aigle :   [ciel,
De ses ailes provient, dit-on, le vent
    Qui souffle par-dessus le genre humain.

GANGRADE.

Puisque tu connais l'origine de toutes les divinités,
    Réponds, Vafthrûdnir, à cette dixième question :
D'où venait Niordur chez les fils des Ases?
Il préside à quantité d'enceintes et de sanctuaires,
    Et pourtant il ne descend point des Ases.

VAFTHRÛDNIR.

I Vanaheimi skôpo hann vîs regin
    Ok seldu at gislingo goðom;
I aldar rök hann mun aptr koma
    Heim mëð vîsom Vönom.

GÂNGRÂDR.

Seg-þû þat-ið ellifta — allz þû tîva rök
    Oll, Vafþrûðnir! vitir —
Hvat Einheriar vinna Heriaföðrs at,
    Unz riûfaz regin?

VAFTHRÛDNIR.

Allir Einheriar, Oðins tûnom î,
    Höggvaz hverian dag;
Val þeir kiôsa ok rîða vîgi frâ,
    Sitia meir um sâttir saman.

GÂNGRÂDR.

Seg-þû þat-ið tôlfta, hvî þû tîva rök
    Oll, Vafþrûdnir! vitir?
Frâ iötna rûnom ok allra goða,
    Sagðir ið sannasta,
    Inn alsvinni iötunn!

VAFTHRÛDNIR.

Frâ iötna rûnom ok allra goða,
    Ek kann segia satt;
þvî-at hvern hefi-ëk heim um-komit,
Nîo kom-ëk heima for Niflheim nëðan,
    Hinnig deyia or helio halir.

DISCOURS DE VAFTHRUDNIR.

VAFTHRÛDNIR.

Les Grandeurs intelligentes l'ont fait naître dans Vana-[heim,
 Et ils l'ont envoyé comme ôtage aux dieux :   155
A la fin du monde, il s'en retournera
 Chez les Vanes intelligents.

GANGRADE.

Puisque tu connais l'origine de toutes les divinités,
 Réponds, Vafthrûdnir, à cette onzième question :
Que font les Monomaques chez le Père des Combattants, 160
 Jusqu'à ce que les Grandeurs périssent?

VAFTHRÛDNIR.

Tous les Monomaques dans les enclos d'Odin,
 Se livrent combat chaque jour;
Ils choisissent leur victime, reviennent à cheval du combat,
 Et s'assoient ensemble cordialement à table.   165

GANGRADE. [nités?

Comment as-tu pu connaître l'origine de toutes les divi-
 Réponds, Vafthrûdnir, à cette douzième question :
Sur les mystères des Iotes et de tous les dieux,
 Tu viens de parler parfaitement bien,
 Toi, Iote qui es versé en tout!   170

VAFTHRÛDNIR.

Je puis parler des mystères des Iotes,
 et de tous les dieux;
Car j'ai parcouru chaque monde,
J'ai visité les neuf mondes, même Niflbel en bas,
 Où descendent les ombres venant de Hel.   175

GÂNGRÂDR.

Fiöld ëk *f*òr, fiöld ëk *f*reista*ð*ak,
    Fiöld ëk *r*eynda *r*egin!
Hvat lifir *m*anna, þâ-ër inn *m*æri lî*ð*r
    *F*imbul-vëtr më*ð* *f*ìrum?

VAFTHRÛDNIR.

180 *L*îf ok *L*îfþrasir — ënn þau *l*eynaz muno
    I *h*olti *H*oddmîmis;
*M*orgin-döggvar þau sêr at *m*at hafa;
    þa*ð*an af *a*ldir *a*laz.

GÂNGRÂDR.

Fiöld ëk *f*òr, fiöld ëk *f*reista*ð*a,
185   Fiöld ëk *r*eynda *r*egin!
Hva*ð*an kömr *S*ôl â inn *s*lêtta himin
    þâ-ër þëssa hefir *F*enrir *f*arit?

VAFTHRÛDNIR.

*E*ina dôttur bërr *A*lfrö*ð*ull
    A*ð*r hina *F*enrir *f*ari:
190 Sû skal rî*ð*a, þâ-ër regin deyia,
    *M*ô*ð*ur brautir *m*ær.

GÂNGRÂDR.

Fiöld ëk *f*òr, fiöld ëk *f*reista*ð*a
    Fiöld ëk *r*eynda *r*egin!
Hveriar 'ro þœr *m*eyiar ër lî*ð*a mar yfir
195   *F*rô*ð*ge*ð*ia*ð*ar *f*ara?

VAFTHRÛDNIR.

Þriâr þiô*ð*ar, falla þorp yfir,
    *M*eyia *M*ögþrasis;

DISCOURS DE VAFTHRUDNIR. 277

GANGRADE.

Moi aussi, j'ai beaucoup voyagé, j'ai eu beaucoup d'aven- [tures,
 J'ai mis à l'épreuve beaucoup de puissances : —
Quels sont les hommes qui vivront, quand ce grand
 Et terrible hiver passera sur la terre?

VAFTHRÛDNIR.

Ce sera Lif et Lifthrasir; ils seront ensevelis 180
 Dans la colline de Hoddmimir;
Ils auront pour nourriture la rosée du matin :
 C'est d'eux que naîtront les hommes.

GANGRADE.

J'ai beaucoup voyagé, j'ai eu beaucoup d'aventures,
 J'ai mis à l'épreuve beaucoup de puissances : — 185
Comment Sôl pourra-t-elle revenir dans le ciel désert
 Quand Fenrir l'aura saisie?

VAFTHRÛDNIR.

Alfrodull mettra au monde une fille
 Avant d'être prise par Fenrir :
Quand les Grandeurs auront péri, la vierge parcourra 190
 Les routes de sa mère.

GANGRADE.

J'ai beaucoup voyagé, j'ai eu beaucoup d'aventures,
 J'ai mis à l'épreuve beaucoup de puissances : —
Quelles sont ces vierges qui au-dessus de la mer des peu-
 Volent douées d'un esprit de sagesse? [ples 195

VAFTHRÛDNIR.

Au-dessus des hameaux volent trois compagnies
 De filles de Mogthrasir :

Hamingiar einar þeirra î heimi ëro -
  þô þœr mëð iötnom alaz.

GÂNGRÂDR.

200 Fiöld ëk fôr, fiöld ëk freistaða,
  Fiöld ëk reynda regin!
Hverir ráða Æsir eignom goða
  þâ-ër sloknar Surta logi?

VAFTHRÛDNIR.

Víðarr ok Vali byggia vê goða
205   þâ-ër sloknar Surta logi;
Móði ok Magni skolo Miölni hafa
  Ok vinna at vîg-þroti.

GÂNGRÂDR.

Fiöld ëk fôr, fiöld ëk freistaða,
  Fiöld ëk reynda regin!
210 Hvat vërðr Oðni at aldur-lagi
  þâ-ër riûfaz regin?

VAFTHRÛDNIR.

Ulfr gleypa mun Aldaföður;
  þëss mun Víðarr rëka:
Kalda kiafta hann klyfia mun
215   Vitnis vîgi at.

ODINN.

Fiöld ëk fôr, fiöld ek freistaða,
  Fiöld ek reynda regin!
Hvat mælti Oðinn, áðr â bâl stîgi,
  Siâlfr î eyra syni?

Toutes génies tutélaires de ceux qui habitent le monde,
Bien qu'elles soient élevées parmi les Iotes.

GANGRADE.

J'ai beaucoup voyagé, j'ai eu beaucoup d'aventures, 200
J'ai mis à l'épreuve beaucoup de puissances : —
Quels sont les Ases qui présideront aux possessions des
Quand la flamme de Surti sera éteinte? [dieux,

VAFTHRÛDNIR.

Vidar et Vali habiteront les palais sacrés des dieux,
Quand la flamme de Surti sera éteinte : 205
Modi et Magni auront le Marteau,
Et mettront fin au combat.

GANGRADE.

J'ai beaucoup voyagé, j'ai eu beaucoup d'aventures,
J'ai mis à l'épreuve beaucoup de puissances : —
Quel sera le sort d'Odin à la fin des siècles, 210
Quand les Grandeurs périront?

VAFTHRÛDNIR.

Le Loup engloutira le Père du Monde
Qui sera vengé par Vidar :
Luttant avec Vitnir, Vidar lui fendra
Sa gueule pernicieuse. 215

ODIN.

J'ai beaucoup voyagé, j'ai eu beaucoup d'aventures,
J'ai mis à l'épreuve beaucoup de puissances : —
Qu'a dit Odin à l'oreille de son fils
Avant de le monter sur le bûcher?

VAFTHRUDNIR.

220 *E*i mannz þat veit hvat þû, î *á*r-daga,
 *S*agðir î eyra *s*yni.
*F*eigom munni mæltak mîna *f*orna stafi
 Ok um *r*agna *r*ök;
Nû ëk við Oðinn deildak mîna orðspeki —
225 þû ërt æ vîsastr vëra.

VAFTHRÛDNIR.

Personne ne sait ce qu'au commencement des siècles 220
  Tu as dit à l'oreille de ton fils.
J'ai prononcé mon arrêt de mort en parlant de ma science
   Et de l'origine des Grandeurs ; [du passé
Car j'ai osé rivaliser de sagesse avec Odin. —
  Toi, tu es toujours le plus sage des hommes. 225

NOTES
CRITIQUES ET PHILOLOGIQUES.

Vers 1. — *Allz* est mis pour *allra hellz*, lat. *omnium maxime, præsertim cum.*

Vers 2. — *Vitia* (faire la revue *de*) voir, visiter, régit le génitif.

Vers 3. — Ce vers renferme une construction *elliptique* et *attractive*. *Forvitni mikla kvëd-ëk mër* (je m'avoue une grande curiosité) signifie: «j'avoue que j'ai une grande curiosité.» Devant *â fornom stöfom*, il faut sous-entendre *at mælaz* (de parler); ce verbe est omis, et *â fornom stöfum* se rapporte directement, par *attraction* (comme disent les grammairiens), à *forvitni mikla,* parce qu'on peut dire *forvitni mikil â fornom stöfom* (la curiosité, le goût *pour* les antiquités).

Vers 4. — *Thann-inn*, deux pronoms démonstratifs réunis comme dans *celui, ceci ;* הַלָּזֶה, et *celui-ci,* se composent de trois particules démonstratives.

Vers 5. — *Munda* est l'imparfait de l'indicatif, et remplace ici l'imparfait du subjonctif *myndi* (cf. *Völuspá*, vers 3). L'emploi de l'imparfait de l'indicatif tient à une finesse de style. Frigg, sachant bien qu'elle ne pourrait pas retenir Odin, dit : «je *voulais* te retenir parce «que je savais....., mais je cède, etc.»—*Heriaföðr* est à l'accusatif, régi par *letia.*

Vers 7. — La construction grammaticale est *thvíat ëk hugda engi iötun vëra iafn-ramman sëm Vafthrudni* (je ne pensais aucun géant être aussi fort comme Vafthrûdnir). C'est la construction de l'*accusatif avec l'infinitif.*

Vers 10.—*Regin* signifie «grandeur, puissance» (voy. *Völuspá,* v. 22). C'est la même racine d'où vient le mot *roi. Regin* signifie ici les forces, les qualités supérieures qu'Odin éprouvait souvent dans les autres.

Vers 11. — L'ancienne forme de *hve* était, ce me semble, *hvau*, goth. *hvau*, v. h. a. *hveo. Hve* est une particule pronominale conjonctive, qui signifie *quo modo* (comment, de quelle manière.) (Voy. *Alvismál,* 11; *Fiölsvinnsmál,* 47; *Lokasenna,* 42; *Skirnisf.* 11; *Grimnismál,* 22.)

Vers 12. — *Salakynni* (cf. *Heimkynni, Harbardslióð*, 3). — *Kynni*, dérivé de *kunnr* (connu), est ce qu'on connaît, l'endroit où l'on se connaît, où l'on est chez soi; le mot *salr* renforce encore l'idée de domicile, demeure. En anglo-saxon, *cynne* tout seul signifie « domicile, famille. »

Vers 15. — *Or,* autre forme pour *vor* (notre).

Vers 23. — *Hitt* est probablement le neutre du pronom démonstratif *inn*, lat. *hic* : il signifie *de là*, en lat. *hinc*.

Vers 24. — *Edr* n'est pas ici une particule disjonctive, mais une particule conjonctive.

Vers 25. — *Hvat ër that manna*, proprement *quid est virorum?* pour dire « quel homme est-ce ? » En allemand, on dirait : *was ist das für ein Mann* « qu'est-ce pour un homme ? » Cette locution toute germanique s'est conservée dans quelques parties du nord de la France.

Vers 26. — *Vërpomk ordi á* pour *vërpr á mik ordi* (jette contre moi une parole), m'aborde brusquement. *Ordi* est à l'instrumental, parce que dans quelques langues germaniques on dit : jeter, lancer, tirer *avec* une pierre, une flèche, etc. *Vërpa gôdom ordom á einn*, signifie « aborder quelqu'un amicalement. »

Vers 28. — *Inn snotrari*, « le plus intelligent (de nous deux). »

Vers 29. — *Gângrâdr* (voyageur) est une meilleure leçon que *Gagnradr* : car Odin se dit lui-même voyageur (*á gango kominn*), vers 29. La leçon *Gagnradr* vient de ce qu'on désignait *n* par un petit trait (voyez page 82). Beaucoup de copistes n'ont pas connu cette abréviation, ou l'ont mal transcrite : de là, les mauvaises leçons comme *Hrungir* au lieu de *Hrungnir*, *Skrimir* au lieu de *Skrimnir*, *Durni* (*Ynglinga Saga*, 15) au lieu de *Durinn*, etc.

Vers 33. — La demeure nommée *höll* (halle) avait deux pièces; la première en entrant était appelée *golf*; c'était une espèce de corridor par où l'on entrait dans la seconde pièce appelée *salr* (salle). Le *salr* était un peu plus élevé que le *golf*, et avait un plancher tandis que dans le *golf*, qui servait en même temps de cour et d'étable pour les animaux, on foulait le sol. La demeure de Vafthrûdnir ressemblait donc assez à l'antre du cyclope Polyphème dans l'Odyssée.

Vers 36. — *Thulr* (parleur, orateur, conteur). *Gamli thulr* est un sobriquet qu'on donnait aux vieillards qui, ne pouvant plus aller à la guerre et courir les aventures, se tenaient chez eux, et racontaient aux femmes et aux enfants l'histoire des temps passés. Chez un peuple où l'action était estimée bien au-dessus de la parole, le mot *thulr*, parleur, impliquait une idée de défaveur et même de mépris. Cependant Vafthrûdnir, tout en déplorant son grand âge, veut faire entendre que, bien qu'il soit un de ces vieillards réduits au rôle de *parleurs*, ils se sent encore assez de force d'esprit pour oser se mesurer avec le voyageur qui vient d'entrer chez lui.

Vers 38. — Cf. *Sæmundar-Edda, Havamâl*, 19.

Vers 39. — *Hygg-ëk at ofr-mælgi mikil illa geti hveim, etc.* « je crois « qu'une grande loquacité fait du mal à, » etc.; *illa* est adverbe.

Vers 40. — *Kaldrifiadr* (qui a les *côtes*, les entrailles *froides*) signifie « qui n'est pas prévenu en votre faveur, » mais dont le caractère froid et sévère s'interdit toute affection et même toute estime qui ne lui serait pas, pour ainsi dire, arrachée par vos qualités supérieures.

Vers 44. — Au lieu de *of* (sur, par-dessus, voy. vers 46), on lit dans l'édition de Copenhague, *ok* (et) mot qui n'a ici aucun sens.

Vers 48. — *Lysir af mari*, « jette de l'éclat *loin du* cheval. »

Vers 52. — Il faut lire *nôtt of nyt regin*. *Nyt regin* sont les divinités bénignes et non pas les *pluies utiles*; car Hrimfaxi ne répand pas les pluies, mais seulement la rosée. Il est vrai, *nyt* se dit surtout de l'influence bénigne des dieux sur la fertilité de la terre; ainsi le poëte *Eyvindr Skaldaspillir,* en parlant de *Freyr*, l'appelle *skirom Frey* nytom *Niardar bur*.

Vers 55. — Le mot *meldropar* (gouttes de mors), gouttes d'écume du cheval, ne doit pas être confondu avec *meldropar,* en danois *meeldug,* en allemand *mehlthau, milthau.* Dans ce dernier mot, *mel* (*meel, mil*) dérive sans doute de l'ancien mot scandinave *melr,* qui signifie une teigne, et plus spécialement ces animalcules qui se montrent sur les plantes quand le soleil donne pendant la pluie. *Mel* (mors) et *melr,* (teigne) ont une racine commune, mais des significations bien différentes. — *Hvern* pour *hverian.*

Vers 61. — Nous donnons la préférence à la leçon de Rask qui, par conjecture, a substitué *Ilfing* à *Ifing* comme on lit dans l'édition de Copenhague. Il y avait aussi une ville nommée *Ilfing* dans l'ancien *Prysaland.*

Vers 62. — Au lieu de *mëd alda sonom*, il faut lire comme dans l'édition de Stockholm : *mëd iötna sonom* (cf. vers 60); en effet, le fleuve *Ilfing* ne coule pas entre *Asgard* et *Midgard*, mais entre *Midgard* et *Iötunheim*.

Vers 63. — *Opin rënna hon skal* (elle coulera *ouverte*); on dit: *â ër opin* (la rivière est *ouverte*) quand elle n'est pas prise (couverte) de glace.

Vers 64. — *Vërdr-at is â â*, «il n'y aura pas de glace dans le fleuve.»

Vers 71. — *Röst* (repos, relai) est une journée de chemin qu'on fait tout d'une traite; c'est ce qu'on appelle aujourd'hui en Islande *Thingmannaleid*. — *A hverianvëg* (en toute direction, en tous sens) en longueur et en largeur.

Vers 74. — *Mælomk;* cette forme grammaticale a une tout autre origine que *vërpomk*, vers 26; *mælomk* est une contraction de *mælum ëk* (parlons moi), et *mælum ëk* se dit pour *mælum thû ok ëk* (parlons toi et moi), par la même raison qu'on dit *bua their Hödr* (voyez *Völuspá*, page 220). M. Grimm donne de *mælomk* une explication différente de la nôtre dans sa Grammaire allemande, tome IV, page 41.

Vers 75. — *Skolum vedia vid höfdi* (nous voulons engager la tête); *höfdi* est à l'instrumental comme désignant la chose avec laquelle se fait l'action exprimée par le verbe.

Vers 76. — *Um gedspeki* exprime la cause et le but de cette joute d'esprit, de cet assaut de savoir.

Vers 80. — *Inn frôdi Iotunn!* «toi qui es un Iote savant.»

Vers 87. — L'édition de Copenhague porte *svâ at ferr* (de sorte qu'il, etc.). Cette leçon paraît provenir du vers 143, où se trouve également *svâ at ferr*. Quoiqu'il en soit, la leçon de l'édition de Stock. est évidemment préférable (cf. vers 95).

Vers 88. — *Id sama* (de même) est une cheville pour remplir le vers; c'est une répétition en d'autres termes du mot *ëdr;* de même, dans le vers 90, *id sama* ne fait que répéter le sens exprimé par la particule *svâ*.

Vers 89. — *Mundilfœri* signifie qui «conduit ou tourne la manivelle «d'un moulin à bras.» Ce nom doit indiquer l'auteur du mouvement circulaire du soleil et de la lune.

Vers 91. — *Thau;* quand le pronom démonstratif se rapporte à deux sujets, dont l'un est masculin et l'autre féminin, il est mis au pluriel du neutre (voyez *Völuspâ*, vers 37).

Vers 100. — *Oldom at artali*, hominibus in anni computum (cf. *Völuspâ*, vers 26 : *ar of at telia*). Les mois se comptent d'un *nid* (disparition de la lune) à l'autre. Dans la langue des *Alfes*, la lune est nommée *Artali* (qui dénombre l'année).

Vers 107. — Ce vers et le suivant ne se trouvent pas dans le *Codex regius* de la bibliothèque royale de Copenhague ; mais si on les omettait, il y aurait ici une lacune. D'ailleurs il n'y a pas la moindre raison qui nous autorise à croire que ces vers ne sont pas authentiques. *Ar of* (le long de l'année) dans l'année ; en allemand : *jahr auf*.

Vers 113. — Dans l'édition de Cop. on lit *orôfi*; dans celle de Stockholm, *örôfi*; il me semble qu'il faut écrire *órôfi*, et dériver ce mot de la racine *rufa*; *ôrôf* signifie l'âpreté, la rigueur (cf. *Fiölsvinnsmâl*, 25).

Vers 123, 124. — A la place de ces deux vers, on lit, dans les éditions, les vers suivants :

> Enn siom fleygdi or sudheimi ;
> Hyrr gaf hrîmi fior.

> Mais il lança des étincelles de Sudheim ;
> La chaleur donna la vie à la glace.

Ces deux vers ne me semblent pas authentiques par les raisons suivantes : 1° ils ne peuvent pas être expliqués convenablement, car quel est le sujet de *fleygdi siom?* ce n'est pas *hyrr*, qui régit déjà un verbe, et de plus, ce mot se trouve dans un vers qui n'est pas lié au précédent par l'allitération ; *iotunn* ne peut pas être non plus le sujet du verbe fleygdi. 2° La naissance du géant a déjà été décrite v. 121, 122 ; il serait donc déplacé de mettre, *après* le récit de la naissance du géant, la narration des choses qui ont *précédé* cette naissance. D'ailleurs la particule *ën* indique ordinairement que la phrase qu'elle commence exprime la suite et non l'explication ou le développement de ce qui a été dit précédemment. 3° Ces vers ne se trouvent que dans un seul manuscrit. 4° Dans l'Edda en prose, on lit, après *unz vard or iotunn*, les deux vers que nous avons mis dans le texte. Ces vers sont un peu différents dans la *Snorra-Edda*, p. 9, édition de Stockholm ; on y lit :

Thar ëru orar œttir komnar allar saman
Thvî ër that æ allt til atalt.

Mais ces vers renferment évidemment des mots qui ne se trouvaient pas originairement dans le texte. — *Thar orar œttir koma allar saman* (ici [dans ce géant] toutes nos génération se rencontrent), c'est-à-dire «toutes nos générations remontent à lui.» *Thvî ër that allt til atalt* (c'est pourquoi tout (toute la race) est si robuste). — *Til* (trop) se construit avec les adjectifs et les adverbes, exemple : *til öfug* (trop odieux), Brunhild. Kv. I, 29; *til görva* (trop bien), Brunhild. Kv. III, 17. (Cf. angl. *to*.)

Vers 127. — L'édition de Copenhague porte *aldni* (vieux) au lieu de *baldni* (robuste); mais *baldni* est nécessaire pour l'allitération.

Vers 129, 130. — Ces deux vers renferment la construction de l'accusatif avec l'infinitif (voyez vers 7).

Vers 132. — *Sërhöfdadan*, — une autre leçon est *sëxhöfdadan* (qui a six têtes). Dans la mythologie scandinave comme dans les épopées sanscrites, on trouve des géants à plusieurs têtes. L'Edda et les traditions fabuleuses du Nord font mention de plusieurs géants à trois têtes, et même d'une géante à neuf cents têtes. Hrungnir avait une tête de pierre, Iarnhaus un crâne de fer. La leçon *sëxhöfdadan* n'a donc rien qui doive nous surprendre; cependant il faut dire qu'elle n'a été adoptée que parce qu'on ne savait pas s'expliquer suffisamment l'autre leçon qui, certainement, est la seule authentique. *Sërhöfdadan* est traduit, dans l'édition de Copenhague, par *suo sibi capite gaudentem*, et dans la traduction suédoise, par *sjelfstandig* (adulte, majeur). On saisira le véritable sens de ce mot, si l'on se rappelle que la particule *sër* (à soi) placée devant un adjectif, ajoute à cet adjectif l'idée d'égoïsme, d'entêtement. *Sërhöfdadr* signifie donc quelqu'un «qui a une tête à soi,» c'est-à-dire qui, sans être méchant, s'obstine à ne jamais être de l'avis des autres, et à ne suivre que ses propres lumières, n'étant jamais satisfait ni de ce que font, ni de ce que disent les autres. Cf. *sërlundr* (morose); *sërgodr* (arrogant); sanscrit स्वहंयु:

Vers 133. — L'allitération manque dans ce vers. Probablement il faut lire *svinnan* au lieu de *frôdan*, et mettre l'accent sur le premier mot du vers (voy. le vers 141). L'allitération manque également dans le vers 158, à moins qu'on ne veuille accentuer la conjonction *allz*.

Vers 140. — *Ludr* a les différentes significations du mot grec κυμβίον, en latin *cymbium*; il peut donc aussi désigner une nacelle, une barque.

Vers 143. —La leçon *sia at*, qu'on trouve dans l'édition de Stockh. me semble mauvaise : ou il faut lire *svâ at* (de sorte que), ou *sia ër* (lequel) : *sia* est une autre forme pour *sâ*.

Vers 144. —A la place de *ei*, on lit, dans l'édition de Stockh. *œi* (jamais).

Vers 151. — *Mëd Asa sonum*; à la place de cet hémistiche, Rask a mis, par conjecture, *â Nôatûnom* : il croyait que l'allitération manquait dans l'hémistiche, et il voulait la rétablir. Mais notre poëte met souvent l'allitération dans des syllabes qui ne sont pas fortement accentuées. Ainsi, dans le vers 151, *um-kom* allitère avec *âsa*.

Vers 160. — *Heriafödrs at* (voy. *Völuspâ*, vers 176).

Vers 164. —Dans les éditions, le vers suivant se trouve inséré entre les vers 164 et 165 : *öl mëd Asom drëkka ok sediaz Sæhrimni*, (ils boivent de l'aile avec les Ases, et se rassasient de la chair de Sæhrimnir). Voici les raisons qui me portent à croire que ce vers est une interpolation : 1° ce vers peut être rejeté sans que le sens ou l'arrangement de la strophe en souffre; 2° l'allitération y manque; 3° il renferme des détails de narration dans lesquels notre poëte n'entre jamais; 4° on pourrait encore faire valoir la raison que, dans la langue des Ases, la boisson ne s'appelle pas *öl* (aile), comme dans la langue des hommes, mais *beor* (bière). Enfin, si l'on traduit *meir* par « de plus, « ensuite, » on aura une raison de plus pour soupçonner l'authenticité du vers. Car *sitia saman* se rapportant évidemment à la réunion à table, *meir* n'aurait aucun sens après le vers inséré qui exprime déjà les plaisirs de la table.

Cependant, il me semble que *meir* signifie tout simplement *plus* : « ils s'assoient *plus* réconciliés, » plus paisibles que jamais, c'est-à-dire que les combats qu'ils se sont livrés n'ont servi qu'à augmenter le respect et l'amour qu'ils avaient déjà les uns pour les autres.

Vers 169. — J'ai mis dans le texte *sagdir* au lieu de *segdu* qu'on lit dans les éditions, et voici pourquoi : si l'on adopte la leçon du texte vulgaire *segdu*, les deux strophes 42 et 43 deviennent inexplicables. En effet le texte vulgaire dit :

> Répouds à cette douzième question : D'où te vient la connaissance
> Que tu as sur les dieux?

Après avoir fait cette question, Odin ajoute :

> Frâ iotna rûnom ok allra goda
> Segdu it sannasta.

De deux choses l'une, ou ces mots sont une nouvelle invitation de répondre à la question qu'Odin vient de faire, ou ils sont une seconde question suivie d'une invitation d'y répondre. Dans le premier cas, il faudrait traduire et expliquer de la manière suivante : « D'après la « connaissance que tu as des mystères des Iotes et des dieux, dis-moi « cela *au juste*; » c'est-à-dire : « Dis-moi au juste d'où te vient la con- « naissance de l'origine des dieux. » Cette explication ne donne pas un sens raisonnable. En effet, faut-il donc connaître les mystères des Iotes et des dieux pour savoir d'où nous est venue telle ou telle con- naissance ? La question d'Odin a-t-elle donc une si haute importance, qu'il soit besoin d'insister pour avoir une réponse *au juste* ? D'ailleurs, la connaissance de l'origine des dieux étant précisément un des mys- tères, la question reviendrait à dire : « Dis-moi, d'après la connaissance « que tu as des mystères, d'où te vient la connaissance des mystères? » question absurde.

Voyons si l'autre explication présente moins de difficulté. D'après cette explication, Odin adresse deux questions au géant : « 1° D'où sais- « tu l'origine des dieux? 2° Dis-moi ce qu'il y a de plus vrai dans les « mystères des Iotes et des dieux. » D'abord que signifie *de plus vrai*? Un mystère ou une vérité cachée au commun des hommes, n'est-elle donc pas toujours vraie ? une vérité peut-elle être plus vraie qu'une autre ? Ensuite, ne serait-il pas absurde de la part du Père des dieux et des hommes, d'adresser à Vafthrûdnir deux questions à la fois? Si Odin adressait deux questions au géant, il faudrait qu'il y eût aussi deux réponses ; car, à deux questions si diverses, une seule et même réponse ne suffit pas ; mais le géant ne donne qu'une réponse. La seconde explication ne vaut donc guère mieux que la première. Mettons maintenant *sagdir* à la place de *segdu* et tout s'éclaircira. Odin dit : « D'où te vient cette connaissance sur l'origine des dieux ? car *tu* « *viens de répondre parfaitement bien* (*sannasta*) aux questions que je t'ai « adressées sur les mystères des Iotes et des dieux, » Vafthrûdnir répond : « Je sais *bien* répondre aux questions sur l'origine des dieux et « les mystères des Iotes, parce que j'ai fait des voyages, etc. »

Vers 174. — *For Niflheim nëdan*. (Cf. *fyr iörd nëdan; Thrymskvida; Völuspá*, v. 8.)

Vers 175. — Il y a dans ce vers ce que les grammairiens appellent une *construction enceinte* (constructio prægnans). Le verbe *deyia* renferme en soi encore l'idée d'un autre verbe, *fara*, laquelle explique l'usage de l'adverbe *hinnig; hinnig deyia* est mis pour *deyia ok fara hinnig*.

Vers 181. — *Holt* (bois, forêt) désigne plus particulièrement une forêt sur la pente ou le sommet d'une montagne. *Holt* a donc tout à fait la signification du mot latin *saltus*; c'est tantôt une hauteur couverte d'un bois, tantôt un bois sur une hauteur.

Vers 186. — *Slétta himin* (ciel uni, lisse) désigne le ciel désert, dépourvu des étoiles qui en sont les ornements. On dit *slètt silfur* (argent uni), pour dire un vase d'argent qui n'est pas orné de bas-reliefs; car les bas-reliefs sont, pour ainsi dire, des aspérités sur la surface polie de l'argent.

Vers 187. — *Fara einn*, « atteindre, attraper quelqu'un qu'on a « poursuivi. » *Fara at einum*, « tomber sur quelqu'un, le surprendre. »

Vers 188. — *Rödull* (rougeur) ou *diuprödull* (rougeur foncée) ou *ifrödull* (*Skaldskaparmál*, p. 223) signifie l'or. (*Ynglingasaga*, 5.) *Alfrödull* (l'or des Alfes) désigne le soleil.

Vers 189. — J'ai mis *hina* qui me semble être la véritable leçon; l'édition de Copenhague porte *hana*, et l'édition de Stockh. *hann*.

Vers 190. — *Rîda* (fouler en chevauchant) se construit avec l'accusatif du lieu qu'on traverse. (Voyez *Völuspá*, v. 104, *rîda grund*.)

Vers 196. — La construction grammaticale est *thriar thiodar meyia Mögthrasis falla thorp yfir,* « trois compagnies de filles de Mögthrasir « volent au-dessus des hameaux. » *Einar* (lat. *singulæ*) toutes, plur. fém. de *einn*.

Vers 207. — *Vinna at vigthroti* (travailler à la cessation du combat)

« contribuer à faire cesser le combat, y mettre fin par une victoire
« décisive. »

Vers 213. — L'allitération manque dans ce vers (Cf. *Lokasenna*,
v. 160). *Rêka* (*venger*, prendre la cause de quelqu'un), se construit
avec le génitif.

Vers 222. — *Feigom,* « destiné à mourir, annonçant la mort. »

Vers 223. — *Ragna rök* a la même signification que *tîva rök*. *Rök*
(extrémité, commencement, fin) a souvent été confondu par les
poëtes avec *rökr* (crépuscule), et *ragna rök* est devenu synonyme de
ragna rökr, parce que la *destinée* des dieux était de périr dans le *crépuscule du monde.* (Voyez *Völuspá.*)

Vers 224. — *At deila eitt vid einn* (latin *certare de aliqua re cum aliquo.*)

Vers 225. — *Vêr* (lat. *vir,* homme) se dit aussi des dieux. Les
hommes sont quelquefois appelés *menskir menn* (hommes humains).
Voyez *Grimnismâl,* strophe 31.

NOTES EXPLICATIVES.

Vers 3. — Le but du voyage d'Odin n'était pas d'aller consulter le géant et de s'instruire auprès de lui, mais d'apprendre si Vafthrûdnir était aussi savant qu'on le disait. *Antiquité* a la même signification que mystères d'Odin. (Voyez *Völuspá*, v. 3; Introd. p. 243.)—*Iote qui sait tout.* (Voyez *Völuspá*, v. 93.)

Vers 5. — Odin est nommé *le Père des Combattants*, parce qu'il est le chef des Monomaques (einheriar), c'est-à-dire de tous les héros qui, après leur mort, sont reçus dans *Valhalle*. (Voyez *Völuspá*, v. 176.)

Vers 7. — Frigg craint qu'Odin ne soit vaincu par la ruse, ou par la force corporelle, ou enfin par la supériorité d'esprit de *Vafthrûdnir*.

Vers 9. — *Avoir beaucoup voyagé* signifie « avoir beaucoup d'expé-« rience, connaître les hommes, être prudent et précautionné. » Odin portait le surnom de *Vidförull* (qui a voyagé au loin; voyez *Ynglinga-saga*, chap. 11), et de *Yggr* (circonspect); voyez v. 20. Ceux qui n'a-vaient jamais voyagé passaient, chez les Scandinaves, pour des hommes stupides. Le même mot *heimsklegr* (*heimskulegr*, *heimski*) signifiait *casanier* et *stupide*. (Voyez *Hávamal*, v. 20.) Dans le poëme *Hyndluliód*, Ottar représenté comme un jeune homme faible d'esprit et ignorant, est surnommé *hin heimski* (Ottar du coin du feu), parce qu'il était toujours resté dans son pays. Aussi les Scandinaves et surtout les Islandais, faisaient-ils de fréquents et longs voyages. Plusieurs d'entre eux eurent le surnom de *Vidförli* (qui a voyagé au loin), tels que, par exemple, *Ingvar, Brandr* et *Thôrvald*. Ce dernier après avoir parcouru la Grèce et la Palestine, mourut à Palteskov, en Russie. (Voy. *Kristni-Saga*, p. 102 et 104.) Au xvii° siècle un voyageur appelé *Jon Ohesson*, fut surnommé *Indiafari*, parce qu'il avait pénétré jusque dans les Indes Orientales; il mourut en 1679. L'histoire de sa vie et de ses voyages, écrite par lui-même, mériterait bien, ce me semble, d'être publiée, quoique notre voyageur n'ait point fait d'études et que son style soit antique. (Voyez *Voyage en Islande fait par ordre de Sa Majesté Da-*

NOTES EXPLICATIVES. 293

noise, t. III, p. 72.) Au moyen âge, les Islandais qui se livraient aux études visitaient ordinairement l'université de Paris, et jouissaient, après leur retour dans leur patrie, du titre honorable de *Paris-klerkr* (clerc parisien).

Vers 10. — Odin, pour dissiper les craintes de sa femme, dit que la prudence qu'il avait acquise dans ses voyages, et l'habileté qu'il avait de mettre à l'épreuve les autres, le garantiraient de tout accident.

Vers 14. — *Asynies* sont les déesses ou les femmes des Ases.

Vers 15. — *Odin* comme dieu suprême est nommé *Aldáfödr* (Père du monde, ou de l'univers, ou Père des hommes).

Vers 19. — *Le père d'Imr* est Vafthrûdnir. *Imr* est un nom de loup ou de géant (*Skaldskap*. p. 222). Les Scandinaves se nommaient quelquefois *père* de tel ou tel, surtout quand leurs fils s'étaient déjà illustrés par quelque grande action. Le plus souvent, ils se nommaient *fils* de tel ou tel, comme *Haldorson, Peterson, Erikson*, etc.

Vers 20. — Odin est appellé *le Circonspect, le Précautionné* (Yggr), parce que dans ses voyages au pays des Iotes, et en entrant dans leurs demeures, il était toujours sur ses gardes, suivant en cela un ancien précepte qui dit :

> Gâttir allar âdr *g*angi fram
> Um *sk*ygnaz *sk*yli
> Thvîat ôvist ër at *v*ita hvar ôvinir sitia
> A *f*leti *f*irir.

> Avant de faire un pas en avant,
> Il faut regarder de tous côtés;
> Car on ne peut savoir si des ennemis ne sont pas
> En embuscade derrière la porte.

Le poëte a choisi exprès le nom de *Circonspect* pour indiquer qu'Odin avait si bien pris ses mesures d'avance, que, malgré sa prudence ordinaire, il ne craignit pas d'entrer *sur-le-champ*, dans la demeure de Vafthrûdnir. (Cf. *Yggiungr, Völuspá*, v. 90.)

Vers 21. — Odin, en annonçant tout de suite le motif qui l'a amené chez Vafthrûdnir, trahit son impatience de connaître son antagoniste, et en même temps, sa confiance dans sa propre force.

Vers 25. — Vafthrûdnir prend les paroles que lui adresse l'étranger pour une provocation à une lutte à mort, et il est disposé à accepter ce défi.

Vers 29. — *Odin* prend le nom de *Gangrâdr* (voyageur) pour ne pas se faire connaître; il se tient d'abord à l'entrée de la demeure ou dans le vestibule (voyez p. 283 note 33). Vafthrûdnir l'invite à entrer dans la salle, et à se placer sur le banc qui, dans chaque maison, était réservé aux étrangers.

Vers 36. — *Vieillard parleur;* voyez p. 284, note 36.

Vers 37. — Voyez Introduction, p. 252.

Vers 40. — *Homme sévère;* voyez p. 284, note 40.

Vers 45. — *Skinfaxi* (qui a la crinière luisante) est le cheval qui traîne le char du jour. Il est le *meilleur* de tous les *chevaux*. De même que les Hindous plaçaient dans le ciel d'Indra les individus les plus parfaits de toute espèce d'êtres de la création, de même les Scandinaves plaçaient aussi dans le ciel des Ases, les êtres qui passaient pour les meilleurs dans leur genre. Ainsi, les Ases avaient les meilleurs chevaux, la meilleure épée, le meilleur navire, le meilleur pont, etc. (Voyez *Völuspá,* Introd. p. 162.)

Vers 51. — Le cheval qui traîne le char de la nuit sort par la porte de *l'orient,* parce que le soir, le soleil étant à l'occident, la nuit se trouve du côté opposé, et elle avance vers l'occident à mesure que le soleil retourne vers l'orient. (Voyez *Völuspá,* v. 18.)

Vers 52. — *Grandeurs* (voyez *Völuspá,* p. 223). Amener la nuit *aux Grandeurs bénignes,* est analogue à ce que dit Homère : « L'aurore « annonce le jour *à Jupiter et aux autres dieux.* » La nuit est amenée *aux dieux,* parce qu'on croyait que c'était principalement dans l'obscurité de la nuit que les dieux agissaient. La nuit, ordinairement plus longue que le jour dans les régions septentrionales, jouit d'une certaine préférence sur le jour dans la mythologie scandinave. (Voyez *Völuspá,* p. 224.) C'est la nuit qui a enfanté le jour; elle est la mère primitive de tout ce qui existe. C'est aussi dans la nuit que se montrent les étoiles, et tous les phénomènes du ciel boréal qui révèlent la puissance des dieux, et passent quelquefois pour être ces dieux mêmes. Le jour, au contraire, est le temps où agit l'homme; c'est pourquoi il est dit, vers 44, que le jour est amené *au genre humain.*

Vers 53. — Le cheval qui traîne le char de la nuit s'appelle *Hrim-*

faxi; ce nom signifie « qui a la *crinière* couverte du *givre* produit par la froidure de la nuit. » Pour expliquer le phénomène de la rosée qui brille le matin sur les plantes, la mythologie imagine que l'écume qu dégoutte, pendant la nuit, du mors de Hrimfaxi, et le givre secoué de la crinière du cheval forment la rosée du matin. Une autre explication mythologique du même phénomène se trouve dans Völuspâ, v. 45.

Vers 61. — *Ilfing* signifie sans doute, comme *elf* (le fleuve), le fleuve par excellence.

Vers 63. — *Sans jamais geler, il coulera éternellement;* cette circonstance doit indiquer qu'il y aura toujours séparation entre les Ases et les Iotes, et que tout commerce d'amitié entre eux est impossible.

Vers 68. — Les dieux sont appelés *paisibles* pour indiquer qu'ils ne sont pas les agresseurs, mais que l'agression provient de leurs ennemis.

Vers 70. — *Surtur* (le noir, la combustion) est le roi de Muspelheim ou du monde igné. Il est le principal ennemi des dieux, car c'est lui qui consumera le monde entier. (Voyez *Völuspâ*, v. 205.)

Vers 72. — *Vigridr* (la plaine qui *tremble au combat,* sous les combattants) est le champ de bataille *assigné* par le sort ou la destinée aux dieux et à leurs ennemis. L'expression *assigné* se rapporte à un ancien usage dont on trouve encore des traces dans les duels de nos jours. Si quelqu'un avait à venger une injustice ou une injure, la barbarie de ces temps lui permettait d'attaquer son adversaire partout où il le rencontrait. Plus tard, pour empêcher ces attaques brusques, et pour mettre plus d'ordre dans l'attaque et la défense, l'usage voulut qu'on sommât l'adversaire de se présenter, pour vider la querelle, dans un endroit qu'on lui *désignait*. On choisissait ordinairement pour lieu du combat, un banc de sable ou une petite île dans la mer, afin que l'espace où l'on se battait fût aussi resserré que possible, et qu'aucun des combattants ne pût s'enfuir. *Hôlmr* est le nom d'un tel banc de sable; de là viennent les expressions *skora â hôlm* (provoquer en duel), *hôlmgânga* (le duel), *hôlmgöngu löy* (règlements sur le duel), etc. Quand on se battait sur la terre ferme, on avait soin de faire une espèce d'enclos en plantant des jalons de bois de coudrier (haslastengr) tout autour de l'arène *assignée* aux combattants. Le même usage fut observé avec les modifications nécessaires dans les combats où il y avait un plus grand nombre d'adversaires de part et d'autre. (Cf. *Hervarar Saga*, chap. XIX; *Saga Hakonar Goda*, chap. XXIV; *Saga af Olafi k. Tryggvasyni*, chap. XVIII.) Dans *Sigurdar Fafnisbana Kvida*, II, 14, 15, Sigurd demande à Fafnir : « Comment s'appelle *l'arène* (holmr), où s'entre- « choquent les épées sanglantes de Surtur et des Ases ? » Fafnir répond : «Elle s'appelle *Oskopnir* (démolisseur). » Dans Volsunga-Saga, cette même arène est nommée *Uskaptir, ûskaptr* (lieu pas encore créé).

VERS 73. — Vafthrûdnir, pénétré de respect pour la science de l'étranger, le fait asseoir à son côté sur le *banc d'honneur* qui, dans chaque habitation, était réservé au père de famille ou au maître de la maison. (Cf. *Lokasenna*, v. 44.)

VERS 81. — Les fils de Bur ou les Ases, après avoir tué le géant Ymir (l'océan glacial primitif), créèrent de sa chair Midgard ou la terre; de ses os, ils formèrent les rochers et les montagnes qui sont, pour ainsi dire, la charpente de la terre; de son crâne, ils firent la voûte du ciel; et son sang ou la partie liquide, devint la mer. (Cf. *Völuspâ*, p. 226, v. 55.)

VERS 87, 88. — *Mâni*, la lune, est masculin, et *sôl*, le soleil, est féminin dans les langues germaniques. (Voyez *Völuspâ*, p. 223, note 17.) Il est à remarquer que la lune est nommée avant le soleil, comme la nuit avant le jour (voyez note 52), l'hiver avant l'été (voyez v. 105).

VERS 89. — *Mundilfœri*; voyez Notes philologiques, p. 285.

VERS 97. — *Dellingr* signifie « le petit jour, la petite pointe du « jour, le crépuscule du matin. »

VERS 98. — *Nörvi* signifie problablement « la brune, le crépuscule « du soir. » *Niörvasund* est le détroit de Gibraltar. (Voyez *Ynglinga-Saga*, chap. I.)

VERS 105. — *Vindsvalr* (qui a le souffle froid) est le vent du nord ou Borée.

VERS 106. — *Svasudr* (qui a l'haleine douce) est Zéphire.

VERS 113. — Vafthrûdnir auquel Gangrâdr avait adressé deux questions (savoir, quel est le premier des Ases qui naquit, et quel est le premier des Iotes qui fut formé), répond seulement à cette dernière question qui le touche de plus près, parce qu'il est lui-même de la race des Iotes. — *Dans la rigueur des hivers* indique le temps où régnait le chaos, où les glaçons de venin, amoncelés dans Niflheim, n'étaient pas encore fondus par les étincelles de Muspilheim; où les hivers se succédaient sans interruption. — *Avant que la terre fût créée*, c'est-à-dire avant que les Ases eussent tué Ymir appelé aussi Orgelmir (le vieillard primitif), et qu'ils eussent créé de la chair de ce géant l'Enceinte du Milieu ou la terre (voyez vers 81). Le sang qui sortit du corps d'Ymir tué par les Ases, remplit le monde entier. Les descendants de ce géant représentés ici par *Thrûdgelmir* (le vieillard robuste), furent tous noyés; il ne resta que le petit-fils d'Orgelmir, appelé *Bergelmir* (très-vieux), qui se sauva dans une *barque*, et devint la souche de la seconde race des Iotes. (Cf. *Genes.* VII, 7; *Mahâbhârata, Naûbandhanam.*)

VERS 121. — Les gouttes de venin répandues par les serpents de Niflheim (voyez *Völuspâ*, v. 154), formèrent les fleuves *Elivagar* dont les eaux croupissantes tombèrent dans le vaste gouffre (gouffre-béant; voyez *Völuspâ*, v. 12) du chaos et se congelèrent. Les glaçons s'amoncelèrent toujours de plus en plus, et s'élevèrent enfin à une telle hauteur, qu'ils furent atteints par les étincelles qui jaillissaient du monde igné ou de Muspilheim. De la glace ainsi vivifiée naquit *Ymir*.

VERS 129. — *Thurse* est le nom appellatif des Iotes de la première race. On dit aussi *Hrîmthurse* (géant couvert de glace ou de givre).

VERS 132. — *Un fils qui avait une tête à soi;* c'est ainsi que je crois devoir rendre le mot composé *sërhöfdadan* dont la signification est difficile à exprimer en peu de mots. (Voyez Notes philologiques, vers 132.)

VERS 136. — Les mots : *Toi, Iote qui sais tout,* expriment une légère ironie.

VERS 140. — Voyez note 113.

VERS 145. — *Hræsvelgr* (qui engloutit la charogne) est un des noms métaphoriques qu'on donne à l'aigle. Ce mot répond, et pour le sens et pour l'étymologie, au mot sanscrit क्रव्याद: (*Kravyâda,* mangeur de chair, aigle). L'aigle est le symbole ou la personnification du vent. (Voyez *Helgakvida*, I, 1; *Völuspâ*, v. 172.) Les Iotes qui président aux vents portent une dépouille d'aigle. (Voyez *Snorra-Edda*, p. 181, 209.) *Hræsvelg* est un de ces Iotes qui produit les vents par le battement de ses ailes. D'après une idée analogue, il est dit dans les poésies des Grecs modernes, qu'un vautour, ἱεράξ, préside aux vents. (Voyez *M. Fauriel*, Chants populaires de la Grèce moderne, II, 236.) Ἀετός, signifie en grec *aigle* et *vent;* en latin *aquilo* (aquilon) dérive de *aquila* (aigle) comme *vulturnus* (vent sud-est) de *vultur* (vautour). En hébreu, on dit *les ailes du vent* (כַּנְפֵי רוּחַ), ps. XVIII, 11.

Vers 151. — *Niordr* appartient à la race des Vanes qui étaient les ennemis des Ases. Lorsqu'on fit la paix, Niordr fut envoyé comme otage à Asgard en échange de Hœnir. (Voyez *Völuspâ*, p. 239; *Ynglinga-Saga*, chap. IV.) Il y acquit bientôt tant de considération, que les Ases mirent sous sa protection *les sanctuaires* et *les enceintes sacrées*. Niordr habite *Nôatûn* (enclos des navires, port, baie), c'est-à-dire les basses côtes de la mer; il préside au vent et au temps favorable à la pêche et à la navigation.

Vers 157. — Les Vanes sont appelés *intelligents*, parce qu'ils savaient longtemps contrebalancer la puissance des Ases, et parce qu'ils excellaient dans certains arts, comme dans la magie, etc. (Voyez *Völuspâ*, v. 119.)

Vers 160. — Comme notre langue n'a pas de mot qui exprime parfaitement le sens de *einheri*, je me sers du mot grec *monomaque* (μονομάχος), qui signifie un combattant (guerrier, gladiateur) qui lutte seul contre un ou plusieurs adversaires; ce qui rend parfaitement le sens de *einheri* composé de *ein* (un, μονός) et *heri* (combattant, μάχης). *Einheriar* est le nom appellatif des héros reçus après leur mort dans Valhalle, où ils s'amusent à se livrer combat. Voyez v. 164.

Vers 164. — La *victime*, est le monomaque qui est désigné pour se battre contre ses confrères. Ce combat terminé, les morts et les blessés se relèvent sains et saufs, et tous viennent s'asseoir à la table du festin, pleins d'estime et d'amitié les uns pour les autres.

Vers 168. — Il n'y a que les *Iotes* et les dieux (*Ases* et *Vanes*), qui connaissent les secrets ou les mystères du monde. (Voyez *Völuspâ*, v. 242.)

Vers 174. — *Neuf mondes;* voyez *Völuspá*, v. 7.

Vers 175. — *Hel*, est le nom de la fille de Loki (voyez *Völuspá*, v. 178); les dieux la précipitèrent dans l'enfer, où elle règne sur les morts. Hel désigne souvent l'empire des morts lui-même : c'est dans ce séjour que descendent, après leur décès, les femmes, les enfants,

NOTES EXPLICATIVES. 299

et les hommes qui ne sont pas morts en combattant. Les criminels ne restent pas dans le palais de Hel, mais ils sont envoyés à *Niflhel,* situé plus au nord et plus bas que Hel. C'est là qu'ils reçoivent, par différents supplices, le châtiment de leurs crimes. (Voyez *Völuspá,* v. 156 et suiv.)

VERS 176. — Odin voyant que Vafthrûdnir sait répondre à toutes les questions, devient un moment inquiet sur l'issue de cette joute d'esprit, de cet assaut de savoir. Son inquiétude augmente surtout lorsqu'il apprend que le géant a visité les mondes, où il s'est instruit dans tous les mystères ; mais aussitôt, se rappelant que lui-même il a fait aussi ces mêmes voyages, et qu'il est toujours sorti vainqueur des combats dans lesquels il s'est engagé en mettant à l'épreuve les forces des autres, il prononce ces paroles propres à le rassurer lui-même, et à jeter le trouble dans l'âme du géant : « Moi aussi, j'ai beaucoup voyagé, etc. » Il adresse ensuite au géant une suite de questions qui sont plus difficiles que les premières, parce qu'elles se rapportent non pas à l'histoire du passé, mais aux événements de l'avenir. Il lui demande d'abord quels sont les hommes qui resteront en vie quand le terrible hiver appelé *fimbulvĕtr* viendra apporter la mort au genre humain. (Voyez *Völuspá,* v. 169.)

VERS 180 et suiv. — La femme *Lif* (vie; cf. חוה, Ève) et son mari *Lifthrasir* (force vitale) échapperont à la mort en se réfugiant dans les chauds souterrains de la colline du géant *Hoddmimir.* Ils deviennent les parents du genre humain régénéré.

VERS 186. — Comment le soleil qui sera dévoré par le loup *Fenrir,* pourra-t-il revenir, après la renaissance du monde, dans le ciel dépourvu de l'ornement des astres qui en sont tombés dans le crépuscule des dieux? (Voyez *Völuspá,* v. 232.)

VERS 188. — *Alfrödull.* (Voyez Notes critiques, v. 87.)

VERS 196. — Les filles de l'Iote *Mogthrasir* sont toutes des génies tutélaires des hommes. Elles remplacent, dans le monde régénéré, les anciennes *Nornes,* et sont comme elles de la race des *Iotes.* (Cf. *Völuspá,* Introd. p. 153.)

VERS 203. — Voyez *Völuspá,* v. 249.

VERS 204 et suiv. — *Vidar* est fils d'Odin et de la géante *Gridur;* il est appelé *l'Ase muet,* et passe pour être le plus fort des dieux après

Thôr. Il venge la mort de son père Odin en tuant le loup Fenrir. (Voyez *Völuspâ*, v. 220.) *Vali* (puissant) est fils d'*Odin* et de *Rindur*; il est habile à lutter et à tirer de l'arc; c'est lui qui, âgé d'une nuit, a vengé la mort de son oncle Baldur en tuant Hodur. (Voyez *Völuspâ*, v. 136.) *Modi* (courage) et *Magni* (force) sont fils de Thôr; ils sont les personnifications de la *colère d'Ase* (âs-môdr), et de la *force d'Ase* (âs-megin) de leur père. Quand Thôr est tué par le serpent *Iormungandr,* ils héritent du marteau d'armes appelé *Miölnir* (qui moud, écrase) ou *Thrûdhamar* (le marteau terrible). Avec cette arme, les fils de Thôr mettent fin au combat du *crépuscule des dieux* en assurant la victoire aux Ases.

Vers 212 et suiv. — *Le Loup* est le loup *Fenrir* (Voyez *Völuspâ*, v. 180.) *Vitnir* est un nom de loup (*Skaldskaparmâl*, chap. 178), et désigne ici le loup par excellence, c'est-à-dire Fenrir. (Cf. *Lokasenna*, v. 156.)

Vers 216. — En adressant la dernière question à Vafthrûdnir, Odin prend sa véritable forme divine comme père du monde, car il est sûr de vaincre le géant dans cette dernière épreuve. En effet, comment Vafthrûdnir pourrait-il savoir ce qu'a dit Odin à l'oreille de son fils Baldur, avant de porter ce héros au bûcher qui devait le consumer? C'était un secret qui n'était connu que d'Odin et de Baldur.

Vers 220. — En voyant son hôte sous sa véritable forme divine, et en entendant proposer une question qui ne pouvait être faite ni résolue que par Odin lui-même, Vafthrûdnir reconnaît le père des Ases; il se soumet à son vainqueur, et regrette d'avoir osé rivaliser de sagesse avec Odin, le plus sage de tous les êtres.

III.

LOKASENNA.

INTRODUCTION.

CHAPITRE I.

DU BUT DU POËME.

Le but du poëte, en composant Lokasenna, a été de lancer les traits du ridicule sur les dieux et les déesses de l'odinisme. Ce n'est donc point une tradition mythologique qui forme le sujet du poëme ; car, comment supposer que la mythologie se soit ridiculisée soi-même, en dévoilant les faiblesses des divinités qu'elle a créées? Tout au contraire, notre poëme est la critique, la satire et la négation de la mythologie; il présente le spectacle de l'ancienne religion du Nord, persifflée par le scepticisme et la philosophie. De même que Lucien de Samosate et quelques-uns des premiers apologètes chrétiens ont ridiculisé les dieux de la Grèce et de Rome, de même notre poëte a tourné en dérision les dieux du paganisme scandinave.

Pour échapper à la responsabilité de ses paroles profanes et pour éviter le reproche d'impie et de blasphémateur, le poëte a mis ses sarcasmes contre les dieux dans la bouche du personnage mythologique de Loki. Ce personnage est très-bien choisi, parce qu'étant dieu lui-même, Loki peut faire des reproches aux Ases sans être ni impie, ni blasphémateur. De plus, Loki est représenté dans la mythologie comme un être sinon hostile aux

Ases, du moins toujours porté à leur nuire. Loki est donc, plus que toute autre divinité, propre à jouer le rôle d'accusateur ou de calomniateur des dieux. Enfin, Loki passe pour être spirituel, malin et caustique, et c'était précisément un tel personnage que le poëte devait mettre aux prises avec les Ases. La mise en scène de Loki est donc une fiction très-heureuse, parce qu'elle met à l'abri la personne du poëte, et qu'elle contribue en même temps à la beauté et à la perfection du poëme.

Le poëte n'a pas été moins habile dans l'invention des circonstances où il a placé l'action du poëme. En effet, pour que Loki puisse lancer ses traits contre les Ases, il faut d'abord qu'il trouve une occasion favorable; il faut que cette occasion se présente, quand tous les dieux et toutes les déesses sont réunis ensemble; il faut enfin que les circonstances mêmes amènent et provoquent les sarcasmes de Loki. Une semblable occasion se présentait naturellement dans un banquet, où les Ases et les Asynies étaient tous présents, où la gaieté des convives permettait l'enjouement et les railleries, et où l'exaltation de l'ivresse portait naturellement à l'injure et au sarcasme. Comme la mythologie scandinave faisait mention d'un festin donné aux Ases par l'Iote Œgir, notre poëte a choisi ce mythe pour en faire le cadre de son poëme. Le sujet de Lokasenna, ou la représentation poétique de l'idée et du but du poëte, est donc de montrer Loki raillant les Ases et les Asynies au banquet donné par Œgir.

Notre poëme porte, dans les manuscrits, trois titres différents: on le désigne tantôt sous le nom de *Lokaklepsa* (morsure canine de Loki), tantôt sous celui de

Lokasenna (dispute, sarcasmes de Loki), tantôt encore sous celui de *OEgisdrëkka* (banquet d'OEgir). Cette diversité de titres prouve qu'aucun d'eux ne provient de l'auteur; car, précisément, parce que le poëte n'avait pas mis de titre, on désignait son poëme différemment; les trois titres furent peu à peu consacrés dans la tradition, et enfin insérés dans les manuscrits. Les deux premiers titres énoncent le sujet du poëme; le troisième ne désigne que les circonstances imaginées par le poëte pour servir de cadre à son tableau. Parmi ces trois titres, nous avons choisi celui de *Lokasenna* comme exprimant le mieux, non-seulement le sujet du poëme, mais aussi le but de l'auteur.

CHAPITRE II.

DE LA DISPOSITION DES PARTIES DU POËME.

La conduite de Lokasenna, ou en d'autres termes, le plan, le canevas de la fable de ce poëme, pourrait être esquissé de la manière suivante :

Loki sait que les Ases sont assemblés chez OEgir à un banquet auquel il n'a pas été invité, parce qu'on connaît son esprit railleur et méchant. Il se propose de troubler la fête, et de satisfaire son penchant haineux, en injuriant les Ases assemblés. Loki se présente à la porte de la demeure d'OEgir; il s'informe auprès du serviteur Eldir des dispositions des convives : puis il entre dans la salle du festin, où il trouve bientôt occasion d'insulter les dieux les uns après les autres. Mais, à la fin, Thôr arrive et le menace de son marteau Miölnir. Loki craignant la colère de Thôr, et ayant d'ailleurs atteint son but, se retire en poussant encore une imprécation contre l'amphitryon qui ne l'avait pas invité au festin qu'il donnait.

D'après les indications de ce plan, on voit que le poëme se divise en trois dialogues ou trois actes. Le premier acte qui renferme l'exposition du drame, est un dialogue entre Loki et Eldir à la porte de la salle d'Œgir; strophes 1-5. Le second qui forme le nœud du poëme, renferme le dialogue entre Loki et les convives; strophes 6-56. Enfin, le troisième ou le dénoûment de la pièce, contient le dialogue entre Loki et Thôr; strophes 57-64.

Les différents discours des interlocuteurs se suivent dans un ordre naturel, c'est-à-dire que chacun des personnages parle à propos. Pour montrer avec quel art le poëte a su disposer et enchaîner les discours, il faudrait analyser tout son poëme. Nous nous contenterons d'analyser le premier dialogue, et le commencement du second qui forment l'exposition du sujet de Lokasenna.

Premier Dialogue.—Loki arrivé à la demeure d'Œgir, n'entre pas tout de suite; il veut d'abord sonder le terrain, connaître les dispositions des convives. Soupçonnant que les Ases parlent, en son absence, de sa méchanceté, et qu'ils se plaignent du mal qu'il leur fait chaque jour, il demande au serviteur Eldir sur quoi les dieux s'entretiennent à table. Ayant appris qu'ils parlent de leurs faits d'armes, et surtout de sa méchanceté sur laquelle il n'y a qu'une voix, il s'apprête à entrer dans la salle pour troubler la fête en insultant les convives. Eldir qui connaît le penchant de Loki pour la raillerie, l'avertit de se garder de dire des injures aux Ases, puisque tous se vengeraient sur lui dans leur colère. Blessé dans son orgueil par cet avertissement qui lui vient de la part d'un serviteur, Loki répond qu'il ne craint point les disputes, et qu'étant inépuisable en injures, il saura faire taire tout le monde, à commencer par Eldir lui-même.

Ce premier dialogue annonce nettement le caractère et l'intention de Loki. On devine facilement à quoi il faut s'attendre de la part d'un tel homme, quand il sera entré dans la salle du festin.

Deuxième Dialogue. — N'ayant point été invité au festin, Loki ne peut se faire admettre à table qu'en vertu des droits de l'hospitalité. C'est pourquoi il dit aux convives qu'il a fait une longue marche; et feignant d'être altéré de soif et de fatigue, il demande avec instance un verre d'hydromel pur. Les Ases, mécontents de l'arrivée du nouvel hôte qu'ils ne peuvent pas refuser sans forfaire à l'hospitalité, en prennent humeur et gardent un silence absolu. Loki fait semblant d'ignorer la cause de leur silence, et comme s'il était fâché du peu de prévenance qu'on lui témoigne, il rappelle la société aux devoirs de l'hospitalité, et demande qu'on lui assigne une place au banquet, ou qu'on le renvoye insolemment. Bragi qui, en sa qualité de Mercure ou d'Apollon scandinave, est l'interprète des Ases, adresse le premier la parole à Loki; il lui dit sèchement que les dieux, connaissant bien quels sont leurs amis et leurs ennemis, n'ont garde de lui accorder une place à leur banquet. Loki fait semblant de mépriser ces paroles de Bragi; et sans lui répondre, il s'adresse à Odin comme au plus âgé et au plus distingué des Ases. Il lui rappelle qu'autrefois ils se sont tous deux juré fraternité sur leur sang, et qu'à cette occasion Odin a fait vœu de ne jamais accepter l'hospitalité, si elle n'était pas offerte en même temps à son compagnon. Loki reproche ainsi à Odin, d'une manière indirecte, son manque de parole; et il le somme, en vertu de son vœu, de lui accorder comme droit ce qu'on ne voulait pas lui accorder comme faveur. Odin, obligé de convenir d'avoir fait le vœu, et craignant d'ailleurs de voir troubler la paix dans la demeure sacrée d'OEgir s'il refusait de faire droit à Loki, ordonne à son fils Vidarr d'aller assigner une place au nouveau convive. Loki, ayant été admis à table, boit à la santé des Ases et des Asynies, non par bienveillance ou en reconnaissance de la faveur qu'on vient de lui faire, mais pour avoir occasion de se venger de Bragi. En effet, Loki boit à la santé de tous les convives, excepté à celle de cet Ase qui lui avait refusé une place au banquet. Bragi désirant se réconcilier avec Loki, lui offre en réparation d'honneur une épée et un cheval; mais pour ne pas avoir l'air de s'humilier devant le nouvel hôte, il veut faire croire aux convives qu'il fait cette concession dans l'intérêt de la société, uniquement pour prévenir que Loki ne dise des injures aux Ases et aux Asynies. Cependant Loki, qui brûle d'impatience de railler les dieux, tourne en ridicule les paroles de Bragi : ses sarcasmes provoquent les répliques des convives qui, pour se défendre les uns les autres, attaquent Loki par des reproches, et augmentent ainsi, en l'irritant, sa verve caustique et son insolence.

C'est ainsi que Loki trouve occasion de persiffler successivement les Asynies et tous les Ases réunis au banquet, jusqu'à ce qu'enfin l'arrivée de Thôr, ou la dernière péripétie du nœud dramatique, amène naturellement le dénoûment du poëme.

CHAPITRE III.

DE L'INTÉGRITÉ DU POËME.

Quand on a bien saisi le véritable point de vue sous lequel Lokasenna doit être envisagé, on est naturellement surpris de trouver au commencement et à la fin de ce poëme, des morceaux en prose qui ne peuvent être de la main de notre poëte. En effet, l'introduction en prose ne saurait être une partie intégrante de Lokasenna; car, pourquoi le poëte aurait-il composé deux introductions à son poëme, une en prose et une autre en vers? L'introduction en vers qui se trouve dans la première partie ou dans l'exposition de Lokasenna, indique suffisamment les circonstances qu'il faut connaître pour comprendre le poëme. En effet, dans la première strophe, il est dit que les Ases sont assemblés à un banquet; dans la troisième, on voit que le banquet se donne dans la demeure d'Œgir; dans la même strophe, Loki annonce son intention de railler les dieux; enfin toutes les personnes présentes au banquet se font connaître successivement au lecteur à mesure qu'elles disputent contre Loki. Les détails donnés dans l'introduction en prose sont donc entièrement inutiles. Il est même absurde de croire que les détails sur la mythologie aient été donnés par l'auteur de Lokasenna; car, si le poëte avait eu besoin, pour se faire comprendre, d'instruire d'abord ses auditeurs dans la mythologie, il se serait donné un grand ridicule en composant un poëme qui ne paraît spirituel qu'à celui qui connaît bien les mythes auxquels il fait allusion.

Il y a plus : non-seulement l'introduction en prose est inutile, mais elle est même entièrement déplacée et fausse dans ses indications. En effet, loin de placer le lecteur dans le véritable point de vue de Lokasenna, cette introduction ne fait que rendre le poëme inintelligible, en indiquant des circonstances qui contredisent directement celles qui ont été imaginées par le poëte. Ainsi il est dit dans l'introduction, que Loki, ayant tué au banquet d'OEgir le serviteur Fimafing, s'enfuit et fut poursuivi par les Ases jusqu'à l'entrée d'un bois; que les Ases revinrent ensuite reprendre leurs places au banquet; que Loki retourna aussi, et qu'alors eut lieu ce qui est raconté dans notre poëme. Tous ces détails sont en contradiction avec eux-mêmes et avec les circonstances indiquées par le poëte. En effet, comment admettre que Loki, après avoir été poursuivi par les Ases, vienne se livrer lui-même à leur vengeance? Si Loki a déjà assisté auparavant au banquet, comment peut-il encore dire dans notre poëme (v. 14) qu'il veut voir le banquet? Comment s'expliquer les dispositions d'esprit des Ases, au moment où Loki entre dans la salle? Pourquoi les Asès ne disent-ils mot du meurtre de Fimafing? Pourquoi sont-ils si pacifiques, eux qui quelques moments auparavant ont, suivant l'expression de l'auteur de la préface, secoué leurs boucliers, et poussé des cris contre Loki?

Enfin, ce qui prouve jusqu'à l'évidence que l'introduction n'est pas de la main du poëte de Lokasenna, ce sont les mots : « Comme il vient d'être raconté » qu'on lit dans cette même introduction. Ces mots se rapportent au récit qui fait le sujet du poëme intitulé *Hymiskvida;* et dans le recueil de l'Edda, Hymiskvida précède immédiatement le poëme Lokasenna. Il est donc évident que l'introduction en prose n'a été composée que dans le temps où le recueil de l'Edda existait déjà, ou, ce qui est plus probable, au moment même où ce recueil fut formé. D'après cela, il est très vraisemblable que l'auteur du recueil de l'Edda est aussi l'auteur de notre introduction (cf. pag. 14). Ce qui vient encore à l'appui de cette opinion, c'est que la préface de Lokasenna est écrite dans le même style que les préfaces des autres poésies de l'Edda. Comme ce style diffère entièrement de celui des poëmes eux-mêmes, nous sommes en droit d'admettre que toutes les préfaces ont été rédigées par l'auteur du recueil de l'Edda, et que, par conséquent, l'introduction de Lokasenna ne fait pas non plus partie intégrante de ce poëme.

Quant aux mots insérés par forme d'explication, entre les strophes 5 et 6, 10 et 11, 52 et 53, 56 et 57, ils ne sont pas plus de la main de notre poëte que l'introduction en prose. En effet, toutes ces explications sont superflues, elles sont écrites dans le même style que la préface; et trahissent, par conséquent, le même auteur. Nous devons faire la même remarque au sujet du mot *kvad* qu'on lit après le nom des interlocuteurs, en tête de chaque strophe. Ce seul mot change la forme animée du dialogue en la forme aride d'un procès-verbal (cf. p. 21); on doit donc présumer que ce mot n'est pas non plus de la main du poëte, mais qu'il a été ajouté au texte par l'auteur du recueil de l'Edda.

Il nous reste à examiner l'authencité du morceau en prose placé à la fin de Lokasenna. Ce morceau ne saurait faire partie de notre poëme, parce qu'il en contredit la disposition et le but. En effet, si le récit de la punition de Loki (le sujet de ce morceau) faisait partie intégrante de Lokasenna, ce poëme changerait entièrement d'aspect; car, dans ce cas, la retraite de Loki serait à considérer comme la péripétie, et sa mort comme la catastrophe du drame; ce qui, comme nous l'avons vu, est contraire à l'intention du poëte. D'ailleurs, comme le morceau est écrit dans le même style que l'introduction, on doit aussi présumer qu'il a été rédigé par le même auteur. Cet auteur, connaissant la fin tragique de Loki, et se rappelant la prédiction de Skadi dans la strophe 49 de Lokasenna, a cru embellir ce poëme en y ajoutant à la fin le récit dont nous parlons. Il ne s'est pas aperçu que par cette addition, il ne faisait que défigurer l'œuvre du poëte. En général, les deux morceaux en prose ajoutés à notre poëme n'ont aucun mérite littéraire. Nous y apprenons seulement que selon la mythologie, les tremblements de terre étaient produits par les convulsions de Loki. Nous devons également au même auteur la connaissance du mythe sur la mort de Fimafing. En faveur de ces deux notices qu'on ne trouve dans aucun autre écrit islandais, on peut donc bien lui pardonner d'avoir dénaturé notre poëme par des additions absurdes.

Si l'on retranche de Lokasenna tout ce que nous venons de signaler comme non authentique, ce poëme se présentera comme une des meilleures productions de la littérature scandinave. En effet, le poëte n'a pas seulement fait preuve de talent dans la disposition du poëme, il a aussi montré de l'habileté et du goût en donnant à son œuvre une forme toute dramatique. Lokasenna est bien dialogué, il est plein d'esprit, de saillies et de railleries mordantes; et, abstraction faite de quelques grossièretés qui tiennent à la rudesse des mœurs de l'époque, à part quelques négligences de style, ce poëme ferait honneur même à un poëte des temps modernes. L'auteur de Lokasenna avait une connaissance parfaite du cœur humain, et l'on ne saurait douter que, s'il se fût trouvé dans des circonstances convenables, il n'eût été un excellent auteur dramatique.

CHAPITRE IV.

DE L'ÉPOQUE DE LA COMPOSITION DU POËME.

Le poëme Lokasenna est moins ancien que Völuspâ et Vafthrûdnismâl; il est même moins ancien que la plupart des poésies de l'Edda. Le sujet de Lokasenna étant le persifflage de la mythologie, ce poëme n'a pu être composé que lorsque le paganisme du Nord tirait à sa fin; car ce n'est que lors de la décadence d'une religion que la philosophie ose s'attaquer aux croyances surannées.

L'an 999 de notre ère, *Hiallti Skeggiasun* qui avait embrassé le christianisme, chanta publiquement à Lögberg, en Islande, une chanson (*kvidling*) contre les dieux scandinaves. Cette chanson commençait par les mots:

> Vil ëk eigi gud geyia,
> Grey thikkir mër Freyia:
>
> Je n'ai garde d'aboyer après les dieux;
> Freyia, la chienne, me semble faite pour ça, etc.

Le prêtre Runôlf accusa Hiallti de blasphème (*um godsgá*), et Thôrbiörn, fils de Thôrkill, poursuivit le procès. Hiallti fut condamné comme sacrilége (*fiörbaugs madr um godsgá*) et envoyé en exil[1]. L'été suivant, en l'an 1000, le parti chrétien prit le dessus en Islande, et le christianisme fut introduit dans le pays en vertu d'une loi décrétée à l'assemblée générale. Dès lors, le paganisme étant vaincu, ce ne fut plus un crime de ridiculiser les anciens dieux.

D'après cette donnée historique, on est fondé à croire que le poëme Lokasenna a été composé peu de temps avant que le christianisme eût triomphé en Islande. Les précautions que notre poëte a prises pour se mettre à l'abri de toute accusation (voyez p. 303), prouvent que de son temps l'ancienne religion était encore dominante. De plus, les fréquentes allusions à des mythes dont la tradi-

---

[1] *Kristnisaga*, p. 66. *Niálssaga*, p. 160.

tion s'était déjà perdue du temps de Snorri, font croire que le poëme a été composé à une époque où la mythologie était encore parfaitement connue, parce qu'elle était encore la religion de la majorité. Enfin plusieurs circonstances indiquent que le poëte n'était pas chrétien. En effet, s'il avait été partisan de la nouvelle doctrine, il n'aurait pas pris tant de précautions pour se soustraire à la responsabilité de son poëme, mais il se serait déclaré avec cette courageuse franchise des premiers chrétiens qui partout allaient au-devant du martyre. De plus, notre poëte aurait attaqué le paganisme avec plus de haine et de violence; et enfin, on trouverait dans le poëme au moins quelques traces de ce génie de l'Évangile qui ne se dément jamais dans les écrits des chrétiens de l'antiquité et du moyen âge. Au lieu de cela, tout annonce dans Lokasenna, que ce poëme a été composé par un Islandais païen, mais incrédule et esprit fort, qui n'avait aucune haine contre les divinités de sa nation, et qui voulait seulement satisfaire sa philosophie et son esprit railleur et caustique, en ridiculisant ce que ses compatriotes adoraient. Nous devons donc admettre que notre poëte a vécu dans le temps où le paganisme allait expirer, mais où cependant l'Évangile n'était pas encore la religion dominante. D'après cela, nous ne croyons pas nous tromper en disant que le poëme Lokasenna a été composé dans les dernières années du xe siècle.

Il est vrai que le langage de notre poëme, c'est-à-dire les formes grammaticales des mots, semblent lui assigner une date bien plus récente que la fin du xe siècle. En effet, non-seulement les *t* se sont changés en ð et les articles définis sont devenus suffixes comme dans vömm*in*, úl*finn*, *etc.*; mais on trouve même la construction : *ër* þik *sigli gaf* (strophe 20), qui se rapproche entièrement du langage moderne. Cependant cette locution et les formes grammaticales qui viennent d'être signalées, ne prouvent rien contre l'époque que nous avons assignée au poëme, puisqu'elles peuvent être considérées comme des provincialismes, ou comme des particularités propres au langage du district qu'habitait le poëte. En effet, les altérations de langage, avant de devenir générales, ou avant de pénétrer dans le langage littéraire, se montrent ordinairement comme provincialismes dans telle ou telle localité : et comme nous déterminons les époques d'une langue d'après le langage littéraire, les écrits qui renferment des provincialismes semblent toujours être d'une date postérieure à l'époque à laquelle ils appartiennent réellement.

Avant de terminer ce paragraphe, il importe de dire quelques mots sur le rapport qui existe entre Lokasenna et deux autres poëmes de l'Edda intitulés *Skirnisför* (voyage de Skirnir) et *Harbardsliód* (chant d'Harbard). Ces deux poëmes appartiennent au temps de la décadence du paganisme, à cette époque d'incrédulité qui a produit les *Sarcasmes de Loki*. Dans Skirnisför on voit le fils de Niördur, Freyr, tellement épris d'amour pour Gerdur, fille du géant Gymir, qu'il abandonne à son serviteur Skirnir ce qu'un héros scandinave a de plus cher, son épée, pour obtenir un rendez-vous avec l'objet de sa passion. Dans le poëme Harbardsliód, Thôr, le plus fort des Ases, est exposé aux railleries de Harbard qui lui reproche sa faiblesse et sa lâcheté.

INTRODUCTION. 317

Ce qui prouve le rapport qui existe entre les trois poëmes, c'est qu'il y a dans Lokasenna des traits et des expressions qui se retrouvent dans Skirnisför et Harbardsliôd. Ainsi les vers de Skirnisför :

> Heill vĕr thû nû helldr sveinn ok tak vid hrîmkalki
> Fullom forns miadar.

répondent parfaitement dans Lokasenna (strophe 54), aux vers :

> Heill vĕr thû nû Loki ok tak vid hrîmkalki
> Fullom forns miadar.

L'auteur des *Sarcasmes de Loki* avait sans doute en vue le poëme Skirnisför quand il dit, vers 168-171 :

> Gulli keypta lêztu Gymis dôttur
> Ok seldir thitt svâ sverd :
> Ēn ĕr Muspils-synir rîda myrk-vid yfir,
> Veizt-a thû thâ vĕsall ! hve thû vĕgr.

De plus, l'expression dans Skirnisför, strophe 40 :

> Segdu mĕr that Skirnir, âðr thû...
> Stîgir feti framarr :

se retrouve dans la première strophe de Lokasenna :

> Segdu that Eldir, svâ at thû einugi
> Feti gângir framarr.

Enfin, les vers de la strophe 13 de Skirnisför :

> .... mĕr var aldr um-skapadr
> Ok alt lîf um-lagit.

ont beaucoup de ressemblance, dans l'expression, avec les vers 192-193 de Lokasenna :

> .... thĕr var î ârdaga
> Id liôta lîf um-lagit.

Notre poëme renferme également quelques vers qu'on retrouve dans Harbardsliôd; ainsi les vers de Lokasenna 243 et 244:

> Sîtzt î handska thumlûngi hnuktir thû einheri
> Ok thôttiska thû thâ Thôrr vëra

sont les mêmes dans Harbardsliôd :

> Thër var î hanzka trodit
> Ok thottiska thû thâ Thorr vëra.

De même, l'expression *rög vættr* (*Lokasenna*, v. 237, 245, 254), ressemble à l'expression *inn ragi* (*Harb.* strophe 26); et la locution *ëk munda thik î hel koma* (*Harb.* strophe 26), se retrouve dans : *Hrungnisbani mun thër î hel oma* (*Lokas.* v. 256).

Comme les ressemblances que nous venons de faire remarquer entre Lokasenna et les deux autres poëmes de l'Edda ne sauraient être fortuites, il faut admettre ou que Lokasenna a été imité dans le Voyage de Skirnir et le Chant d'Harbard, ou que ces deux poëmes ont fourni quelques traits et quelques expressions à l'auteur des Sarcasmes de Loki. En examinant de plus près Skirnisför et Harbardsliôd, on découvre que les expressions qui leur sont communes avec Lokasenna ne sont pas empruntées, mais qu'elles leur appartiennent en propre, tandis que dans Lokasenna elles peuvent bien n'être que des imitations. Nous devons donc en conclure que notre poëte a connu Skirnisför et Harbardsliôd, et que par conséquent Lokasenna est postérieur à ces deux poëmes. Nous reviendrons sur la question de la date relative des trois poëmes, quand nous expliquerons le Voyage de Skirnir et le Chant de Harbard. Qu'il nous suffise, pour le moment, d'avoir

constaté que Lokasenna est postérieur de quelques
années à Skirnisför et Harbardsliôd. Si, comme nous l'a-
vons fait voir, Lokasenna appartient aux dernières années
du x⁰ siècle, les deux autres poëmes doivent remonter
aux premières années de la seconde moitié du même
siècle.

LOKASENNA.

OEgir, er öðro nafni hêt Gŷmir, hann hafði búit Asom öl, þá-ër hann hafði fengit ketil inn mikla, sem nû ër sagt. Til þeirrar veizlo kom Oðinn ok Frigg kona hans; Þôrr kom eigi, þvíat hann var î Austrvëgi; Sif var þar kona Þôrs, Bragi ok Iðunn kona hans; Tŷr var þar, hann var einhendr, Fenrisûlfr sleît hönd af honom, þá-ër hann var bundinn; þar var Niörðr ok kona hans Skaði, Freyr ok Freyia, Vîdarr son Oðins; Loki var þar, ok þiônustumenn Freys, Beyggvër ok Beyla: margt var þar Asa ok Alfa.

OEgir átti tvâ þiônustu-menn Fimafëngr ok Eldir. Þar var lŷsigull haft fyrir ëldz-liôs; siâlft barsk þar öl. Þar var griðastaðr mikill. Menn lofoðo miök hverso gôðir þiônustu-menn OEgis voro: Loki mâtti eigi heyra þat ok drap hann Fimafëng. Þá skôko Æsir skiöldo sîna ok œpto at Loka, ok elto hann braut til skôgar; ën þeir fôro at drëkka. Loki hvarf aptr ok hitti úti Eldi, Loki kvaddi hann:

Segðu þat, *E*ldir! svâ at þû *e*inugi
   *F*eti gângir *f*ramar:
*H*vat hêr-inni *h*afa at öl-mâlom
   *S*igtîva *s*ynir?

LES SARCASMES DE LOKI.

OEgir, qui portait aussi le nom de Gymir, donna un banquet aux Ases après qu'il eut reçu le grand chaudron, comme il a été raconté. A ce festin vint Odin avec sa femme Frigg. Thôr ne vint point parce qu'il était en orient; Sif, la femme de Thôr, y était, ainsi que Bragi et sa femme Idunn; Tyr y était; il était manchot; le loup Fenrir lui avait mangé la main lorsqu'il s'était vu enchaîné. Étaient encore présents Niordur et sa femme Skadi, Frey et Freyia, Vidar, fils d'Odin, Loki et les domestiques de Frey, Beyggvir et Beyla, et un grand nombre d'Ases et d'Alfes.

OEgir avait deux serviteurs, Fimafing et Eldir. L'éclat de l'or éclairait le palais au lieu de la lumière du feu; la bière se versait d'elle-même dans les coupes; c'était là un endroit sacré. On louait beaucoup les serviteurs d'OEgir; Loki ne voulut point entendre ces louanges, et tua Fimafing. Alors les Ases secouèrent leurs boucliers, poussèrent des cris contre Loki, et le poursuivirent jusqu'à l'entrée d'un bois. Puis ils revinrent à boire. Loki retourna aussi; et ayant rencontré Eldir devant la porte, il lui dit :

Dis donc, Eldir, sans que tu fasses un seul
    Pas de plus en avant,
De quoi parlent-ils là-dedans, dans leur discours de table,
    Les fils des Dieux Combattants?

ËLDIR kvad:

5   Of vâpn sîn dœma, ok om vîg-risni sîna
    Sigtîva synir:
Asa ok Alfa, ër hêr-inni ëro,
    Mangi ër þër î orði vinr.

LOKI kvad:

Inn skal gânga Œgis hallir î,
10   A þat sumbl at siâ:
Ioll ok afo fœri-ëk Asa sonom
    Ok blend ën þeim svâ meini mioð.

ËLDIR kvad:

Veiztu ëf þû inn-gengr Œgis hallir î
    A þat sumbl at siâ —
15 Hrôpi ok rôgi ëf þû eyss â holl regin,
    A þër muno þau þerra þat.

LOKI kvad:

Veiztu þat Eldir! ëf við einir skulom,
    Sâr-yrðom sakaz,
Auðigr vërða mun-ëk î andsvörum —
20   Ëf þû mælir til margt.

Síðan gêkk Loki inn î höll-ina; ën ër þeir sâ, ër fyrir voro, hverr inn var kominn, pögnoðo þeir allir.

LOKI kvad:

Þyrstr ëk kom þëssar hallar til
    Loptr um lângan vëg!
Aso at biðia, at mër einn gëfi
    Mæran drykk miaðar.

LES SARCASMES DE LOKI.

ELDIR dit :

Ils devisent sur leurs armes et sur leur valeur guerrière,
 Les fils des Dieux Combattants.
De tous les Ases et Alfes qui sont là-dedans,
 Pas un ne parle de toi en ami.

LOKI dit :

Il faut entrer dans les salles d'OEgir,
 Pour voir ce banquet.
Chez les fils des Ases je vais porter le tapage et le scandale,
 Et mêler ainsi le fiel avec l'hydromel.

ELDIR dit :

Songe bien que si tu entres dans les salles d'OEgir
 Pour voir ce banquet,
Et si tu verses l'opprobre et l'injure sur les Grandeurs
 Elles sauront s'essuyer à toi.   [bénignes,

LOKI dit :

Songe bien, Eldir, que si nous escrimons l'un contre l'autre
 En termes injurieux,
Je saurai être inépuisable en répliques—
 Si tu dis un mot de trop.

Ensuite Loki entra dans la salle ; mais ceux qui s'y trouvaient, voyant qui était entré, se turent tous à la fois.

LOKI dit :

Altéré de soif, je suis arrivé dans cette demeure
 Après une longue marche ;
Lopte prie les Ases de lui donner seulement
 Un coup d'hydromel pur.—

25 Hví þegit-ër, svâ þrûngin goð,
    At þër mæla nê megoð?
Sëssa ok staði velit mër sumbli at,
Eða heitið mik hëðan!

BRAGI kvad:

Sëssa ok staði velia þër sumbli at
30   Æsir aldregi;
þvíat Æsir vito hveim þeir alda skulo
Gamban-sumbl um-gëta.

LOKI kvad:

Mantu þat, Oðinn! ër við î árdaga
Blendom blôði saman,
35 Ölvi bergia lêztu eigi mundo
Nëma okkr væri bâðom borit.

ODINN kvad:

Rîstu þâ, Víðarr! ok lât Ulfs föður
Sitia sumbli at
Síðr oss Loki kveði lasta-stöfum
40   Œgis höllo î.

þâ stôð Víðar upp ok skenkti Loka; ën âðr hann drykki, kvaddi hann Aso-na:

Heilir Æsir! heilar Asynior!
   Ok öll ginheilög goð!
Nëma sâ einn âss, ër innar sitr
   Bragi bekkiom â.

BRAGI kvad:

45 Mar ok mæki gëf-ek þër mîns fiâr,
   Ok bœtir þër svâ baugi Bragi!

Pourquoi gardez-vous le silence? Dieux si bouffis de morgue
  Que vous ne pouvez parler! —
Désignez-moi un siége et une place à ce banquet,
  Ou renvoyez-moi d'ici.

BRAGI dit :

Désigner un siége et une place à notre banquet! —
  Jamais les Ases ne le feront;
Car les Ases savent bien à qui ils doivent
  Faire partager leur banquet joyeux.

LOKI dit :

T'en souviens-tu, Odin; lorsque nous deux, autrefois,
  Nous mêlâmes notre sang ensemble;
Jamais, disais-tu, jamais tu ne goûterais de l'aile,
  A moins qu'elle ne fût offerte à nous deux ensemble.

ODIN dit :

Lève-toi, Vidar, et laisse le père du Loup
  Prendre place au banquet,
Afin que Loki ne nous parle pas en termes injurieux
  Dans la demeure d'OEgir.

Vidar se leva, et versa à boire à Loki qui, avant de boire salua les Ases.

Ases! à votre santé; à votre santé, Asynies!
  A la santé de vous tous, Dieux très-saints!
Excepté ce seul Ase, ce Bragi qui est assis
  Au fond, sur son banc.

BRAGI dit :

Je te donne un cheval et une épée de ma propriété;
  Bragi te fait ainsi réparation avec l'*écu*,

LOKASENNA.

Siðr þû Asom öfund um-gialdir.—
Gremþu eigi goð at þër!

LOKI kvad:

Iôs ok armbauga mundu æ vëra
Beggia vanr, Bragi!
Asa ok Alfa, ër hêr-inni ëro,
þû ërt við vîg varastr
Ok skiarrastr við skot.

BRAGI kvad:

Veit-ëk ëf fyr utan værak, svâ sem for innan emk,
Œgis höll um-kominn,
Höfuð þitt bæra-ëk î hendi mër,
Lyki-ëk þër þat for lŷgi.

LOKI kvad:

Sniallr ërtu î sëssi, skal-atto svâ giöra
Bragi bekk-skrautuðr!
Vëga þû gakk ëf þû reiðr sêr;
Hyggz vætr hvatr fyrir.

IDUNN kvad:

Bið-ëk, Bragi! barna sifiar duga
Ok allra ôsk-maga,
At þû Loka kvedir-a lasta-stöfum
Œgis höllo î.

LOKI kvad:

Þegi þû, Iðunn! þik kvëd-ëk allra kvënna
Vër-giarnasta vëra;
Sîtz þû arma þîna lagðir îtr-þvegna
Um þinn brôður-bana.

Afin que tu ne portes pas rancune aux Ases.—
    N'irrite point les dieux contre toi !
        LOKI dit :
Un cheval et un écu ! jamais tu n'auras que faire
    De l'un ou de l'autre, ô Bragi !
Toi, d'entre les Ases et les Alfes qui sont ici présents,
    Le plus précautionné contre le combat !
    Le plus effarouché à la vue d'une lance !
        BRAGI dit :
Certes ! si pour me battre et non pour assister au banquet,
    J'étais venu dans la demeure d'OEgir,
Je porterais ta tête dans ma main,—
    Je te payerais ainsi de ton mensonge.
        LOKI dit :
Tu es impétueux dans ton fauteuil ! — Il ne faut pas en
    Magnifique Bragi, qui es trop sédentaire ! [user ainsi,
Va donc te battre pendant que tu es encore courroucé ;
    Car, « homme en colère ne craint pas le diable. »
        IDUNN dit :
Je t'en prie, Bragi ! au nom de nos enfants,
    De tous les fils qui sont encore dans nos vœux :
N'irrite point Loki par des injures,
    Dans la demeure d'OEgir.
        LOKI dit :
Tais-toi, Idunn ! — Je te déclare de toutes les femmes
    La plus lascive,
Depuis que tu as serré dans tes bras par trop lavés
    Le meurtrier de ton frère.

IDUNN kvad:

70 *L*oka ëk kveð'k-a *l*asta-stöfom
OEgis höllo î:
*B*raga ëk kyrri *b*iôr-reisan;
*V*il'k-at-ëk at ið reiðir vëgiz.

GEFION kvad:

Hvî ið Æsir tveir skuloð inni hêr
75 Sâr-yrðom sakaz!
*L*optki þat veit at hann *l*eikinn ër,
Ok hann *fi*örgöll *f*rîa.

LOKI kvad:

Þegi þû, Gefion! þëss mun-ëk nû gëta
Ër þik *g*lapþi at *g*ëði
80 *S*veinn inn hvîti, ër þik *s*igli gaf,
Ok þû *l*agðir *l*ær yfir.

ODINN kvad:

*O*rr ërtu, Loki! ok örviti,
Ër þû fœr þër Gefion at *g*remi;
Þvîat aldar örlög, hygg-ëk hon öll um-viti
85 *I*afn-giörla sem ëk.

LOKI kvad:

Þegi þû, Oðinn! þû kunnir *a*ldregi
Deila *v*îg mëð *v*ërom:
Opt þû *g*aft þeim ër þû *g*ëfa skyldir-a
Ënom slævorom sigur.

ODINN kvad:

90 Veiztu ëf ëk *g*af þeim-ër ëk *g*ëfa nê skylda
Ënom slævorom sigur!—

LES SARCASMES DE LOKI. 329

IDUNN dit :

Je ne répondrai point par des injures à Loki,
    Dans la demeure d'Œgir.
J'apaiserai Bragi excité par la bière ;
    Je ne veux pas que vous vous battiez ainsi irrités.

GÉFION dit :

Comment ! deux Ases se quereller ici dans la salle,
    Et se dire des injures ! —
Lopte ne s'aperçoit pas qu'il est trop enjoué
    Et que sa pétulance l'emporte.

LOKI dit :

Tais-toi, Géfion, ou je vais raconter
    Comment t'a éblouie
Ce brillant jeune homme qui t'a fait présent d'un collier,
    Et que tu as fait passer sur tes cuisses.

ODIN dit :

Tu es un fou, Loki, et un insensé,
    De porter Géfion à la rancune contre toi ;
Car elle connaît, je pense, en entier la destinée de chacun,
    Aussi parfaitement que moi-même.

LOKI dit :

Tais-toi, Odin ; tu n'as jamais su
    Bien décider du sort des combats entre les hommes.
Souvent tu as donné à qui tu ne devais pas la donner,
    La victoire au moins courageux.

ODIN dit :

Sais-tu que j'aie donné à qui je ne devais pas la donner,
    La victoire au moins courageux ? —

Atta vëtur vartu, for *iörð* nëðan,
  *K*ŷr miölkandi ok *k*ona,
Ok hefir þû þar *b*örn af-*b*orit,
Ok hugða-ëk þat *a*rgs *a*ðal.

LOKI kvad:

Ën þik *s*îda koðo Sâmseyio î,
  Ok draptu â *v*ëtt sem *v*ölor:
*V*itka lîki fôrðu *v*ër-þiôð yfir,
  Ok hugða-ëk þat *a*rgs *a*ðal.

FRIGG kvad:

Orlögum ykrom skylit aldregi
  *S*egia *s*eggiom frâ,
Hvat ið Æsir tveir drŷgðut î *á*r-daga;
  *F*irriz æ *f*orn rök *f*îrar.

LOKI kvad:

Þegi þû, *F*rigg! þû ërt *F*iörgyns mær,
  Ok hefir æ *v*ër-giörn *v*erit,
Ër þâ *V*ea ok *V*ilia lêztu þër, *V*iðris kvæn,
  *B*âða î *b*aðm um-tekit.

FRIGG kvad:

Veiztu ëf inni ætta'k Œgîs höllom î
  *B*aldri lîkan *b*ur,
*U*t þû nê kvæmir frâ *A*sa sonom
  Ok væri þâ at þër reiðom *v*ëgit.

LOKI kvad:

Ënn vill þû, *F*rigg! at ëk *f*leiri telia
  *M*îna *m*ein-stafi:—

Mais toi, pendant huit hivers, tu as été là-bas, sur la terre,
    Une vache à lait et une femme,
    Et tu y es accouché plusieurs fois ;
    Et cela est, ce me semble, le propre d'un lâche.   95

LOKI dit :

Tu as pratiqué, à ce qu'on dit, la magie noire à Samsey,
    Et tu as frappé aux portes comme les Valas :
Sous la figure d'un sorcier, tu volas par-dessus le peuple-
    des-hommes,
    Et cela est, ce me semble, le propre d'un lâche.

FRIGG dit :

De vos aventures, vous ne devriez jamais parler   100
    En présence des héros;   [siècles.—
Ni de ce que vous avez fait au commencement des
    « Les hommes ne se reprochent point d'anciennes

LOKI dit :   [« fautes. »

Tais-toi, Frigg ; tu es la fille de Fiorgyne,
    Et tu as toujours été lascive :   105
Car toi, la femme de Vidrir, tu as tenu Ve et Vili
    Embrassés sur ton sein.

FRIGG dit :

Sais-tu que si j'avais ici, dans la demeure d'OEgir,
    Un autre fils comme Baldur,
Tu ne sortirais pas de chez les fils des Ases?   110
    On brandirait l'épée sur toi, insolent !

LOKI dit :

Veux-tu donc, Frigg, que je confesse encore d'autres
    De mes péchés ?—

LOKASENNA.

Ëk því *reð* ër þû *rída* sêr-at
Síðan Baldr at *s*ölum.

FREYIA kvad:

*O*rr ërtu, Loki! ër þû *y*ðra telr
Liôta *leið*-stafi:
*O*rlög Frigg hygg ëk at öll viti,
þôtt hûn siâlfgi *s*egi.

LOKI kvad:

Þegi þû, *F*reyia! þik kann-ëk *f*ull-giörva
Ër-a þër *v*amma *v*ant:
*A*sa ok *A*lfa ër hêr-inni ëro
*H*verr hefir þinn *h*ôrr verit.

FREYIA kvad:

*F*lâ ër þër tûnga, hygg-ëk at þër *f*remr muni
*O*gott *u*m-gala:
*R*eiðir 'ro þër *Æ*sir ok *A*synior:
*H*ryggr muntu *h*eim-fara.

LOKI kvad:

Þegi þû, *F*reyia! þû ërt *f*ordæða
Ok *m*eini blandin *m*iök:
Sîtztu at *b*rœðr þínom síðr *b*líð regin: —
Ok mundir þû þâ, *F*reyia! *f*rata.

NIORDR kvad:

Þat er *v*â-lîtit þôtt sër *v*arðkur *v*ërs
*F*âi *h*ôss ëðr *h*vars:
Hitt ër *u*ndr, ër *â*ss ragr ër hêr-inn of-kominn
Ok hefir sâ *b*örn of-*b*orit.

C'est par mes soins que tu ne verras plus Baldur
  Rentrer à cheval chez lui. 115

FREYIA dit :

Tu es un insensé, Loki, de proclamer ainsi
  Tes infâmes méchancetés :
La destinée immuable, Frigg la connaît en entier, je pense,
  Bien qu'elle ne le dise pas elle-même.

LOKI dit :

Tais-toi, Freyia ; je ne te connais que trop bien, 120
  Tu n'es pas pure de souillure ;
Les Ases et les Alfes, qui sont ici présents,
  Ont été tous tes galants.

FREYIA dit :

Ta langue est menteuse, mais je crois que bientôt
  Elle fera un cri de douleur ; 125
Les Ases et les Asynies sont irrités contre toi :
  Tu ne rentreras pas joyeux à la maison.

LOKI dit :

Tais-toi, Freyia ; tu es noircie de forfaits
  Et toute pétrie de méchanceté,   [bénignes.—
Depuis que tu enchantes ton frère et les Grandeurs 130
  Et après cela, Freyia, tu oses encore brailler !

NIORDUR dit :

Cela est peu étonnant, si les dames choisissent
  Pour galant un tel ou un tel :
Mais ce qui est merveilleux, c'est qu'un Ase lâche soit entré
  Et qu'il soit accouché plusieurs fois.   [ici, 135

LOKI kvad:

þegi þú, Niörðr! þú vart austr héðan
    Gisl um-sendr at goðom:
Hýmis meyiar höfðo þik at hland-trogi
    Ok þér î munn migo.

NIORDR kvad:

140 Sú ëromk líkn ër ëk var'k lângt héðan
    Gisl um-sendr at goðom:
þâ ëk mög gat þann ër mangi fiâr.
    Ok þikkir sâ Asa iaðarr.

LOKI kvad:

Hættu nú, Niörðr! hafðu â hôfi þik,
145   Mun'k-a-ëk því leyna lengr;
Við systor þinni gaztu slíkan mög —
    Ok þér-a þô óno vërr.

TYR kvad:

Freyr ër beztr allra ball-riða,
    Asa görðom î;
150 Mey hann nê grætir, nê mans kono,
    Ok leysir ôr höptom hvern.

LOKI kvad:

þegi þú, Týr! þú kunnir aldregi
    Bëra tilt mëð tveim:
Handar ënnar hœgri mun-ëk hinnar gëta,
155   Ër þér sleit Fenrir frâ.

TYR kvad:

Handar ëm-ëk vanr, ën þú Hrôðrs-vitnis,
    Böl er beggia þrâ:

LOKI dit :

Tais-toi, Niordur ; on t'a envoyé d'ici en Orient
    Comme ôtage aux dieux ;
Les filles d'Hymir t'ont pris pour un baquet à urine,
    Et t'ont pissé dans la bouche.

NIORDUR dit :

Ce qui me console d'avoir été envoyé loin d'ici   140
    Comme ôtage aux dieux,
C'est que là, j'ai engendré un fils qui est aimé de tout le
    Et qui passe pour le chef des Ases.   [monde,

LOKI dit :

C'est assez, Niordur ; ne dépasse pas la mesure,
    Sans cela je ne pourrai plus longtemps cacher   145
Que c'est avec ta sœur que tu as engendré ce fils,
    Ce qui, pourtant, n'est pas le pire de ce qu'on
                    TYR dit :   [attendait de toi.
Frey est le meilleur de tous les preux chevaliers,
    Dans les enclos des Ases :
Jamais il n'a fait pleurer une fille ni une femme mariée,   150
    Et il affranchit chacun de la servitude.

LOKI dit :

Tais-toi, Tyr ; tu n'a jamais su
    Réconcilier deux adversaires :
Parlerai-je de ta main droite
    Que t'a enlevée Fenrir !   155

TYR dit :

Je regrette ma main, et toi tu regrettes Hrodurs-vitnir ;
    Notre perte est douloureuse à l'un et à l'autre :

LOKASENNA.

Ulfgi hefir ok vël ër î böndom skal
Bíða ragna rökrs.

LOKI kvad:

160 Þegi þû, Týr! þat varð þinni kono
At hon âtti mög við mër :
Oln nê penníng hafðir þû þëss aldregi
Vanrêttis, vësall!

FREYR kvad:

Ulf sê-ëk liggia âr-ôsi for
165 Unz riûfaz regin :
Því mundo næzt, nëma þû nû þegir,
Bundinn, böla-smiðr!

LOKI kvad:

Gulli keypta lêztu Gýmis dôttur,
Ok seldir þitt svâ svërð :
170 Ën êr Muspëls-synir ríða Myrkvið yfir,
Veizt-a þû þâ, vësall! hve þû vëgr.

BEYGGVIR kvad:

Veiztu, ëf ëk öðli ætta'k, sem Ingunnar-Freyr,
Ok svâ sællikt sëtr,
Mergi smæra mölda-ëk þâ mein-krâko
175 Ok lemda alla î liðo.

LOKI kvad:

Hvat ër þat ið litla, ër ëk þar lögra sê'k
Ok snapvîst snapir? —
At eyrom Freys mundo æ vëra
Ok und kvërnom klaka.

LES SARCASMES DE LOKI.

Le Loup n'est pas bien non plus dans ses fers,
  Il attendra jusqu'au crépuscule des Grandeurs.

LOKI dit :

Tais-toi, Tyr! il est arrivé à ta femme 160
  D'avoir un enfant avec moi :
Tu n'as pas reçu un chiffon, pas un denier
  Pour dédommagement, pauvre homme!

FREY dit :

Je vois le loup qui, à l'embouchure du fleuve, reste en-
  Jusqu'à ce que les Grandeurs succombent. [chaîné 165
Si tu ne te tais, tu seras attaché
  Auprès de lui, auteur du mal!

LOKI dit :

Tu as fait acheter avec de l'or la fille de Gymir,
  Et abandonné ainsi ton épée :
Mais quand les fils de Muspil traverseront la forêt Noire, 170
  Alors tu ne sauras pas, pauvre homme! comment

BEYGGVIR dit : [combattre.

Sais-tu que, si j'étais de grande condition comme Ingunnar
  Et si j'avais un siège aussi magnifique, [Frey,
Je te broyerais plus mou que la moëlle, malheureuse cor-
  Et je te romprais tous les membres? [neille, 175

LOKI dit :

Quelle est donc cette petite créature que je vois blottie
  Et qui ouvre son bec parasite? [là-bas,
Il veut toujours être pendu aux oreilles de Frey,
  Et grommeler entre ses dents.

BEYGGVIR kvad:

180 Beyggvir ëk heiti, ën mik *b*rá*ð*an kvë*ð*a
Go*ð* öll ok *g*umar. —
því ëm-ëk hêr *hr*ó*ð*igr at drëkka *H*rôpts megir
*A*llir öl saman.

LOKI kvad:

þegi þû Beyggvir! þû kunnir aldregi
185 Deila më*ð* mönnom *m*at:
Ok þik î *f*letz strå *f*inna nê mâttu
þâ-ër *v*âgo *v*ërar.

HEIMDALLR kvad:

*O*lr ërtu, Loki! svâ at þû ërt örviti,
Hví nê *l*ezt-a þû, Loki!
190 því at *o*fdrykkia veldr *a*lda hveim
Ër sína mælgi nê *m*an-a*ð*.

LOKI hvad:

þegi þû, Heimdallr! þër var î ârdaga
I*ð* *l*iôta *l*íf um-*l*agit;
*A*urgo 'baki þû munt æ vëra
195 Ok *v*aka vör*ð*r go*ð*a.

SKADI kvad:

Lêtt ër þër, Loki! mun-attu *l*engi svâ
*L*eika *l*ausom hala;
því at þik â *h*iörvi skolo ins *h*rím-kalda magar
Görnom binda *g*o*ð*.

LOKI kvad:

200 Veiztu, ëf mik â *h*iörvi skolo ëns *h*rím-kalda magar
Görnom binda *g*o*ð* —

LES SARCASMES DE LOKI.

BEYGGVIR dit :

Je me nomme Beyggvir, et ma promptitude est louée 180
    Par les dieux et les hommes :
Ce qui me ravit, c'est de voir tous les fils de Hropte
    Réunis au banquet.

LOKI dit :

Tais-toi, Beyggvir ! tu n'as jamais su
    Répartir les vivres entre les hommes : 185
Et caché dans la paille de ta couchette, tu n'as pas pu être
    Lorsque les héros allaient au combat.   [trouvé

HEIMDALLE dit :

Loki ! tu es ivre, de sorte que tu as perdu la raison.
    Pourquoi ne cesses-tu pas de boire, Loki ?
Car l'ivresse produit dans chacun cet effet, 190
    Qu'on ne s'aperçoit pas de son bavardage.

LOKI dit :

Tais-toi, Heimdalle ! au commencement des siècles,
    On t'a départi un maudit emploi :
Comme gardien des dieux, tu es condamné à les réveiller,
    Et à exposer ton dos à l'humidité de la nuit. 195

SKADI dit :

Tu es en bonne humeur, Loki ; mais tu ne pourras plus
    Agiter librement la queue,   [longtemps
Car les dieux vont te lier au rocher, avec les boyaux
    De ton monstre de fils.

LOKI dit :

Tu crois que les dieux vont me lier au rocher avec les 200
    De mon monstre de fils !   [boyaux

*F*yrstr ok öfztr var-ëk at *f*iör-lagi
þar's vēr â þiassa þrifom.

SKADI kvad:

Veiztu, ëf *f*yrstr ok öfztr vartu at *f*iör-lagi
þâ-ër at þiassa þrifoð:
Frâ mînom *v*eom ok *v*ângom skolo
þēr æ *k*öld râð *k*oma.

LOKI hvad:

Lêttari î mâlom vartu við Laufeyiar son,
þâ-ër þû lêtz mēr â beð þinn boðit:
Gëtið vērðr oss slîks, ëf vēr *g*iörva skolom
Telia *v*ömmin vâr.

þâ gêkk Beyla fram ok byrlaði Loka î hrîm-kalki mioð ok mælti:

*H*eill vēr þû nû, Loki! ok tak við *h*rîm-kalki
*F*ullom *f*orns miaðar;
*H*eldr hana *e*ina lâtir mëð Asa sonom
*V*amma-lausom *v*ēra.

Hann tôk við horni ok drakk af:

*E*in þû *v*ærir, ëf þû svâ værir
*V*ör ok gröm at *v*ēri:
*E*inn ëk *v*eit — svâ at ëk *v*ita þikkiomk,
*H*örr ok af *H*lôrriða —
Ok var þat sâ-inn lævîsi Loki.

BEYLA kvad:

*F*iöll öll skiâlfa, hygg-ëk â *f*ör vēra
*H*eiman *H*lôrriða:

Sache que j'ai été le premier et le plus terrible au combat
    Lorsque nous attaquâmes Thiassi.

                SKADI dit :
Si tu as été le premier et le plus terrible au combat,
    Lorsque vous avez attaqué Thiassi,   205
Attends-toi à voir sortir de mes palais et enclos
    De pernicieux complots contre toi.

                LOKI dit :   [Laufey,
Tu étais plus aimable dans ton langage avec le fils de
    Quand tu le sollicitas à partager ta couche. —
Il faut nous rappeler cette aventure si nous devons en-   210
    Confesser nos péchés.   [tièrement

    Cependant, Beyla s'avança et versa à Loki de l'hydromel
dans une coupe de glace, en disant :

A ta santé, maintenant, Loki ! accepte cette coupe de glace
    Remplie d'hydromel vineux :
A condition que tu laisseras au moins *Sif* en honneur
    Et irréprochable parmi les Ases.   215

    Loki prit la coupe, et après l'avoir vidée, il dit :

Sif ! tu serais unique parmi les femmes si tu étais si ré-
    Et si cruelle à l'égard des hommes :   [servée
Mais je connais au moins un — et je crois le connaître par-
    Un galant de la femme de Hlôrridi,   [faitement —
    Et ce galant, c'était moi, le malicieux Loki.   220

                BEYLA dit :
Les montagnes tremblent. — Hlôrridi est, sans doute, en
    Pour rentrer chez lui :   [chemin

LOKASENNA.

Hann ræðr rô þeim ër rœgir hêr
  *Goð öll ok guma.

LOKI kvad:

225 Þegi þû, Beyla! þû ërt Beyggvis kvæn
  Ok meini blandin miök:
Okynian meira kom-a mëd Asa sonom,
  Oll ërtu, deigia, dritin.

Þâ kom Þôrr at ok kvað:

Þegi þû, rög vættr! þër skal minn þrûð-hamar
230   Miölnir mâl for-nëma:
Herða-klett drëp-ëk þër hâlsi af
  Ok vërðr þâ þîno fiörvi um-farit.

LOKI kvad:

Iarðar burr ër hêr nû inn-kominn,
  Hvî þrasir þû svâ, Þôrr?
235 Ën þâ þorir þû eigi ër þû skalt við ulf-inn vëga,
  Ok svëlgr hann allan Sigföðr.

THORR kvad:

Þegi þû rög vættr! þër skal minn þrûd-hamar
  Miölnir mâl for-nëma:
Upp ëk þër vërp ok â austr-vëga —
240   Ok sêr þik mangi sîðan.

LOKI kvad:

Austr-förum þînom skaltu aldregi
  Segia seggiom frâ,
Sîzt î hand-ska þumlûngi hnuktir þû einheri —
  Ok þôttisk-a þû þâ Þôrr vëra.

Il imposera silence à ce méchant qui insulte ici
   Les dieux et les hommes.

LOKI dit :

Tais-toi, Beyla ; tu es la femme de Beyggvir,   225
   Et bien pétrie de méchanceté :
Jamais plus grande laideron n'est venue parmi les Ases ;
   Tu es une gueuse, une salope.

Cependant Thôr survint et dit :

Tais-toi, lâche créature, ou mon puissant marteau
   Miölnir t'ôtera la parole :   230
J'abattrai de dessus tes épaules ce rocher qui branle sur
   Et ce sera fait de ta vie.   [ton cou,

LOKI dit :

Fils de Iord, qui ne fais que d'entrer,
   Pourquoi fais-tu déjà le brutal ? —
Tu ne seras pas si audacieux quand tu devras combattre 235
   Le loup qui engloutira en entier le Père des Victoires.

THOR dit :

Tais-toi, lâche créature, ou mon puissant marteau
   Miölnir t'ôtera la parole :
Je t'expédierai en l'air, jusque dans les régions de l'O-
   Et personne ne t'apercevra plus.   [rient, —   240

LOKI dit :

De tes expéditions en Orient, tu ne devrais jamais parler
   Devant des héros,
Depuis qu'on t'a vu, toi le monomaque, blotti dans le pouce
   Où toi-même tu ne pensais plus être Thôr. [du gant,

THORR kvad:

245 Þegi þû, rög vættr! þër skal minn þrûð-hamar
Miölnir mâl for-nëma:
Hendi hinni hœgri drëp-ëk þik Hrûngnis-bana,
Svâ at þër brotnar beina hvat.

LOKI kvad:

Lifa ætla-ëk mër lângan aldr,
250 þôttu heitir hamri mër: —
Skarpar âlar þôtto þër Skrŷmnis vëra
Ok mâttir-a þû þâ nesti nâ —
Ok svaltz þû þâ hûngri heill.

THORR kvad:

Þegi þû, rög vættr! þër skal minn þrûð-hamar
255 Miölnir mâl for-nëma:
Hrûngnis-bani mun þër î hel koma
For nâ-grindr nëðan.

LOKI kvad:

Kvað-ëk for Asom, kvað ëk for Asyniom
þaz mik hvatti hugr:
260 Ën for þër einom mun-ëk ût-gânga,
þvîat ëk-veit at þû vëgr.

Ol giörðir þû, OEgir! ën þû aldri munt
Sîðan sumbl um-giöra:
Eiga þîn öll ër hêr-inni ër
265 Leiki yfir logi!
Ok brënni þër â baki!

THOR dit :

Tais-toi, lâche créature, ou mon puissant marteau 245
    Miölnir t'ôtera la parole :
De ma main droite, je te frapperai avec le Meurtrier de
    De sorte que chacun de tes os sera broyé. [Hrungnir

LOKI dit :

Je me promets de vivre encore longtemps,
    Bien que tu me menaces de ton marteau. — 250
Les nœuds de Skrymnir t'ont paru trop serrés ;
    Tu n'as pas pu arriver jusqu'à la provende ;
    Tu te mourais de faim en pleine santé.

THOR dit :

Tais-toi, lâche créature, ou mon puissant marteau
    Miölnir t'ôtera la parole, 255
Le Meurtrier de Hrungnir te précipitera dans l'empire de
    En bas, devant la Grille des morts. [Hel,

LOKI dit :

J'ai dit devant les Ases, j'ai dit devant les Asynies
    Ce que l'esprit m'a poussé à dire :
Devant toi seul je me retirerai, 260
    Parce que je sais que tu te bats.

Tu as fait un festin, OEgir ! dorénavant
    Tu ne feras plus de banquet :
Que tout ton avoir, qui est ici dans cette salle,
    Soit envahi par la flamme, 265
    Et englouti derrière toi !

LOKASENNA.

En eptir þëtta falz Loki î Franângrs forsi î lax-lîki; þar tôko Æsir hann. Hann var bundinn mëð þörmom sonar sîns Nâra, ën Narfi sonr hans varð at vargi. Skaði tôk eitr-orm ok festi upp yfir andlit Loka, ok draup þar ôr eitr. Sigyn kona Loka sat þar, ok hêlt munn-laug undir eitrið; ën ër munn-laugin var full, bar hôn ût eitrið; ën mëðan draup eitrið â Loka. þâ kiptiz hann svâ hart við at þaðan af skalf iörð öll: þat ëro nû kallaðir landskiâlftar.

LES SARCASMES DE LOKI. 347

Après cela, Loki, prenant la forme d'un saumon (1), se tint caché sous la cataracte de Frânangur (2); c'est là qu'il fut pris par les Ases. On le lia avec les boyaux de son fils Nâri (3), mais son autre fils fut changé en bête féroce. Skadi prit un serpent venimeux, et le suspendit au-dessus du visage de Loki; le venin en tomba goutte à goutte. Sigyne (4), la femme de Loki, était assise auprès, et reçut les gouttes de venin dans un bassin. Lorsque le bassin fut rempli, elle sortit avec le venin. Durant cet intervalle, les gouttes tombèrent sur Loki; il en eut de si fortes commotions, que toute la terre en fut ébranlée; c'est ce qu'on appelle aujourd'hui tremblements de terre.

NOTES
CRITIQUES ET PHILOLOGIQUES.

Note 1. — *Barsk* est une contraction de *bar sik*; plus tard on disait *barst*, et dans des temps encore plus rapprochés de nous, on se servait quelquefois de l'ancienne forme *barsk*.

Vers 2. — *Feti gangir framarr*. (Cf. *Hâvamâl*, 38; *Skirnisför*, 4o.)

Vers 3. — *Hvat hêrinni hafa at ölmâlom* (quoi ont-ils là-dedans pour discours de table), quoi leur sert de sujet, ou quel est le sujet de leur discours de table, de quoi parlent-ils? En allemand on dirait: *Was haben sie* für *Tischgespräche*. (Cf. *Vafthrûdnismal*, v. 25.)

Vers 5. — *Of vâpn sîn dœma* (ils disent leur avis sur leurs armes), ils parlent de leurs armes. — Dans *om vîgrisni*, on devrait peut-être changer *om* en *of*. Le *v* de *vîgrisni* semble exiger devant soi une labiale aspirée comme dans *of vâpn* pour *om vâpn*; cependant les poëtes aiment à varier les formes des mots autant que possible.

Vers 9. — *Inn skal gânga*; il faut sous-entendre *ëk*; l'omission de ce pronom personnel donne à l'expression plus de vivacité et de hardiesse. — *Hallir* est mis au pluriel pour indiquer la grandeur et la magnificence de la demeure d'Œgir; c'est, comme disent les grammairiens, un *pluralis majestaticus*. (Voyez v. 27.)

Vers 10. — *At siâ â eitt* (voir sur quelque chose), inspecter, examiner, contempler.

Vers 11. — *Ioll* est sans doute dérivé de *iorl* et signifie « effervescence, colère. » (Cf. all. *groll*.) Au lieu de *afo*, on devrait peut-être lire *âfo* (ivresse, désordre de l'ivresse, scandale). Le traducteur suédois rend les deux mots par *larm och oro* (bruit et turbulence).

Vers 12. — *Blend ën theim. En* (en allemand *aber*) est une particule conjonctive et adversative en même temps. En français, on ne peut exprimer cette légère nuance de la pensée que par l'accent et l'inflexion de la voix.

Vers 15. — *Hrôpi ok hrôgi*; ces mots sont à *l'instrumental* régi par le verbe *eyss*. (Cf. *örgom forsi ausast*, *Völuspâ*, v. 87.)

Vers 17. — *Vid* (anciennement *vit*) est le duel de la première personne du pluriel. (Voyez v. 33.) — *Einir* (pluriel de *einn*); latin *singuli* (tous, ensemble).

Vers 18. — *Sâr-yrdom* est à l'instrumental. (Cf. *Vafth.* v. 16.)

Vers 20. — *Til* est ici adverbe et non pas préposition. (Cf. *Vafth.* p. 124.)

Vers 22. — *Um langan vĕg* (par un long chemin).

Vers 23. — *Einn* pour *einan.*

Vers 25. — *Thrûngin.* (Cf. *Thraunginn môdi, Vŏluspâ,* v. 126.)

Vers 27. — *Sëssa* (siéges); *stadi* (places au banquet), ou comme nous dirions des couverts. Les deux mots sont mis au pluriel pour indiquer que Loki demande une des premières places, et un siège ou un banc large et commode. (Cf. v. 9.)

Vers 28. — *Heita hêdan,* locution elliptique pour *heita at ût-gánga hêdan* (ordonner de sortir d'ici). On dit de même *einom visa or, visa einom frâ* (faire signe à quelqu'un de sortir).

Vers 32. — *Gamban* n'est qu'une autre prononciation du mot *gaman*. Le *b* est produit par le *m* suivi d'une liquide ou d'une nasale. (Voy. p. 81.) Souvent l'une et l'autre forme se trouvent dans la langue, comme *sumbl* et *suml*, *gaman* et *gamban*, *kumbl* et *kuml*, *audhumla* et *audhumbla*, etc. — *Asona* est formé par contraction de *Aso ēna.*

Vers 44. — *Bekkiom* est mis au pluriel *honorifique* (pluralis majestaticus). (Voyez v. 9 et 27.)

Vers 46. — Hommes et femmes portaient des bagues (*baugr*) d'un métal plus ou moins précieux. (Voyez *Volundar kvida,* cf. *Skirnisfŏr,* 21.) Les grands et les rois, pour témoigner leur satisfaction à leurs clients ou leurs sujets, leur distribuaient des bagues; de là vient le nom métaphorique de *distributeurs de bagues* (cf. anglo-s. *beahgyfa*) qu'on donnait aux rois. Comme la richesse des grands consistait à avoir surtout un grand nombre de bagues d'or et d'argent, le mot bague a pris aussi la signification de *richesse*. La valeur ordinaire d'une bague équivalait à deux onces d'argent : c'était précisément la somme fixée comme amende pour une injure légère, et on donnait, pour cette raison, une bague pour réparation de l'injure. De là, l'expression de *réparer par une bague* (at bœta baugi). La bague ou la valeur qu'elle représentait, se donnait quelquefois *par-dessus* la somme payée en réparation, parce que l'anneau était en même temps le symbole de la *réconciliation*. Comme la réparation se faisait ordinairement avec des bagues, le mot *baugr* a pris tout à fait la signification *d'amende* ou *de peine, de punition*. Dans le code de lois intitulé *Grágás* (oie grise), il y a un *baugatal* ou chapitre qui traite des amendes. (Cf. Leibnitz, *Rerum Brunsvic*, etc.; tom. I.) La punition qu'on encourait pour meurtre, était la relégation; cette peine s'appelait *fiörbaugr* (punition pour vie); *fiörbaugs madr*, désignait le *relégué*, et *fiörbaugs gardr*, l'enceinte du temple dans laquelle les relégués ne devaient pas entrer.

Vers 49. — Comme *baugr* signifie non-seulement un *anneau*, mais aussi un bouclier, Loki fait une espèce de calembour pour chicaner Bragi sur ses propres paroles. Le mot *baugr*, dont Bragi s'était servi dans le sens de *bague*, Loki le prend dans le sens de *bouclier*, et il dit : « Tu pourras bien toujours te passer d'un cheval de bataille et d'un « bouclier, toi qui as peur de combattre, etc. » *Armbauga* est ou le génitif pluriel de *armbaugr*, ou le génitif singulier de *armbaugi* (bouclier qu'on porte au bras). Peut-être qu'outre le jeu de mots que nous venons d'indiquer, il y a encore un autre calembour qui repose sur l'homonymie du mot *baugi* avec *bogi* (l'arc). Dans ce cas, il faudrait supposer que Loki fait semblant d'avoir entendu prononcer à Bragi le mot *bogi*, et qu'il y répond malicieusement : *Thú ërt skiarrastr vid skot*.

Vers 52. — Les mots qui expriment crainte, précaution, sont souvent suivis de la préposition *vid* dans le sens de *vis-à-vis, envers, contre*. Nous disons aussi : *être en garde contre*.

Vers 54. — Ces deux vers sont ainsi rendus par le traducteur suédois, M. Afzelius :

> Det vet jag, vore jag utom Agers sal
> Som jag sitter nu derinne.

Ce qui revient à dire : « Si j'étais dehors au lieu d'être ici. » Ces paroles présenteraient, dans la bouche de Bragi, une excuse ridicule; car Bragi n'avait qu'à sortir pour se trouver dans la condition convenable. Ces paroles seraient, à la vérité, assez bien mises dans la bouche d'un lâche qui cherche par des excuses *futiles* à éluder le combat; mais je ne crois pas que le poëte ait voulu présenter Bragi sous un jour aussi défavorable. Pour donner à *svâ sëm for innan emk* le sens convenable,

il faut rapporter *um-kominn* à *værak*. Bragi dit : « Si au lieu de venir *ici*
« (dans cette salle pour assister à un banquet), j'étais venu (pour me
« battre) *dehors*, » ou, en d'autres termes: « si le motif qui m'a amené ici
« ne me défendait pas de tirer mon épée, etc. etc. » *Utan* et *innan* sont
des expressions heureuses pour désigner l'une le *combat* qui se livre en
plein champ (voyez p. 295, v. 72), l'autre le *festin* qu'on célèbre dans
l'intérieur des maisons. — *Værak* et *bæra-ëk* pour *væri-ëk* et *bæri-ëk*.
(Voyez Rask, *Vejledning*, etc. p. 143.)

Vers 57. — Pour comprendre grammaticalement le dernier vers, il
faut se rappeler que la signification logique du verbe *luka* est *puyer*, dans
le sens de *donner en payement*. En traduisant mot à mot, il faudrait dire :
« Je te donnerais cela en payement de ton mensonge. » Les langues
germaniques mettent la préposition *for* (pour) là où nous mettons *de*,
à cause de. Il y a, en français, une locution proverbiale qui correspond
assez bien à *luka for* (payé pour). *Être payé pour cela*, signifie être
puni pour avoir fait cela. *Payé* signifie ici *récompensé*, et récompensé se
dit ironiquement pour *puni*. Je profite de cette occasion pour relever
une inexactitude qui s'est glissée dans le Dictionnaire de l'Académie
française. Dans le même alinéa où l'on trouve la locution proverbiale
que nous venons de citer, il est dit : « On dit de même : *il n'est pas*
« *payé pour aimer cet homme.* » Dans cette phrase *payé pour* ne signifie
pas, comme dans la locution proverbiale précédente, *être puni pour*,
mais *être dans l'obligation de, être tenu à*. En effet, quand on est *payé*
pour faire quelque chose, on est dans l'obligation de le faire.

Vers 59. — On peut donner du mot *bekk-skrautudr* trois explications différentes. *Skrautudr* (pomponné) signifie « qui a de beaux habits,
« qui est bien paré, orné, élégant; » *bekk-skrautudr* signifierait d'après
cela : « qui est bien orné dans son siége, par son siége, » ou « qui tient
« toute sa magnificence du siége qu'il occupe. » *Bekkr* signifie aussi
une lisière, un liséré, une broderie en liséré, et ce que les Romains
appelaient *clavus*. *Bekk-skrautudr* pourrait donc signifier : « qui porte
« une espèce de laticlave, un élégant. » Mais aux deux explications
que je viens de donner, je préfère la suivante : *Bekk-skrautudr* (élégant
de banc), désigne un homme qui, au lieu de chercher les combats et
les aventures, s'orne comme une femme, et reste chez lui assis sur
son banc. Des deux filles de *Budli*, l'une était nommée *Bekkhildr* (Hilde

à la chaise), parce que c'était une femme d'un caractère doux, et qui restait assise sur son banc en s'occupant des travaux de son sexe. L'autre au contraire était nommée *Brunhildr* (Hilde à la cuirasse), parce que c'était une femme guerrière qui endossait quelquefois la cuirasse, et se précipitait dans les combats sous la figure de quelque héros.

Vers 60. — *Ef* signifie ici : *pendant que*. — Comme dans les éditions ce vers ne renferme point l'allitération exigée, on devrait peut-être la rétablir en changeant *reidr* en *vreidr*. La même chose serait à faire dans les vers 73, 111, etc. où l'allitération manque également. (Cf. *Fafnismâl*, 7, 17, 30. *Sigurdrifamâl*, 28.)

Vers 61. — *Hvatr hyggst fyrir vættr* (un homme en colère n'hésite devant rien). *Vættr* signifie proprement *génie, mauvais génie*. Il paraît qu'on a employé ce mot d'abord dans des phrases analogues à notre : *cela ne vaut pas le diable,* pour dire : *cela ne vaut rien du tout;* de là *vættr* a pris la signification de *rien*.

Vers 63. — *Oskmegir* (fils de vœu) désigne ordinairement les fils *adoptifs;* ici *ôskmegir* signifie : *fils* dont on *désire* la naissance; *enfants* qui sont dans les *vœux* des parents.

Vers 69. — *Thinn* se rapporte logiquement à *brôdur;* mais *par attraction*, comme disent les grammairiens, il se rapporte grammaticalement à *bana*.

Vers 76. — *Loptki* est mis pour *Loptr-gi,* comme on dit *Ulfgi* pour *Ulfr-gi*. (Voyez v. 158.)

Vers 77. — L'expression *ok hann fiörgöll fría* (et que la perte de la vie le lâche), signifie que la destinée (*örlög*) qui a résolu la mort de Loki, lui permet encore de se déchaîner contre les dieux avant qu'il meure. Cependant un sens plus convenable résulte, si au lieu de *fiörgöll* on lit *fiörgáll* (lat. *vitæ lœtus fervor*); *hann fiörgáll frír* signifie « une trop bonne humeur le lâche, le rend pétulant. » C'est ce dernier sens que j'ai exprimé dans la traduction.

Vers 79. — La particule *ër* signifie ici *que*, lat. *quod*. — Gëd. (Cf. *Hárbardsliôd*, 17.)

Vers 80. — *Thik* remplace ici l'ancienne forme *thër*. On voit par cet exemple qu'à l'époque où notre poëme a été écrit, le datif et l'accusatif du pronom personnel commençaient déjà à se confondre dans leur forme grammaticale. En danois et en suédois, le datif et l'accusatif ont la même forme : *mig*.

Vers 81. — *Lær* est à l'accusatif qui est régi non par le verbe *lagdir*, mais par la préposition *yfir*. (Voyez *Theirrar ër lögdomk arm yfir*, *Hâvamâl*, 109; cf. *ër mik armi verr*, *Hávam.* 166.)

Vers 87. — *Deila víg mëd virom* (lat. *partiri cædem inter viros*) décider (avec justice) du combat entre les guerriers, en donnant la victoire au plus courageux et en faisant succomber le lâche.

Vers 90. — *Veiztu ëf* (sais-tu que), locution qui exprime le doute d'Odin sur la vérité de ce que Loki vient de dire. Mais ces deux mots pourraient aussi être traduits par *sais-tu si*, etc. et exprimer un aveu que, par concession, Odin fait de sa faute parce qu'il la croit plus légère et plus pardonnable que celle de son adversaire.

Vers 92. — *For iörd nëdan* (sur la terre là-bas); on suppose que les Ases se trouvent dans un endroit élevé au-dessus de la terre. (Voyez *Völuspâ*, v. 8, *Vafth.* v. 174.)

Vers 96. — *Thik sída kodo*, construction de l'accusatif avec l'infinitif; lat. *te incantasse dixerunt*.

Vers 100. — La construction grammaticale est : *skylit aldregi segia seggiom frâ örlögum ykrom*.

Vers 106, 107. — La forme *kvæn* au lieu de *kvën*, et *badmr* au lieu de *barmr* me semblent être des provincialismes.

Vers 112. — *Telia* est mis pour *teli*.

Vers 114. — Au lieu du présent *ræd*, comme on lit dans les éditions, il faut lire l'imparfait *réd*; car il s'agit ici évidemment d'un fait accompli.

Vers 128. — A la place de *fordæda* (criminelle), un manuscrit porte *fordauda* (de mort pernicieuse); ce qui n'a pas de sens. Dans l'édition de Stockholm, on lit *fordæda*; mieux vaudrait encore mettre *fordædu* pour faire accorder ce mot avec *meini*.

Vers 130. — Ce vers est inexplicable si l'on ne lit *sídr* au lieu de *sído*; mais, ce léger changement fait, tout devient facile à expliquer. *Sitztu* (après que tu, puisque tu; lat. *postquam*); *at brædr thinom* (outre ton frère, en grec πρὸς ἀδελφῷ σου, en all. *zu deinem Bruder*). *Sídr blid regin* (tu as enchanté les Grandeurs bénignes). *Sída* est un verbe *fort*, comme disent les grammairiens, et il peut régir un accusatif. (Cf.

Ynglinga-Saga, c. XVI, XVII.) *Sîda* signifie ici « exercer la magie pour « donner de l'amour à, etc. »

Vers 132. — *Vâ-litit;* dans l'édition de Stockholm, ces deux mots sont réunis, *vâlitit. Vâ* étant du genre féminin, on devrait peut-être lire *vâ litil;* c'est ainsi que dans *Helga-kvida,* II, 4, il est dit : *That ër litil vâ thôtt,* etc. Si *vâlitit* est une bonne leçon, comme je le crois, il faut considérer *litil* comme un adjectif neutre déterminé par le substantif *vâ;* à peu près comme l'on dit en latin *paulum temporis, tantum pecuniæ* (au lieu de *tempus paulum, tanta pecunia*). *Vâ-litit* signifie donc proprement *petit* ou *peu* (en fait) *d'étrangeté,* pour dire : *ce n'est pas fort étrange, ce n'est pas étonnant.* — *Litit* est au lieu de *litilt.*

Vers 133. — *Fâi hôss ëdr hvars* (prendre un galant quelconque, prendre pour galant un tel ou un tel).

Vers 140. — *Eromk* pour *ër mik.* (Voyez M. Grimm, *Deutsche Grammatik,* IV, p. 40.)

Vers 147. — *Thër-a thô ono vërr* (lat. *attamen tibi non pejus opinione*), pour dire : « ce que tu as fait ne doit pas nous étonner, car « quelque criminelle que soit ton action, elle ne dépasse pas le degré « de lâcheté auquel chacun s'attend de ta part. » *Ono* est mis à l'ablatif comme étant régi par le comparatif *vërr.* On emploie également l'ablatif après un comparatif en latin et en grec; car en grec l'ablatif s'est confondu avec le génitif; dans les langues sémitiques, on emploie la préposition מִן (de). — *Thër* (pour toi, par rapport à toi); comme il s'agit ici du rapport de l'action à l'auteur, *thër* peut se traduire par : *de ta part.* M. Afzelius a rendu notre vers en suédois : *Han väl kunde väntas värre* (on devrait s'attendre qu'il (le fils) fût encore pire); et dans l'édition de Copenhague, le vers est traduit par : *nequi tamen pro spe te deteriorem.* Quelque ingénieuses que soient ces interprétations, je ne vois pas comment elles peuvent se justifier par l'énoncé des mots du texte.

Vers 157. — *Böl ër beggia thrâ* signifie « la perte que l'un et l'autre « ont faite, est un calamité. »

Vers 158. — *Hafa vël* (se trouver bien) répond parfaitement au grec ἀγαθῶς ἔχει.

Vers 161. — *Eiga mög vid.* (Cf. v. 146. Voyez M. Grimm, *Deutsche Grammatik,* IV, 783, 853.)

Vers 162. — *Oln* (une aune de drap); *penningr* ou *peningr,* petite monnaie de billon, *un denier,* pour dire : *pas la moindre chose.* En vieux français, on disait également, dans le même sens, *pas un denier monneez.*

Vers 163. — *Thëss vanréttis* (pour cette injure); ce génitif dépend grammaticalement et logiquement de *öln* et *penningr.* Donner un denier *de* cette injure veut dire : donner un denier en réparation de l'injure, pour réparer l'injure.

Vers 166. — Après le verbe *man,* on omet ordinairement le verbe *vëra* (être).

Vers 174. — *Mölda* et *lamda* (v. 175), formes plus récentes, au lieu de *möldi, lemdi.* (Voyez v. 112.)

Vers 175. — *Alla i lido; i* régit l'accusatif, parce que *lemia* (paralyser) signifie ici rompre *en* morceaux, mettre *en* pièces (lat. *disjicere in membra*).

Vers 176. — *That id litla; id* forme plus moderne, au lieu de *it.* (Voyez *Introduction générale,* p. 29.) — *That-id.* (Voyez *Vafth.* v. 4.) — *Litla* est le génitif pluriel indiquant l'espèce ou le genre dont *that-id* marque l'individu. (Cf. *Hvat ër that manna. Vafth.* v. 25.)

Vers 182. — *Thví* se rapporte à *at* qui suit. *Thví-at* (lat. *eo quod*), parce que.

Vers 189. — *Lezt-a;* il faut sous-entendre *af drykkiu* (cesser de boire).

Vers 190. — *Veldr alda hveim ër* (fait, pour chacun, que; a pour chacun le résultat que, etc.).

Vers 191. — *Man-ad; ad* prononciation adoucie et moderne de *at.* (Voyez v. 176.) — *Man-at sina mælgi* (ne pas songer à, ne pas s'en apercevoir, etc.).

Vers 193. — *Um lagit.* (Cf. *Fiölsvinnsmál,* 17; *Skirnisför,* 13.)

Vers 194. — *Aurgo baki,* commitatif ou instrumental. *Aurgo baki vëra* (être avec le dos, avoir le dos humide), se dit d'un gardien de nuit qui est exposé à l'humidité et à la froidure. Cf. *göltra.* Cf. *Grottasaungr,* strophe 15 :

Aurr ëtr iliar ën ofan kuldi.

La boue nous mange les pieds, et d'en haut nous pique la froidure.

Vers 196. — *Létt ër thër* (lat. *leve es tibi*), pour dire : tu te sens léger, rien ne te pèse, tu es à ton aise.

Vers 197. — *Leika lausom hala* (faire jouer librement la queue), se dit d'un cheval fougueux et fringant qui agite vivement sa queue. On dit aussi, dans le même sens, *at bretta sinn hala* (courber, dresser, lever la queue). Quand les animaux sont effrayés ou tristes, ils laissent pendre la queue, ou la serrent entre leurs jambes de derrière; cela s'appelle *sveigia hala,* recourber la queue. (Voyez *Frá Helga ok Svavu,* v. 21, 22.)

Vers 212. — *Taka vid* (étendre la main contre, toucher à, saisir).

Vers 214. — *Hana eina* se rapporte à *Sif,* la femme de Thôr. Il faut supposer que Beyla désigne par un geste la femme de Thôr, qu'elle voudrait voir épargnée par Loki. — *Asa sonom* (fils des Ases) (voyez v. 4) comprend ici en même temps les *Asynies.* (Voyez *Vafthrúdnismál,* v. 151.)

Vers 217. — *Vör* (qui est sur ses gardes, réservée, retenue) se construit ordinairement avec la préposition *vid.* (Voyez v. 52.) Ici, par un cas *d'attraction* (cf. v. 69), cet adjectif est construit avec la préposition *at* qui se rapporte proprement à *gröm. Gröm at* signifie « qui « fait la cruelle envers, etc. »

Vers 219. — *Hôr ok af Hlórrídi,* expression fortement elliptique. *Ok* (comme καί en grec, et *et* en latin quand ils ont l'accent syntactique) signifie ici *même,* et doit indiquer que Loki partageait les faveurs de *Sif, même* avec le redoutable Thôr. Dans *af Hlórrída,* la préposition *af* ne s'explique que quand on considère que *hôr* (le galant, l'adultère) *détache* la femme de son mari; l'adultère produit une *séparation* des époux, sinon physiquement, du moins moralement; c'est pourquoi il est dit *hôr af Hlorrida.* Pour la même raison, on dit aussi en hébreu :

זנה מִין פ׳ ; ז מִין אַחֲרֵי פ׳ ; מִתַּחַת פ׳

Vers 223. — *Hann rædr ró theim* (il procure du repos à cet homme), locution ironique pour dire : il lui imposera silence.

Vers 227. — *Okynian.* (Cf. *Okynni, Hávamál,* 19.)

Vers 228. — *Oll dritin* (lat. *tota sordida*), tout à fait malpropre. (Cf. *Itr-thveginn,* v. 68.)

Vers 231. — *Herdaklett* (le rocher des épaules, le roc placé sur les épaules) désigne une *grosse tête.* (Cf. *Hymiskvida,* 23 ; *háfiall skarar.*) Une dénomination poétique (kenningr) de la tête, est *erfidi hals ëdr byrdi* (le travail ou le fardeau du cou).

Vers 232. — *Um fara thvî* (s'en aller avec quelque chose, emporter une chose, l'enlever); *thino fiörvi* est au comitatif, de même que *thër* dans *koma thër* (venir avec toi, t'amener, te conduire) v. 256. (Cf. Κομίζω).

Vers 239. — *Vërpa* régit ordinairement l'accusatif; mais s'il s'agit de projectiles, ce verbe régit l'instrumental, on dit : *steini, flögi vërpa* (cf. *Vafth.* v. 26); *thër vërp* signifie, d'après cela, *je te lance* (comme un projectile). — *Ok â*, proprement *même dans, jusque dans*. (Voyez v. 219.)

Vers 244. — *Thôttisk-a* est mis au lieu de la forme ancienne *thôttist-a*. (Voyez note 1.) Ce vers se trouve également dans *Hárbardslióð*, 25.

Vers 247. — *Bana* est à *l'instrumental*.

Vers 258. — Dans l'édition de Stockholm, on lit : *Kvad-ëk for Asum kvad ëk for Asa sonom*. Évidemment, il faut lire *Asyniom* au lieu de *Asa sonom* qui ne serait qu'une répétition oiseuse de *Asum*.

Vers 264. — *Eiga* devrait être à l'accusatif régi par la préposition *yfir*.

NOTES EXPLICATIVES.

a. OEgir est fils de *Forniotr* et frère de *Logi* (feu) et de *Kari* (l'air); il est de la race des Iotes qui, dans leur langage, l'appellent *Hlér*. Les Ases lui ont donné le nom d'OEgir. Sa résidence est dans *Hlésey* (île de Hlêr) située dans le *Iōtlands-haf*. Sa femme est nommée Rân; elle habite les flots de la mer et elle a neuf filles, les *Vagues* ou *Ondes*. D'après cela, on devine facilement qu'OEgir est le dieu de la mer, de cette mer formée par le sang du géant *Ymir*. (Voyez *Vafth.* v. 81.) *Hlér* signifie *eau, mer;* la signification du nom *OEgir* est : élément *redoutable, océan*, Ὠκεανός. L'auteur de la préface de notre poëme dit qu'OEgir se nommait aussi *Gymir*. Cela n'est vrai qu'en tant que *Gymir* était un nom poétique qu'on donnait quelquefois à la mer; mais Gymir et OEgir sont des personnages très-distincts dans la mythologie scandinave.

b. OEgir, voulant donner un festin aux Ases, attendait que Thôr lui apportât le grand chaudron dans lequel il voulait brasser la bière ou l'hydromel. Ce grand chaudron appartenait au géant *Ymir*. La manière dont Thôr parvint à enlever le chaudron au géant, est raconté dans le poëme intitulé *Hymiskvida* qui, dans l'Edda de Sæmund, précède immédiatement le poëme Lokasenna.

c. Austrvëgr (chemin de l'orient) est une région à l'orient d'Asgard ; elle était habitée par les Iotes que Thôr allait souvent combattre.

Vers 1. — *Sans faire un pas de plus en avant* est une locution particulière pour dire : arrête-toi pour écouter, et dis-moi sur-le-champ. (*Thegar î stad;* cf. *Skirnisför,* 40.)

Vers 4. — *Être fils de...* veut dire appartenir à la race de... Les *fils des Dieux Combattants* ou *des Ases* (voyez *Völuspâ,* v. 10), sont donc les Ases eux-mêmes. Les Grecs disaient aussi poétiquement υἱοὶ τῶν Ἑλλήνων pour Ἕλληνες, et les Hébreux בְּנֵי הַיְּוָנִים pour הַיְּוָנִים (voyez Joël, 4, 6).

NOTES EXPLICATIVES. 359

Vers 7. — *Ases et Alfes.* (Voyez *Völuspâ*, v. 209.)

Vers 12. — *L'hydromel* était la boisson favorite des Scandinaves; mais comme le miel est rare dans le Nord, cette boisson n'était servie qu'à la table des riches. Le peuple buvait de *l'aile* (öl) ou de *l'acidule de farine* (miöl-syra). Cette dernière boisson, très-ordinaire encore aujourd'hui en Islande, se fait « avec de la farine de seigle délayée « dans de l'eau qu'on met sur le feu jusqu'à ce qu'elle soit tiède; on la « laisse fermenter et on la décante; on met un peu de ce liquide avec « de l'eau, et on le boit sans autre préparation. »

Vers 34. — Quand deux héros voulaient se lier d'une amitié indissoluble, ils faisaient couler un peu de leur sang à terre dans l'empreinte de leurs pieds, et juraient que dorénavant l'un suivrait toujours les traces de l'autre, et le défendrait au prix de son sang (voyez *Brynhildarkvida*, II, 18); cela s'appelait *sverast i brædralag vid einn*. Dans Hérodote, III, 3, on trouve rapportée une cérémonie à peu près semblable usitée chez les Arabes pour sanctionner les alliances. Dans Homère, les héros échangent leurs armes en signe d'amitié.

Vers 29. — *Bragi*, le dieu de la poésie et de l'éloquence, prend le premier la parole.

Vers 37. — *Vidarr*. (Voyez *Völuspâ*, v. 228, et *Vafth.* v. 204.) — Le père du Loup est Loki. (Voyez *Völuspâ*, v. 180.)

Vers 40. — La demeure d'Œgir était un *endroit sacré* (gridastadr), c'est-à-dire un endroit où aucune dissension ne devait s'élever. C'est pourquoi Odin veut éviter toute dispute avec Loki.

Vers 44. — Dans l'appartement principal (salr), se trouvait un *siége* ou *banc élevé* (bekkr) qui était adossé contre le mur du fond de la salle et placé verticalement au-dessous du faîte (gafl) de la maison. C'était la place d'honneur qu'occupait ordinairement le chef de la famille et dont il honorait quelquefois des hôtes distingués. (Voyez *Vafth.* v. 73.) Cette place qu'on nommait *öndvêgi* (fond de la salle), se trouvait entre deux colonnes ou mâts appelés *öndvêgis-sular* (colonnes du fond) qui, traversant le toit, s'élevaient au-dessus du faîte de la maison, et étaient surmontés de boutons sculptés ou de têtes de géants. Ces colonnes étaient l'image de l'établissement, le symbole de l'habitation, et plus elles étaient hautes, plus elles annonçaient au loin la considération du maître de la maison. — Il paraît que Bragi, comme dieu de la poésie, de l'éloquence et de la conversation, présidait le banquet et occupait la place d'honneur au haut bout de la table. (Cf. v. 58 et *Vafth.* v. 73.)

Vers 46. — *Bragi* en parlant de soi ne se sert pas du pronom de la première personne; mais, par orgueil, il énonce son propre nom; c'est comme s'il disait : *Bragi,* cet Ase illustre, s'abaisse jusqu'à faire réparation d'honneur à Loki. — *Faire réparation avec l'écu* signifie « payer une amende en réparation d'honneur. » J'ai été obligé d'employer le mot *écu* (monnaie) dans le sens d'amende pour avoir un mot homonyme avec *écu* (bouclier) (vers 49). C'est seulement ainsi que je pouvais conserver, dans la traduction, le jeu de mots fondé sur une similitude de son dans les mots du texte *baugi* (amende) et *armbauga* (bouclier qu'on porte au bras). (Voyez Notes critiques et philologiques, v. 46 et 49.)

Vers 49. — Loki, pour railler Bragi, fait un jeu de mots, et dit que Bragi peut bien se passer d'un cheval de bataille et d'un *écu* (bouclier), parce que n'aimant pas à se battre, il n'a jamais besoin ni de l'un ni de l'autre. (Voyez Notes philologiques, v. 49.)

Vers 60. — « Profite du moment que tu es en colère pour te mon-« trer héros; car dès que ce mouvement de colère sera passé, tu re-« tomberas dans ta lâcheté ordinaire. »

Vers 61. — Sentence proverbiale pour dire que même le plus lâche, pendant qu'il est en colère, se sent assez de courage et assez de force pour braver son ennemi.

Vers 66. — *Idunn* est la femme de *Bragi.* C'est la déesse de la verdure de l'été; elle est la fille cadette de l'alfe *Ivald.*

Vers 68. — Un poëte scandinave n'oublie jamais de louer dans les femmes la *beauté des bras;* de même qu'un poëte arabe n'oubliera pas de chanter *les yeux de gazelle,* et le poëte indien, *la hanche bien arrondie.* Il est dit de la fille du géant, *Gerdur,* que quand elle fermait la porte de la maison de son père *Gymir,* l'air et l'eau reluisaient de l'éclat de ses *bras.* Chez un peuple où la propreté était le seul moyen cosmétique pour relever les charmes naturels, l'expression *bras lavés* était aussi *poétique* que l'est pour nous l'expression de *bras d'ivoire, bras d'albâtre.* — Les mots *par trop,* expriment le blâme de ce qu'Idunn mettait tant de soin à charmer le meurtrier de son frère.

NOTES EXPLICATIVES. 361

Vers 69. — Le fait mythologique auquel ce vers fait allusion, m'est entièrement inconnu; je ne saurais dire si le meurtrier du frère d'*Idunn* est *Loki* ou *Bragi*, ou un autre.

Vers 74. — *Géfion*. Dans *Gylfaginning*, p. 36, il est dit : la déesse « de la virginité, Géfion est *vierge*, et toutes les filles qui meurent « *vierges* la servent. »

Vers 76. — *Loptr* est un des noms de *Loki*.

Vers 80. — *Le brillant jeune homme*, c'est sans doute Loki lui-même. Loki était beau et spirituel, mais d'un caractère méchant.

Vers 84. — *Le destin immuable* (örlög, naudr,) dépendait (comme la ἀνάγκη ou εἱμαρμένη des Grecs, et le *fatum* des Romains) d'une puissance supérieure même à celle des dieux. Il n'y avait que les dieux suprêmes qui eussent connaissance des décrets de la destinée, et qui fussent en état, dans certains cas, de les modifier à leur gré. — *Connaître le destin* veut donc dire : être du nombre des divinités *suprêmes* qui président à la destinée et qui peuvent, par conséquent, se venger cruellement de leurs ennemis.

Vers 86. — On croyait qu'Odin choisissait parmi les combattants, les héros les plus illustres pour les faire conduire par les Valkyries, à Valhall. (Voy. *Völ.* v. 99.) Les plus braves succombaient ainsi, tandis que les autres moins courageux restaient en vie, et jouissaient des avantages de la victoire. Le trépas des héros qui était l'effet de la faveur d'Odin paraissait être l'effet de l'injustice, car la justice semblait commander que le plus courageux triomphât du moins courageux.

Vers 93. — Le mythe auquel cette strophe fait allusion, est entièrement inconnu.

Vers 96. — *Magie noire*. (Voyez *Völuspá*, Introduction, p. 159.) — *Samsey* est une île au nord de la Fionie et à l'est du Jutland, entre l'*Alfasund* et le *Beltis-sund*; elle a une longueur de trois lieues sur une de largeur. Il paraît qu'il y avait autrefois dans l'île un temple qu'on croyait avoir été bâti par Odin :

>Stendr Angantyrs ausinn moldu
>Salr í Samsey sunnanverdri.

Cette île passait pour être le séjour des magiciennes, des sorcières, et des fées. On rapporte qu'en 1576, une *Ondine* prédit à un paysan de *Samsœ*, la naissance du roi danois *Chrétien IV.*

Vers 97. — Les *Valas* parcouraient le pays, et tout le monde s'empressait de les accueillir dans sa maison pour apprendre d'elles l'avenir. Plus tard, lorsque la divination dégénéra en magie, et que ce dernier art tomba en discrédit, on ne vit plus cet empressement de la foule. Les magiciennes étaient obligées de *frapper aux portes* pour s'annoncer et pour se faire recevoir, en payant de leur prétendue science l'hospitalité qu'on leur donnait, ou en mendiant devant les portes leurs moyens de subsistance. (Voyez *Völuspá,* Introduction, p. 156.)

Vers 98. — Sur les *différentes formes* que pouvaient prendre les sorciers, voyez *Völuspá,* Introduction, p. 160.

Vers 104. — Ce vers semble renfermer un ancien proverbe.

Vers 103. — Je ne sais pas pourquoi Loki veut jeter le blâme sur *Frigg,* par la raison qu'elle est fille de *Fiorgyne.* Il est vrai, *Fiorgyne* est un personnage si obscur, qu'à l'exception du nom, rien n'est connu de lui.

Vers 106. — *Vidrir* est un des noms d'*Odin.* — *Ve* et *Vili* sont les frères d'Odin. La tradition raconte qu'un jour Odin s'absenta pendant si longtemps, que les Ases désespérèrent de son retour. *Vili* et *Ve* se partagèrent les biens de leur frère, et se mirent tous les deux en possession de sa femme *Frigg.* Mais, quelque temps après, Odin revint et reprit sa femme. (Voyez *Ynglinga-Saga,* c. III, *Frá brædrom Odins.*)

Vers 108. — *Baldur,* fils d'Odin et de Frigg, venait d'être tué. (Voyez *Völuspá,* v. 130.) Frigg regrette son fils, qui, s'il vivait encore, vengerait l'outrage fait à sa mère.

Vers 115. — *Loki* était la cause de la mort de Baldur. (Voyez *Völuspá,* v. 130.)

Vers 120. — *Freyia* est la fille du Vane *Niordur* et la sœur de *Frey.* C'est la déesse qui préside au printemps, à l'amour et à la fécondité.

Vers 130. — Loki reproche à Freyia, d'abord, de se livrer à la magie (seidr) pour donner de l'amour à son propre frère Frey (cf. v. 146), et ensuite d'employer le même moyen pour charmer les autres Ases.

Vers 134. — *Ase lâche* désigne Loki. (Cf. v. 95.)

NOTES EXPLICATIVES.   363

Vers 135. — Voyez vers 92, 95.

Vers 136. — *Niordur* est de la race des Vanes. (Voyez *Völuspâ*, v. 113.) Lorsque les Vanes firent la paix avec les Ases, Niordur fut donné en ôtage à ces derniers. (Voyez *Völuspâ*, vers 251; *Vafthrûdnismâl*, v. 151.)

Vers 138. — *Hymir* est le nom de l'Iote qui possédait le grand chaudron dont il est parlé dans l'introduction de notre poëme. (Voyez p. 321.) — Le mythe auquel il est fait allusion, n'est plus connu.

Vers 142. — *Un fils que tout le monde respecte;* c'est Frey.

Vers 143. — *Frey* portait le titre de *Folkvâldr goda* (prince des dieux) (voyez *Völuspâ*, Notes critiques, v. 246); il était principalement adoré en Suède.

Vers 144. — « Ne dépasse pas la mesure dans les louanges que tu « te donnes à toi même. »

Vers 146. — Dans *Ynglinga-Saga*, chap. xiv, il est dit que les Vanes avaient l'habitude de prendre pour femmes leurs propres sœurs, mais que cet usage était abhorré des Ases. Cette notice me semble fondée sur une ancienne tradition historique, et elle prouve que les Vanes sont réellement un peuple qui a vécu dans l'histoire, et dont le souvenir s'est conservé dans la mythologie. Les Vanes étaient probablement une tribu guerrière sortie de la Perse ou de l'Inde. On trouve encore dans la presqu'île en deçà du Gange, une tribu guerrière qui prétend descendre des anciens *Kchatryas*, et parmi laquelle se trouve le même usage qu'on dit avoir été établi chez les Vanes. Anciennement, il était aussi permis aux guerriers, en Égypte, d'avoir leurs sœurs pour femmes; et un des Ptolémées voulant imiter et peut-être rétablir cet ancien usage, prit le nom de *Philadelphe*, et épousa sa sœur. On sait que les Grecs n'avaient aucune répugnance pour le mariage entre frère et sœur, et déjà dans l'Odyssée, il est dit que le dieu Éole maria ses fils à ses filles.

Vers 150. — *Faire pleurer une femme* signifie « l'abandonner après « l'avoir séduite. »

Vers 152. — *Tyr* est fils d'Odin et d'une géante. (Voyez *Hymiskv.* v. 29.) On croyait que ce dieu n'aimait pas à voir les hommes vivre en paix; aussi avait-il le surnom de *Vigagud* (dieu des luttes). (Voyez *Skaldskaparmâl*, p. 105.)

Vers 154. — Les Ases voyant le jeune *Fenrir* (voyez *Völuspá*, v. 180) devenir de jour en jour plus redoutable, imaginèrent une ruse pour pouvoir l'enchaîner; ils voulurent lui persuader de se laisser lier avec une chaîne qu'il romprait ensuite pour prouver sa force. Ils promirent de lui ôter ses liens s'il ne parvenait pas à les rompre lui-même. Le Loup soupçonnant le projet perfide des dieux, demanda qu'un d'eux mît la main droite dans sa gueule en gage de la promesse qu'ils venaient de faire. *Tyr* seul eut le courage de se sacrifier à la sûreté des Ases; il mit sa main dans la gueule de Fenrir. Comme les dieux, après avoir enchaîné le Loup avec une chaîne qu'il ne pouvait rompre, n'eurent garde de tenir leur promesse, Fenrir mangea la main de *Tyr*.

Vers 156. — Tyr répond, avec cette impassibilité qui lui est ordinaire : « Il est vrai, j'ai perdu ma main, mais toi, tu as aussi perdu ton « fils *Hrodursvitnir* (Fenrir) qui ne se trouve pas bien non plus dans « ses fers. »

Vers 163. — *Un chiffon et un denier* désignent ici des choses d'aucune valeur. En vieux français, on se servait des expressions : *festu* (lat. *festuca*, fétu, brin de paille), *baloi* (balai), *gant, feuille*, etc. Les Grecs disaient γρύ; les Latins, *floccus*, etc.

Vers 164. — Fenrir fut enchaîné dans l'île de *Lyngvi*, située dans le lac *Amsvartnir*. (Voyez *Gylfaginning*, p. 35.)

Vers 165. — Voyez *Völuspá*, v. 182.

Vers 168. — *Frey* étant un jour monté sur le trône d'Odin, d'où le regard peut s'étendre sur tous les mondes, aperçut dans Iotunheim la belle *Gerdur*, la fille du géant *Gymir*. Il fut tellement épris d'amour pour Gerdur, qu'il tomba dans une langueur extrême, et ne put ni parler, ni manger, ni dormir. *Skirnir* son serviteur et son confident, promit de lui amener la charmante fille, s'il lui donnait son épée pour récompense de ce service. Frey, subjugué par sa passion, donna son épée redoutable pour avoir ce qui, dans ce moment, lui était bien plus cher que sa gloire, la belle Gerdur, l'objet de ses feux. Cette histoire, une des plus attrayantes de l'Edda, est chantée dans le poème intitulé *Skirnisför* (le voyage de Skirnir).

Vers 170. — Fils de *Muspil*. (Voyez *Völuspá*, v. 196.) — *La forêt*

Noire, est le nom de la grande forêt qui sépare *Asgard* (le séjour des dieux) de *Midgard* (la demeure des hommes).

Vers 172. — *Ingunnar-Frey* est le même nom que *Yngvi-Frey*. *Yngvi* paraît être l'aïeul de Freyr. Probablement, il y avait plusieurs anciennes généalogies dans lesquelles figuraient le nom de Frey, et c'est pour indiquer à quelle race appartenait l'Ase Freyr qu'on a placé devant son nom celui de son aïeul. (Cf. *Yngl.-Saga*, c. xii.)

Vers 174. — *La corneille* passe, chez les Scandinaves comme chez beaucoup de peuples anciens et modernes, pour un oiseau de mauvais augure. Ses cris présageaient le malheur. La corneille est souvent confondue avec le corbeau, que les Arabes regardaient également comme un oiseau de mauvais augure; ainsi, le poëte *El-Hâréthi*, appelle le corbeau *le Père du malheur*. Comme oiseau de mauvais augure, la corneille était détestée dans le Nord. Lorsque le roi de Suède Ottar eut été tué à la bataille de Vendil par les Danois, ces derniers firent en bois une corneille qu'ils envoyèrent aux Suédois en leur faisant dire que le roi Ottar ne valait pas plus que cette corneille de bois. De là est venu à Ottar le surnom de *Vendilkrâki* (corneille de Vendil), nom d'autant plus injurieux qu'il était homonyme avec *Vendilkrâka* qui signifie *protée, girouette*. (Voyez *Ynglinga-Saga*, c. xxxi.)

Vers 180. — *Beyggvir* est le serviteur de Frey et le mari de Beyla. Comme Frey préside à tout ce qui contribue à l'abondance et à la fertilité, et par suite à l'entretien des dieux et des hommes, son serviteur est chargé de faire la distribution des vivres. Beyggvir se pique d'être prompt et exact dans son service, et son plus grand plaisir est de voir des convives réunis à table.

Vers 186. — On ne sait pas à quel fait mythologique se rapporte le trait de lâcheté que Loki reproche à Beyggvir.

Vers 192. — Voyez *Völuspâ*, v. 2.

Vers 196. — *Skadi*, est la fille du géant *Thiassi*, la femme de *Niordur* et la belle-mère de *Frey* et de *Freyia*.

Vers 197. — *Agiter librement sa queue* est une locution particulière pour dire, se laisser aller à sa *fougue*, à sa *pétulance*. La locution vient de ce que les chevaux, quand ils sont fougueux et fringants, agitent leur queue. (Cf. Notes critiques, p. 366.)

Vers 198. — Voyez *Völuspâ*, v. 144, 145.

Vers 202. — Le père de Skadi, le géant *Thiassi*, était parvenu, avec le secours de Loki, à enlever la déesse Idunn. Loki, menacé par les Ases, entreprit de ramener la déesse ravie; il revêtit les ailes et le plumage de Freyia, et s'envola vers la demeure de Thiassi. Comme le géant était justement absent, Loki saisit Idunn et revole avec elle vers Asgard. Mais dans ce moment, le géant rentre chez lui, il voit Loki et Idunn dans les airs. Il revêt aussitôt la dépouille d'un aigle, et se met à la poursuite de Loki. Thiassi était sur le point d'atteindre Loki, tout près d'Asgard, quand il fut attaqué par les Ases qui le tuèrent. *Skadi* sa fille vint à Asgard demander satisfaction du meurtre de son père. Les Ases firent droit à sa demande, et lui offrirent de choisir parmi eux un époux. Elle choisit Niordur et s'allia ainsi à la race des Ases, sans cependant oublier et pardonner entièrement le meurtre commis sur son père.

Vers 208. — *Laufey* est la mère de *Loki*.

Vers 219. — *Hlôrrîdi* (qui a un char étincelant), est un des noms de *Thôr* (Tonnerre).

Vers 221. — *Thôr* étant le dieu du tonnerre, son arrivée est annoncée par des coups de foudre qui font trembler les montagnes. Encore de nos jours, les paysans, en Suède, lorsqu'ils entendent tonner, disent en parlant de Dieu : *godgubben ôker* (le bon vieux roule).

Vers 225. — *Beyggvir*. (Voyez v. 180.)

Vers 230. — *Miölnir* (marteau, qui moud, broie, écrase) est le nom du marteau de Thôr. C'est une espèce de massue qui, lancée sur l'ennemi, l'écrase et revient dans la main du dieu. *Miölnir* représente la foudre. (Cf. *Karl Martel; Judas Makkabæus*, de מַקָּבָה marteau.)

Vers 233. — *Iord* (la terre) est la mère de *Thôr*.

Vers 236. — *Le Loup*. (Voyez *Völuspâ*, v. 180, Notes explicatives.) — *Le Père des Victoires* est Odin. (Voyez *Völuspâ*, v. 217.)

Vers 239. — Thôr menace Loki de le jeter à travers les airs jusque dans les régions *de l'orient* habitées par les Iotes.

Vers 241. — Loki ayant entendu prononcer à Thôr le mot *orient*, en prend aussitôt occasion pour rappeler la mésaventure qui est arrivée à ce dieu dans une de ses expéditions en Orient. Pour rendre le jeu de mots plus sensible en français, j'ai mis dans la traduction *expédier* et *expédition*.

NOTES EXPLICATIVES. 367

Vers 243. — Thôr est appelé le *Monomaque,* parce qu'il combat *tout seul* contre ses ennemis, et parce qu'il est le plus fort de tous les dieux et héros. (Voyez *Vafthr.* v. 160; *Völuspâ,* v. 221.) Le mythe auquel il est fait allusion dans cette strophe, est le suivant. *Thôr* voyageant un jour avec *Loki* vers les régions de l'orient, trouva, sur le soir, une demeure entièrement ouverte sur le devant, et qui avait dans l'intérieur cinq chambres très-profondes. Les voyageurs résolurent de passer la nuit dans cette demeure. Ils furent bientôt réveillés par un bruit effroyable. Quel fut l'étonnement de Thôr, quand il vit que ce bruit était le ronflement d'un énorme géant couché à quelque distance de la maison! Mais son étonnement augmenta encore lorsque le lendemain, à la pointe du jour, le géant ramassa par terre son gant qui n'était autre que la maison dans laquelle Thôr et Loki avaient passé la nuit. Alors le compagnon de Loki *ne croyait plus être Thôr,* ce dieu terrible et fort, le vainqueur de tous les géants.

Vers 245. — *Hrungnir* était un Iote qui avoit une tête de pierre (voyez *Skaldskaparmál,* p. 110); il fut écrasé par Thôr avec le *marteau* (voyez v. 230) qui depuis ce temps a été nommé *Hrungnis bani* (meurtrier de Hrungnir). (Voyez *Hârbardsl.* v. 14, 15; *Hymiskv.* v. 16.)

Vers 251. — L'Iote énorme, dans le gant duquel Thôr avait passé la nuit, se nommait *Skrymnir* (criailleur). Il proposa à Thôr de lui tenir compagnie en route. Thôr y consentit, et mit ses provisions de voyage dans le sac du géant. Ils marchèrent toute la journée; et le soir, l'Iote se coucha en disant à Thôr que s'il avait faim, il trouverait de quoi manger, en ouvrant le sac. Thôr, se sentant un vif appétit, voulut délier les cordons du sac, mais tous ses efforts furent inutiles tant le nœud était serré. C'est que Skrymnir, qui voulait humilier le plus fort des Ases, avait lié les cordons par enchantement. Thôr ne voulant point éveiller le géant qui l'aurait raillé sur sa faiblesse, se coucha sans avoir apaisé sa faim.

Vers 257. — *Porte grillée des morts.* (Voyez *Völuspâ,* v. 179.)

Vers 264. — Avant de s'en aller, Loki met le comble à sa méchanceté en insultant et maudissant jusqu'à Œgir, le maître de la maison.

(1) Loki, pour échapper aux poursuites des Ases, prend la forme d'un *saumon.* Il s'agit ici sans doute de cette espèce de saumon qu'on appelle en Islande *godlax* (saumon divin), et qui a une couleur d'or ou de

feu. Le nom scandinave *lax* signifie proprement *luisant*, parce que le saumon a une couleur luisante. C'est aussi la signification du nom de *Logi* (luisant, flamme). Or *Loki* et *Logi* sont souvent confondus dans la mythologie scandinave. (Voyez *Völuspá*, v. 202.) Le mythe dont il est question ici, repose donc sur un rapprochement trouvé entre le *saumon divin* qui a la couleur du feu, et Loki métamorphosé en poisson pour échapper aux poursuites des Ases.

(2) *Franángr* signifie *brillant et resserré*; c'est sans doute un nom fictif pour désigner une cataracte dont les eaux, avant de tomber en cascades *brillantes*, sont *resserrées* entre les rochers.

(3) *Nâri*. (Cf. *Völuspá*, v. 144, 145.)

(4) *Sigyne*. (Voyez *Völuspá*, v. 146.)

TROISIÈME PARTIE.

GLOSSAIRE.

INTRODUCTION.

La signification des mots résulte de la signification des lettres dont ils se composent : il faut donc connaître le sens des lettres pour pouvoir s'expliquer comment et pourquoi tel mot exprime telle idée. Les éléments des mots sont ou des voyelles, ou des consonnes. Les consonnes, dont le son ou la prononciation est plus pleine, plus matérielle que celle des voyelles, forment le corps des mots et en déterminent la signification particulière. Les voyelles ont une signification plus métaphysique : elles servent à indiquer les rapports logiques sous lesquels on doit envisager l'idée du mot exprimée par les consonnes. C'est pourquoi si, dans un mot primitif, on change une seule consonne, on change entièrement la signification du mot; au contraire, si l'on y change les voyelles, la signification reste la même, mais l'idée subit une modification par rapport au temps, au mode, à l'état actif ou passif, aux différents cas de la déclinaison, etc. On conçoit, d'après cela, que les voyelles, à elles seules, ne peuvent pas former ce qu'on appelle vulgairement des racines, ou ce que nous appellerons des thèmes de mots [1].

[1] On objectera sans doute que la voyelle *i* a formé, en sanscrit, la racine इ (aller), en latin, le verbe *i-re*, etc. Nous répondrons que इ a perdu sa consonne, et que sa forme actuelle est dérivée de गा (GÂ), soit par l'intermédiaire de या (YÂ), soit par l'intermédiaire de हि (HI). La forme du verbe latin *i-re*, est donc dérivée de h*ire* comme

CHAPITRE I.

DE LA SIGNIFICATION DES VOYELLES.

Dans toutes les langues, il n'y a que trois voyelles significatives par elles-mêmes; ce sont *a, i* et *u* (*ou*), voy. p. 46. Toutes les trois se sont formées ou individualisées en sortant de la voyelle primitive *e* ou *ö*, espèce de *cheva* qui n'avait pas de signification logique, et qui servait seulement à rendre possible la prononciation des consonnes. Cet *e* muet est encore aujourd'hui la première voyelle que prononcent les enfants. Le vocalisme parvient à son apogée, du moment que les trois voyelles *a, i, u* se sont individualisées; puis il décline et revient à ses commencements, soumis en cela à cette loi constante de la nature, d'après laquelle la vieillesse se rapproche de l'enfance. Ainsi, de même que dans les langues primitives, *a, i, u* dérivent de *e* ou *ö* par l'intermédiaire de *è, é, o*; de même, on remarque, dans les langues dérivées, que *a, i, u* tendent à se rapprocher de *ö* ou *e* par l'intermédiaire des mêmes voyelles; voy. p. 46 et suiv.

Nous parlerons ici seulement de la signification des voyelles *a, i* et *u*, parce qu'elles seules sont à l'apogée du vocalisme, et expriment, par conséquent, le plus nettement leurs différentes significations respectives. Il suffit d'ailleurs de connaître la signification de *a, i* et *u* pour

amare de h*amare* (काम्य). D'ailleurs, ce qui prouve que *i* ne peut pas être la véritable racine, c'est que le son *i*, comme nous le verrons, n'exprime pas l'idée de *mouvement*, mais l'idée *d'intériorité*.

connaître en même temps celle des voyelles qui en sont dérivées.

En général, la voyelle *a* est opposée par sa signification aux voyelles *i* et *u*; et ces deux dernières sont de nouveau opposées entre elles, de sorte que *i* forme contraste avec *u*. Ainsi, la voyelle *u* (ou), la plus sourde de toutes, exprime ce qui est *profond, couvert, inerte*; la voyelle *i*, au contraire, la plus aiguë de toutes, marque ce qui est *intérieur, pénétrant, vif*. Mais, bien que la signification de *u* et de *i* soit différente l'une de l'autre, ces deux voyelles ont cela de commun, qu'elles expriment plutôt un *état* qu'une *action*. C'est en cela qu'elles sont opposées à la voyelle *a* qui désigne ce qui est *extérieur, mobile, actif*.

Ce que nous venons de dire, d'une manière générale, de la signification de *a*, *i* et *u* doit trouver sa confirmation dans l'emploi que les langues primitives ont fait de ces voyelles pour exprimer, non-seulement les sensations de l'âme et du corps, mais aussi les catégories de l'entendement ou les rapports de lieu et de temps, l'actif et le passif, les différents modes du verbe, les cas de la déclinaison, etc. Examinons d'abord la différence dans la signification des *interjections* formées par *a*, *i*, *u* : car l'exclamation est la manifestation immédiate de nos sensations, et celle dont la signification est la mieux sentie et comprise par tout le monde. Or, si l'on analyse les interjections usitées, non pas dans nos langues modernes, mais dans les langues les plus anciennes qui sont encore l'expression fidèle de la nature, on trouvera confirmé ce qui a été dit ci-dessus. En effet, on remarque que *u!* (ou!) et les voyelles qui en sont dérivées, expriment une passion profonde et repliée sur elle-même, comme la douleur, la crainte, l'horreur; que *i!* et ses dérivés marquent une passion vive et concentrée en elle-même, comme la joie intérieure; que *a!* et ses dérivés expriment bien moins une sensation passive qu'une absence de passion, un léger mouvement de l'âme, se découvrant et s'épanouissant au dehors, comme la contemplation et l'admiration.

Considérons maintenant les voyelles *a*, *i*, *u* par rapport à leurs différentes significations de *lieu*. La voyelle *i* désigne *l'intérieur*. C'est pourquoi le *locatif* en sanscrit est exprimé par *i*; ex.: *pitari* (dans le père). En arabe, *i*, à la fin d'un mot, exprime le régime indirect ou le *datif;* ex.: *bi'lmalki* (dans le roi), *li'lmalki* (au roi). Si la voyelle *i* désigne indifféremment le datif et le locatif, c'est qu'il y a réellement beaucoup d'analogie entre ces deux cas. Aussi le *locatif* sanscrit est-il devenu *datif* en grec et en latin; ex.: sansc. *pitari* (dans le père); gr. *patri* (au père); lat. *patri* (au père); sansc. *pitr*su (dans les pères); gr. *patra*si (aux pères).

La voyelle *u* désigne, non pas l'intérieur, mais le fond d'une chose ou le côté couvert, opposé à celui où l'on se trouve placé; ex.: sansc. u*pa* (sur, auprès); lat. s*ub* (sous); sansc. u*t* (mouvement partant du fond vers l'extérieur d'une chose); goth. u*s*, etc.

Enfin la voyelle *a* désigne plus particulièrement ce qui est *extérieur*, comme on le voit nettement quand on compare entre elles quelques *particules de lieu,* ayant les mêmes consonnes, par conséquent la même signification fondamentale, mais des voyelles différentes qui modifient cette signification. Ainsi la particule lat. i*n*, all. i*n*, désigne la direction *d'ici là* vers *l'intérieur;* au contraire, la particule sansc. a*na*, gr. a*na*, all. a*n*, désigne la direction *d'ici là*, le long d'une chose à *l'extérieur.* La particule sanscrite u*t* signifie la *tendance vers*, qui part du *fond*, vers l'extérieur; et en latin, u*t* a la signification *métaphysique* de *afin que;* au contraire a*ti*, en sansc. a*d*, en lat. marquent la direction *physique*, *visible* d'un objet vers *l'extérieur* d'une chose. La préposition sansc. a*pa*, gr. a*po*, lat. a*b*, indique une dépendance *extérieure*, *visible*, *matérielle;* au contraire, sansc. u*pa*, gr. *hupo*, marquent plus souvent une dépendance *intérieure*, *invisible*, *métaphysique.*

Après avoir vu quelle est la signification des voyelles *a, i, u,* par rapport au lieu, examinons maintenant quelle en est la signification par rapport au *temps.* La catégorie logique du temps dérive de celle du lieu : aussi, dans toutes les langues, les mots qui expriment les différents rapports de temps dérivent plus ou moins directement de mots qui désignent des rapports de lieu. C'est pourquoi ce qui a été dit des particules de lieu s'applique aussi avec les modifications nécessaires aux *particules de temps.* Ici il importe de montrer le contraste que *a* forme avec les voyelles *i* et *u*. Si au temps *présent*, la voyelle radicale est *a*, celle du temp *passé* est *u* ou *i*, et réciproquement; ex.: hébr. prétérit, *Katal, malak;* non-prét. (présent et futur), *yik'tol* (p. *yik'tul*), *yim'lok* (p. *yim'luk*). Arabe prét. : *kataba;* non-prét. *yak'tubu.* Hébr. prét. *kabëd* (p. *kabid*), *katon* (p. *katun*); non-prét. *yik'bad, yik'tan.* Arabe prétérit, *kutiba,* non-prét. *yak'tabu.* Le même contraste entre les voyelles se remarque dans les verbes des langues *teuto-gothiques.* C'est pourquoi toutes les conjugaisons de ces langues se réduisent à *deux classes;* la première renferme les verbes dont la voyelle radicale, au *présent*, est *a*, et qui, au *prétérit*, changent cet *a* en *i* ou en *u*. La seconde classe renferme les verbes dont la voyelle radicale est *i* au *présent*, et qui, au *prétérit*, changent cet *i* en *a*. Nous prendrons pour exemple les conjugaisons de l'islandais.

Ire Classe, 1re espèce (présent *a;* prétérit *i;* participe présent *a*); 1° prés. *fell* (p. *fall*), prét. *fiell;* 2° prés. *græt* (p. *grât*), prét. *griet;* 3° prés. *sveip* (p. *svaip*), prét. *sviep,* 4° prés. *hleyp* (p. *hlaup*), prét. *hlióp*. 2e Espèce (prés. *a;* prét. *u;* part.-prés. *a*); 5° prés. *el* (p. *al*), prét. *ól* (p. *ul*).

IIe Classe, 1re espèce (prés. *i;* prét. *a;* part.-prés. *i*); 6° prés. *drëp* (p. *drip*), prét. *drap;* 7° prés. *gîn* (p. *giin*), prét. *gein* (p. *gain*). 2e Espèce (prés. *i;* prét. *a;* part.-prés. *u*); 8° prés. *dryp* (p. *driup*), prét. *draup*); 9° prés. *stël* (pour *stil*), prét. *stal*. Ces exemples montrent que l'opposition entre *a* et les voyelles *i* et *u* est aussi générale et aussi nettement dessinée dans les langues teuto-gothiques que dans les langues sémitiques. Mais en voyant que *a, i, u* se trouvent aussi bien dans le prétérit que dans le présent, on pourrait croire que ces voyelles n'ont pas une signification précise et fixe qui les rende propres à désigner exclusivement, soit le prétérit, soit le temps présent. Cependant cette circonstance tient à une tout autre cause; elle vient de ce que la désignation stricte et régulière des *temps*, au moyen de leurs voyelles respectives, se trouvait en contradiction avec l'usage que les langues primitives ont fait de ces mêmes voyelles pour désigner *l'actif* et le *passif*. Or, comme cette dernière distinction touchait de plus près à la signification ou à l'idée exprimée par le verbe, elle était plus essentielle et plus importante que la distinction qu'on pouvait faire entre les voyelles pour marquer la différence des *temps*. C'est pourquoi la voyelle *radicale* (placée au *prétérit*, dans les langues sémitiques, et au *présent*, dans les langues germaniques) a dû exprimer de préférence, non pas les *temps*, mais la signification *active* ou *passive* du verbe, et par cela même les langues ont dû se contenter de désigner, par des voyelles différentes de la voyelle radicale, les temps différents de celui où elle se trouvait placée.

La désignation de *l'actif* et du *passif*, au moyen des voyelles, mérite surtout l'attention du philologue. Le *passif* est exprimé par les voyelles *i* et *u* qui, comme nous l'avons vu, signifient ce qui est *intérieur, inerte, métaphysique*; *l'actif* au contraire s'exprime par la voyelle *a* qui désigne ce qui est *extérieur*, ce qui est *visible*, ce qui *agit*. La signification active ou passive est aussi bien exprimée dans le nom que dans le verbe; mais comme c'est dans cette dernière espèce de mots qu'elle se fait le mieux sentir, nous ne donnerons pour exemples que des verbes. Toutes les fois qu'un verbe a une signification *active*, les langues sémitiques et indo-germaniques y mettent, comme voyelle radicale, la voyelle *a*; ex. : arabe *qatala* (tuer), *kataba* (écrire); isl. *gana* (lat. *distendere*), *tana* (étendre), etc. Dans les langues sémitiques, la plupart des verbes *actifs* peuvent devenir *passifs* en changeant la voyelle radicale *a* en *i*, et en observant, pour les autres voyelles, les règles euphoniques et grammaticales; ex. : *qutila* (être tué), *kutiba* (être écrit). Dans les langues germaniques, la voyelle radicale ne peut pas toujours être changée à volonté pour exprimer, tantôt l'actif, tantôt le passif. Il est même rare de trouver ensemble, dans ces langues, des verbes, comme *gana* (étendre) et *gina* (être étendu), qui sont identiques quant au fond, et ne diffèrent entre eux qu'en ce que l'un est actif et l'autre passif. Mais ce qui est digne de remarque, c'est que dans les langues indo-germaniques, beaucoup de verbes qui, primitivement, ont été actifs, ont changé la voyelle *a* en la voyelle *i*, parce que ces verbes ont pris, peu à peu, une signification *passive*. Ainsi, par exemple, le verbe *vasa*, qui en sanscrit signifie *se répandre sur, couvrir, s'établir*, a pris, dans les langues germaniques, la signification abstraite et passive d'*être*, et s'est changé en *visa, vira*. D'un autre côté, beaucoup de verbes qui, primitivement, avaient une signification *passive*, sont devenus *actifs* en gardant cependant leur ancienne voyelle passive *i*; ex. : *vita* (savoir), *finda* (trouver), *binda* (lier), *smida* (frapper), etc. Le même changement s'est opéré dans plusieurs verbes sémitiques qui, tout en ayant la forme de passifs, sont suivis d'un régime direct, comme, par exemple : arabe, *rakhimtahâ* (tu as été miséricordieux envers elle).

Les verbes indo-germaniques dont la voyelle radicale est *u* avaient dans l'origine une signification passive, qui, plus tard, dans un grand nombre de cas, est devenue active; ex. : lat. *luere* (être lâché), *lâcher*, etc.; *lucere* (être saillant), *briller; fluere* (être répandu), *couler*. Sansc. *lupa* (lat. distensum esse), *séparer, briser;* lat. *rumpo, etc. etc.*

Quant à la différence qui existe entre *i* et *u*, par rapport à leur propriété d'exprimer le passif, on peut dire que, dans les langues indo-germaniques, *i* exprimait dans l'origine le passif proprement dit, tandis que *u* exprimait plus particulièrement le neutre, comme on peut le voir par les exemples que nous venons de donner. Dans les langues sémitiques, *u* désignait originairement un état passif, *habituel* ou *permanent*; ex. : héb. *katon* (p. *katun*), *être petit* (de nature); arabe *katzura* (être bref), *hhasuna* (être beau), etc. La voyelle *i*, au contraire, désignait un état passif *accidentel*; ex. : héb. *tzamée* (p. *tzamie*), *être altéré de soif*, *hhafetz* (être réjoui); arabe عَمِلَ (être en peine), عَلِمَ (être enseigné).

En arabe, les voyelles *a* et *u* ne servent pas seulement à exprimer l'actif et le passif, mais aussi les modes du verbe ou le subjonctif et l'indicatif. Ainsi la voyelle *u*, qui exprime le passif, l'état, la substance, l'indépendance, désigne *l'indicatif*, et par conséquent la voyelle opposée *a* désigne la dépendance ou le *subjonctif*; ex. : ind. *yaq'tulu*, *yaktubu*; subj. *yaq'tula*, *yaktuba*. D'après le même système et par analogie, la voyelle *u*, qui exprime l'état, désigne aussi le sujet, le cas indépendant ou le *nominatif*, tandis que *a* désigne le régime direct, le cas dépendant ou *l'accusatif*; ex. : nom. *mal'k*u (roi), acc. *mal'k*a; nom. *abd*'u (serviteur), acc. *abd*'a.

Après avoir vu les différentes significations des voyelles *a*, *i*, *u*, il nous reste à dire quelques mots des diphthongues. Nous avons eu déjà occasion de dire (p. 52) qu'il n'y a que deux diphthongues primitives; ce sont *aï* et *aü* (aou). La diphthongue *aï* n'est qu'un renforcement de la voyelle *i*, de même que *aü* n'est qu'un renforcement de *u*. C'est pourquoi la signification de ces deux diphthongues ne diffère point de celle des voyelles dont elles dérivent. *Aï* et *aü* ne diffèrent de *i* et *u* que grammaticalement, c'est à dire que certaines dérivations grammaticales exigent, à la place de *i,* le renforcement de voyelle *aï,* et à la place de *u,* le renforcement de voyelle *aü.* Aussi, les diphthongues *aï* et *aü* sont-elles appelées, par les grammairiens hindous, des *vriddhis* (augmentations) de *i* et de *u.*

CHAPITRE II.

DE LA SIGNIFICATION DES CONSONNES.

Les consonnes déterminent, comme nous l'avons dit, la signification des mots ; chacune d'elles contribue pour sa part à former cette signification ; chacune est un élément de la notion ou de l'idée exprimée par le mot. Les idées ou les premières notions de l'homme primitif résultaient des impressions, causées par les choses qui affectaient ses sens, principalement celui de la vue. L'homme primitif exprimait ses sensations en imitant ou en représentant exactement, par des gestes ou par des sons significatifs, correspondant à ces gestes, les différentes actions qu'il avait vu faire. Or, comme tout ce qu'on voit se voit dans l'espace, et que toute action se présente à l'œil comme une modification des rapports de lieu ou comme une succession de mouvements, il était naturel que l'homme primitif, pour exprimer sa pensée, désignât par le geste ou par des sons significatifs, les *mouvements* successifs qu'il avait vu faire. Ainsi, par exemple, l'idée *d'étendre* qui nous paraît si abstraite parce que nous rattachons nos idées à des mots et non pas à la *vue* matérielle des choses, cette idée, l'homme de la nature la conçoit d'une manière toute mécanique, et l'exprime par conséquent de même. Il voit qu'une chose s'allonge ou *s'étend*, c'est-à-dire que le point extrême de cette chose qui, auparavant, était ici, est maintenant là. Pour exprimer ce qu'il a vu, c'est à dire l'idée *d'étendue* qu'il a conçue par la vue, il fait le geste qui exprime *ici* et puis le geste qui exprime *là*, ou bien il articule le son *ta!* ou *da!* qui exprime par sa *nature même* ce que nous désignons par le mot *ici*, et puis le son *na!* qui exprime encore par sa nature même ce que nous désignons par le mot *là*. Ainsi se forme, d'une manière toute mécanique, le mot *tana* (ici, là) qui désigne *naturellement* et *nécessairement* l'idée *d'étendre* (gr. τείνω, lat. ten(d)ere, isl. thana, etc.)

Prenons encore un autre exemple. L'idée de *donner* n'existe pas d'une manière abstraite dans l'entendement de l'homme de la nature. Pour lui, cette idée est une image qui existe dans son imagination. Il voit qu'on *donne* en *étendant* la main *vers* la personne à laquelle on donne. C'est pourquoi il exprime l'idée de donner en étendant la main vers quelqu'un, et en accompagnant ce geste du mot *da!* (là), lat. *da*-re, ou bien il dit le mot NaTaNa (tendre là) *tendre vers*, lat. *i*N-TeN(d)ere, héb. נתן (donner). On voit d'après cela que la langue primitive est comme une peinture : les actions et les passions sont retracées dans des mots qui expriment des gestes, des attitudes, des mouvements successifs, et c'est pourquoi les consonnes ou les éléments des mots désignent des *mouvements* ou des *rapports de lieu*. Il s'agit donc maintenant de déterminer la signification particulière à chaque consonne : nous expliquerons à cet effet le sens des consonnes *islandaises*. Tout ce que nous en dirons s'appliquera aussi aux consonnes correspondantes dans les autres langues. Il est vrai que l'alphabet islandais est un des moins riches en consonnes : cependant il renferme toutes les consonnes des langues primitives, et il suffit de connaître le sens de ces consonnes primitives pour connaître en même temps la signification des consonnes qui en sont dérivées ou qui leur sont *homorganiques*, c'est à dire formées par le concours des mêmes organes de la voix. En effet, les sons homorganiques expriment le même sens général, et ils ne diffèrent entre eux que par de légères nuances. Ces nuances se sont établies à mesure que les langues dérivées spécifiaient et différenciaient davantage les idées vagues et générales des langues primitives, et exprimaient, par conséquent, ces différences par des nuances dans la prononciation des mots. Comme ces nuances se sont établies *différemment* dans les différentes langues dérivées, à cause de la différence des lois de l'euphonie et de la permutation des consonnes, c'est à la grammaire spéciale d'expliquer quelles sont les nuances qu'expriment les sons homorganiques dans chaque langue en particulier. Pour nous, qui considérons ici les langues dans leur état primitif, nous n'avons point à examiner ces légères différences, par la raison qu'elles n'existaient pas encore à cette époque ancienne. Nous rangerons donc dans une seule et même classe les consonnes qui sont homorganiques ou qui sont dérivées l'une de l'autre; et nous préciserons, autant que possible, la signification propre à chacune de ces classes. L'ordre dans lequel se suivront les différentes classes est le suivant : nous parlerons d'abord des labiales, puis des dentales, ensuite des gutturales. C'est dans cet ordre que les enfants apprennent

INTRODUCTION. 383

à articuler les sons; ils prononcent d'abord les labiales, puis les dentales, et enfin les gutturales. A ces trois classes, nous ajouterons la classe des liquides, *R* et *L*, et la classe qui renferme la nasale *N*. Comme les consonnes doivent toujours être accompagnées d'une voyelle pour pouvoir être prononcées, nous ajouterons à chaque élément-consonne la voyelle primitive *e* qui, comme nous l'avons vu, n'a pas encore de signification précise.

Labiales *Ve, Be, Me, Pe, Fe*.—Ces labiales expriment le sens du mot *sur*, et désignent l'idée de *répandu sur*, de *surface*, que cette surface soit la supérieure ou l'inférieure, qu'elle soit horizontale ou verticale; ex.: hébreu B*e* (sur, auprès, dans); ar. B*i* (sur, auprès, dans); gr. *e*P*i* (sur, auprès); sansc. *u*P*a* (sur, auprès); gr. *hu*P*o* (sous, vers); lat. *su*P (sous, vers); goth. B*i* (sur, à); vieux all. P*i* (sur, à). L'idée *sur*, envisagée sous le point de vue *actif* ou combinée avec l'idée de mouvement, produit la signification de *vers*, et exprime aussi l'idée de ce qui se *répand*, de ce qui est *plan*. Ainsi, en sanscrit, V*a* signifie ce qui se *répand*, *l'air*, *l'eau;* héb. Maï (eau). L'idée de surface *plane* se montre davantage dans le mot sanscrit *a*P (eau); lat, æqvor, aqva; all. *e*B*en*). L'idée de plat, uni e⬛⬛⬛re celle *d'égalité*, de *parité;* c'est pourquoi les mots sanscrits V*a*, *i*V*a*, *é*V*a* signifient *égal, semblable, de même que, aussi*. Le mot V*a* est devenu conjonction préfixe, *et de même que*, en zend et dans les langues sémitiques; ex.: ar. V*a*- (et); éthiop. V*a*- (et); héb. V*e*, V*a*- (et): en latin il est devenu une particule disjonctive enclitique; ex.: plusV*e*, minusV*e*, siV*e*, *etc*. L'idée de *répandre*, *étendre*, prise dans un sens plus abstrait, signifie *éloigner, dériver, descendre.* Telle est la signification des prépositions suivantes : sansc. *a*Va, *a*Pa; gr. *a*Po; lat. *a*B; goth. *a*F-; v. h. all. *a*P-, etc. etc. Enfin l'idée de *sur, auprès*, produit celle de *présent*, et cette dernière fait naître l'idée *d'objet*, que ce soit une *personne* ou une *chose*. C'est pourquoi, dans les langues indo-germaniques, Ma désigne la *première personne* du singulier, et Mas la première personne du pluriel; ex. : sansc. Ma-*t* (de moi), Ma-*yi* (en moi), etc. *as*-Mi (je suis), *s*-Mas (*nous* sommes); gr. Mé (moi), *es*-Mi (je suis), *es*-Mès (*nous* sommes); lat. Mé (moi), *su*-M (je suis), *su*-Mus (*nous* sommes), *era*-M (j'étais), *era*-Mus (*nous* étions); goth. *i*-M (je suis), *siju*-M (*nous* sommes); v. h. all. *pi*-M (je suis), *pira*-Mès (*nous* sommes), etc. Dans quelques cas, Ma s'est changé en Na; ex. : sansc. Nas (à *nous*); lat. Nos (nous); gr. Nôi (nous deux); dans quelques autres cas, il s'est changé en Va; ex. : gothique Veis (nous), V*it* (*nous* deux); sansc. Vam (à *nous* deux). Dans les langues sémitiques, le pronom personnel Ma s'est changé en Na; ex. : héb. *a*Ni (moi), *a*Nu (nous), *katab*'T*i* (p. *katab*'N*i*) (j'ai écrit), *katab*'Nu (*nous* avons écrit), *èk'tôb* (p. *a*N'*k'tôb*) (j'écrirai), N*ik'tôb* (*nous* écrirons). Cependant l'ancienne forme Me s'est co●●●ée dans les participes et quelques substantifs, avec ●●●gnification primitive de *personne qui*, ou *chose qui*; ex. : ar. M*aq'tulu* (*qui* est tué); héb. M*ekattab* (*qui* est écrit), M*al'koakh* (*qui* est pris), *butin*, etc. Ce Ma répond exactement à la terminaison Ma dans beaucoup de mots indo-germaniques; ex. : sansc. sa*M*a (cette personne, cette chose); lat. ide*M* (cette personne, cette chose); sansc. *bhá*Ma (*chose* qui brille), *soleil*; *tig*Ma (*qui* est aigu), etc. etc. Dans les lan-

INTRODUCTION. 385

gues sémitiques, l'ancienne forme *Ma* s'est encore conservée comme pronom *interrogatif;* ex. : héb. *Mi* (qui?), *Mah* (quoi?), etc. En résumé, les consonnes labiales expriment l'idée de *sur,* d'où découlent toutes les autres significations. Le geste qui correspond à ces différentes significations est celui qui consiste à placer le plat de la main sur la poitrine. Ce geste indique l'idée de *sur, couvrir, aplatir,* et l'idée de *présence,* de *personnalité,* etc.

Dentales. Te, De, þe (*Se, Re*). — Aux consonnes dentales, nous devons ajouter la sifflante *S* parce que, dans toutes les langues, elle est née de l'assibilation d'une dentale (voy. p. 93). Il est vrai que *S* provient quelquefois d'une gutturale sifflante (ch) qui a rejeté son élément guttural (voy. p. 77); mais ce cas est bien rare, et le plus souvent *S* dérive d'une dentale, principalement de *T.* Puisque nous rangeons dans cette classe la sifflante *S,* nous devons aussi y ranger une certaine *espèce* de *R,* car ces *R* dérivent immédiatement de la consonne *S* (voyez page 76).

Les consonnes de cette classe expriment la *désignation* la plus précise d'une chose, en la montrant pour ainsi dire du doigt. Elles signifient donc ce que nous exprimons par le mot *ce!* C'est pourquoi les dentales servent principalement à former des pronoms *démonstratifs;* ex. : ar. *Sâ* (ce); héb. *Sè* (ce), *èT* (accus. ce); éthiop. *Se* (ce); sansc. *Sas* (ce), *Tam* (acc. ce), *eSaS* (celui-ci), *iDam* (celui), *asTi* (il est), *sanTi* (ils sont). Gr. *Dé* (ci), opposé à *men* (là); *To* (ce), *Toï* (les), *esTi* (il est), *enTi* (ils sont). Lat. : *iS* (ce), *iSTe* (celui-ci), *iD* (cela), *iDem* (ce même); *esT* (il est), *sunT* (ils sont). Goth. : *Sâ* (ce), þ*ai* (eux), *saltiTh* (il saute), *saltan*D (lat. saltant). V. h. all. D*ë*R (ce), D*ié* (les), *valli*T (il tombe), *vallan*T (*ils* tombent).

La classe des dentales forme aussi des adverbes de *temps*; ex. : sansc. T*aD*á (dans ce temps); gr. T*o*T*é* (alors); latin T*unc* (alors); goth. T*hâ* (alors); v. h. all. D*a* (alors); ar. *i*Ds, *i*Dsan (alors); héb. *à*D, *à*S (alors).

Comme la personne la plus proche qu'on puisse désigner est celle à qui l'on parle, les dentales et leurs dérivées servent à marquer la *seconde personne*; ex. : ar. *an*Ta (tu), *an*Tum (vous); *kum*Ta (tu étais debout), *kum*Tum (*vous* étiez debout). Héb. : *at*Tah (tu), *at*Tèm (vous); *qatal*Ta (*tu* as tué), *q'tal*Tèm (*vous* avez tué). Sansc. T*vam* (tu); *dadâ*Si (tu donnes); *bara*Tha (*vous* portez). Gr. T*u*, S*u* (toi); *histè*S (*tu* places), *hista*T*é* (*vous* placez). Lat. : *tu* (tu); *legi*S (*tu* lis), *legi*T*is* (*vous* lisez). Goth. : T*hû* (*tu*); *salti*S (*tu* sautes), *salti*Th (*vous* sautez). V. h. all. : D*û* (tu); *valli*S (*tu* tombes), *valla*T (*vous* tombez).

Comme il faut nécessairement, pour qu'on puisse *montrer* une chose dans tel ou tel état, que cette chose ait réellement déjà passé dans cet état, la particule démonstrative T*a* indique aussi le temps *passé*, et le *passif* des verbes dénominatifs, dont la conjugaison est *faible,* c'est-à-dire qui n'ont plus la faculté d'exprimer le temps passé et le passif par le changement de la voyelle radicale (voyez page 375); ex. : sansc. *uk*Tas (voici qui est dit), *dit; pati*Tas (voici qui est tombé), *tombé*; gr. *lek*Tos (dit); lat. *fac*Tus (fait); goth. *alji*Ths (nourri); *alji*Da (j'ai nourri); v. h. all. *neri*T*ér* (conservé), *neri*Ta (j'ai conservé), etc. Comme la signification *réfléchie* dérive de la signification *passive*, la particule T*a*, qui exprime le passif, peut aussi exprimer le pronom *réfléchi*. Ainsi, dans les conjugaisons *faibles* des verbes sémitiques, T*a* exprime quelquefois le passif, mais le plus souvent le réfléchi ; ex. : héb. *hi*T'*makker* (être vendu), *hi*T'*qaddesh* (être sanctifié), *se sanctifier;* ar. T*aqattala* (se tourmenter, s'ingénier), T*aqâtala* (lat. invicem percuti), *se frapper* réciproquement ; T*arásala* (all. gegenseitig beschickt werden), *s'envoyer* réciproquement, etc. etc.

Nous avons encore à considérer les dentales et leurs dérivées par rapport à leur signification *active,* ou par rapport à l'idée de mouvement. Cette classe exprime la *direction* d'une chose vers un point *indiqué*. Comme ce point peut être plus ou moins rapproché de la personne qui parle, les dentales expriment également bien le mouvement *d'ici là* et le mouvement de *là ici,* le mouvement de *haut en bas* et le mouvement de *bas en haut;* ex. : sanscrit *a*T*i* (vers), *u*T (dehors); gr. *è*S (vers), -D*é* (δόμονδε), *vers;* lat. *a*D (vers), *u*T (vers), *afin que;* goth. *a*T- (vers), D*u*- (vers), *u*T- (dehors), *u*S- (dehors); v. h. all. *a*Z- (vers), Z*ô*-, Z*ë*- (vers), *ú*Z- (dehors), *u*R- (lat. ex), *a*R-, *i*R-.

Tout mouvement peut être considéré sous le point de vue de l'éloignement, de la séparation, ou sous celui de la jonction, du rapprochement. La signification de *séparation* est celle de la suffixe dentale -*T,-D,* qui indique *l'ablatif* dans les anciennes langues indo-germaniques; ex. : zend *garói*T (de la montagne); sansc. *tasmá*T (de là); v. lat. *præda*D (de la proie). Le génitif est dérivé de l'ablatif; c'est pourquoi le *S,* qui caractérise ce cas dans presque toutes les langues indo-germaniques, n'est autre que l'assibilation du *T* de l'ancien ablatif. La signification de l'*S* est donc aussi la même que celle du *T*, seulement elle est plus métaphysique parce qu'elle est dérivée. Ainsi, tandis que l'ablatif exprime la séparation matérielle et physique, le génitif désigne la séparation métaphysique, la dérivation, le rapport de l'effet à la cause, etc. L'idée de séparation, d'éloignement est encore exprimée dans les particules suivantes : gr. -T*hen* (d'ici là); lat. D*é* (de), D*é*-, S*é*-, D*i*S- (pour D*é*-S*é*); goth. D*i*S (pour D*u-u*S); v. h. all. Z*i-a*R-, Z*ëi*R, etc. Au contraire, l'idée de jonction se montre dans l'adverbe grec *é*T*i* (ajouté à), *encore*, et dans la conjonction latine *e*T (et). En résumé, les dentales et leurs dérivées ont deux significations principales d'où découlent toutes les autres : l'une est *ce!* qui désigne les objets dont il est question, l'autre est *vers ce!* qui indique la direction. Le geste qui exprime la signification des dentales est celui par lequel on montre du doigt un objet, ou par lequel on en montre la direction.

Gutturales K, G, Y, H. — Les gutturales ont, comme les dentales, une signification *démonstrative*, avec cette différence que les dentales désignent l'objet d'une manière absolue, tandis que les gutturales le désignent *relativement* à d'autres objets; ex. : lat. C*is* (ce côté, opposé à l'autre), *en deçà;* eCC*é* (*ce! de ce!* voyez-le de ce côté!), *le voilà.* Héb. H*ée* (eh!), *le voilà!* Goth. *i*K (ceci! opposé à T*u*, cela!), *moi;* sansc. *a*H*am* (moi); gr. *é*G*o;* lat. *é*G*o;* héb. *a*nôK*i.* D'après cela on conçoit pourquoi les pronoms *relatifs* primitifs sont tous formés de gutturales. Les pronoms *démonstratifs*, formés de gutturales, sont toujours plus relatifs que ceux formés de dentales, ainsi : lat. H*i*C, H*æ*C, H*o*C (*ce*, dont il s'agit), est moins fortement démonstratif et plus relatif que *i*S, *i*D; héb. H*al*- (le, la), ar. H*ue* (lui) sont des pronoms démonstratifs moins absolus que S*èh*. Aussi arrive-t-il que dans les langues sémitiques, la particule démonstrative T*a*, qui marque la seconde personne, se change en K*a* toutes les fois qu'elle n'est pas absolue, mais relative et dépendante, c'est-à-dire toutes les fois qu'elle est régime; ex. : héb. *q'taluKa* (ils t'ont tué), *q'taluKem* (ils *vous* ont tué), *l'*K*a* (à toi), *b'*K*èm* (en vous), etc.

Comme l'idée de disjonction implique nécessairement l'idée de relation, les gutturales qui expriment la relation, servent aussi à former des particules *disjonctives;* ex. : anglo-sax. G*ë*-G*ë* (lat. cum-tum); allem. Y*é*- Y*é*.

La particule T*a,* nous le répétons, désigne les objets d'une manière absolue : les objets à désigner n'étant pas considérés par rapport à d'autres objets de la même espèce, ne peuvent pas être confondus avec ces derniers; l'indication est par conséquent précise, certaine, affirmative. La particule K*a,* au contraire, désigne les objets d'une manière relative; les objets à désigner sont considérés, par rapport à d'autres objets de la même espèce, avec lesquels on pourrait les confondre; l'indication n'est donc ni absolue, ni précise, ni affirmative. Cette particule indique par conséquent une espèce d'incertitude dans l'esprit, et cette incertitude fait naître la *question*. C'est pourquoi les gutturales forment non-seulement les pronoms relatifs, mais aussi les pronoms *interrogatifs*. D'un autre côté, l'incertitude ou l'état de l'esprit de ne pouvoir s'expliquer une chose, produit l'étonnement, et par suite l'exclamation : en effet, l'exclamation *quel homme!* n'est qu'une autre

manière de dire : comment peut-on être un tel homme?
C'est pourquoi les gutturales, qui forment des pronoms
interrogatifs, peuvent aussi former des mots *exclamatifs*.
Nous donnerons, comme représentants de la nombreuse
famille des mots relatifs, interrogatifs et exclamatifs, les
exemples suivants : héb. H*ª* (particule interrogative);
sanc. K*as* (qui), Y*a* (qui), Y*adi* (quand); gr. P*oté* (pour
K*oté*), quand; P*ós* (p. K*ós*), comment; lat. Q*ui* (qui);
goth. H*vas* (qui); v. h. all. H*vër* (qui), etc. etc.

Quant à leur signification *active*, les gutturales désignent le mouvement considéré sous le point de vue
relatif, c'est-à-dire non comme direction, mais comme
jonction ou *disjonction*. Ainsi, en gothique, la particule
prépositive G*a*-, v.-h.-a. K*a*-, K*i*-, de même que la particule latine C*on*-, exprime l'idée de *jonction;* au contraire, en grec, la préposition *e*K exprime l'idée de *disjonction*, de séparation. La particule gothique G*a*- se trouve
ordinairement dans les mots dont le sens primitif était
tel qu'il se combinait facilement avec l'idée de jonction,
d'alliance, de société, de réunion. En cela, G*a*- diffère
essentiellement de la particule D*u*-, T*u*-, qui, nous
l'avons vu, signifie aussi *vers,* mais qui exprime une
jonction fortuite dans laquelle il n'y a aucune relation
intime, naturelle, nécessaire entre les objets qui se joignent.

En résumé, les gutturales expriment d'une manière
générale l'idée de rapport ou de relation. Cette idée qui
est une des principales catégories de l'entendement
humain, a produit une infinité d'autres idées que le
logicien peut suivre dans leurs filiations et leurs rami-

fications à l'aide des indications fournies par l'analyse comparative des langues.

Les gestes qui expriment les différentes significations des gutturales, se font tous avec les deux mains, comme pour indiquer la relation existant entre deux termes. Ainsi, pour désigner la jonction ou la séparation, le geste naturel consiste à rapprocher ou à séparer les deux mains; de même que pour exprimer la question, l'étonnement, l'admiration, on étend ou on lève les deux mains ensemble.

Liquides *Re*, *Le*. — Ces deux consonnes ont eu, dans l'origine, la même signification, et les différentes langues n'ont préféré l'emploi de l'une ou de l'autre, que selon qu'elles avaient une plus ou moins grande facilité à prononcer *R* ou *L*. Originairement la lettre *R* n'était pas liquide, c'était au contraire une consonne forte née de *Q*, la plus forte des gutturales (voyez p. 76). Cet R guttural, différent par son origine du R faible né de S, est devenu peu à peu plus doux, plus liquide, et a engendré le son *L*. Pour indiquer l'analogie qu'il y a entre *L* et *R* et pour rappeler la nature plus liquide de L, cette lettre (ל) se trouve placée dans l'alphabet après la gutturale *K* (כ), de même que R (ר) se trouve placé après la gutturale *Q* (ק) dont elle est dérivée. Mais *K* est une consonne plus douce que *Q*; on peut donc établir les rapports suivants : *K* est à *Q* comme *L* est à *R*, et *K* est à *L* comme *Q* est à *R*. Comme la prononciation de R était rude dans l'origine, cette lettre exprime l'idée d'*éruption*, de *sortie*, de *saillie*, d'*éminence*, de *grandeur* (cf. gr. aRi-, éRi-, aRistos). Dans le sens actif, *Ra* signifie *s'étendre, aller, saillir, s'élever* (cf. sansc. *Ri, R*). La liquide *L* indique généralement l'idée d'*élan*, de *longueur*, d'*éloignement*. La signification d'éloignement fait que *L* combiné avec une particule démonstrative, produit l'idée que nous exprimons par le mot *là!* (*ce* qui est éloigné). Exemple: hébr. *ha*L- (cela) *le*; elL*èh* (lat. ilL*os*, ilL*as*); *é*L (là) *vers* cet endroit-*là*; L*e-* (là!) *vers*, particule qui exprime ordinairement le datif. Lat. *il*L*ud* (cela); *a*L*ius* (le plus éloigné) *l'autre*; *a*L*ter* (le plus éloigné des deux) *l'autre*; *u*L*tra* (du côté éloigné) *au delà*. Gr. *al*L*os* (l'autre), etc.

Le geste qui exprime les différentes significations de *R* et de *L*, est celui qui consiste à étendre le bras, ou à le porter brusquement en avant.

Nasale *N*. — Quant à la prononciation, la consonne nasale N a beaucoup d'affinité avec la labiale nasale M. C'est pourquoi dans toutes les langues, ces consonnes se permutent quelquefois entre elles, de même que dans l'alphabet elles se trouvent placées l'une à côté de l'autre. Quant à la signification, *N* diffère de *M*, et se rapproche davantage de la liquide *L*. En effet, R et L désignent, l'un et l'autre, l'idée d'*éloignement, d'extension*. Ainsi, en sanscrit, on dit *a*N*yas* (celui-là) *l'autre*; en latin, *a*L*ius*; en goth. on dit *a*N*thar* (l'autre); en latin, *a*L*ter* (l'autre). L'idée d'*éloignement* produit celle de *négation*, car on *éloigne*, on rejette la demande, la proposition, quand on s'y refuse, ou quand on la nie. La négation s'exprime aussi tantôt par *L*, tantôt par *N*, mais le plus souvent et le plus énergiquement par cette dernière consonne; ex.: araméen L*a* (non); hébr. *a*L, L*ô* (non), N*ôe* (éloigner, empêcher); sansc. *a*N- (non-), *a*- (p. *a*N) *non*, M*a* (p. N*a*) *non*; gr. *a*N- (non-), *a*- (p. *a*N) *non*, Nè- dans νηπαθής, etc.; lat. Ne; Ne- dans *nemo, etc.;* NoN (non), *i*N- (non) dans *iniquus, etc.;* isl. ó- (p. *u*N-, non-), etc. etc. De l'idée d'*extension* dérive celle de *direction*, soit de direction en *bas*, ou le *long* d'une chose, ou *vers*, ou *après* une chose; ex. : sansc. *â*- (p. *a*N-) *vers*; *a*N*u* (après); N*i* (en bas); gr. *a*N*a* (le long); lat. *i*N (vers), etc.

Le geste qui exprime les différentes significations de *N*, est celui qui consiste à porter la main de gauche à droite. C'est, en effet, le geste qu'on fait pour éloigner, pour refuser une chose, ou pour indiquer qu'un objet descend, s'étend le long de, s'en va, etc.

CHAPITRE II.

DE LA FORMATION DES THÈMES.

Nous venons de voir quelle est la signification des différentes lettres, ou des éléments dont se composent les mots. Ces éléments sont, pour ainsi dire, les matériaux qui, combinés de différentes manières, produisent les *thèmes* dont dérivent les *mots*. Les thèmes forment, par conséquent, la charpente ou le corps des mots, abstraction faite de leurs terminaisons, et de tout changement purement euphonique et grammatical.

Les thèmes les plus simples sont ceux qui ne renferment qu'une *seule* consonne. Dans cette première classe, se trouvent les thèmes dont dérivent les mots qui désignent le lieu ou le temps, ou les différentes relations de lieu et de temps. De ce nombre, sont les pronoms, les prépositions, les conjonctions, et en général, la plupart des petits mots appelés particules. Il y a aussi quelques *verbes* formés de thèmes à *une* consonne. Ainsi, par exemple, la labiale P*e* (sur) prise dans le sens actif ou comme verbe, signifie *se mettre sur, couvrir, protéger;* sansc. पा. La dentale T*e* (cela) forme le verbe T*a* (là), *déposer;* (sansc. धा; gr. τί-θη-μι), ou le verbe D*a* (là! tenez!), *donner* (lat. *dare*, gr. δί-δω-μι). La gutturale G*e* (voyez p. 390) forme le verbe Y*u*, *joindre* (sansc. यु); ou le verbe G*a* qui signifie *aller vers* [sansc. गा, या, gr. (H)έω (*Hiè-mi*, faire aller, envoyer) lat. (H)*ire*], ou *laisser derrière, quitter* (sansc. हा), parce que *joindre* et *quitter* sont des idées corrélatives. La liquide R*e* (éruption, mouvement) forme le verbe *a*R*a*, *marcher* (sansc. ऋ). La liquide L*e* (élan), prise dans le sens actif, forme le verbe *a*L*a* (élancer), *élever;* lat. *altus* (élevé), *alere* (élever), *nourrir*.

Les verbes à une consonne sont en petit nombre, parce que l'idée d'une action peut rarement s'exprimer par un seul geste, un seul mouvement, un seul son; mais elle s'exprime le plus souvent par deux mouvements représentés par deux éléments phoniques ou par deux consonnes. Aussi, le thème verbal primitif se compose-t-il ordinairement de deux consonnes ou de deux syllabes; exemples :

P*a* (sur) + K*a* (mouvement) = P*a*K*a* (mouvement sur), *atteindre, prendre* (sansc. पश्; goth. *fanga*).

K*a* (mouvement) + P*a* (sur) = K*a*P*a* (mouvement vers), *tendre, atteindre, prendre* (goth. *giban;* lat. *capio*).

T*a* (ici) + N*a* (là) = T*a*N*a* (mouvement d'ici là), *tendre* (sansc. तन्; gr. τείνω, etc.).

INTRODUCTION. 395

Ta (ici) + La (là) = TaLa (mouvement d'ici là), *répandre, lâcher* (sansc. तल् ; gr. τέλλω).

La (là) + Ta (voici!) = LaTa (le voici!); *répandre, lâcher, laisser* (goth. *létan*, etc.)

Ra (éruption) + Ga (mouvement) = RaGa (sortir, surgir), *s'élever, être éminent, briller.*

Va (lat. *ab*) + Ga (mouvement) = VaGa (s'en aller), *se mouvoir*).

Na (là) + Pa (sur, vers) = NaPa (s'étendre vers), *avancer, saillir* (isl. *nef*, nez), etc. etc.

Dans les langues sémitiques, les verbes que les grammairiens arabes désignent sous le nom de *creux*, correspondent aux verbes indo-germaniques à deux consonnes; ainsi, par exemple : שית (placer) correspond à SiTa (être assis), רום (être grand) à RaMa (être fort), נוף (être élevé) à NaPa (saillir), *etc.* Ces verbes sont en petit nombre, parce que les thèmes des verbes sémitiques sont devenus, pour la plupart, de trois syllabes ou de trois consonnes, en ajoutant aux thèmes primitifs bissyllabiques, une consonne préfixe ou une consonne suffixe. Cette syllabe ajoutée peut être appelée syllabe *déterminative*, parce qu'elle ne fait que préciser et restreindre la signification du thème primitif bissyllabique. Ainsi, le thème KaTa, *atteindre, frapper* (lat. *cædo, cudo*) a formé, en hébreu, les verbes à trois syllabes suivants : כד־ד, קט־ל, קט־ן, קצ־ר, קצ־ב, קצ־ח, קצ־ץ, קצ־ע, כת־ת, etc. En retranchant la dernière consonne de ces verbes, la signification *spéciale* disparaît, mais l'idée *générale* reste. Cela prouve que ce sont proprement les deux premières consonnes qui forment le sens du verbe, et que la troisième n'est ajoutée que pour préciser et restreindre la signification générale du thème primitif. Parmi les préfixes déterminatives, celle qui est la plus fréquente est la préfixe ב. Si l'on compare les verbes ב־פח, ב־סך, ב־דח, ב־צב ,ב־פץ, etc. aux verbes *creux* דוח, סוך, פוח, פוץ, صاب, etc. on trouve que ces deux espèces de verbes ont été identiques dans l'origine, et qu'ils ne diffèrent maintenant les uns des autres que par la légère modification apportée à la signification des verbes bissyllabiques par l'addition de la préfixe ב qu'on pourrait traduire en allemand par *hiN* : ainsi סוּך (all. *giessen*), נסך (all. *hiNgiessen*), הדּך (all. *stossen*), בדח (all. *hiNstossen*), etc.

Ce que nous venons de dire des langues sémitiques, s'applique aussi aux langues indo-germaniques qui ont suivi exactement la même méthode dans la formation des thèmes de plus de deux consonnes, en ajoutant aux thèmes primitifs bissyllabiques tantôt une consonne préfixe, tantôt une consonne suffixe. Ainsi, la dentale D*e*, T*e* (dont la signification correspond au mot latin *ex*, ou au gothique *u*S-, D*u*) en s'ajoutant au thème RaGa (élever), forme les thèmes dérivés T-RaGa (lat. *ex*, *regere*), *tirer*, *traîner*, D-RaGa (lat. *ex*, *tollere*), *soulever*, *emporter*. Si le thème bissyllabique à deux consonnes commence par une labiale ou une gutturale ou la liquide L, la dentale préfixe se change ordinairement en *S*; ex.: de PaKa (lat. *capere*) s'est formé S-PaKa (*excipere*, *percipere*), *apercevoir*; de MiTa (lat. *mittere*) s'est formé S-MiTa (*emittere*), *jeter*, *frapper*; de LaGa (lancer) s'est formé S-LaGa (*lâcher un coup*), *frapper*; de MaGa (étendre) [lat. *magnus* (élancé), μακρός (long), *macer* (mince), μικρός (petit)] s'est formé S-MaGa (élancer, amincir), σμικρός (menu), etc. etc. Les préfixes labiales B*e*, P*e*, F*e*, V*e*, M*e*, dont les significations sont exprimées par les particules lat. *a*B, goth. *u*P- B*a*-, sansc. *a*V*a*, entrent dans la composition de beaucoup de thèmes dérivés. Ainsi, de LaTa (répandre) se forme F-LaTa (surface, plat); de RaKa (éruption) se forment B-RaKa (rompre, casser), M-RaGa (crever), *poindre*, V-RaGa (lat. *ab*, *regere*, détourner), *pousser, chasser;* de LuGa (être répandu) est formé F-LuGa (s'envoler), lat. *f-luctus* (qui se répand), *flot*, héb. Fa-LaG (se répandre). Beaucoup de thèmes qui commencent par les liquides *L*, *R* ou la nasale *N*, ont pour préfixes les gutturales G*e*, K*e*, H*e*, dont les significations sont exprimées par la particule goth. Ga (lat. *Con-*), et la préposition grecque *e*K (lat. *ex*). G-LuHa (lat. *elucere*) est formé de LuHa (être saillant, brillant); G-RaHa (*ex-surgere*), *croître,* est formé de RaKa (s'élever); K-LaKa (lat. *concutere*), *claquer,* est formé de LaKa (lâcher un coup); K-NaKa (lat. *complicare*), *plier, casser,* est formé de NaKa (pencher, plier), etc. C'est ainsi que les thèmes de deux consonnes sont devenus des thèmes de trois consonnes dans les langues indo-germaniques aussi bien que dans les langues sémitiques. Il y a seulement cette différence entre ces langues, que dans les premières, la consonne préfixe s'ajoute au thème sans l'intermédiaire d'une voyelle, tandis que dans les langues sémitiques, la consonne préfixe est toujours suivie d'une voyelle, ne serait-ce que d'un simple *e* muet appelé *cheva*. Il est digne de remarque que plus les idiomes sémitiques s'éloignent géographiquement de leur point de contact avec les langues indo-germaniques, dans la Babylonie, plus les éléments-consonnes des verbes tendent à se faire suivre de la voyelle *a*. Ainsi, les langues de la Syrie ont formé le verbe B'RaKa qui se rapproche de près du thème indo-germanique B-RaKa (briser, casser). Les dialectes de la Palestine ont formé le verbe BaRaK, et enfin ceux de l'Arabie et de l'Éthiopie, le verbe BaRaKa.

Dans les langues sémitiques, les thèmes sont, pour la plupart, composés de trois syllabes, c'est-à-dire d'autant de syllabes qu'il y a de consonnes. Dans les langues indo-germaniques, au contraire, ils sont toujours de deux syllabes bien qu'ils soient composés souvent de plus de deux consonnes. Les langues sémitiques n'ont guère dépassé, dans leurs thèmes, le nombre de trois consonnes; mais, dans les langues indo-germaniques, il s'est formé des thèmes qui ont jusqu'à cinq consonnes. Ainsi, de RaKa (étendre, lat. *regio*) on a formé T-RaKa (*ex-tendere*), tirer; de T-RaKa on a fait S-T-RaKa (all. *strecken*), et enfin de S-T-RaKa on a formé S-T-RaK-SA (sansc. स्तृक्ष), *se diriger, marcher*.

Ce qui vient d'être dit de la formation des thèmes au moyen des consonnes, suffit pour faire comprendre le mécanisme et la structure intérieure des langues. Les mots se forment d'une manière analogue à la formation des idées : plus une idée est dérivée, logiquement parlant, plus le mot qui l'exprime est aussi dérivé, grammaticalement parlant. Ce parallélisme continu qu'on remarque entre les idées et les mots, fournit le moyen de résoudre par la philologie un des problèmes les plus curieux de la métaphysique, à savoir, le problème de l'origine et de la formation de nos idées. En effet, le philologue qui démontre par l'analyse comparative des langues l'origine et la dérivation des mots, explique par cela même aussi la formation et la filiation des idées.

Il nous resterait maintenant à montrer comment les *mots* dérivent des thèmes. Mais comme la formation des mots se fait différemment dans les différentes langues, nous ne pourrons entrer dans aucun détail à ce sujet. Nous dirons seulement que les thèmes sont changés en mots, en prenant les terminaisons qui désignent le genre, le nombre, les personnes, les déclinaisons, les conjugaisons, les différentes parties du discours, etc. et en subissant les changements euphoniques propres à chaque langue en particulier.

CHAPITRE III.

DE LA DISPOSITION DES MATIÈRES DANS LE GLOSSAIRE.

Ce qui a été dit du mécanisme et de la structure des langues explique et justifie en même temps le plan que nous avons suivi dans le glossaire. On remarquera d'abord que les mots des trois poëmes que nous publions, sont rangés par familles sous leurs thèmes respectifs. Les thèmes qui ont une origine commune, ont été tous placés les uns après les autres. Ainsi, B-RaKa, B-RaGa, M-RaGa, M-RaKa, etc. ont été mis ensemble, parce qu'ils étaient identiques dans l'origine; mais à mesure que l'idée générale du thème primitif s'est spécifiée, les différentes nuances de cette idée se sont exprimées par des thèmes un peu différents les uns des autres, et exprimant chacun une nuance particulière de l'idée générale. Ainsi, B-RaKa exprime le sens propre *casser*, B-RaGa exprime le sens métaphorique *éclater, briller*; M-RaGa signifie *sortir en éclatant, crever*; M-RaKa signifie *broyer, fouler, imprimer*. Dans les langues sémitiques, cette famille de thèmes est une des plus grandes; ex. : ברך (briser en pliant), בֶרֶך (brisé, plié), *genou*, ברק (éclater), בָּרָק (éclair), בָּרָא (briser en coupant), *façonner,* פרך (briser en écrasant), ברח (briser en perçant), se *frayer* un chemin, פרה (percer), *germer, sortir,* פרע (percer en s'élevant), *surgir, commencer, etc. etc.* Nous avons tâché de disposer les thèmes d'une même famille, de manière qu'ils s'enchaînent les uns aux autres par des transitions faciles. Mais comme le glossaire ne renferme que très-peu de mots, et par suite qu'un petit nombre de thèmes, il s'y trouve beaucoup de lacunes qui interrompent la filiation. Quant à l'ordre dans lequel se succèdent les thèmes de famille différente, il est le même que celui dans lequel nous avons rangé les éléments-consonnes (voyez p. 382). Viennent d'abord les thèmes qui commencent par une labiale, puis ceux qui commencent par une dentale, ensuite ceux qui commencent par une gutturale, enfin ceux qui commencent par les liquides R et L et la nasale N. Dans chaque classe, les thèmes monosyllabiques sont mis à la tête; suivent ensuite les thèmes bissyllabiques, puis ceux qui ont une consonne préfixe. Le rang des thèmes bissyllabiques de chaque classe est déterminé par la nature de la seconde syllabe, selon qu'elle est labiale, dentale, gutturale, liquide ou nasale. Ainsi, la première

INTRODUCTION. 401

classe se suit dans l'ordre suivant : labiale avec labiale, labiale avec dentale, labiale avec gutturale, labiale avec R et L, labiale avec N, et ainsi pour les autres classes.

Comme les mots dérivent du thème, ce dernier n'est encore lui-même, ni verbe, ni substantif, ni quelque autre partie du discours : sa signification peut donc être exprimée indifféremment par le verbe, le substantif, l'adjectif, etc. Les substantifs abstraits sont les plus propres à exprimer l'idée du thème; mais, comme ils sont en petit nombre dans notre langue, il a fallu y suppléer par des verbes et des adjectifs. Nous avons expliqué la signification du thème ordinairement par *trois verbes,* dont le premier exprime le sens *physique* ou primitif du thème, le troisième le sens *métaphysique* ou métaphorique, et le second, le sens moitié physique et moitié métaphysique, servant de transition de l'un à l'autre; ex. : TIVA, *être étendu* (signification matérielle), *être saillant* (signification moitié matérielle, moitié métaphorique), *être brillant* (signification où l'idée matérielle d'étendu a entièrement disparu). S-PAKA, *prendre* (signification matérielle), *percevoir* (signification moitié matérielle, moitié métaphorique), *voir* (signification entièrement idéale). La signification physique des thèmes est difficile à exprimer par un seul mot, parce qu'elle est toujours vague de sa nature, comme ont dû l'être en général les idées de l'homme primitif. Ces idées avaient beaucoup d'étendue, mais peu de compréhension, comme diraient les logiciens. A mesure que les idées deviennent plus précises, c'est-à-dire à mesure qu'elles perdent de leur étendue et gagnent en compréhension, la langue devient aussi plus précise.

C'est pourquoi nos langues modernes n'ont plus de termes assez vagues pour pouvoir exprimer exactement le sens primitif des mots. Aussi avons-nous été obligé d'employer souvent le même mot pour exprimer la signification de plusieurs thèmes. Tel est, par exemple, le mot *étendre* qui peut servir à désigner vaguement différentes espèces de mouvements que nous exprimons dans notre langue par les mots allonger, lancer, éloigner, grandir, surgir, s'élever, saillir, croître, se diriger, se répandre, longer, marcher, etc. etc. Les grammairiens hindous expriment cette idée vague d'*étendre* par le mot गतौ (latin *eundo*), *marche* : et il ne faut pas s'étonner qu'ils donnent cette signification à un très-grand nombre de racines, parce qu'en effet, l'idée de mouvement est, pour ainsi dire, l'embryon de beaucoup de notions. Quant à la signification moitié physique, moitié métaphysique, elle est plus précise que la signification purement matérielle. C'est elle aussi qui a été la cause de ce que le thème primitif s'est diversifié dans plusieurs thèmes de la même famille. En effet, la signification physique est encore commune à tous les thèmes de la même famille; mais ces thèmes diffèrent dans leur signification moitié physique moitié métaphysique. Enfin la signification métaphorique est parfaitement précise; elle est ordinairement la même que celle des verbes dérivés du thème. Les trois espèces de significations dont nous venons de parler, indiquent trois périodes principales dans le développement des notions; et cette partie *logique* du glossaire peut servir à montrer et à expliquer la formation et la filiation de nos idées.

Parlons maintenant de la partie *comparative* du glossaire. Les langues que nous avons mises en comparaison entre elles sont : le *sanscrit*, auquel peuvent être ramenées toutes les langues de l'Inde ancienne et de l'Iran ; *le grec* ancien ; le *latin*, d'où dérivent les langues romanes ; le *gothique*, qui est la souche de l'ancienne langue scandinave, bien qu'il compte, à cause de la position géographique de la Mœso-Gothie, parmi les dialectes du haut-teutonique (voy. p. 8) ; enfin *le vieux haut allemand*, qui est pour les idiomes de l'Allemagne ce que le gothique est pour les langues du Nord. Nous avons aussi fait entrer en comparaison les langues *sémitiques*, toutes les fois que l'identité des thèmes nous paraissait évidente. Comme les mots comparés doivent représenter la famille entière à laquelle ils appartiennent, il est indifférent que ces représentants soient des substantifs ou des verbes : cependant nous avons donné la préférence au verbe parce que sa signification est généralement moins métaphorique que celle du substantif. Les grammairiens hindous font dériver les mots d'une espèce de thèmes qu'on appelle communément racines. Ces thèmes, recueillis par Kasinatha et Vopadêva, forment la base des dictionnaires sanscrits, et nous avons dû aussi les admettre dans le glossaire, bien que nous ne soyons pas toujours de l'avis des grammairiens hindous, ni sur la forme de ces thèmes, ni sur la signification qu'ils leur donnent. Ils ont formé ces thèmes, le plus souvent en retranchant la terminaison *Ta* du participe passé, et en donnant au résultat de cette opération la signification du verbe dont le participe passé était dérivé. Ainsi de कृत : ils ont extrait la racine कृ qui, selon eux, signifie *faire*. Mais regardée de plus près, la prétendue racine n'est qu'une chimère philologique, comme tant d'autres racines de la même espèce. En effet, si l'on examine toute la famille des mots qu'on fait dériver de कृ, on trouve que le thème commun à tous est KaRa, qui, de même que le thème RaKa, a la signification du mot allemand *recken* (étendre). De ce thème, dérive le mot कर : (ce qui s'étend), *le rayon, la queue, la trompe, la main* (gr. χείρ), etc. Du mot कर : (main) dérive un verbe *dénominal* dont le thème est KaRaVa (manier, faire). Ce dernier thème explique la forme करोमि (p. karavâmi) et कुर्वे (p. karavé). La forme primitive du participe passé est *karavatas;* mais cette forme s'est raccourcie et s'est changée en *krtas.* La forme décrépite कृ n'est donc pas une racine primitive, et elle n'exprime pas l'idée de *faire*. Prenons encore un autre exemple : les grammairiens hindous prétendent que कम् signifie *aimer*. Il est évident que *aimer*, étant une idée *dérivée*, ne peut pas être la signification primitive du mot (voy. p. 401). En effet, l'examen démontre que le thème KaMa signifie *incliner, courbure*. Ce thème produit les mots χαμός, lat. *hamus* (crochet), etc. et c'est seulement du substantif, signifiant *inclination*, que dérive le thème KaMaYa qui signifie *avoir inclination, aimer*. Parce que *kamaya* est un verbe *dénominal*, il se conjugue *faiblement* (voy. p. 386), c'est-à-dire d'après la dixième conjugaison; de même qu'en latin le verbe correspondant *hamare, amare*, se conjugue d'après la première conjugaison, qui est également une conjugaison faible. Ces deux exemples suffisent pour faire voir que les grammairiens hindous, d'ailleurs si savants et si exacts, n'ont pas dû nous servir

INTRODUCTION. 405

de guides quand il s'agissait de déterminer la forme et la signification des thèmes.

Il nous reste à dire quelques mots de la partie *étymologique* du glossaire. L'étymologie des mots islandais est donnée par cela même que nous indiquons le thème, les mots qui appartiennent à la même famille, et les mots correspondants dans les autres langues. Les mots islandais, rangés par famille, se rattachent tous à leur thème commun; mais il fallait indiquer comment la signification de chaque mot dérive de la signification du thème. C'est pourquoi nous avons ajouté entre parenthèses, après les mots islandais, la signification propre qui explique cette dérivation. De plus, comme la forme de plusieurs mots est tellement changée qu'ils ne ressemblent plus du tout à leur thème, nous avons mis entre parenthèses, à côté de ces mots, leur forme primitive autant qu'il était possible de la rétablir par analogie. Enfin, pour rendre l'usage du glossaire plus facile, nous avons ajouté à la fin une table renfermant les mots rangés par ordre alphabétique.

LISTE DES ABRÉVIATIONS

EMPLOYÉES DANS LE GLOSSAIRE.

L. — Latin.
G. — Gothique.
V. — Vieux haut allemand.
A. — Anglo saxon.
Bl. — Basse latinité.

Vf. — Vieux français.
P. — Pour (au lieu de.)
Cf. — Confer (comparez).
Al. — Allemand.
Vs. — Vieux saxon.

GLOSSAIRE.

THÈMES COMMENÇANT PAR UNE DES LABIALES
P, F, V, B.

aFa, *éloignement, séparation, descente.* (Voyez p. 383).— अप; ἀπό; L. ab; G. af; V. aba.

 af, prép. *de.*—af- placé devant les substantifs et les verbes ajoute à la signification de ces mots l'idée d'*éloignement,* de *descente,* etc.; ex. : *afset* (déposer), *afsögn* (refus). — afa (éloignement), f. *haine.* [Cf. V. apuh, abahon]. — aftan ou aptan (qui vient après), m. n. *soir.* [Cf. V. abend; πρωΐ (qui est en avant), *matin;* प्रातर्]. — aftari (plus éloigné), m. *postérieur.*—eftir, eptir, adv. *après.* — aptar-koma (venir après), *retourner.*

uPa, *sur, sous, vers.*—उप; ὑπό; L. sub, ob; G. uf; V. oba.

 of, prép. *sur, vers.* — of-; L. sus-, ex. : *ofnëma* (L. suscipere). —ofan, adv. *en haut, d'en haut.* — of, ofur, ofar, ofr, adv. *au-dessus, trop.* — ofur, adj. *outré;* öfztr, superl. *le plus violent.*— upp, prép. *en haut, sur;* upp-himinn, *le ciel au-dessus.* — yppa (yppi, ypta) *élever.*—yfir, prép. *sur, par-dessus.* G. ufar; V. ubar; G. ὑπέρ; L. super. — opinn (soulevé), m. (opin f. opitt n.) *ouvert.* — opt (coup sur coup), *souvent.* G. ufta; V. ofto. — um (p. umbi), *sur, autour, à cause;* V. umpi. [Cf. अभि; ἐπί, ἀμφί; L. ob.]

aVa, *longueur, étendue, surface.*—अव् (s'étendre vers); L. aveo (tendre vers); אור .

 ey (p. avi, qui s'étend), f. *île.* אי; V. awa (prairie, eau); Vf. awe.—Sâmsey (île du loup), île au nord de la Fionie; Laufey (île du feuillage), f. nom de la mère de Loki. — ævi, æfi (qui est long), f. *âge, siècle;* αἰών; L. ævum; G. aivs; V. êwa (Cf. आयु :). — ' œi (p. ævi), *toujours;* ἀεί; G. aiv. — æva, *toujours, jamais, nulle part.* G. aiva; V. êo, io.

AFA, *grandeur, force.* — אבה (vouloir); G. aba (fort), *homme;* V. uop (force, exercice).

afi, m. *aïeul, grand-père.* אב (père); L. avus.— afl, n. *force;* A, abal (vigueur). — öflugr, m. *doué de force.* — illr (p. iflr, *robuste, violent*), m. *méchant, mauvais.* G. ubils; V. upil. — illa, adv. *mal.*

IFA, *être plan, être égal.* — इव, एवम् (également).

ëf (égalité, doute), conj. *si.* G. ibai; V. ibu (Cf. אם). — iafn, m. *égal.* G. ïbns. — iafn, adv. *également.*

BA, *sur, auprès, dans.*—अभि; G. bi; V. pî; L. ubi, ibi; tibi (à toi); ב.

baðir (ensemble), m. *l'un et l'autre.* G. ba; उभौ; ἄμφω, ἀμφότεροι; L. ambo.

MA, *auprès, présent, moi* (voyez p. 384).

mik (ceci!), acc. *moi.* माम्; μέ; L. me; G. mik; V. mih. — minn (mien), m. *mon.* G. meins; V. mîn, mînêr. — vër (p. mër), *nous.* Acc. नस् (p. mas); G. veis (p. meis); V. wir (p. mîr); वयम् (p. mayam). L. nos (p. mos); ἄμμες. — or (p. vorr, *qui est à nous*), *notre.* G. unsar; V. unsarêr; L. noster. — vit, við (p. mit), duel, *nous deux.* G. vit.

FA, *plan, lisse, brillant.* — भ; φάω.

fölr (blanc), m. *pâle.* V. valo; φαλός, πολιός. L. pallidus.— neffölr, m. *qui a le nez ou le bec jaune.*

FA, *s'étendre sur, protection, entretien.* — पा; πατεῖν; L. pascor.

faðir, föðr (qui entretient), m. *père.* G. fadrein (L. parentes). — Allföðr (père de l'univers), *Odin;* Alldaföðr (père des hommes), *Odin;* Herfaðir (père des armées), *Odin;* Heriafaðir (père des Monomaques), *Odin;* Imsfaðir (père d'Ime), *Vafthrudnir;* Sigfaðir (père des combats), *Odin;* Valfaðir (père des héros tués), *Odin;* Ulfsfaðir (père du loup Fenrir), *Loki.* — móðir, f. *mère.* — fœða (fœði, fœdda), *nourrir, paître.* G. fôdjan ; V. fôtjan.

BA, *répandre, verser, boire.* — पी, पा; πίνω, πόσις; L. potus.

biôr (boisson), m. *bière* (Bl. bibaris, birra). — byrla (byrlaða), *verser à boire.* — ? fiskr (buveur), m. *poisson* (Cf. ἰχθύς; मत्स्य:).

MA, *étendre sur, mesurer, compter.* — मा; μέτρον; L. metior.

mâl, n. *temps, parole.* G. mêl ; V. mahal, mâl.— ölmâl, n. *conversation à table.* — mæla (mæli, mælti), *parler;* mælast, *s'entrenir.* — mâlugr, mâlgr, adj. m. *bavard.* — mælgi, f. *barvadage;* ofrmælgi, f. *barvadage excessif.* — mâni (qui mesure), m. *lune.* G. mêna ; V. mano. (Cf. मास: ; μήν; L. mensis).

VAPA, *agitation, bruit, clameur.* — (वच्); ὄψ; L. voco.

ôp, n. *cri, clameur.* — œpi (œpi, œpti), *crier, huer.*—vâpn, vopn (*cris de guerre?*), n. plur. *armes;* G. vêpn; V. wâfan ; ὅπλα. (Cf. isl. vakn).

BIFA, *être agité, trembler.* — वेप्, φέβομαι; L. paveo; V. pipinôn.

Bifor (trembleur) et Bafor (agité), noms de Dvergues. — fifl (qui s'agite), n. *mer* (A. fîfer, fîfel); *géant* (A. fifelcynn, anges déchus, voy. Beowulf, 1.) — fimbul-, placé devant un substantif, y ajoute l'idée de *grand, terrible;* ex. : *fimbultýr, fimbulvëtr.*

BaVa, *répandre, produire, faire.* — भू ; φύω ; L. feo, fui, facere.

baðmr (p. baumr, *production*), m. *arbre.* G. bagms. (Cf. φῦμα, φυτόν). — harbaðmr, m. *arbre chevelu.* — bûa (by, bió), *habiter, préparer.* — bûinn, m. *préparé.* — Bûri (qui habite), m. nom de Dvergue. — byggia (byggi, bygði), *demeurer, exister.*

VaMa, *répandre, vomir, souiller.* — वम् ; ἐμεῖν ; L. vomere.

vamm, vömm (*souillure*), f. *honte, turpitude.*

FaDa, *tendre vers, mouvement.* — पत् ; πέτομαι ; L. impetus.

fiöður (qui vole), f. *plume.* πτερόν ; L. penna ; V. vĕdara.

VaDa, *tendre vers, marcher.* — βαδίζω ; L. vadere.

vaða (veð, óð), *passer un gué* (L. vadum), *marcher avec peine, marcher avec impétuosité.* — óðr, m. *véhément, furieux.* — óðr (impétuosité, esprit), m. *intelligence;* nom du fiancé de Freyia. — œði, n. *intelligence.* (Cf. θυμός, *impétuosité, pensée*), — Oðinn (impétueux), m. *Odin.* V. Vuotan.

FaTa, *s'étendre, se mouvoir.* — पद् ; L. pando ; פתה.

fôtr, m. *pied, jambe.* G. fôtus ; पद् ; πούς ; L. pes. — fet (enjambée), n. *pas, pied* (mesure), पद् ; L. passus.

BaDa, *atteindre, joindre, lier.* — बध् ; G. bindan, V. pintan.

band, n. *lien.* — haftband, *lien, chaîne.* — vîgbönd, plur. *liens mortels.*

VaDa, *étendre, joindre, lier.* — वस् ; L. vitta (bandeau) ; G. viþan ; V. witta (bandeau) ; ࠔ ; ידה (étendre).

við (étendu vers), prép. *vers, chez, avec.* (Cf. mëð, μετά.) — veð (qui lie), n. *gage, garantie.* V. wetti. [Cf. L. va(d)s;

Bl. vadium; F. gage; बन्ध : ; Al. pfand]. — peningr (p. ved-
ningr), m. *denier, argent.* V. pending, de phant (gage). —
veðia, *gager.* — viðr (entrelacé), m. *forêt, arbre, bois.* V. witu;
वसु : ; ἰτέα, οἰσός. — îviðr, *grand arbre;* gaglviðr, *bois aux
oiseaux;* iarnviðr, *forêt de fer;* myrkviðr, *forêt noire;* miöt-
viðr (arbre du milieu), le frêne *Yggdrasill.* — meiðr (p.
veiðr), m. *bois, arbrisseau.* A. mæd. — mistill (p. vistill,
visqueux), m. *gui.* (Cf. ἰξός, ἰξέα; L. viscus, mespilus). —
vinda (vind, vâtt), *tordre, entrelacer.* F. guinder. — undinn,
m. *entrelacé.* — vinna (atteindre; vinn, vann), *obtenir, produire, travailler.* G. vinnan (avoir peine); V. gawin; F. *gain.*
— veiðr (qui atteint). F. *chasse.* (Cf. व्याध : , chasseur). —
veiða (veiði, veidda), *prendre, chasser.* (Cf. Al. beizzen). —
veggr (p. vandr, qui lie, entoure), m. *mur.* G. vaddjus. —
borðveggr, m. *mur extérieur.*

VASA, *lier, joindre, fixer.* — πήσσω; L. festus.

    festi, f. *lien, chaîne.* — festa, *attacher, fixer.*

VASA, *attacher, fixer.* — वस् ; ἄστυ (demeure), ville;
G. vis (repos).

    vĕra (vĕr, var), *demeurer, être.* G. visan; V. wĕsan. — urðr (qui
était; le passé), f. la norne *Urd.* — vĕstr (demeure du soleil),
occident, ouest. Cf. वसति (demeure, nuit); ἑστία; L. Vesta
(demeure, foyer); ἑσπέρα ; L. vespera. — Vĕstri, m. *Dvergue
qui préside à l'occident.*

BATA, *joindre, convenir, agréer.* — भद्र ; भद्र (bon).

    betri, m. *meilleur.* G. batizo; V. peziro. — beztr, m. *le
meilleur.* G. batists; V. pezzisto. — bôt, f. *réparation* (V.
puoza). — bœta, *faire réparation.* G. gabôtjan. — batna
(batni, batnaða), *s'améliorer.*

S-VASA, *lien, attachement, agrément.* — G. svĕs (parent,

domestique). V. svâs (agréable), suoz (doux). (Cf. स्वादुः ; ἡδύς; L. suavis).

systr (parente), f. *sœur.* G. svistar; स्वसृ ; L. soror. — systrûngr, m. *cousin, parent.* — Svasuðr (qui a l'haleine agréable), m. *père de l'Été.*

BıDa, *être plié, être penché vers.* — (Cf. L. evitare, invitare.)

bedr (où l'on couche), m. *lit.* (Cf. *coucher* de colligere). — biðia (rendre enclin ; bið, bað), *prier, supplier.* L. peto. — biða (bið, beið), *attendre.* G. beidan ; V. pîtan.

BuDa, *être appliqué, apprendre.* — बुध् ; πυνθάνομαι.

biûða (bŷð, bauð), *inviter, commander, présenter.* V. putil (bedeau). — bioðr (ce qu'on présente), m. *vase, hémisphère.*

K-VıDa, *être courbé, être penché vers, s'adresser.* — वद्.

kviðr (courbure), m. *frayeur.* — kviðinn, m. *craintif;* ôkviðinn, *téméraire, audacieux.* — kvëða (kvëð, kvað, *s'adresser à*), *parler, dire.* G. kviþan ; V. queden ; Vfr. quader. — kveðia (kveð, kvaddi), *saluer, accoster.* (Cf. G. gôljan ; अभिवद्.)

MaTa, *atteindre, prendre.* — मस् ; G. môtan ; מטם, מצא.

matr (ce qu'on prend), *mets.* G. mats ; V. maz ; मंसं. — mund, f. *main.* — mundill, m. *manivelle.* — mundr, m. *gueule, bouche.*

MaDa, *atteindre, frapper.* — मिध् , मेध् ; L. meto (couper); metus (qui frappe), *frayeur;* mitto (lancer); G. maitan (couper.

mëð, prép. *avec, entre.* G. miþ ; V. mit ; μετά. — mioðr (qui frappe, qui enivre), m. *boisson enivrante, hydromel.* मधु. (Cf. मद् ; μέθυ, μεθύω). — mëðr (qui est à l'endroit où l'on coupe), m. *qui est au milieu.* मध्यः ; μέσος ; L. medius ; G.

midis. — mëðal, n. *milieu, moyen;* adv. *entre, réciproquement.* — mëðan, prép. *pendant, durant.*

MuDa, *être frappé, être saisi.* — मुद् (être réjoui).

môðr, m. *courage, colère.* मोद्ः (plaisir). — Môði (courage), m. *nom d'un des fils de Thôr.*

S-MaDa, *atteindre, frapper.* — שמד, שמט.

smiðr (qui forge), m. *fabricant, auteur.* V. smid. — smiða (smiða, smiðaða), *fabriquer.*

ViTa, *être étendu, être éloigné.* — विध् ; L. divido (séparer).

víðr, m. *large, étendu.* (L. viduus, *étendu, vide.*) — vítr, m. *large, grand.* — vítt, adv. *loin.*

ViTa, *être étendu, atteindre, percevoir.* — विद् ; εἴδω ; L. videre; G. vitan; V. wizan; ودي ; ידע.

vita (viti, vitti), *avoir appris, savoir.* — veita (veit, vissi), *savoir.* — Vitr (qui sait), m. *nom de Dvergue.* — örviti (hors de conscience), m. *insensé.* — Vitnir (qui veut atteindre), m. *le loup Fenrir.* — Hroðursvitnir, m. *Fenrir, petit fils de Hrôdur.* — Miöðvitnir (qui veut parvenir à l'hydromel), m. *nom de Dvergue.* — forvitni, f. *curiosité.* V. firiwiz. — víta (víta, vitti; *faire savoir*), *assigner, reprocher.* — vitia (vitia, vitiaða), *aller voir, visiter.* G. veisôn; V. wisên. — veita (veiti, veitti, *faire atteindre*), *accorder, donner.* — veitsla (L. præbita), f. *repas.* — vîs (qui sait), m. *sage;* vîsastr, m. *le plus sage.* — snapvîs, m. *qui sait bien happer.* — lævîsi (qui sait tromper), m. *perfide.*

FiDa, *atteindre, trouver.* — विद् ; G. finþan (connaître); L. offendo (atteindre); defendo (détourner), *défendre.*

finna (finn, fann), *trouver.* — finnast, *se trouver, se ren-*

contrer, exister. — Finnr (qui trouve), m. *nom de Dvergue.* Fundinn (trouvé), m. *nom de Dvergue.*

S-Vɪᴅᴀ, *être rapide, se mouvoir, se tourner.* — G. svinþs (impétueux); A. sviđ (versé, adroit); svindan (disparaître).

sviðr, svinnr (versé), m. *prudent.* — allsvinni (versé en tout), m. *sachant tout.* — ráðsviðr (versé en conseil), m. *prudent.*

S-Vᴀᴛᴀ, *répandre, mouiller.* — G. vatô (eau); V. wazar (स्विद्; ἰδίειν; L. sudare).

sveiti, m. *sueur, sang.* V. swêz. — sôt (p. svët, *sueur*), n. *suie.* — suðr (humide), m. *vent d'ouest, sud.* [Cf. νότος (sud-ouest); νότιος (humide), V. naz.] — Suðri, m. *Dvergue qui préside à la région méridionale.* — sunnan (p. suðan), adv. *du sud.*

Fᴀᴋᴀ, *atteindre, prendre.* — पश्; Al. packen; F. paquet.

fê (acquisition), n. *possession, richesse.* G. faihu; पशु; L. pecus.

S-Pᴀᴋᴀ, *atteindre, percevoir, voir.* — स्पश्; L. -spicere.

spåkr, m. *prudent, sage.* V. spâhi. — spakligr, m. *prudent, sage.* — speki, f. *sagesse, prudence.* — spâ (p. spâha), f. *vision, prophétie.* — vêlspâ (vision du mystère), f. *prophétie.*

Fᴀɢᴀ, *atteindre, joindre, convenir.* — भज्; πήγνυμι; L. pangere; פגע.

fagrr, m. (fögur, f. fagurt n.), *beau.* G. fagrs (utile, convenable). V. fagar. (Cf. भग.) — fegri, m. *plus beau.* — fâ (fæ, fêkk), *obtenir, prendre.* — fenginn, m. *reçu.* — andfang, n. *réception, accueil.* — fingr (qui prend), *doigt.* — fimm (doigts d'une main), *cinq.* पञ्चन्; L. quinque. — fimti, m. *cinquième.*

MaKa, *atteindre, attaquer.* — μάω, μάχη, μάχαιρα.

mækir, m. *dague, épée.* Vs. maki; A. mece.

MaGa, *s'étendre, atteindre, pouvoir.* — मह् ; μάω, μέγας; L. magnus; מחה (*étendre, répandre*).

mögr (*jeune homme robuste*), m. *fils.* — mey (p. magi) et mær, *fille nubile, vierge.* — meiri (p. magiri), m. *plus grand.* G. maiza; V. méra. — mærr, m. *grand, illustre.* — meir, adv. *plus, ensuite.* — mega (mâ, mâtti), *pouvoir.* — megin, n. *force.* — meginligr, m. *robuste, puissant.* — mâttr, m. *force.* G. mahts. — mâttkr (p. magtugr), *puissant.* — mætstr (p. magtistr), m. *le plus puissant.* — miök, miög, adv. *très.* — mikill, mikli, m. *grand.* G. mikils; V. mihhil; μέγα(λο)ς. — margr (p. mangr), *maint.* Vf. mant; G. manags; V. manac. — hundmergir, plur. adj. *par centaines.*

S-MaGa, *étendre, rendre ténu.* — σμήχω.

smâr, m. *petit.* V. smâhi; σμικρός. — smærri (p. smagari), m. *plus petit.* — smærstr, m. *le plus petit.*

VaGa, *répandre, mouvoir.* — वह् (वज् , वघ्); ὀχέω; L. veho; بال, בגך.

vângr (*qui s'étend*), m. *champ.* G. vaggs; V. wang.

ViGa, *être en mouvement, s'agiter.* — विज् ; G. vigan. (Cf. निव् .)

veigr, n. *force.* ओजस्. (Cf. L. vigor.) — Gullveig (*valeur d'or*), f. *nom de la devineresse des Vanes.* — vëga (vëg, vâg, vog), *brandir l'épée, combattre.* — vîg, n. *combat, guerre.* — fôlkvîg, n. *guerre.* V. vôlkwîg. (Cf. Hludowic.) — vëgr (*où l'on marche*), m. *chemin.* G. vigs; V. wëg; L. via. — hinnig, hinnug, adv. *par ce chemin.* — vâgr (*qui s'agite*), m. *flot, vague.* V. wag; F. vague. — væingr (*qui s'agite*), m. *aile.*

S-VaGa, *agiter, brandir.* — स्वक्क्; G. svegnian; Al. schwingen.

svigr, m. *épée.* (Cf. svĕrðr).

T-VaGa, *agiter, frotter, laver.* — त्वच्; G. þvahan; V. duahan; dvâhila; It. tovaglia; F. touaille.

þvô (þvæ, þvôða), *laver.* — þveginn, m. *lavé.*

VaKa, *agiter, exciter, produire.*

vaka (vaki, vakta, *s'exciter*), *veiller.* — vekia (vek, vakti), *éveiller.* — vaksa ou vaxa (vex, ox), *croître.* G. vahsjan; V. vahsan. — fax (qui croît), n. *crinière.* V. vahs; A. fæx. — Hrîmfaxi, m. (voyez p. 294). — Skinfaxi, m. (voyez p. 293).

VaHa, *agitation, souffle.* — वा; G. vaian.

vindr, m. *vent;* G. vinds; V. wint; वायु; L. ventus. — valyndr (vent fort), m. *ouragan.* — vĕðr, n. *air, orage, temps.* V. wĕtar. — vĕtr, m. *hiver.* — fimbulvĕtr, *hiver très-rigoureux.*

ViHa, *être agité, trembler.* — (विज्); εἴκω (se mouvoir), *céder;* L. vices (mouvements), *changements;* G. vikô (le tour); V. weih (cédant), *mou.*

vê (p. veih, *faisant trembler*), plur. n. *enceinte sacrée.* — vættur, vætt (qui fait trembler), m. *démon.* G. vaihts; V. wiht. — vættugi (pas le diable), n. *rien.* Al. nichts. — feigr (qui tremble), m. *lâche; voué à la mort.* V. feigi.

F-Ra, *avant.* — प्र; πρό; L. pro.

frâ (en avant, s'éloignant), *de, en.* G. frâ; V. fra. — for, adv. *devant.* G. faura; V. fora; परा (derrière). — fyrir (fyri, fyr), prép. *devant, sur.* G. faur; V. furi. — fyrstr (le plus en avant), m. *le premier.* — fyrst, adv. *premièrement, surtout.* — firr, adv. *loin* (G. fair-). — firstr, m. *le plus éloigné.* — fiarri, adv. *éloigné.* — firrast (s'éloigner), *craindre.* — forðom (ci-devant), adv. *jadis.* — framr (qui est en avant), m. *audacieux.* — fram, adv. *devant, loin.* — framar, adv. *plus loin, en outre, dorénavant.* — frami (avance), m. *supériorité.* — fremstr (le plus en avant), m. *le plus ancien.* — fornn (qui est en avant), m. *ancien.* (Cf. ancien et antique de *ante.*)

FaRa, *avancer, passer, traverser.* — पृ; πέρᾶν, πόρος, πείρω; L. periculum, experior.

fara (fer, fôr), *passer, voyager.* — faraz, *trépasser, périr.* — far, n. *navire.* — fôr, f. *voyage, navire.* — fœra (fœrði), *apporter, conduire chez.* G. farjan; V. vuorjan; L. portare. — freista (freistaða), *éprouver.*

BaRa, *lever, porter, soutenir.* — भृ; φέρω; L. fero; G. bairan; V. përan.

bëra (bër, bar), *porter, mettre au monde.* — borinn, m. *né, apporté.* — baðmr (p. barmr, qui porte), m. *giron, sein.* G. barms; V. param; A. fæðm. — barn, n. *enfant, postérité.* — Burr, m. *fils,* nom du père d'Odin, de Vili et de Vê. G. baurs; πόρ, ποίρ; L. puer, por; בר. — bróðir, m. *frère.* — beria (barði), *frapper.* L. ferire; Vf. férir; V. perjan; भर्ज़ . (Cf. bëra svërð, *tirer l'épée.*)

VaRa, *s'étendre sur, couvrir, garder.* — वृ ; φάρος (couverture), βάρις (ville); L. vereor (se préserver), *craindre;* בִּירָה (ville); Vf. garir (garder).

varr, m. *qui se garde.* — vara (varaða), *préserver, défendre.* [Cf. væringiar (βάραγγοι, *gardes du corps*), *Varègues.*] — veria (varði), *défendre.* — vër (plur. virar, firar), *défenseur, homme, époux.* विर: ; G. vair; V. wër; L. vir; Vf. baron. — Beyggvir, m. *nom du serviteur de Frey.* (Cf. V. baugweri, vir coronatus.) — veor, m. *défenseur.* — vörðr, m. *gardien.* — varða (varðaða), *garder.* It. guardare.

D-VaRa, *couvrir, fermer, traverser.* — हृ; L. varus, varex.

dyr (qui ferme), n. *porte.* द्वार्; (cf. तोरण:); G. daur. — dvergr, m. *dvergue.* V. dwerg; A. dwarf. (Cf. द्वारिक:, *qui garde l'entrée.*)

T-VaRa, *couvrir, préserver, épargner.*

þyrma (þyrmaða), *épargner, faire grâce, respecter.*

S-VaRa, *répandre, tirer, presser.* — स्वृ; σύρω.

saur (p. svar), *boue, limon.* (Cf. σύρμα.) — sâr (p. svar, qui presse, qui pèse), n. *douleur, blessure.* — andsvar (répandu, lâché contre), n. *réponse.* (Cf. स्वर्:; σύρμα; L. susurrus.) — sœri (réponse, affirmation), n. *serment.* — meinsvarr, meinsvari, m. *parjure.* — sverðr (tiré, brandi), m. *épée* (Cf. Al. schwirren.) — svörðr, m. et svörð, f. (répandu, couvrant), *gazon, plantes qui croissent dans les eaux stagnantes.* (Cf. वञ्च:.) — svartr (couvert), *noir.* (Cf. L. sordes, surdus.) — sortna, *s'obscurcir.*

S-PaRa, *répandre, séparer, fendre.* — स्पार्: (large); σπείρω.

spor (fente), n. *trace.* — spyria (spyrða, *suivre les traces*), *chercher, interroger.* (Cf. חפר.) — sporna (spornaða, *laisser des traces*), *marcher sur.*

MaRa, *répandre, diviser, briser.* — मृ, मॄ; μέρος; L. morior (se briser), *mourir;* Vf. mourir (*tuer*), se marir (*se chagriner.*)

mar (répandue), f. *mer.* L. mare; G. marei. (Cf. वारि.) — mior (fragile), m. *frêle, tendre.* (Cf. मृदु:.) — morð, n. *meurtre.* [Cf. μόρτος (βρότος), *mortel.*]

MaLa, *répandre, aplatir, broyer.* — मल: (boue); μύλλειν; L. molere.

mel (broyés), n. pl. *mors de cheval.* — miölnir (qui broie), m. *marteau de Thôr.* — mold (broyée), *poussière, terre, la terre.*

VALA, *répandre sur, couvrir, cacher.* — वल्ल् ; L. velare.

vêl (cachée), f. *mystère, fraude.* (Cf. Vf. guile.) — vala, völva, f. *devineresse.* — völlr (étendue), m. *champ, plaine.* — völl, f. *champ.*

FALA, *étendre, couvrir.* — विपुल : (étendu), *grand;* L. fallo.

fëla (fël, fal, fôl), *cacher.* G. filhan. — folginn, n. *caché.* —Fili (filou), m. *nom de Dvergue.* (Cf. Bl. fello; Vf. felon) — Fiölnir (qui est caché), m. *nom d'Odin.* — fiall (p. fials, qui s'élève), *rocher, montagne.* V. felis; Vf. falaise. — fold (étendue), f. *terre.* — fullr (couvert, à ras de bord), *plein, rempli.* (Cf. מלא.) — fiölld (étendue), f. *foule.* — fiölld, adv. *beaucoup.* (Cf. πολύ; G. filu.) — fleiri, pl. L. plures. — fleira, adv. *plus.* — fylla (fulda), *remplir.*

BALA, *étendue, grandeur, force.* — बल् ; μόλος; L. moles.

Beli (fort), m. *nom de géant.* — Baldur (héros, prince), *nom d'un des fils d'Odin.* — ballr, m. et baldni, m. *fort, courageux.* (Cf. Vf. baud; G. balþs; V. bald.) — böl (force, oppression), n. *malheur, mal.* (Cf. L. malus.) — bâl (amas), n. *bûcher.* V. puol. (Cf. L. moles.)

VALA, *étendue, force, excellence.* — βελτίων; L. valere.

Vali (grand), m. *un des fils d'Odin.* — valr (grand), m. *fort, héros;* (étendu) *héros étendu mort.* [Cf. V. wâl (L. strages) نَبِيل *grand;* נְפִילִים *géants*]. — vili (tendance), m. *volonté, nom du frère d'Odin.* — vilia (vilda), *vouloir.* βούλομαι ; L. velle; G. viljan; V. wëllan. — velia, valda (juger excellent), *choisir, choisir pour donner.* — valldr, valldi, m. *puissant, roi.*

— vallda (velld, olli, *avoir la puissance*), *produire, causer.* — falla (fel, fêl, *s'étendre*), *tomber, voler.* [Cf. βάλλω (répandre), jeter; נפל (répandre), tomber.] — fellia, fella (felda), *faire tomber, laisser tomber.*

S-Vala, *gonflement, effervescence.* — स्वल् ; V. suëlan (être ardent).

svalr (ardent), m. *froid, frais.* — Vindsvalr (vent frais), m. *nom du père de l'Hiver.* — svëlga (svëlg, svalg), *consumer, avaler.* — hræsvelgr (qui engloutit la charogne), m. *aigle.* — svëlta (svëlt, svalt, *se consumer*), *être affamé.* G. sviltan (mourir). — svëltast, *se mourir de faim.*

S-Pala, *étendre, séparer, fendre.* — स्फल् ; σπήλαιον.

spilla (spillta), *corrompre, tuer, faire injure à.* — muspill (qui détruit le bois), *feu* (cf. Is. lindar-vaþi), *le monde du feu*, Muspilheim. — spialla (épeler), *parler.* (Cf. Al. sprechen et brechen.) — spiall, n. *parole, discours.*

Fana, *étendre, répandre, flaquer.*

fen (flaque), n. *marais.* पङ्क् ; πίνος ; G. fani ; V. fenni ; A. fænn. (Cf. V. fang ; Bl. fangus ; F. fange.) — fâna (déployé), *étendard, drapeau.* (Cf. L. pannus de pando.) — Fenrir (porte-drapeau), *nom du fils de Loki.* [Cf. V. gundfanari (qui porte la bannière du combat) ; It. gonfaloniere.]

Bana, *étendre, atteindre, frapper.* — वन् ; G. banja (blessure).

bani (qu" frappe), m. *la mort, meurtrier.* (Cf. φόνος, φονεύς.) — bein (étendu, roide), n. *os.* A. bân.

Vana, *tendre vers, désirer.* — वन् ; ὀνίνημι.

vanr (désirant), m. *manquant, dépourvu.* — vâ, vo (p. van), f. *manque, malheur.* (Cf. ऊन्.) — ô-, ö-, *particule né-*

gative; ex. : ôrettr (injustice). — von, f. *espoir.* — vinr (désiré), m. *ami.* — una (undi), *se réjouir.* — yndi, n. *réjouissance.* — öfund (non-réjouissance), f. *inimitié, haine.* — vœnn, m. *beau.* — ôsk (p. vonsk), f. *vœu, désir.* (Cf. वाञ्छा.)

MaNa, *incliner, vouloir, songer.* — मनस् (inclination, attention); μένω (s'incliner vers), *attendre;* L. maneo (attendre), *rester.*

muna (man, mundi), *vouloir, songer,* (exprime le futur comme μέλλω), *se souvenir.* — mannr, maðr, m. *homme.* — minna (minda), *rappeler;* L. moneo.

MaNa, *s'étendre, saillir, briller.* — मणा; L. mineo.
men (brillant), n. *bijou.* मणि; μάνος; L. monile. — mön (luisante), f. *crinière;* V. mana.

MiNa, *être étendu, mince, diminué.* — L. minuo; μινύς.
minni (p. minri, *plus mince*), *plus petit.* L. minor. — mein (diminution, dommage), n. *mal, douleur.*

THÈMES COMMENÇANT PAR UNE DES DENTALES
T, D, þ, S.

Ta, *particule démonstrative, ce.* (Voyez p. 385.)

it, ið, *cela;* L. id. — þâ, *là, alors, où, lorsque.* — þat, *cela, ce que.* — þeir, *eux.* — þœr, *elles.* — þau (n. duel), *eux deux.* — þaðan *de là;* τόθεν. — þar, *ici, là.* — þars, *lorsque.* — þvî (instrumental), *parce.* — þvîat, *parce que.* — þegar, *aussitôt.* — þessi, m. (þessi, f. þetta, n.), *celui-ci.* — þô (þôat, þôtt), *quoique, néanmoins.* तु; V. doh. — þô-ënn, *bien que, néanmoins.*

Tu, *particule démonstrative de la seconde personne, là!*

þû, *tu, toi.* — þinn, m. *tien, ton.* — þêr, *êr, vous.* G. jus; V. îr; L. vos (p. tvos). — yðr (p. þyðr), m. *votre.*

G. izvar; V. iuwar; L. vester. — it, iδ, (p. þit), *vous deux.*

Ta, particule démonstrative de la troisième personne, *lui!*

þrîr, m. (þriar, f.), pl. *trois.* — þriδi, m. *troisième.* — þrisvar, adv. *trois fois.* — sex (p. tat, *trois-trois,*) *six.* षष्; ست. — siötti, m. *sixième.* — fiôrir (p. ma-trir, *un-trois*), pl. *quatre.* — fiôrδi, m. *quatrième.* — âtta (p. ma-trau, *duel de ma-trir*). *huit.* — âtti, m. *huitième.* — siö (p. ta-matrir, *trois-quatre*), *sept.* — siöndi, m. *septième.* — sâ, m. *ce.* — sû, f. *cette.* — sinn, m. *sien, son.* — svâ, adv. *ainsi.* V. sô. —hversu, adv. *comment, combien.* — sem (de même), adv. *comme.* (Cf. सम:, रम, इदम्: L. i-dem; G. sama; ὁμός, ἅμα; L. cum.) — saman, adv. *ensemble;* ὁμοῦ. — ër (*lui.* G. is; V. ir; L. is), *que,* s'ajoute aux pronoms démonstratifs; ex.: þâ-ër, *lorsque;* ër (p. þâ-ër), *lorsque;* þeir-ër, *eux qui;* þœrs (p. þœr-is), *elles qui.*

aTa, *mouvement vers, atteindre, joindre, lier.*

at, *vers, afin de, pour, chez.* प्रति; L. ad; G. at; V. az. — at (disjonction, négation), ajouté au verbe, exprime la *négation.* [Cf. F. pas (de passus); अ- (p. an); ἀ-.] — -a (p. -at), exprime la *négation.* — and- (direction vers), placé devant les substantifs, exprime l'idée de *vers, contre, sur;* ex.: and*lit,* and*svar.* प्रति; ἀντί; L. ante; G. and-; V. ant-. — und, undir (vers le dessous), *sous.* — undar, adv. *de dessous.* — unz (vers ce), *jusqu'à ce que, avant que, lorsque, alors.* (Cf. G. untî; V. unzi.) — eiδr (qui lie), m. *serment.* — iδiar (touffes), pl. f. *verdure.* — eimr, eimi (p. eiδmr), *vapeur, fumée.* (Cf. आत्मन्.)

aDa, *atteindre, prendre, posséder.* — अट.

aδal (qui est en propre), n. *nature, naissance.* V. adal

DENTALE.

(famille); edili (noble). — öðli, n. *condition*. — auð, n. *richesse*; V. uodal (patrimoine); allôd (possession entière); Bl. allodium; Vf. alodes, aleud. — auðigr, m. *riche*. — ôauðigr, m. *pauvre*.

ATA, *atteindre, blesser, ronger*. — अद् , अश् ; ἔδειν; L. edere.

    iötunn, m. *géant*. — eitar (qui ronge), n. *pus, venin*. V. eitar. (Cf. V. eit (feu), אש.)

uTA, *de là! hors, sortir, s'élever*. — उत , उद् .

    ûti, adv. *dehors*. — ûtan, adv. *à l'extérieur, dehors*. — itar, itr (p. utar, *le plus au delà*), adv. *très*. (Cf. उतर ः, उदार ः; ὕστερος.) — iaðarr (p. utar, *extrémité*), m. *sommité, chef*. — ur, or, ör (p. us, ut). L. ex, *de*. — örr (hors de soi), m. *emporté, prompt*. — ausa (eys, iôs), *verser, puiser*. L. h-aurio. — ausinn, m. *arrosé*. — eyra (qui sort de la tête), f. *oreille*. G. ausô; οὖς; L. auris; אזן. — h-eyra (heyrða, *prêter l'oreille*), *écouter*. G. hausjan; L. audire; האזין. — aur (qui se répand) m. *goutte, rosée, poussière, terre*. — aurugr, m. *couvert de rosée*. — ôs (qui s'ouvre), n. *bouche*. L. os. (Cf. आस्य.) ârôs, n. *source ou embouchure de rivière*. — austr (saillant, brillant), m. *l'orient*. उषस् ; αὐώς. — austr, adv. *à l'orient*. — austan, adv. *de l'orient*. — unn (p. und, *qui se répand*), f. *onde* [Cf. उद्; ὕδωρ; L. unda; V. unda; G. vatô; V. wazar, wâzen (se répandre); L. odor, *odeur*.]

DA, *là! placer, poser*. — धा; τίθημι; דָת (loi).

    dâð, f. *action*. — fordæða, *forfait, adultère*. — dômr, m. *pensée, sentence, chose*. धामन् ; G. doms; V. tuom; θέμις; L. damnum. — hôrdômr (chose d'adultère), *fornication*. — dœma (dœmda), *juger, penser, parler*.

S-TA, *placer, dresser, fixer*. — स्था; ἵστημι; L. stare.

standa (stend, stóð), *être placé, être debout.* — standandi, m. *levé, élevé.* — staðr, m. *place, endroit.* — stoð (dressée), f. *pilier.* — styðia (styð, studdi), *étayer.* — stýri, n. *gouvernail.* — stýra (styrða), *tenir le gouvernail.*

ASA, *fixité, permanence, force, existence.*

ëm (p. ism), *je suis.* अस् ; ἐστί; L. esse; aram, אִיתְ, שׁ; لَسَ. — sannr (p. esandr, *étant*), m. *vrai.* सत्य :; A. sôð. — âs (p. ansr, *robuste*), m. *dieu, Ase.* — âsynia, f. *déesse, Asynie.* — askr (*robuste*), m. *frêne.* — îs (*solide*), m. *glace.* — iarn (p. isan, *dur*), n. *fer.* (Cf. अयस् ; L. aes.)

Su, *répandre, produire, verser.* — सु; ὕω; L. udus.

sonr, m. *fils.* (Cf. सुत ; L. satus.) — sveinn, m. *garçon, jeune homme.* — sôl (p. savil), f. *soleil.* G. sauil; V. suhil; A. sigil, L. sol; सवितृ. — sigli (*petit soleil*), n. *bijou, collier.* (Cf. שׁהרנים.) — sumar, n. *été.* — sâ (sâi, sâði), *semer.* (Cf. सू ; σεύω; L. sero.) — ôsâinn, m. *non ensemencé.* — sær, siôr, m. *mer.*

TiVa, *être étendu, saillant, brillant.* — दिव् .

töfl, f. *table, tablier.* L. tabula. — tefla (teflda), *jouer aux tables.* — týr (*éminent*), *héros, dieu.* देव ; θεός; L. deus. — tivor, m. *sacrifice, victime.* V. zëpar; A. tifer.

S-TaPa, *allongé, roide, fixe.* — स्तम्भ् ; στύπος; stupor.

stafr (*roide*), m. *bâton, base, sujet.* — steypa (steypta), *renverser, détruire.*

TaMa, *joindre, adapter, lier.* — दम् ; δαμᾶν.

timbra (timbraða), *faire une charpente, construire.* G. timrjan — tomt, toft, topt, f. *enclos.* — semia (samdi), *arranger, apaiser.* — sumbl (*réunion*), n. *festin.* A. symbel.

SiFa, *être attaché, respecter.* — सेव् ; σέβω.

sif, f. *alliance, parenté.* — sëfi, m. *ardeur, courage.*

DENTALE AVEC DENTALE. 425

DaMa, *lier, entraver, troubler.* — तमस् ; G. dumbs.

    dimmr ou dimmi, m. *obscur, noir.*

þuMa, *être émoussé, être tronqué.*

    þumall, m. *pouce.* V. dûmo. — þumlûngr, m. *pouce d'un gant.*

SaTa, *pencher, s'asseoir.* — सद् ; ἕδος ; סדד.

    sitia (sit, sat), *être assis.* L. sedeo (יָשַׁב). — sëtr, n. *siége, résidence.* — sēss, m. *siége.* — siôt, f. *demeure.*

SaDa, *tendre vers, marcher, pencher.* — צוּד, צדה.

    sinni (p. sindi, *penchant*), n. *faveur.* — sinn (marche), n. *moment, fois.* — senda (sendi, senda), *envoyer.* — sendr (p. sendtr), *envoyé.* — sandr, m. *sable.* — senna, f. *dispute.*

SaDa, *atteindre, remplir.* — सद् ; L. satis.

    seðia (sadda), *rassasier.* G. gasôþjan.

SiDa, *être large, prolongé.*

    siða, f. *côté, flanc.* צד. — sîðr, m. *lâche, flasque.* — sið, adv. (*prolongé*), *après, tard.* — sîðr, adv. *moins.* — sîðar, prép. *après, pour ne pas.* — sîdan, adv. *ensuite.* — siðast, *après que, depuis que, puisque.* — siðst, adv. *le moins.* — seiðr, m. *magie.*

TiTa, *être large, lâche, mou.* — A. tit (*teton*); תת.

    teitr (*relâché*), m. *joyeux.* V. zeiz (*délicat*). — tið (*long*), n. *temps.* तिथ: ; V. zit. — tiðir mik, *il me tarde.*

SaGa, *répandre, amollir, affaisser.* — सिच् ; G. gasigan.

    sîga (seig), *s'affaisser, tomber.* V. sîkan. — sîg, m. *combat.* — Sigyn (p. sigvin), *nom de femme.* — sigur, m. *victoire.* — sinka (sëkk, sökk), *s'enfoncer.* G. sigqvan. — sökvast, *s'en-*

foncer. — sûga (sŷg, saug), *sucer*. L. sugere. — sâttr (p. sahtr, *rassis*), m. *paisible, ami*.

ÞAKA, *étendre sur, couvrir*. — तक् ; τέγος ; סכך.

þak, n. *toit*. Vf. tecque. — þekia (þakti), *couvrir*. L. tegere. — þaktr, m. *couvert*.

ÞAGA, *couvrir, cacher*. — तूष्णीं ; σιγάω ; L. tacere.

þegia (þagða) et þagna (þagnaða), *se taire*.

TAKA, *tendre vers, toucher, prendre*. — तक्ष् ; δέχομαι ; L. tango.

taka (tek, tôk), *prendre*.

TAGA, *saisir, pincer*. — दश् ; δάκνω.

tiugari, m. *qui mord, mange, engloutit*.

SAKA, *tendre vers, attaquer*. — G. sakan ; V. gisachan.

sök, f. *procès, cause*. — sakast, *s'attaquer*. — sœkia (sôkti), *chercher*. G. sôkjan.

DAGA, *répandre, dissoudre*. — τήκω.

dögg, f. *rosée*. V. dau. — deigia, *fille, servante*. (Cf. suéd. mjölkdeje ; A. hlâfdige). — deyia (dey, dô), *mourir*.

DUHA, *tirer, traire*. — दुह् ; L. ducere ; G. tiuhan.

dôttir, f. *fille* ; दुहित् ; θυγάτηρ ; G. dauhtar.

DUGA, *atteindre, pouvoir, valoir*. — τεύχω, τυγχάνω.

duga (dugði), *valoir, être utile*. — dyggr, m. *vertueux, qui mérite confiance*.

ÞIGA, *être utile, prospérer*. — G. þeihan.

þŷ (p. þihu), *servante*. — þiônusta, f. *service*. — þiôð, f. *foule, peuple*.

DENTALE AVEC GUTTURALE.

TuKa, *surgir, briller.* — तुज् (briller); तुज् = τόκος (enfant); צהר (briller).

tungl (brillant), n. *lune.*

DiGa, *percer, poindre, briller.* — तिज् .

dagr, m. *jour.* — î ârdaga (à la pointe du jour), adv. *autrefois, jadis.* — dellingr (p. deglingr, *petit jour*), m. *crépuscule du matin.*

þiKa, *percer, paraître.* — שִׂיחַ (parler, penser).

þing (pensée, parole), n. *délibération, assemblée délibérative.* — þykia (þôtta), *penser, être estimé, passer pour.* — þakkir, plur. f. *reconnaissance, remercîments.*

SiGa, *être aigu, percer, voir.* — θεάομαι; L. sica, secare; scio (avoir vu), *savoir;* chald. סְבָא, שָׂעָה.

siâ (sê, sâ), *voir.* — sŷna (p. sihona), *faire voir.* — sŷnast (sŷndast), *paraître.* — saga (ce qu'on sait), f. *histoire, narration.* (Cf. L. sagax, sagus.) — segia (sagδi), *raconter, dire, parler.*

S-TiGa, *piquer, laisser des traces, marcher.* — στείχω.

stîga (stîg, steig), *monter.* — stĕkkva (stĕkk, stökk) et stökkva (stökk, staukk), *sauter.*

TaRa, *répandre, dépasser, marcher.* — तृ; τείρω; L. terere; تار (marcher); דור, שׁוּר. — S-TaRa, *répandre.* — स्तृ; στορέω; L. sterno.

stiörna (répandue), f. *étoile.* स्तृ:; ἀστήρ; L. stella (p. sterula). — strâ (répandu), n. *paille.* — straumr, m. *torrent, fleuve.* — strönd (qui s'étend), f. *rivage, côte.*

DaRa, *répandre sur, précipiter.* — धृ; A. dëark, dearn (terne), *obscur.*

undorn (non obscur), n. *après-midi, soir.* G. undaurni (matin); V. untarn (midi); A. undarn (midi). — dŷr (qui se précipite), n. *bête sauvage, animal.* G. diuz; V. tior; θήρ; L. fera (furere).

TALA, *étendre, lâcher, séparer.* — तल् (atteindre); τέλος; طول (être long); הִטִּיל (étendre par terre), *renverser.*

til, *jusque, au point, tant.* — tal, n. *nombre, discours.* — telia (talda), *compter, raconter, parler.* — þulr, m. *conteur, bavard.* (Cf. Vf. tule, entule.) — tilt, n. *concorde, paix?* — tôl, n. *instrument, ustensile.*

DALA, *étendre, séparer, diviser.* — दल् ; L. talea; G. dails; V. urteili; A. ordâl; Vf. ordalie.

dalr (séparation), m. *vallée.* — deila (deilda), *partager.*

SALA, *répandre, lâcher, reposer.* — सल् ; ἅλς; L. solum; שׁלה.

salr, m. *demeure, salle.* साल:. — selia (selda, *lâcher*), *donner, vendre.* — sæll (qui est au large), m. *heureux.* L. salvus; שְׁלִי. — sælligr, m. *heureux.* — vësall, m. *malheureux, pauvre.* — sialdan (répandu, disséminé), *rarement.* G. sildaleik (extraordinaire). — ûsialdan, *souvent, fréquemment.*

ÞULA, *être élevé, être au niveau.* — तुल् ; τλάω (soulever); L. tollo; G. þulan; תלל.

þollr (qui s'élève), m. *tronc d'arbre, arbre, pin.* — Heimþallr (souche du monde), *nom d'Ase.*

S-TALA, *élever, dresser.* — स्थल् ; στέλλω.

stôlr, m. *siége.* V. stuol; Vf. faldestuel (fauteuil).

ÞANA, *étendre, allonger.* — तन् ; τείνω; L. tendo; תנה.

GUTTURALE.

þinurr (long), m. *sapin, arbre.*— Þôr (p. þonarr, *tonnerre*), *le dieu du tonnerre.* (Cf. τόνος; L. tonare; धन् .)

TaNa, *étendre, retenir, tenir.* — L. teneo.

tûn (qui renferme), n. *enclos, cour.* V. zûn; A. town. — töng, f. *tenaille.* V. zanka; L. tenaculum. — tein (étendu), m. *baguette, rameau, jet.* V. zein.

THÈMES COMMENÇANT PAR UNE DES GUTTURALES
K, G, H.

Ke, *ceci.* (Voyez p. 388.)

ëk (ci!), *je, moi.* L. ego; Vf. jeo; G. ik; V. ih. — ok (p. ik, iok, *ceci, aussi!*), *et.* G. jah; V. joh; L. ac. — okkar (duel dat. et acc.), *à nous deux, nous deux.* G. ugkis; V. unch.— ykkr (duel, de vous deux), *votre.* G. igqvar; V. incharêr. — hann, m. *lui.* — hun, hon, f. *elle.* — hinn, m. (hin, f. hitt, n.), *celui-là.*— hitt (cela), prép. *aussi, c'est pourquoi.* — hêr, adv. *ici.* F. *hourvari* (ici!). — hêðan, adv. *d'ici.* — hvar, m. (hvat, n.), *qui.* कस् ; ὅς; L. quis; G. hvas; V. huër. — hvî (locatif, en quoi), *pourquoi, comment.* (Cf. L. quî.) — hvê (instrumental, par quoi), *comment.* V.'hviû. — hvaðan, adv. *d'où.* — hvar, adv. *où*; hvars, *partout où.* — hverr, m. (hver, f. hvert, n.), 1. *lequel* (entre plusieurs). L. quis, 2. *chacun*; L. quisquis; G. hvarjis.—nakkvar, m. (nokkur, f. nakkvart, n.), *quelqu'un.* — hvárr, m. (hvâr, f. hvârt, n.), *lequel* (de deux). G. huaþar; V. huedar. — hvart (L. utrum, num), *si.* — -hvan (-hun, -gun, -gi, -ki), *particule interrogative suffixe* (quand? jamais), *pas.* — eigi (p. eittgi, *pas une chose*), *rien, pas.* — ekki (p. eittki), *rien, pas.* — mangi (pas un homme), *personne.* — hvergi (pas quelque part), *nulle part.* — siâlfgi, *pas elle-même.* — aldregi (p. aldr eigi), *jamais.* — þeigi (p. þô eigi), *bien que — ne pas.*

Ga, *ci! direction, mouvement.* — गा (βάω).

gânga (geng, gêkk), *aller* (गम्); G. gaggan. — framgenginn (en allé), m. *trépassé.* — gânga, f. *marche, route, voyage.*

aGa, *mouvement, agitation.* — अग् ; ἄγω; L. ago.

OEgir (agité), m. *océan, dieu de l'Océan.* — afl (p. afn, ovn, ogn, *qui s'agite*), m. 1. *feu.* अग्नि; L. ignis (اج, *brûler*), 2. *fourneau.* G. auhns; V. ofan. — angan (qui s'agite, respiration, parfum), n. *plaisir.* — âtt, ætt (direction, ligne), f. *lignée, race.* V. êht.

aKa, *mouvement, étendue, surface.* — L. æquus, æquor.

â (p. aka, *surface plane*), f. *eau, fleuve.* G. ahva; V. âha; L. aqva; Vf. aigue. — aka (ek, ôk), *avancer.* — akarr, m *arpent, champ.* ἀγρός; L. ager; G. akrs; V. ahhar. — ætla (p. aktila. L. in animo volvere), *penser, se proposer.* (Cf. G. ahjan; V. ahtôn.)

aGa, *mouvement à travers, percer.* — अग् ; ὠκύς, ἀκή, ἀκούω (présenter la pointe, l'oreille), *écouter.* L. acer, acus; V. ecche; אזן.

iôr (p. ihvor, *rapide*), m. *cheval.* अश्व: ; ἵππος (p. ikpos); L. eqvus; Vsax. ehu. — auga (perçant), n. *œil.* अक्षि; ὄκος; L. acies, oculus. — hvitr ou hviti (perçant, éclatant), m. *blanc.* श्वेत: ; G. hveits; V. wit. — hvatr, m. *ardent, véhément.* V. hvas. — hvetia (hvatta), *aiguiser, exciter.*

aGa, *conduire, porter, avoir.* — ईश् ; ἔχω; G. aigan.

eiga (â, âtti), *posséder, avoir.* V. eigan. — eign ou eiga, f. *possession.* (Cf. âstugr, heilagr, auðigr, etc.)

KaPa, *mouvement sur, tendre vers.*—L. capere; (קב, *main*).

kaup (prise), n. *achat.* — kaupa (kaupi, keypta), *acheter.* G. kaupan. (Cf. *acheter,* de acceptare. L. emere, *prendre.*)

GUTTURALE AVEC LABIALE. 431

Gafa, *tendre vers, donner.* — A. gaful (tribut); F. gabelle.

gëfa (gëf, gaf), *donner;* G. giban; V. këpan. — umgëfa (étendre autour), *entourer, envelopper.* — Gefion, f. *déesse de la virginité.*

Hafa, *étendre, élever, prendre.* — कप् ; גב (élévation).

haf (étendu, haut), m. *haute mer.* — hefia (hef, hôf), *soulever.* — hafa (hëf, hafði, avoir soulevé), *tenir, entretenir, avoir.* L. habeo. — haft, hapt (qui tient), n. *lien, chaîne.* — hof (qui contient), n. *enceinte, temple.* (Cf. κῆπος.) — hôf, n. (contenance), n. *mesure.* — höfuð (élevé), n. *tête.* कपाल; κεφαλή; L. caput; G. haubiþ. — hefnd (L. causa suscepta), *vengeance.* — hefna (hefnda), *venger.*

Gapa, *étendre, distendre, fendre.* — जृम्; χία (trou); גב.

gap (qui baîlle), n. *abîme.* (Cf. χάος.) — geipa (geipta), *ouvrir la bouche, bavarder.* (Cf. चोम् ; χανύω.) — gifur (L. inhians), m. *avide.* — gifur (baîllements), f. plur. 1. *rochers,* 2. *géantes.*

S-Kapa, *tailler, fabriquer.* — V. scuof (poëte).

skâpa (skep, skôp), *créer, fabriquer.* — skepia (skepiaði), *créer.* — sköp (créés), n. plur. *destinée.*

Kama, *tendre vers, venir.* — κομίζω (faire venir), *conduire.*

kôma (p. kvëma; kêm, kom), *venir, venir avec, amener.* G. qviman. (Cf. Vf. cemin, *chemin.*)

Hama, *étendre sur, couvrir, courber.*

hamr (qui couvre), m. *peau.* — himinn (qui couvre), m. *ciel.* — heimr, m. *couvert, domicile, monde.* (Cf. κώμη, καμέρα; F. hameau.) — Hymir (couvert, sombre), m. *nom d'Iote.* — ? hamarr, m. *marteau, foudre.* (Cf. ग्रम्ब:, ग्रम्प *foudre*, ग्रम्म:, *marteau.*)

GAMA, *couvrir, courber, incliner.* — कम् ; κάμπω; L. hamus.

gaman (inclination), n. *plaisir, jouissance, jeu.* — gamall, gamli (courbé), *vieillard, vieux.* V. kamal. — Bergelmir (tout vieux), *nom de géant.* — Orgelmir (très-vieux), *nom de géant.* — þrúðgelmir (fort vieux), *nom de géant.* — gumar, gumnar (qui couvrent, protégent), *héros, hommes.* G. guma; V. kumo; L. homo. — Gymir (qui couvre), *nom de géant.*

KATA, *étendre, prendre, contenir.* — कट् .

ketill (qui contient), m. *chaudron.* G. ketils; V. chezzil. (Cf. catinus, cadus; κάδος, ἄκατος; G. kas; כד.)

HADA, *atteindre, prendre.* — χάζω, χανδάνω; L. -hendo.

hönd (qui prend), f. *main.* G. handus. (Cf. हस्त: गुपटा.) — einhendr, m. *manchot.* — hundrað (p. tiutihundrað, *dix fois deux mains ou 10 × 10 doigts*), n. *cent.* शतं; ἑκατόν; L. centum, G. taihun, téhund. — tiu (p. tihund, *deux mains = 10 doigts*), *dix.* दशन् ; δέκα; L. decem; G. taihun V. zëhan. — tiundi, m. *dixième.* — nîu (p. untîu, *manquant-dix*), *neuf.* नवन् ; ἐννέα; L. novem. — nîundi, m. *neuvième.*

GADA, *atteindre, joindre, lier.*

góðr (convenable, apte), *bon.* G. góds; V. kuot. (Cf. ἀγαθός.) — ógóðr, m. *mauvais.* — gunnr, guðr (L. congressus), *combat, guerre.* V. chundfano (gonfanon, gonfalon). (Cf. गुध्:.) — gandi (qui lie), m. *charme, enchantement.* — gan (p. gand), *magie.* — gandr (noué), m. *serpent.* — Göndull (enchanteresse), *nom de Valkyrie et de Norne.*

GUDA, *être convenable, intègre, pur.* — गुध् , गुच् .

GUTTURALE AVEC DENTALE. 433

goð (pureté), n. *divinité, dieu.*

GaTa, *atteindre, recevoir.*

gëta (gët, gat), *recevoir, concevoir, songer, penser à;* **Um**-gëta einom, *donner à quelqu'un.* — gêta, f. *conjecture, opinion.* — gætast, *s'entretenir, discuter.* — gëð (qui pense), n. *esprit.* V. kët; चित् . — frôðgëðiaðr, m. *doué d'un esprit sage.* — gestr (p. gatstr, *qui reçoit*), *hôte.* G. gastr; V. gast; L. hostis (*étranger*), *ennemi.* [Cf. hospes, (p. hospits); *qui demande réception.*] — gisl (p. gitsl, *qui est donné*), m. *ôtage.* — gisling, f. *ôtage.*

HaTa, *atteindre, frapper, tomber sur.* — L. cædo, cado.

hiti (qui frappe, pique), m. *chaleur, flamme.* [Cf. kaldr (froid) et L. cellere, calare, calere.] — heita (heiti, hêt; L. adpellatum esse), *s'appeler, appeler, ordonner, menacer.* — hitta (L. incidere in), *rencontrer.* — hættr (*exposé au coup, chanceux*), m. *périlleux.* — hætta (tomber sur, entraver), *cesser.*

S-KiTa, *frapper, couper.* — छिद् ; σχίζω; L. scindo; G. skaidan; V. scitôn; חצה, קצץ.

skið (fendu), n. *tablette de bois.* — Skaði, *femme de Niörðr.*

GuTa, *frapper, pousser, lancer.* — घुट् ; L. -cutere. G. giutan.

goti (lancé, rapide), *cheval.* घोट: ; घोटक:. — reiðgoti, m. *cheval de selle.* [Cf. skiôti, reiðskiôti (cheval); skiôtr, *rapide.*]

S-KuTa, *pousser, lancer, jeter.* (Cf. स्कुद् ; L. scateo.)

skiôtr (lancé), m. *rapide.* — skiôta (skŷt, skaut), *tirer, lancer.* V. skutjan, sciozan. — andskoti, m. *qui tue en tirant sur.* — skot, n. *tir, coup.*

28

GuSa, *être lancé, bouillonner.* — गुष् (tomber en gouttes), गुष् (bruire).

geysa (geysta), *bouillonner*. [Cf. geysir (qui bouillonne).] V. jesan, jerian. — ioll (p. gurl, ? *effervescence*), *colère, dispute.*

KuSa, *convenir, goûter.* — जुष् ; γεύειν; L. gustus.

kiôsa (kŷs, kaus, *goûter*), *choisir*. G. kiusan; V. chiusan; F. choisir. — Valkyria (qui choisit les héros), *Valkyrie*. — kosta (kostaði), *goûter*. G. kausjan; L. gustare. — kostr, m. *choix, nourriture*. — kûra (ce qu'on goûte), f. *repos*. — kyrr, m. *tranquille*. — kyrra (kyrrði), *tranquilliser*.

HaGa, *s'étendre, joindre.* — κύκλος; L. cingere; V. hag (enclos); Bl. haga; Vf. l'haie (Saint-Germain-en-Laye).

hagr (apte), m. *habile*. — hœgri hönd (main plus habile), *main droite*. [Cf. L. dextra; लघा (faible), *main gauche*.] — hugr (désir), *volonté, esprit*. — hyggia (hugða), *penser, réfléchir*. — hungur (désir), n. *faim*. G. huhrus; V. hungar. — haugr (élévation), n. *colline*. V. houc; Vf. hogue, hoge. — hâr (hâr, f. hâtt, n.), m. *sublime*, nom d'Odin. (Cf. G. hauhs; V. hoh.) — hâtt, adv. *haut*. — hâ- (particule prépositive), *haut*. — heiðr (hauteur), m. *excellence, honneur*. — Heiðr (terrain élevé), f. *lande*, nom de femme. G. haiþi. — ? Gŷgr (élévation, montagne), f. *géante*.

S-KaGa, *avancer, saillir, hérisser.* — V. skahho (langue de terre).

skôgr (hérissé), m. *forêt*. — Skögull (hérissée), *nom de Valkyrie*; Geirskögull (hérissée de lances), *nom de Valk.* — skegg (velu), n. *barbe*. — skegg, skeggia (en forme de barbe), f. *hache*. Cf. hellebart (hallebarde). — ? skôr (p.

GUTTURALE AVEC R. 435

skôhr), m. *soulier*. G. skôhs; V. skuoh. — handskôr, handski, m. *gant*.

HaKa, *atteindre, frapper, tailler.* — חקק; كَّ ; कश् (briser).

höggva (högg, hiô), *couper, frapper, hacher.* — Niðhöggr (qui mord avec colère), m. *nom d'un serpent de l'enfer.*

S-KaKa, *choquer, pousser, répandre.* — שחק.

skekia (skek, skôk), *choquer, secouer*. Vf. eschacher. — skenkia (skenkta, *répandre*), *verser à boire, donner.* V: scenhan; Vf. chinquer; Bl. scancio; F. échanson.

HaRa, *s'étendre, répandre, courir.* — चर्; L. curro; כרכר.

hôrr (coureur). m. *adultère*. G. hôrs.

HaRa, *s'élever, croître* — ऋ; ई; הר (qui s'élève), *montagne*.

har (qui croît), n. *cheveu, chevelure*. (Cf. L. horror; F. hérisser, haire.) — her (qui s'accroît), n. *multitude, armée*. G. harjis; V. heri. (Cf. Al. herberge; F. alberge, auberge.) — heri (qui est de l'armée), *combattant*. (Cf. प्रहार: ; χάρμα.) — einheri, m. *monomaque*. (Cf. V. einwic.) — Herian (guerrier), *nom d'Odin*. — hörgr (qui inspire l'horreur, sanctuaire), m. *bois sacré*. —'horn (qui s'élève), n. *corne*. קרן; शृङ्ग; κέρας; L. cornu. — hiörr (qui s'élève, pointe), m. *rocher, épée*. G. hairus; Vs. hëru. — hiörð, f. *troupeau*. (Cf. F. horde, harde; Vf. horde.) — hirðir, m. *gardien de troupeau, gardien*. — harðr, m. *dur*. — hart, adv. *durement, fortement;* κάρτα. [Cf. शृत् (fermeté, confiance); L. certus (ferme), *sûr*; credo (p. certdo).] — herði (dure, forte), f. *épaule*. V. harti. — hiarta, n. *cœur*. L. cor; καρδία; हृद्. (Cf. F. hardi, *qui a du cœur*.)

28.

GaRa, *s'étendre, atteindre, prendre.* — हृ: ; χείρ.

giöra (p. garva, giörða), *manier, faire.* करोमि; χράομαι; L. creare; V. karawan. — giörr (fait), m. *préparé, apte, habile* — giörva, adv. *entièrement, complétement.* (Cf. F. guère, V. karo.) — fullgiörva, adv. *pleinement et entièrement.* — giörliga, giörla, adv. *parfaitement.* — giarn, m. *enclin, avide.* G. gairns; V. kern, kër (désir). — garðr, m. *enceinte, enclos.* V. karto; It. giardino; F. jardin; χόρτος; L. cortis, hortus, hara; קִיר, עָר, קִרְת. [Cf. Montbelliard (Mons Belli*gardus*); Novo*gorod* (ville neuve).] — miðgarðr, m. *la terre.* A. middangeard (orbis terrarum); G. midjungards; V. mittingart. — garn, n, *fil, boyau.* (Cf. χόρδη.)

GvaRa, *entourer, courber.* — हृ्व; γυρός.

ormr (p. hvermr, *qui se courbe*), m. *ver, serpent.* कृमि; L. vermis; כַּרְמִיל, (vermeil).—hvërfa ou horva ou horfa (hvërf, hvarf), *tourner, pirouetter.* — hvërfa frå (déguerpir), *disparaître de.* — hverfa (hverfða), *faire le tour de.* — vërpa (vërp, varp, *faire pirouetter*), *lancer, jeter.* Bl. verpire; Vf. guerpir. —harpa (ronde), f. *harpe.* (Cf. Bl. circulus, circulo harpare.)

KaRa, *étendre, séparer, broyer.* — जॄ ; L. granum.

kvërn, körn (qui broie), f. *moulin, mâchoire.* — ? geir (qui fend), m. *hallebarde.* G. gairu (épine); V. kër (cf. Kero, Gêrhard). तोमि (hache).

S-KaRa, *percer, couper.* — (जुर्); ξύρω; שׂהר (éclater).

skira (skir, skar), *tailler, graver.* — skirr (éclatant), m. *brillant.* V. scieri; Vf. chère (mine joyeuse). (Cf. χαρά.) — skira (skîrði, *rendre éclatant*), *écurer.*— ? skiarr, m. *craintif, effarouché.* (Cf. Al. scheu.)

HaLa, *s'étendre sur, couvrir.* — जल् .

GUTTURALE AVEC L. 437

hali (qui couvre, poil), m. *queue*. L. hilus. — hel (caverne), f. *enfer, reine de l'enfer*. — höll, f. höllr, m. *halle*. — halir, pl. *mânes* (protecteurs), *héros*.— hylia (huldi), *protéger*. — hollr, m. *bienveillant*. V. hold. — höldr, m. *héros*. V. helid.— heill (protégé), m. *heureux*. — heilagr, m. *bienheureux, saint*. — helldri, m. *meilleur*. — hellstr, m. *le meilleur*. — helldri, conj. *afin que*. — hildur (défense), f. *combat, déesse du combat*. — halda (hélt), *tenir*. — hold, n. *chair*. — holt, n. *bois, forêt, montagne*. — hâls, m. *cou*. [Cf. L. collum.]

KaLa, *frapper, pousser, piquer*. — L. cellere. किल् .

kiöll, m. *quille, navire*. — kaldr (piquant), m. *froid, douloureux, méchant*. (Cf. L. gelidus.) — kalla (kallaða), *crier, parler*. (Cf. καλῶ; L. clamor; قال.) — kallaðr, m. *appelé*.

GaLa, *frapper, atteindre, éclater, briller, résonner*.

gâla (gôl), *chanter*. — galdi, m. *bruyant*. — giöll, f. *trompette*. — gull, n. *or*. V. kolt. (Cf. L. gilvus; γυλ-.) — gullinn, m. *doré, d'or*. (Cf. Vf. jaulne, *jaune*.) — gildi (qui atteint, équivaut), n. *valeur, estime*. — gilda (gilta), *valoir*. — gialda (gëld, galt), *payer, donner, expier*. — gildi, m. *repas; satisfaction*.

S-KaLa, *atteindre, frapper, jeter*. — σκάλλω.

skal (skuldi), *devoir*. G. skulan. — skâlm (qui frappe), f. *lance, pique*. — skalfa (skëlf, skalf), *être frappé, trembler*. — landskialftr, m. *tremblement de terre*.

KaNa, *étendre, atteindre, percevoir*. — जन् ; γένος; L. genus.

kunna (kann, kunni, *avoir atteint*), *savoir, pouvoir*. ज्ञा: ; L. gnosco. — knâ (knâi, knatti), *pouvoir, savoir, connaître*. —

nafn (p. knafn, *qui fait connaître*), *nom.* L. nomen. — kind, f. *postérité.* — kona, kvën, kvan, kvon, kvæn, f. *femme.* G. qvinô, qveins; V. chëna. — òkynian, n. *engeance.*

GaNa, *étendre, séparer, fendre.* — बन् ; χανύω.

gîna (gîn, gein), *ouvrir la bouche.* — ginnûngr, m. *mâchoire.*

KaNa, *éclater, briller, résonner.* — कन् , कण् ; γάνος; L. canus, cano.

kynda (kyndta), *allumer.* L. accendo. — Hœnir (brillant), m. *nom d'Ase.* — hani (qui chante), m. *coq.* Vf. *chanteclair.*

S-KaNa, *percer, éclater.* — G. us-keinan (percer), *germer.*

skîna (skîn, skein), *briller.* V. skinan. — skin, n. *lumière, splendeur.*

THÈMES COMMENÇANT PAR LA LIQUIDE R.

aRa, *mouvement, étendue, élévation.* — ऋ; ἀρι-; אור.

âr, n. *matin, aurore, année.* (Cf. ऋतु ; G. jêr.) — ari et örn, m. *aigle.* — iora, f. *terre.* इरा; ἔρα; L. area; V. ëro. — iörð, f. *terre.* V. ërda. — iörmun, f. *terre.*

Ru, *éruption, bruit.* — रु; ῥέω; L. ruo.

rûn (chuchottement), f. *secret, écriture.* — eyra-rûn (qui parle à l'oreille), f. *compagne, femme.* V. ôr-runo. — raun (manifestation), f. *expérience, épreuve.* — reyna (reynda), *éprouver, essayer.* (Cf. ἐρευνᾶν.) — rômr (tumulte), m. *combat.* (Cf. राव :.)

RaMa, *étendue, grandeur, force.* — क्रम् ; רום.

rammr, m. *fort.* (Cf. विक्रान्त :; L. grandis.) — armr (qui s'étend), m. *bras.* L. armus, ramus; V. aram; Vf. arm (bras).

B-R*a*M*a*, *mouvement, frémissement.* — अम्; βρέμω; L. fremo; برم.

Brimir (L. æstuans), m. *nom propre.*

R*a*N*a*, *mouvement, frémissement.* — री, रण.

rĕnna (rĕnn, rann), *courir, couler.*

B-R*a*N*a*, *frémir, pétiller.* — भ्रण, भ्रन्.

brĕnna (brann), *brûler* (être consumé).— brenna (brendi), *brûler, consumer.* — Bruni, m. *nom de Dvergue.*

G-R*a*M*a*, *frémissement, frisson, excitation.*

gramr, m. *irrité.* Vf. grams. — gremia (gremdi), *irriter.* — gremi, f. *colère.* — garmr (irrité), m. *nom de chien.* (Cf. κέρβερος.) — harmr, m. *douleur.* — hrîm, n. *givre, glace.* V. rife. (Cf. F. frimas.) — Sæhrimnir (*givre formé des exhalaisons de la mer*), m. *nom propre.*

R*u*F*a*, *être étendu, séparé, fendu.* — (लुप्); L. rumpo.

riûfa (rŷf, rauf), *rompre.* — rîfa (reif), *déchirer.* V. rîban. — rîf, n. *côte.* V. rippi. — ôrof (aspérité), n. *âpreté.* (Cf. V. âriub.)

H-R*a*V*a*, *étendu, roide, crû.* — कृवि; G. hraiv.

hræ, n. *cadavre, chair.* क्रव्य; κρέας; L. caro.

H-R*a*P*a*, *éclater, crier.* — रप्; L. corvus.

hrôp, m. *vocifération.* — Hroptr ou Hroftr, m. *nom d'Odin.*

S-*K*-R*a*P*a*, *percer, briser, saillir.* — σκαριφάομαι; L. scrupus.

skarpr (coupant), m. *aiguisé, tranchant, difficile.*

K-RaMa, *tirer, arracher.* — कृष् (tirailler); κάρφω, L. carpere; חרף.

kambr (p. kramr, *qui carde*), m. *peigne,* (dentelée) *crête.* L. carmen. — kemba (kembda), *peigner.* L. carminare. (Cf. Al. krämpeln.) — kiaptr, kiaftr (p. kriftr, *tiré, béant*), m. *mâchoire, gueule.* — kippist (p. krippist, *être tiraillé*), *avoir des spasmes.* [Cf. Al. krampf (crampe).]

D-RaPa, *étendre, atteindre, frapper.* — तृह् .

drëpa (drëp, drap), *frapper.* (Cf. F. attraper, taper, trouver.)

D-RuPa, *être répandu, tomber.* — (द्रु).

driûpa (drŷp, draup), *dégoutter.* — dropi, m. *goutte.* — Draupnir (ruisselant), m. *nom propre.*

þ-RiFa, *être étendu, atteindre, saisir.*

þrîfa (þreif), *saisir, attaquer.* — þarfr (L. conveniens), m. *utile, nécessaire.* — þurfi, m. *nécessiteux.* — þurfa (þurfta), *avoir besoin.* — ? þorp (rencontre, amas), n. *bourg, village.* G. þaurp; V. doraf. [Cf. A. þreaf (botte de blé); L. turba, turma. — ? þarmr, m. *boyau, intestin.* (Cf. F. tripe.)

RaDa, *mouvoir, atteindre, parvenir.* — ऋध् ; רוד.

râðа (ræð, rêð), *avoir soin, conseiller, diriger, faire rendre.* — râð, n. *conseil, action, affaire.* अर्थ :; G. raþjô (raison), V. reda (raison, parole); Al. art (manière). — afrâð (mauvaise action), n. *meurtre.* — Gângrâðr (voyageur), *nom d'Odin.* — rîða (reið), *aller à cheval, en voiture.* — ballrîði, m. *cavalier courageux.*

V-RaDa, *atteindre, adresser, tourner.* — वृत् , L. vertere.

vërða (vërð, varð), *devenir.* G. vairþan. — Vërðandi, f.

R AVEC DENTALE.

nom de Norne. — orð (adressé), m. *mot, parole.* G. vaurd. — sâryrði (paroles graves), n. pl. *injures.*

B-RaDa, *répandre, expédier, accélérer.* — अर्द् ; פרד.

bráðr, m. *prompt.* (Cf. פרד ; L. veredus ; Al. pferd.)

B-RaDa, *se répandre, couvrir, entourer.*

borð, n. *bord, bordure.* (Cf. It. bordo ; Fr. barde.)

F-RaDa, *étendue, grandeur, excellence.* — पृथु.

frôðr et frôði, *savant, intelligent ;* φραδής ; L. prudens ; G. frôþs ; V. fruot. — frœða (frœdda), *instruire.* — frœddr, m. *instruit.*

F-RaTa, *bris, bruit.* — पर्द् ; πέρδειν ; L. perdere.

frata (frët, frat), *péter.* V. vërzen.

B-RaTa, *fendre, crever, rompre.* — פרץ.

briôta (brŷt, braut), *briser, rompre.* — brotinn, m. *brisé.* — brotna, *être brisé.* — braut (rompue), f. *chemin frayé.* [Cf. route ; It. rotta (L. rupta via) ; *se frayer* (L. fricare) *un chemin*].

T-RaDa, *pousser, fouler, marcher.*

troða (trëð, trað), *fouler aux pieds, marcher sur ;* G. trudan ; V. trëtan. (Cf. Fr. *trotter.*) — tröll (p. tröðl, *qui trotte*), n. *géant.*

Þ-RaTa, *pousser, fatiguer, travailler.* — L. trudere.

Vafthrûðnir, m. *nom de géant.* — þrot (fatigue), n. *fin.*

D-RaTa, *pousser, rejeter.*

drit, *excrément.* — dritinn, m. L. inquinatus.

D-RuSa, *être répandu, tomber.* — (रुष्) ; G. driusan.

442   GLOSSAIRE.

dreyri, m. *goutte, sang.* V. trôr (goutte de sang); δροσος; L. ros.

G-RaTa, *éclat, cri.* — कृद्; γῆρυς; L. garrire.

grâta (græt, grêt), *pleurer.* G. grêtan. (Cf. Fr. regretter.) — græta (grætta), *faire pleurer.*

H-RuTa, *éclater, crier.* — रुद्; κρότος; L. rudere.

hróðr (bruit, renommée), m. *louange.* V. hruod. — hróðugr (renommé), m. *fier, arrogant.*

H-RiSa, *éclater, hennir.* — हृष्, हेष्, हेष्.

hros, n. *cheval;* It. ronzino; Fr. roussin. — hestr, m. *cheval;* हेषिन्.

G-RaDa, *séparer, gratter.* — कृत्; χαράττω; חרד.

grið (épines, haie), n. pl. *asile, paix.* — grind, f. *grille, treillis.* (Cf. L. craticula). — griôt, n. *gravier, pierre, rocher.* V. krioz; It. greto; Fr. grès, griotte. — grund (broyée), f. *poussière, terre, sol.* — reiðr (gratté, excité), m. *irrité.* [Cf. L. gratia (qui excite), χάρι(τ)ς; All. reitz, (charme, grâce.)

H-RaTa, *piquer, exciter, courir.* — V. raz (furieux).

hrata (hrataða), *se précipiter.*

H-RiDa, *être excité, frissonner, trembler.* — V. rîdôn.

hræðast (hræddist), *s'effrayer.*

RaSa, *s'élever, surgir, atteindre.* — ऋष्; راس; רוש.

rîsa (reis), *s'élever.* — reiss, m. *excité.* — risna, risni, f. *élévation, gloire.* — röst (milliaire), f. une *journée* de chemin.

RaHa, *étendue, direction.* — ऋजु; ὀρέγω; L. regio.

rëttr, m. *droit, juste.* G. raihts; V. rëht; L. rectus; ὀρθός; ऋजु: . — vanrëttr, m. *injure, injustice.*

R AVEC GUTTURALE.

RaGa, *saillir, surgir, briller.*—राघ्, राज्; ἄρχω; راق.

regin (saillant), n. pl. *grandeurs, divinités.* — rôg (qui fait ressortir), *reproche, blâme.*—rœgia, *reprocher;* V. ruogen.

RiKa, *être étendu, atteindre, posséder.*—ऋच्; ἀρκεῖ.

rĕka (rĕk, rak; atteindre), *venger.*—rîkr, rîki, m. *riche, puissant.* Vfr. rice.—rök (extrémités), n. pl. *origines, causes.*

RuKa, *être étendu, large, vide.*—רֵק, רוּחַ.

riûka (rŷk, rauk), *fumer, s'obscurcir.* V. riuhhan. [Cf. רוח (vide), air; V. rouh (air, vapeur), fumée; ruhhan (sentir); הֵרִיחַ רוּחַ].—rökur, rök, n. *crépuscule du soir.* (Cf. G. riqvis; रजनि:).

RaHa, *relâchement, relais, repos.*

ragr, m. *lâche.* רך.— argr, m. *lâche, mauvais,* רע; V. arg (avare).—rôr (p. rôhr, relâché), m. *tranquille.*— rô, f. *tranquillité, repos.* V. rau, rawa.

RuHa, *surgir, saillir, briller.*—रुह्.

rauðr (p. rauhdr, brillant), *rouge.*—रोहित:; V. rôt. (Cf. ῥόδον.—rŷða ou rioða (rŷð, rauð), *rougir.*

B-RaGa, *briser, éclater.*—भ्राज्; L. frango; ברק; נקר.

• Bragi, m. *nom du dieu de la poésie.*— biartr, m. *brillant.* baihrt; V. berht.

M-RaGa, *percer, éclater.*—वर्च्; μαράγη; L. mergere.

morgunn, m. et morgin, n. *matin.*

M-RaGa, *frotter, broyer.*—मृज्; ἀμέργω; L. marcus (marteau); מרק, מרח.

mergr (broyé), m. *moelle.*

M-RaKa, *tracer, marquer, marcher.*—मृश्; मार्ग:.

marr, m. *cheval*. V. marc. [Cf. mariscalh (écuyer), maréchal.]

B-Raga, *s'étendre, couvrir.*—वृह्; L. vergere.

bĕrg (élévation), n. *montagne.* — biarg, n. *montagne, rocher.*—Fiörgyn (montagneuse), f. nom de la déesse Iorð.— Fiörgynn, m. nom du père de Frigg. — borg (qui couvre, protége), *forteresse, bourg.* V. puruc; Vfr. borc; πύργος; arabe-pers. بُرْج. — bergia (bergða, s'entretenir), *se nourrir, goûter.* — biörg, f. *entretien, vivres.*

F-Raha, *pousser, avancer, incliner.*—(प्री; σπέρχω.)

frî (poussé, lâché), m. *libre, noble.* — frîa, *relâcher.* — frekr, m. *libre, effronté.* — Freki, nom du loup Fenrir. — Frigg (excellente), f. nom propre. — Freyr (excellent), n. nom propre.—Freyia, f. nom propre. — ?fiör (p. frîhu), n. *vie;* G. fairhvus.

F-Raga, *exciter, exiger, interroger.*—प्रह्; L. procare.

frâ (frĕg, frag), *interroger, apprendre.*—Frœgr (renommé), m. nom de Dvergue. — fregn, f. *bruit, renommée.* — fregna, *demander, apprendre.*

V-Raga, *pousser, chasser.* —वृज्; L. urgere.

vargr, m. *exilé.* (वर्जित:), *serpent, loup* (वृक:). — ?vĕrri, (p. vĕrsiri), m. *pire.* — vĕrstr (p. vĕrsistr), m. *le pire.*

V-Raga, *précipiter, répandre.*—वृष्; βρέχειν; L. spergo.

rĕgin, rĕgn, n. *pluie.* वर्ष: (L. rigatio). — fors, m. *torrent cataracte.* [Cf. V. frosc (sauteur), *grenouille,* et βροῦχος (sauterelle).]

M-Raga, *répandre, arroser.*—मिष् (p. मुष्).

mîga (meig), *pisser;* ὀμιχέω; L. mingere, mejere.

D-Raga, *étendre, tirer.*—दृह्; δράσσω; L. traho.

R AVEC GUTTURALE. 445

draga (dròg), *traîner.* — drygia (drygða), *agir.* — drâsill (p. dragsull, porteur), m. *cheval.* — Yggðrasill (cheval d'Odin), m. nom du frêne qui porte le monde.—drótt (train; L. agmen), f. *foule, peuple.*

D-RaKa, *tirer, aspirer, boire.* — घ्राड् (dessécher).

drëkka (drakk), *boire.* — drëkka, f. *festin.* (Cf. מִשְׁתֶּה; συμπόσιον.) — drykkr, m. *boire, coup, trait.* — ofdrykkia, f. *ivresse.*

T-RaGa, *étendre, élever.* — तृह् ; τράχος (saillant), raboteux.

trè (p. trigu), n. *arbre.* G. triu. (Cf. तरः: ; द्रुः: ; δρῦς.) — trog (tronc), n. *auge, baquet.* L. truncus. (Cf. isl. þrô f.)

Þ-RaGa, *tirer, presser.* — धृष् ; L. turgeo.

þrunginn, m. *pressé, enflé, irrité.* — þraungr, m. *serré, étroit, épais.* — þrâ (p. þraha, presse), f. *douleur.*

Þ-RiSa, *être étendu, roide, sec.* — तृष् ; ταρσός; L. torreo, G. þairsan; ترّ (être roide), être gelé.

þurs (roide) ou hrîmþurs (roide de givre), m. nom commun des Iotes. — þyrstr (desséché), m. qui a soif. — þerra (p. þœrra), *sécher, essuyer.* — Dolgþrasir (obstiné contre l'ennemi), Lifþrasir (obstiné pour sa vie), Mögþrasir (dur envers le fils), noms propres.

D-RaKa, *étendre, séparer, percer.* — दृश् ; δράκος.

dreki (qui a l'œil perçant), m. *dragon, serpent;* δράκων; L. draco.

G-RaHa, *s'élever, monter, croître.* — रुह् ; L. cresco.

gróa (græ, greri), *croître.* — gróinn ou grœnn, m. *vert.* — gras, n. *herbe.* (Cf. γράστις; V. grast.)

H-RaKa, *étendre autour, courber.* — क्रुञ्च् ; κόραξ; L. crux.

hringr (courbé), *anneau.* (Cf. κρίκος; L. circus, curvus.) — hryggr (courbé), m. *triste.* — hrŷggr (courbé), m. *dos.* V. hruki; ῥάχις.

K-Raka, *bris, cri.* — क्रुश्; κράζω; כרע (briser); כרת.

kraka (qui croasse), f. *corneille.* V. hruok. [Cf. काक: (p. kraka), F. *coq*; L. graculus; κόραξ.]

THÈMES COMMENÇANT PAR LA LIQUIDE *L*.

aLa, *élévation, grandeur, force.* — अलम् (assez); ἐλάω (pousser); L. alere; אול.

ala (ôl), *élever, engendrer.* — öl (fortifiant), n. *bière, aile.* A. ealu. (Cf. ἔλαιον.) — ölr, m. *ivre.* — öld, f. *âge, genre humain, monde.* — alldr, m. *âge, siècle, monde.* — allr, m. *entier, tout.* — aldni, m. *âgé, vieux.* — öln, f. *aune m.; aune f.* ὠλήν; L. ulna. (Cf. אלה.) — âl, f. *courroie.*

LaPa, *lâcher, élever.* — लप् (lâcher), *dire;* λόφος (élévation); L. levare; G. uslaubjan (lâcher), *permettre;* V. usloup.

lof, n. *louange.* — lôfa (lôfaða), *louer.* — leyfa (leyfða), *célébrer.* — lopt, n. *ciel, air.* — leyfi, læfi, n. *flamme.* — âlfr (élevé), m. *génie, démon.*

LiFa, *être lâché, rester.* — λίπο ; L. liber; λείπω (laisser); L. linqvo; G. laifs (qui reste).

lîf (qui reste), *vie.* V. lîp (vie, corps). — lifa (lifða), *vivre.* — siâlfr (p. svâlifr), m. *lui-même.* G. silba; V. sëlpêr. — ellifu (p. einlifu, *un de reste*), *onze.* G. ainlif; V. einlif. — ellifti, m. *onzième.* — tôlf (p. tvalif, *deux de reste*), *douze.* G. tvalif; V. zuelif. — tôlfti, m. *douzième.*

L AVEC DENTALE. 447

LaMa, *lâcher, luxer, briser.* — क्रम् ; κλαμβός.

lemia (lamda), *rompre, briser, paralyser.*

V-LaPa, *pousser, chasser.*

ûlfr (p. vulfr, *chassé*), m. *loup;* λύκος (p. vlupos); L. lupus, vulpes; It. golpe; Vf. goupil.

K-LaPa, *s'étendre, se fendre.* — L. clavus, clivus.

kliûfa (klŷf, klauf), *fendre.* V. chliofan. — klyfia, *fendre.* — klofna (klofnaða), *se fendre.* — klettr, m. *rocher, pierre.*

G-LiPa, *saisir, pincer.*

gleipa (gleipti), *dévorer.* — glepsa (morsure), f. *sarcasme.*

LaTa, *étendre, laisser, lâcher.*

lâta (læt, lêt), *laisser* (lâcher), *dire.* (Cf. λόγος de LaKa.) — latr, m. *fatigué, paresseux.* G. lats; V. laz; L. lentus. — letia (latti), *fatiguer, dissuader, retenir.* G. latjan; V. lezan. — eltia (p. letia, *fatiguer, pousser*), *poursuivre.* — læti (manifestations), pl. n. *gestes, paroles.* — litill (étendu, mince), m. *petit.* G. leitils; V. luzil; ἐλαχύς. — litt. adv. *peu.* — land (étendu), n. *endroit, pays.* (Cf. locus de LaKa.) — lundr, m. *forêt, bois.* A. Lunden, Londres. (Cf. L. lucus de LuKa.) — lind (élancé), *tilleul, bouclier.* V. linta. Cf. ἐλάτη (sapin) de ἐλάτος (élancé).

LaDa, *lâcher, dire, appeler.* — लद् ; L. lætor (se lâcher).

laða (löð), *inviter.* G. laþon; V. lâdon. — löð, f. *invitation.*

LiDa, *être lâché, se mouvoir.*

líða (leið), *aller, venir.* G. leiþan. — lið, n. *troupe, bande.* — liðr. m. *membre.* G. liþus; V. lid. — leiða (leidda), *conduire* (supporter), *souffrir.* — leiðr, m. *pénible, odieux.* V. leid. — liotr, m. *hideux.* (Cf. Vf. laid.)

LuDa, *s'élever, croître, briller.* — लुर् ; G. liudan.

lyðr et lioðr, m. *peuple, nation.* G. laups (homme); V. liut, *gens;* Vf. leudes. — ? luðr, m. *barque, huche.*

S-LaTa, *atteindre, frapper, casser.* — प्लथ् (lâcher).

slita (sleit), *écraser, fendre.* V. slîzen. — slitna (slitnaða), *rompre.*

LaSa, *atteindre, prendre.* — लस् (atteindre, pouvoir).

lær (p. lâsi, *qui s'emboîte*), n. *fémur, cuisse.*

LuSa, *être éloigné, séparé.* — G. liusan.

lauss, m. *libre, exempt, privé.* G. laus; V. lôs. — leyss, (leysta), *délier, affranchir.* — losna (losnaða), *devenir libre.*

B-LaSa, *répandre, souffler.* — L. flare; G. blâsan.

blâsa (blês), *souffler, sonner un instrument à vent.*

F-LaTa, *répandre, aplatir.* — पृथु:; πλατύς; L. latus; פלט מלט (se répandre, échapper).

flet (étendu), n. *lit, grabat.* V. vlezi.

V-LiTa, *lisse, poli, brillant.* — भ्राज् ; λισσός.

Litr (couleur), m. *nom de Dvergue.*—lita (leit), *regarder.* — andlit, n. *visage.* G. andavleizns, V. antluzi. (Cf. G. vlits, *vue;* L. vultus, *visage.*) — undar (p. vluður, *regardé, admiré*), n. *miracle, merveille.* G. vulþus; V. vuldar.— undarsamlig, adv. *miraculeusement.*

B-LiDa, *éblouir, confondre, mêler.* — L. splendeo.

blanda (blend, blendi) et bland (blandaði), *mêler.* — bland, n. *mélange.* — blandinn, m. *mêlé, pétri.* — bliðr (serein, réjoui), *doux, bienveillant.*

H-LaTa, *atteindre, prendre.*

L AVEC GUTTURALE. 449

hlutr, m. *part, sort, lot.* G. hlauts; V. loz. — hliôta (hlaut), *avoir en partage.*

H-Lĭda, *être répandu, se fondre.* — क्लिद्; κλύδων.

hland, n. *urine.* (Cf. क्लेद्; L. lotium.)

Laga, *étendre, lâcher.* — लग् ; λέγω; L. legere.

lag (déposition), n. *cessation.* — lög (statuts), n. *lois, décrets.* (Cf. L. leges.) — leggr (étendu), m. *jambe, cuisse.* V. lagi. — liggia (ligg, lag), *être couché, être placé.* — læ (p. lagi; L. insidiæ) f. *embûche, fraude, ruse.* — leggia (lagði), *poser, faire cesser.* — lögra, *être couché, être blotti.* — langr (étendu), *long.* L. longus; G. laggs. — lengi, adv. *longtemps.* — lengr, adv. *plus longtemps.* — lengra, adv. *loin.*

Laga, *répandre, dissoudre.* — लू ; λύω, λούομαι; L. luere.

laug, f. *bain, baignoire, cuvette.* — lögr, m. *fluide, mer;* V. lagu; L. lacus. — lög, f. *mer.* — læ, lâ, f. *humeur, sang.*

Lĭka, *être uni, égal, convenable.* — G. leikan (trouver convenable).

líki (égal, semblable), n. *image, forme, corps, cadavre.* G. leik; V. lîh. — likr, m. *semblable.* — slikr (p. svâlikr, solikr), m. *semblable, tel.*

F-Laha, *plat, lisse, glissant.*

flâr (p. flahr, *glissant, flattant*), m. *trompeur.* (Cf. F. flatter; Is. flaðr.)

B-Laka, *étendre, aplatir.* — πλάξ; L. plaga (étendue).

bekkr (p. blankr, *planche*), m. *banc.*

B-Luha, *être répandu, être liquide.* — ब्लु; φλύω; L. fluo,

blôð (liquide), n. *sang.* — blôðugr, m. *sanglant.*

29

M-LaKa, *répandre, glisser.* — मृज् ; ἀμέλγειν; L. mulgere. miölk, f. *lait.* (Cf. γλάγος; L. lac, p. galac). — miôlka (miôlkaða), *faire du lait, traire.*

LaHa, *lâcher.* — लज् ; लज्जय् (rendre lâche, honteux), *injurier.* G. laihan; V. lahan.

last (p. lâhst), n. *injure, calomnie.* V. lastar.

LiHa, *donner, prêter.* — G. leihvan; V. lîhan.

liôni (p. lihvani), m. *intercesseur;* pl. liônar, *hommes.*

LuKa, *étendre sur, couvrir, fermer.* — κλαίγω.

lûka (lauk), *fermer, payer.* — laukr, m. *herbe touffue;* V. louh. (Cf. λάχανον; L. legumen.)

LuGa, *couvrir, cacher.* — G. liugan, *épouser.* (Cf. L. nubere.)

liûga (laug), *mentir.* V. liugan. — lŷgi, f. *mensonge.* — laun (p. laugn), adv. *secrètement.* — leyna (leynda), *cacher.*

LaKa, *renfermer, embrasser.* — लघ् ; λάγηνος; ib.

kâlkr (qui renferme l'eau (क:), *coupe*), m. *calice.* कलशि :; κάλυξ; L. calix; V. chelih; A. cælc.

LaKa, *lancer, sauter.* — लघ् ; λαγώς (sauteur).

leika (lêk), *lancer, jouer, faire des armes.* — leikinn, m. *joué, enjoué.* — lêttr (p. lihtr), m. *léger.* L. levis. — lêttari (plus léger), m. *plus favorable.* — likn (allégement), f. *consolation.*

F-LaKa, *mouvement, marche.* — वल्ग् ; L. valgo; V. wallon; F. aller; جلو ; הלך. (Cf. L. fullo, volvo.)

fôlk (L. agmen), n. *armée, peuple.* वोल्हा ; πόλχος; L. vulgus; V. volh; F. foule.

L AVEC GUTTURALE. 451

F-LuGa, *mouvement, vol, fuite.* — भुग् (p. vlug); φεύγω; L. fugio; G. þliuhan; V. vluhan; פלט.

fliûga (flaug), *voler, s'envoler.* — flög, f. *trait, flèche.* (Cf. L. pluma.) — fleygia (fleygði), *lancer.*

B-LuGa, *plier, courber.* — भुज् ; πλέκω; L. plicare.

bogi (courbé), m. *arc.* — baugr. m. *anneau, bague.* V. baug; It. bagua; F. bague. — armbaugr, m. *bracelet.* — bak (courbe), n. *dos.* V. bacho, buhil (colline); πάγος.

S-LaGa, *lâcher, atteindre, frapper.* — प्लाग् ; ϑλάω; שלח.

slâ (slæ, slô), *battre.* — slakr, m. *relâché.* — sliâr (sliôr, sliofr, slævurr), m. *mou, lâche.* (Cf. L. flaccus.) — slökva (slökti), *éteindre.* — slokna (sloknaða), *s'éteindre.* — slêttr, slêtti, m. *lisse, uni, sans ornement.* V. slaiht; Al. schlicht. (Cf. τὰ λῖτα.)

K-LaKa, *battement, claquement, bruit.* — κλάζω; L. clangere.

klaka (klakaða), *faire du bruit.* — hlakka (hlakta) se dit des oiseaux de proie quand ils *crient* et *battent des ailes.*

LuHa, *être élevé, brillant, saillant.* — लुच् ; λευκός; L. lux; لج ; להה (briller), *être beau.*

logi, m. *flamme, feu.* — liôri (p. liuhari), *lucarne, fenêtre.* — Lôður (p. lohður), *nom d'Ase.*

LuSa, *être brillant, joyeux.* — लस् ; G. lustus.

lios, m. *lumière.* — lŷsa (lŷsta), *briller.*

LaH-Sa, *briller, éblouir.* — लच् .

lax (brillant), m. *saumon.* V. lahs.

B-LiKa, *briller.* — भ्रेच् (voir); φλέγω; L. fulgere; لج.

29.

blâr (p. blakr), m. *bleu, livide, noir.* V. plåo; Vf. blou. — blâinn, m. *bleu, noir.*

G-LaHa, *briller, éclater.* — κλάω, λάω.

glôa, *briller, étinceler.* Glôinn, m. *nom de Dvergue.* — glyaðr (p. glahaðr) et glaðr, m. *joyeux.* V. klat. (Cf. हृद्.) — Gimlir (p. glihmir, *splendeur*), m. *nom propre.* — hlôð (p. glôhð, *étincelant*), n. pl. *âtre, foyer.* — Hlôðyn, f. *nom de la Vesta scandinave.* — Hlôrriði (p. hlôðriði, *se mouvant dans le feu*), m. *nom de Thôr.* — hlioð (éclatant), n. *son; attention.* — Hlioðôlfr (loup hurlant), *nom de Dvergue.* — Hlŷn (p. hluhni, *qui réjouit*), f. *nom de Frigg.*

THÈMES COMMENÇANT PAR LA NASALE N.

aNa, *ici-là, vers, contre, là.* Voy. p. 392.

â- (p. an-), *vers, contre;* ex.: ágânga (marcher contre). आ; ἀνά; G. ana; V. ana. — â (p. an), prép. *vers, sur, à.* — annarr (p. andarr, comparatif de *an, plus éloigné, celui-là*), m. *l'autre, le second.* अन्तर् (ἕτερος; L. alter); G. anþar; V. andar. — âðr (p. andr, *plus que cela*), *avant que, jusqu'à ce que, ensuite.* (Cf. isl. endr; L. anterius.) — ëðr ou ëða (p. ëndr, *plus que cela*), *mais* (magis), *ou.* G. aiþþau; V. ëddo. — â- (p. an-), exprime l'idée de *longueur, grandeur*, etc.; ex.: âmattkr (*très-*puissant). — inn, ënn, m. (in, f. it, n.), *celui-là, lui.* — ën (cela), conj. *mais.* — einn, m. (ein, f. eitt, n.), *un, seul, unique.* G. ains; V. ein; εἷς; L. œnus, unus. — ein, adv. *seul.* — eini, m. *le premier.* — einna, adv. *principalement.*

iNa, *intérieur, intensité.*

î (p. in, *vers l'intérieur*), prép. *vers, en, dans.* ἐν; L. in; G. in; V. in. — inn, adv. *dans, y.* — innar (p. indar, compa-

ratif de *in*), *dans l'intérieur, dans le fond.* (Cf. L. interius.)
— innan, *à l'intérieur, dedans.* — hêrinni, *là-dedans.* — î-
(p. in-), devant les substantifs, exprime l'idée de *grandeur;*
ex. : îviðr (*grand arbre*). (Cf. â-.)

Ni, *descente, éloignement, négation.* — नि.

ni, në, adv. *pas.* G. ni; V. ni, në. — nê, adv. *non, ne
pas.* G. nê, nih; V. noh; L. nec. — nið (*au-dessous de l'horizon*), n. *absence de la lune.* — Niði, m. *Dvergue qui préside
au nið.* — niðan, *en bas, ici bas;* V. niðar. — niðiar (qui
descendent), plur. *descendants.* (Cf. अपत्य : de apa.) — lang-
niðiar (longues générations), plur. *ancêtres.* — nîð (rabais-
sement), n. *envie, colère;* G. neiþs. (Cf. निन्दामि; ὀνείδομαι.)

Nu, *là! présent, actuel.*

nû, *maintenant; déjà.* νῦν; L. nunc, nuper; G. nu; V. nû.
— nŷr (qui est d'à présent), m. *nouveau.* नव ::. νέος; L.
novus; G. njuja; V. nivu. — nŷ, n. *nouvelle lune.* — Nŷi,
m. *Dvergue qui préside au* nŷ.

aNa, *mouvement, vie; mouvement vers le but, fin.* — अन् ;
ἄνω.

endi, m. *fin.* अन्त ::; G. andeis; V. anti. — önd, f. *vie,
âme.* (Cf. V. anado, anto, *zèle, colère.*) — âst (p. anst, *inclination*), f. *bonté.* G. ansts; V. anst. — âstugr, m. *bénin.*

NaMa, *s'étendre vers, s'incliner, prendre.* — नम् ; νέμω.

nëma (nëm, nam), *prendre, se prendre à.* — nëma, prép.
excepté, à moins que; V. nëma.

NaBa, *s'étendre vers, avancer, saillir.* — نذ ; ناف.

nef (qui saille), n. *nez.* (Cf. नाभि, *moyeu, nombril;* ὀμ-
φαλός; L. umbo, umbilicus; Al. nabe, nabel.)

G-NaPa, *avancer, saillir.*

gnûpr, m. *promontoire, cime de montagne.* [Cf. gnöp (proéminence, nez); Al. knopf.]

NaTa, *tendre vers, atteindre, entreprendre.* — नद्; L. nitor.

nenna (nenndi), *être courageux.* G. nanþjan; V. nennen (s'appliquer). — Nanna (courageuse), f. nom propre.

NuTa, *prendre, jouir.* — G. niutan; V. niozan.

niôta (nŷt, naut), *jouir.* — nŷtr, m. *utile, bienfaisant.*

NaSa, *prendre, jouir.* — G. ganisan (guérir); V. nësan.

nest, nesti, n. *provision de voyage.* V. wëgnest.

NaHa, *atteindre, joindre.* — नह्; L. nexus; G. ganah.

nâl (p. nahtl, *qui fait la suture*), f. *aiguille.* G. nêþls; V. nadel. — nâi (nâða), *atteindre.* — nâr, m. *proche.* — næstr (p. nahistr), m. *le plus proche.* — næst. adv. *tout près.*

NaKa, *étendre, répandre, coucher.* — नश्; L. necare.

nâr (p. nahr, *étendu*), m. *mort, cadavre,* νέκυς; G. naus. — Nâri (causant la mort), m. nom propre. — nôtt (qui se répand), f. *nuit.* G. nahts; νύξ; L. nox; निश् . — einnættr, m. *âgé d'une nuit.*

NaHa, *répandre, couler, nager.* — स्ना; νάειν; L. nare.

naðr, f. *couleuvre, serpent de mer.* G. nadr; V. natara; L. natrix. — nôr, nôi (p. nahi), m. *navire, vase.* नौ; ναῦς; L. navis.

S-NaKa, *remuer, tourner, tordre.* — νεύω; L. -nuo; युज्.

snûa (snŷ, sneri), *tourner, remuer.* G. sniwan. — sniallr (remuant), m. *vif, prompt.* Vf. isnelte. — snëmma, adv. *de bonne heure.* — snôtr (L. versutus), m. *habile, prudent.*

N AVEC GUTTURALE.

H-NaKa, *plier, pencher.* — עָנָק; عنق; Al. genik.

hnîga (hneig), *s'incliner.* G. hneïwan; V. hnîkan. — hnûka (hnukti), *se courber, se tapir.*

G-NaHa, *plier, rompre.* — जानु; γόνυ; L. genu; כנע.

gnata (gnataða), *s'entrechoquer.* — gnŷa (gnŷða), *broyer, fracasser.* — knŷa (knûði), *presser, forcer.*

K-NaGa, *rompre, ronger, gratter.* — κναίειν.

nögl (qui gratte), f. *ongle.* नख:; L. unguis; ὄνυξ.

NaRa, *répandre, couvrir, obscurcir.* — νηρός (qui se répand).

Nori (couvert), m. *nom de Dvergue.* — Nörr (obscur), m. *nom du père de la nuit.* — norðr (ténébreux), n. *septentrion, nord.* (Cf. ζόφος; צפון.) — norðr, adv. *vers le nord, au nord.* norðan, adv. *du nord, au nord.* — Norðri, m. *Dvergue qui préside au nord.* — Niörðr, m. *nom propre.* (Cf. Νηρεύς.)

ONOMATOPÉES PROPREMENT DITES.

Ku, Gu, *mugir, hurler.* — γοάω, βοάω; גָעָה.

kŷr, f. *vache.* गो; βοῦς; L. bos; V. chua. — geyia (gey, gô), *aboyer, hurler.*

uMa, *braire, mugir.*

Ymir, m. *nom du géant qui est la personnification de la mer mugissante.* — ymia (umda), *bruire, mugir, gémir.*

SuSa, *bruire, mugir.*

sûs, n. *mer mugissante.*

TABLE ALPHABÉTIQUE

DES MOTS ISLANDAIS EXPLIQUÉS DANS LE GLOSSAIRE.

NOTA.— *h*. désigne le haut, *m*. le milieu et *b*. le bas de la page.

A

â............page	430 m.
â..............	452 m.
-a..............	422 m.
â-..............	452 m.
â-..............	452 b.
aðal............	422 b.
âðr.............	452 m.
æfi.............	408 h.
æi.............	408 h.
ætla............	430 m.
ætt.............	430 h.
æva............	408 h.
ævi.............	408 h.
af..............	407 h.
af-.............	407 h.
afa.............	407 h.
afi.............	408 h.
afl.............	408 h.
afl.............	430 h.
afrâð...........	440 b.
aftan...........	407 h.
aftari...........	407 h.
aka.............	430 m.
akarr........page	430 m.
âl..............	446 m.
ala.............	446 m.
aldni............	446 m.
aldregi..........	429 b.
âlfr.............	446 b.
Alldaföðr........	408 b.
alldr............	446 m.
Allföðr..........	408 b.
allr.............	446 m.
allsvinni.........	414 h.
and-............	422 m.
andfang.........	414 b.
andlit...........	448 b.
andskoti.........	433 b.
andsvar.........	418 m.
ângan...........	430 h.
annarr..........	452 m.
âr..............	438 m.
ârdaga (î).......	427 h.
argr............	443 m.
ari.............	438 m.
armbaugr.......	451 h.
armr...........	438 b.
ârôs............	423 m.

TABLE DES MOTS ISLANDAIS.

ás............page 424 h.	batna............ 411 b.
askr............ 424 h.	baugr .... 451 h.
ást............. 453 b.	beðr............ 412 h.
ástugr........... 453 b.	bein............ 420 b.
ásynia........... 424 h.	bekkr........... 449 b.
at.............. 422 m.	Beli............ 419 m.
átt............. 430 h.	bëra............ 417 m.
átta............ 422 h.	bërg............ 444 h.
átti............ 422 h.	bergia........... 444 h.
auð............. 423 h.	Bergelmir........ 432 h.
auðigr........... 423 h.	beria............ 417 m.
auga............ 430 m.	betri............ 411 b.
aur............. 423 m.	Beyggvir......... 417 b.
aurugr.......... 423 m.	beztr........... 411 b.
ausa............ 423 m.	biarg........... 444 h.
ausin........... 423 m.	biartr........... 443 b.
austann.......... 423 m.	biða............ 412 m.
austr........... 423 m.	biðia............ 412 m.
	Bifor............ 409 b.
	biôðr........... 412 m.
B	biôr............ 409 h.
	biûða........... 412 m.
baðir........... 408 m.	blâinn........... 452 h.
baðmr........... 417 m.	bland........... 448 b.
Bafor........... 409 b.	blanda........... 448 b.
bak............. 451 h	blandinn......... 448 m.
bâl............. 419 b.	blâr............ 452 h.
baldni.......... 419 m.	blâsa........... 448 m.
Baldur.......... 419 m.	bliðr........... 448 m.
ballr............ 419 m.	blôð............ 449 b.
ballriði......... 440 b.	blôðugr......... 449 b.
band........... 410 b.	böl............ 419 b.
bani............ 420 b.	bœta........... 411 b.
barn............ 417 m.	

bogi	451 h.	dimmi, dimmr	425 h.
borð	441 h.	dögg	426 m.
borðveggr	411 m.	dœma	423 b.
borg	444 h.	Dolgþrasir	445 m.
borinn	417 m.	dômr	423 b.
bôt	411 b.	dôttir	426 b.
brâðr	441 b.	draga	445 h.
Bragi	443 m.	drâsill	445 h.
braut	441 m.	Draupnir	440 m.
brĕnna	439 m.	dreki	445 b.
brenna	439 m.	drĕkka	445 h.
Brimir	439 m.	drĕpa	440 m.
briôta	441 m.	dreyri	441 b.
brôðir	417 m.	drit	441 b.
brotinn	441 m.	dritinn	441 b.
brotna	441 m.	driûpa	440 m.
Bruni	439 m.	dropi	440 m.
bûa	410 h.	drôtt	445 h.
bûinn	410 h.	drygia	445 h.
Bûri	410 h.	drykkr	445 h.
Burr	417 m.	duga	426 b.
byggia	410 h.	dvergr	418 h.
byrla	409 m.	dyggr	426 b.
		dyr	418 h.

D

E

dâð	423 b.		
dagr	427 h.		
dalr	428 m.	ëða, ëðr	452 m.
deigia	426 m.	ëf	408 h.
deila	428 m.	eftir	407 m.
dellingr	427 h.	eiðr	422 b.
deyia	426 b.	eiga	430 b.

DES MOTS ISLANDAIS.

eigi	429 b.
eign	430 b.
eimi, eimr	422 b.
einhendr	432 m.
einheri	435 m.
eini	452 b.
einn	452 b.
einna	452 b.
einnættr	454 b.
eitar	423 h.
ëk	429 h.
ekki	429 b.
ellifti	446 b.
ellifu	446 b.
eltia	447 m.
ën	452 b.
endi	453 m.
ënn	452 b.
eptir	407 m.
ër	422 m.
êr	421 b.
ey	407 b.
eyra	423 m.
eyra-rûn	438 b.

F

fâ	414 b.
faðir	408 b.
fagurr	414 b.
falla	420 h.
fâna	420 m.
far	417 h.
fara	417 h.
faraz	417 h.
fax	416 m.
fê	414 m.
fegri	414 b.
feigr	416 b.
fëla	419 m.
fella, fellia	420 h.
fen	420 m.
fenginn	414 b.
Fenrir	420 m.
festa	411 m.
festi	411 m.
fet	410 b.
fiall	419 m.
fiarri	416 b.
fifl	409 b.
Fili	419 m.
fimbul-	409 b.
fimbulvëtr	416 b.
fimm	414 b.
fimti	414 b.
fingr	414 b.
finna, finnast	413 b.
Finnr	414 h.
fiöður	410 m.
fiölld	419 m.
Fiölnir	419 m.
fiör	444 m.
Fiörgyn	444 h.
Fiörgynn	444 h.
fiörði	422 h.
fiörir	422 h.

460 TABLE

firr	416 b.	frata	441 m.
firrast	416 b.	fregn	444 m.
firstr	416 b.	fregna	444 m.
fiskr	409 m.	freista	417 h.
flår	449 b.	Freki	444 m.
fleira	419 m.	frekr	444 m.
fleiri	419 m.	fremstr	417 h.
flet	448 m.	Freyia	444 m.
fleygia	451 h.	Freyr	444 m.
fliûga	451 h.	frî	444 m.
flög	451 h.	frîa	444 m.
fœða	409 h.	Frigg	444 m.
föðr	408 b.	fróðgëðiaðr	433 h.
för	417 m.	fróði, fróðr	441 h.
fœra	417 m.	frœða	441 m.
fold	419 m.	frœddr	441 m.
folginn	419 m.	Frœgr	444 m.
fôlk	450 b.	fullgiörva	436 h.
fôlkvîg	415 b.	fullr	419 m.
for	416 b.	Fundinn	414 h.
fordæða	423 b.	fylla	419 m.
forðom	416 b.	fyrir	416 b.
fornn	417 h.	fyrst	416 b.
fors	444 b.	fyrstr	416 b.
forvitni	413 b.		
fôtr	410 b.	**G**	
frå	416 m.		
frå	416 b.	gætast	433 h.
fram	417 h.	Gaglviðr	411 h.
framar	417 h.	gâla	437 m.
framgenginn	430 h.	galdi	437 m.
frami	417 h.	gamall	432 h.
framr	417 h.	gaman	432 h.

gamli	432 h.	giörva	436 h.
gan	432 b.	gisl	433 h.
gandi	432 b.	gisling	433 h.
gandr	432 b.	glaðr	452 h.
gânga	430 h.	gleipa	447 m.
Gângráðr	440 b.	glepsa	447 m.
gap	431 m.	glôa	452 h.
garðr	436 h.	Glôinn	452 h.
garmr	439 m.	glyaðr	452 h.
garn	436 m.	gnata	455 h.
gëð	433 h.	gnûpr	454 h.
gëfa	431 h.	gnŷa	454 h.
Gefion	431 h.	goð	433 h.
geipa	431 m.	gôðr	432 b.
geir	436 b.	Göndull	432 b.
Geirskögull	434 b.	goti	433 b.
gestr	433 h.	græta	442 h.
gëta	433 h.	gramr	439 m.
gêta	433 h.	gras	445 b.
geyia	455 b.	grâta	442 h.
geysa	434 h.	gremi	439 m.
gialda	437 m.	gremia	439 m.
giarn	436 h.	grið	442 m.
gifur	431 m.	grind	442 m.
gilda	437 m.	griôt	442 m.
gildi	437 m.	grôa	445 b.
gîna	438 h.	grœnn, grôinn	445 b.
ginnûngr	438 h.	grund	442 m.
giöll	437 m.	guðr	432 b.
giöra	436 h.	gull	435 m.
giörla	436 h.	gullinn	435 m.
Giörliga	436 h.	gullveig	415 b.
giörr	436 h.	gumar	432 m.

gumnar	432 m.	haugr	434 m.
gunnr	432 b.	héðan	429 m.
Gygr	434 b.	hefia	431 h.
Gymir	432 m.	hefna	431 m.
		hefnd	431 m.
		heiðr	434 b.

H

há-	434 m.	heilagr	437 h.
hætta	433 m.	heill	437 h.
hættr	433 m.	heimr	431 b.
haf	431 h.	Heimþallr	428 b.
hafa	431 h.	heita	433 m.
haft	431 h.	hel	437 h.
haftband	410 b.	helldri	437 h.
hagr	434 m.	hellstr	437 h.
halda	437 m.	hêr	429 m.
hali	437 h.	her	435 m.
halir	437 h.	herði	435 b.
háls	437 h.	Herföður	409 h.
hamarr	432 h.	heri	435 m.
hamr	431 b.	Heriafaðir	409 h.
handski, handskôr	435 h.	Herian	435 m.
hani	438 m.	hêrinni	453 h.
hann	429 m.	hestr	442 m.
hapt	431 h.	heyra	423 m.
har	435 m.	hiarta	435 b.
hâr	434 m.	Hildur	437 h.
harbaðmr	410 h.	himinn	431 b.
harðr	435 b.	hinn	429 m.
harmr	9 m.	hinnig	415 b.
harpa	436 m.	hiörð	435 b.
hart	435 b.	hiörr	435 b.
hátt	434 b.	hirðir	435 b.
		hiti	433 m.

DES MOTS ISLANDAIS. 463

hitt	429 m.	hrata	442 m.
hlakka	451 m.	hrîm	439 m.
hland	449 h.	Hrîmfaxi	416 m.
hlióð	452 h.	Hrîmþurs	445 m.
Hlióðólfr	452 m.	hringr	446 h.
hlióta	449 h.	bróðr	442 h.
hlóð	452 h.	hróðugr	442 h.
Hlóðyn	452 h.	Hróðursvitnir	413 m.
Hlórriði	452 h.	hróp	439 b.
hlutr	449 h.	Hroptr	439 b.
Hlŷn	452 m.	hros	442 m.
hnîga	455 h.	hryggr	446 h.
hnûka	455 h.	hrŷggr	446 h.
höfuð	431 m.	hugr	434 m.
hœgri	434 m.	hun	429 m.
höggva	435 h.	hungr	434 m.
höldr	437 h.	hundmergir	414 m.
höll, höllr	437 h.	hundrað	432 m
hönd	432 m.	hvaðan	429 m.
Hœnir	438 m.	hvar	429 m.
hörgr	435 m.	hvârr	429 m.
hôf	431 m.	hvars	429 m.
hold	437 h.	hvart	429 b.
hollr	437 h.	hvatr	430 b.
holt	437 h.	hvê	429 m.
hon	429 m.	hvërfa	436 m.
hôrðômr	423 b.	hverfa	436 m.
horfa	436 m.	hvergi	429 b.
horn	435 b.	hverr	429 m.
hôrr	435 m.	hve	422 m.
hræ	439 b.	hvetia	430 b.
hræðast	442 m.	hvî	429 m.
hræsvelgr	420 h.	hviti, hvitr	430 b.

hyggia............ 434 m.
hylia............. 437 h.
Hymir............ 432 h.

I

î................ 452 b.
î-................ 453 h.
iaðarr............ 423 m.
iafn.............. 408 m.
iarn.............. 424 m.
Iarnviðr.......... 411 h.
ið................ 421 m.
ið................ 422 h.
iðiar............. 422 b.
illa.............. 408 h.
illr............... 408 h.
in................ 452 b.
inn............... 452 b.
innan............. 453 h.
innar............. 452 b.
iörð.............. 438 b.
iörmun............ 438 b.
iötunn............ 423 h.
ioll.............. 434 h.
iôr............... 430 m.
iora.............. 438 m.
îs................ 424 h.
it................ 452 b.
it................ 4●● m.
it................ 422 h.
itar-, itr-........ 423 m.
îviðr............. 411 h.

K

kaldr............. 437 m.
kalkr............. 450 m.
kalla............. 437 m.
kallaðr........... 437 m.
kambr............ 440 h.
kaup............. 430 b.
kaupa............ 430 b.
kemba............ 440 h.
ketill............. 432 m.
kiaftr, kiaptr...... 440 h.
kind.............. 438 h.
kiöll.............. 437 m.
kiôsa............. 434 m.
kippist............ 440 h.
klaka............. 451 m.
klettr............. 447 h.
kliûfa............. 447 h.
klofna............ 447 h.
klyfia............. 447 h.
knâ.............. 437 m.
knŷa............. 455 h.
körn.............. 436 b.
koma............. 431 b.
kona............. 438 h.
kòsta............. 434 m.
kostr............. 434 m.
kraka............ 446 h.
kunna............ 437 b.
kûra............. 434 m.
kvan, kvæn....... 438 h.
kvëða............ 412 m.

DES MOTS ISLANDAIS.

kveðia............ 412 m.
kvën............. 438 h.
kvërn............ 436 b.
kviðr............ 412 m.
kviðinn.......... 412 m.
kvon............. 438 h.
kynda............ 438 m.
kŷr.............. 455 b.
kyrr............. 434 m.
kyrra............ 434 m.

L

lâ............... 449 h.
lâ............... 449 b.
laða............. 447 b.
læ............... 449 h.
læ............... 449 m.
læfi............. 446 b.
lær.............. 448 h.
læti............. 447 m.
lævîsi........... 413 b.
last............. 450 h.
lâta............. 447 m.
latr............. 447 m.
Laufey........... 407 b.
laug............. 449 m.
laukr............ 450 m.
laum............. 450 m.
lauss............ 448 m.
lax.............. 451 b.
leggia........... 449 m.
leggr............ 449 h.

leiða............ 447 b.
leiðr............ 447 b.
leika............ 450 b.
leikinn.......... 450 b.
lemia............ 447 h.
lengi............ 449 m.
lengr............ 449 m.
lengra........... 449 m.
letia............ 447 m.
lêttari.......... 450 b.
lêttr............ 450 b.
leyfa............ 446 b.
leyfi............ 446 b.
leyna............ 450 b.
leyss............ 448 m.
lið.............. 447 b.
liða............. 447 b.
liðr............. 447 b.
lîf.............. 446 b.
lifa............. 446 b.
Lîfþrasir........ 445 b.
liggia........... 449 h.
lîki............. 449 m.
likr............. 449 m.
lîkn............. 450 b.
lind............. 447 b.
lioðr............ 448 h.
liôni............ 450 h.
liðri............ 451 b.
lios............. 451 b.
liôtr............ 447 b.
lita............. 448 b.
litill........... 447 m.

30

Litr	448 b.	mar	418 b.
litt	447 m.	margr	415 m.
liûga	450 m.	marr	444 h.
Lôður	451 b.	matr	412 b.
löð	447 b.	máttr	415 m.
lög	449 h.	máttkr	415 m.
lög	449 m.	mëð	412 b.
lögr	449 m.	mëðal	413 h.
lögra	449 m.	mëðan	413 h.
lof	446 b.	mëðr	412 b.
lôfa	446 b.	mega	415 m.
logi	451 b.	megin	415 m.
losna	448 m.	meginligr	415 m.
luðr	448 h.	meiðr	411 h.
lûka	450 m.	mein	421 m.
lundr	447 m.	meinsvari, meinsvarr	418 m.
lŷðr	448 h.	meir	415 h.
lŷgi	450 m.	meiri	415 h.
lŷsa	451 b.	mel	419 h.
		men	421 m
M		mergr	443 b.
		mey	415 h.
maðr	421 m.	miðgarðr	436 h.
mækir	415 h.	mîga	444 b.
mæla	409 m.	mik	408 m.
mær	415 h.	minn	408 m.
mærr	415 h.	minna	421 m.
mætstr	415 m.	minni	421 m.
mål	409 m.	miöðr	412 b.
målugr	409 m.	Miöðvitnir	413 m.
mangi	429 b.	miög, miök	415 m.
mâni	409 m.	miölk	450 h.
mannr	421 m.	miölnir	419 h.

DES MOTS ISLANDAIS.

miötviðr .... 411 h.
miólka .... 450 h.
mior .... 418 b.
mistill .... 411 h.
Móði .... 413 h.
móðir .... 409 h.
móðr .... 413 h.
mögr .... 415 h.
Mögþrasir .... 445 m.
mold .... 419 h.
mön .... 421 m.
morð .... 418 b.
morgin, morgunn.. 443 b.
muna .... 421 h.
mund .... 412 b.
mundil .... 412 b.
mundr .... 412 b.
muspill .... 420 m.

N

naður .... 454 m.
næst .... 454 m.
næstr .... 454 m.
nafn .... 438 h.
nâi .... 454 m.
nakkvar .... 429 m.
nâl .... 454 m.
Nanna .... 454 b.
nâr .... 454 m.
nâri .... 454 m.
në .... 453 h.
nê .... 453 h.

nef .... 453 b.
neffölr .... 408 b.
nëma .... 453 b.
nenna .... 454 h.
nest, nesti .... 454 m.
ni .... 453 h.
nið .... 453 h.
nîð .... 453 m.
niðan .... 453 h.
Niði .... 453 h.
Niðhöggr .... 453 h.
niðiar .... 453 h.
Niörðr .... 455 m.
nióta .... 454 m.
nîu .... 432 b.
niûndi .... 432 b.
nögl .... 455 h.
Nörr .... 455 m.
nôi, nôr .... 454 b.
norðan .... 454 m.
norðr .... 455 m.
Norðri .... 455 m.
nôtt .... 454 m.
nû .... 453 m.
nŷ .... 453 m.
Nŷi .... 453 m.
nŷr .... 453 m.
nŷtr .... 454 m.

O

ô- .... 420 b.
ôauðigr .... 423 h.

Oðinn	410 m.	opinn	407 h.
óðr	410 m.	opt	407 h.
ö-	420 b.	or	408 b.
œði	410 m.	or	423 m.
öðli	423 h.	orð	441 h.
öflugr	408 h.	ormr	436 m.
öfund	421 h.	ôrof	439 b.
öfztr	407 m.	ôs	423 m.
OEgir	430 h.	ôsâinn	424 m.
öl	446 m.	ôsk	421 h.
öld	446 m.		
ölmål	409 m.	**P**	
öln	446 m.		
ölr	446 m.	peningr	411 h.
önd	453 h.		
œpi	409 b.	**R**	
ör	423 m.		
Orgelmir	432 h.	råð	440 b.
örn	438 m.	råða	440 b.
örr	423 m.	råðsviðr	414 h.
örviti	413 m.	ragr	443 m.
of	407 m.	rammr	438 b.
of-	407 m.	rauðr	443 m.
ofan	407 m.	raun	438 b.
ofdrykkia	445 h.	regin	443 h.
ofr, ofur	407 m.	rëgin, rëgn	444 b.
ofrmælgi	409 m.	reiðgoti	433 m.
ôgóðr	432 b.	reiðr	442 m.
ok	429 m.	reiss	442 b.
okkar	429 m.	rëka	443 h.
ôkviðinn	412 m.	rënna	439 h.
ôkynian	438 h.	reyna	438 b.
ôp	409 b.	rêttr	442 b.

rıða	440 b.	sandr	425 m.
rıf	439 b.	sannr	424 h.
rıfa	439 b.	sâr	418 m.
rıki, rıkr	443 h.	sâryrði	441 h.
rıóða	443 m.	sâttr	426 h.
rısa	442 b.	saur	418 m.
risna, risni	442 b.	seðia	425 m.
riûfa	439 m.	sëfi	425 h.
riûka	443 m.	segia	427 m.
rô	443 m.	seiðr	425 b.
rœgia	443 h.	selia	428 m.
rök	443 h.	sem	422 m.
rökr, rökur	443 m.	semia	424 b.
röst	442 b.	senda	425 m.
rôg	443 h.	sendtr	425 m.
rômr	438 b.	senna	425 m.
rôr	443 m.	sëss	425 m.
rûn	438 b.	sëtr	425 h.
ryða	443 m.	siâ	427 m.
		siâldan	428 m.
S		siâlfgi	429 b.
		siâlfr	446 b.
sâ	422 h.	sıð	425 m.
sâ	424 m.	sıða	425 m.
Sæhrimnir	439 m.	sıðan	425 m.
sæll	428 m.	sıðar	425 m.
sælligr	428 m.	sıðast	425 m.
sær	424 m.	sıðr	425 b.
saga	427 m.	sıðst	425 b.
sakast	426 m.	sif	425 h.
salr	428 m.	sıg	425 b.
saman	422 m.	sıga	425 b.
Samsey	407 b.	Sigfaðir	409 h.

sigli	424 m.	sköp	431 b.
sigur	425 b.	skôgr	434 b.
Sigyn	425 b.	skôr	435 b.
sinka	425 b.	skot	433 b.
sinn	422 m.	slâ	451 m.
sinn	425 m.	slævurr	451 m.
sinni	425 m.	slakr	451 m.
siö	422 h.	slêttr	451 m.
siöndi	422 h.	sliâr	451 m.
siötti	422 h.	slikr	449 m.
siôr	424 m.	slîta	448 h.
siôt	425 m.	slitna	448 h.
Skaði	433 m.	slökna	451 m.
skal	437 b.	slökva	451 m.
skâlfa	437 b.	smærri	415 m.
skâlm	437 b.	smærstr	415 m.
skâpa	431 b.	smâr	415 m.
skarpr	439 b.	smiða	413 h.
skegg	434 b.	smiðr	413 h.
skeggia	434 b.	snapvîs	413 b.
skekia	435 h.	snëmma	454 b.
skenkia	435 m.	sniallr	454 b.
skepia	431 b.	snôtr	454 b.
skiarr	436 b.	snûa	454 b.
skið	433 m.	sök	426 m.
skin	438 m.	sœkia	426 m.
skîna	438 m.	sökvast	425 b.
Skinfaxi	416 m.	sœri	418 m.
skiôta	433 b.	Sôl	424 m.
skiôtr	433 b.	sonr	424 m.
skira	436 b.	sortna	418 m.
skirr	436 b.	sôt	414 m.
Skögull	434 b.	spâ	414 b.

DES MOTS ISLANDAIS. 471

spåkr	414 b.	sûs	455 b.
spåkligr	414 b.	sŷna, sŷnast	427 m.
speki	414 b.	systr	412 h.
spiall	420 m.	systrûngr	412 h.
spialla	420 m.	svâ	422 m.
spilla	420 m.	svalr	420 h.
spor	418 m.	svartr	418 m.
sporna	418 m.	Svasuðr	412 h.
spyria	418 m.	sveinn	424 m.
staðr	424 h.	sveiti	414 m.
stafr	424 b.	svëlga	420 h.
standa	424 h.	svëlta, svëltast	420 m.
standandi	424 h.	svërðr	418 m.
stëkkva	427 m.	sviðr, svinnr	414 h.
steypa	424 b.	svigr	416 h.
stîga	427 m.	svörð, svörðr	418 m.
stiörna	427 b.		
stoð	424 h.	T	
stökkva	427 b.		
stôlr	428 b.	taka	426 m.
strâ	427 b.	tâl	428 h.
straumr	427 b.	tefla	424 m.
strönd	427 b.	tein	429 h.
styðia	424 h.	teitr	425 b.
stŷra	424 h.	telia	428 h.
stŷri	424 h.	tið	425 b.
sû	422 m.	tiðr mik	425 b.
suðr	414 m.	til	428 h.
Suðri	414 m.	tilt	428 h.
sûga	426 h.	timbra	424 b.
sumar	424 m.	tîu	432 m.
sumbl	424 b.	tiugari	426 m.
sunnan	414 m.	tîundi	432 m.

tivor	424 b.	þekia	426 h.
töfl	424 m.	þêr	421 b.
töng	429 h.	þerra	445 m.
tôl	428 m.	þëssi	421 b.
tôlf	446 b.	þing	427 h.
tôlfti	446 b.	þinn	421 b.
tomt, topt	424 b.	þinurr	428 b.
trê	445 m.	þiôð	426 b.
troða	441 b.	þiônusta	426 b.
tröll	441 b.	þô	421 b.
trog	445 m.	þœr	421 b.
tûn	429 h.	þôënn	421 b.
tungl	427 h.	þollr	428 b.
Týr	424 m.	þôr	428 b.
		þorp	440 m.
		þótt	421 b.

Þ

þâ	421 m.	þrâ	445 m.
þaðan	421 b.	þraungr	445 m.
þagna	426 h.	þriði	422 h.
þak	426 h.	þrîfa	440 h.
þakkir	427 m.	þrîr	422 h.
þaktr	426 h.	þrisvar	422 h.
þar	421 b.	þrot	441 b.
þarfr	440 m.	þrûðgelmir	432 h.
þarmr	440 m.	þrunginn	445 m.
þars	421 b.	þû	421 b.
þat	421 m.	þulr	428 h.
þau	421 b.	þumall	425 h.
þëgar	421 b.	þumlûngr	425 h.
þegia	426 h.	þurfa	440 m.
þeigi	429 b.	þurfi	440 m.
þeir	421 b.	þurs	445 m.
		þvî	421 b.

DES MOTS ISLANDAIS.

þvíat............ 421 b.
þveginn.......... 416 h.
þvô.............. 416 h.
þŷ............... 426 b.
þykia............ 427 m.
þyrma............ 418 h.
þyrstr........... 445 m.

U

ûlfr............. 447 h.
Ulfsfaðir........ 409 h.
um............... 407 b.
una.............. 421 h.
und.............. 422 b.
undar............ 422 b.
undar............ 448 b.
undarsamlig...... 448 b.
undir............ 422 b.
undorn........... 428 h.
unn.............. 423 b.
unz.............. 422 b.
upphimin......... 407 m.
ur............... 423 m.
Urðr............. 411 b.
ûsialdan......... 428 m.
ûtan............. 423 m.
ûti.............. 423 m.

V

vâ............... 420 b.
vaða............. 410 m.

væ ngr............ 415 b.
vætt............. 416 m.
vættugi.......... 416 m.
Vafþrûðnir....... 441 b.
vâgr............. 415 b.
vaka............. 416 h.
vala............. 419 h.
Vali............. 419 b.
Valfaðir......... 409 h.
Valkyria......... 434 m.
vallda........... 420 h.
valldi, valldr... 419 b.
valr............. 419 b.
valyndr.......... 416 m.
vamm............. 410 h.
vângr............ 415 m.
vanr............. 420 b.
vanrêttr......... 442 b.
vâpn............. 409 b.
vara............. 417 b.
varða............ 417 b.
varr............. 417 b.
vaxa............. 416 h.
vê............... 416 m.
veð.............. 410 b.
veðia............ 411 h.
veðr............. 416 m.
vega............. 415 b.
vegr............. 415 b.
veiða............ 411 m.
veiðr............ 411 m.
veigr............ 415 b.
veita............ 413 m.

veita	413 b.	vinnr	420 b.
veitsla	413 b.	vîs	413 b.
vekia	416 h.	vit	408 b.
vêl	419 h.	vita	413 m.
velia	419 b.	vîta	413 b.
vêlspâ	414 b.	vitia	413 b.
veor	417 b.	Vitnir	413 m.
vër	411 m.	vitr	413 m.
vëra	411 m.	vîtr	413 m.
vërða	440 b.	vîtt	413 m.
Verðandi	440 b.	vo	420 b.
veria	417 b.	völl	418 h.
vërri	444 b.	völlr	418 h.
vërstr	444 b.	völva	419 h.
vësall	428 m.	vömm	410 h.
Vestri	411 b.	vœnn	421 h.
við	410 b.	vörðr	417 b.
við	408 b.	von	420 b.
viðr	411 h.		
viðr	413 m.	**Y**	
vîg	415 b.	yðr	421 b.
vîgbönd	410 b.	yfir	407 b.
Vili	419 b.	Yggðrâsill	445 h.
vilia	419 b.	ykkr	429 m.
vinda	411 h.	ymia	455 b.
vindr	416 m.	Ymir	455 b.
Vindsvalr	420 h.	yndi	421 h.
vinna	411 h.	yppa	407 b.

FIN.

ERRATA.

Page 97, villiahmr, *lisez* vilhialmr.
    135 (ligne 14 d'en bas) *effacez le point et virgule.*
    186 (vers 7) îvidi, *lisez* îviði.
    Id. (vers 8) nëdan, *lisez* nëðan.
    Id. (vers 11) iörd, *lisez* iörð.
    194 (vers 93) þâ, *lisez* þû.
    200 (vers 177) iörd, *lisez* iörð.
    209 (ligne 1) retrouvèrent, *lisez* retrouveront.
    318 (ligne 13) oma, *lisez* koma.
    322 (ligne 7 d'en bas) pögnoðo, *lisez* þögnoðo.
    360 (ligne 7 d'en bas), du, *lisez* de.
    383 (ligne 5 d'en bas) *et de même que*, lisez : *et*, de même que.
    392 (ligne 11 d'en bas) R, *lisez* N.

25 octobre 8

www.ingramcontent.com/pod-product-compliance
Lightning Source LLC
Chambersburg PA
CBHW071716230426
43670CB00008B/1029